Udo Weinbörner

Der lange Weg nach Weimar

Udo Weinbörner

Der lange Weg nach Weimar

Der Schiller Roman / Teil 2

Roman

Weinbörner, Udo: Der lange Weg nach Weimar. Der Schiller Roman/
Teil 2. Hamburg, Fehnland Verlag 2020

1. Auflage 2020
ISBN: 978-3-94722-052-6

Lektorat und Korrektorat: Michael Kracht
Satz: Sarah Schwerdtfeger, Fehnland Verlag
Umschlaggestaltung: © Annelie Lamers, Fehnland Verlag
Umschlagmotiv: Klassik Stiftung Weimar

Bibliografische Information der Deutschen Nationalbibliothek: Die Deutsche Nationalbibliothek verzeichnet diese Publikation in der Deutschen Nationalbibliografie; detaillierte bibliografische Daten sind im Internet über https://dnb.d-nb.de abrufbar.

Der Fehnland Verlag ist ein Imprint der Bedey Media GmbH, Hermannstal 119k, 22119 Hamburg und Mitglied der Verlags-WG:
https://www.verlags-wg.de
© Fehnland Verlag, Hamburg 2020

Alle Rechte vorbehalten.
https://fehnland-verlag.de/
Gedruckt in Deutschland

Für
Anne und Jan

Statue von Friedrich Schiller
(Teil des Goethe-Schiller-Denkmals in Weimar)

> „Neben Goethe bin ich und
> bleibe ich ein poetischer Lump.
> (…) er erinnert mich oft,
> dass das Schicksal mich hart behandelt hat.
> Wie leicht ward sein Genie
> von seinem Schicksal getragen,
> und wie muss ich
> bis auf diese Minute noch kämpfen."
> *Friedrich Schiller, Brief vom 12. August 1787*
> *an Christian Gottfried Körner*

Kommentar zur Aussage des Arztes, der Schiller obduziert hat, es wäre ein Wunder, dass er überhaupt so lange überlebt habe. „(…) Aus dem Obduktionsbefund lässt sich die erste Definition von Schillers Idealismus ablesen: Idealismus ist, wenn man mit der Kraft der Begeisterung länger lebt, als es der Körper erlaubt. Es ist der Triumph eines erleuchteten, eines hellen Willens. Bei Schiller war der Wille das Organ der Freiheit (…)"
Rüdiger Safranski, aus Schiller oder Die Erfindung des Deutschen
Idealismus (Prolog, Seite 11)

Kapitel 1

Freiheit schönster Götterfunken![1]
Vorspiel, Wien, 07. Mai 1824

Man hätte eine Stecknadel fallen hören können, kurz bevor am 7. Mai 1824, im Wiener Theater am Kärntnertor, die 9. Sinfonie des Bonner Komponisten Ludwig van Beethoven uraufgeführt wurde – so leise und gespannt harrte das Publikum aus. Der Komponist

---

1   aus Schillers Erstfassung seiner Ode an die Freude.

wusste nichts davon, denn er war taub, würde weder das Konzert hören, das er zu dirigieren angetreten war, noch den Applaus. Als das Ensemble auf der Bühne Platz genommen hatte, rieben sich einige Besucher verwundert die Augen, denn neben den Musikern, teilweise in Doppelbesetzung, stellte sich ein riesiger Chor auf. Zu allem Überfluss stand der Musikerschar neben dem Komponisten sogar ein zweiter Dirigent vor. Nicht jeder wusste um die Schwerhörigkeit Beethovens und die wenigsten um seine inzwischen eingetretene völlige Taubheit. Es lag etwas in der Luft. Dies würde kein gewöhnlicher Konzertabend werden!

Im Schatten einer der hinteren Logen stand Andreas Streicher im maßgeschneiderten Anzug und lehnte mit dem Rücken an der Wand. Für den Freund Friedrich Schillers aus Stuttgarter und Mannheimer Tagen hatte dieses Ereignis eine besondere Bedeutung. Er starrte unentwegt auf die mit ungewöhnlich vielen Musikern übervoll besetzte Bühne und schüttelte den Kopf. Dann kam er nach vorn bis an die Brüstung der Loge, spähte in die vollen Sitzreihen, erkannte im Saal einige berüchtigte Vertreter der Wiener Musikkritik. Aufgeregt gestikulierte und redete er auf seine elegant gekleidete Begleiterin ein. Er bemerkte, wie sich vereinzelte Personen von ihren Sitzen erhoben, um ihn zu grüßen. Streicher hatte es in Wien als Klavierbauer und Musiker zu einem ausgezeichneten Ruf gebracht; man kannte ihn. Er erschrak, wollte für sich sein und flüchtete wieder ins Halbdunkel.

Das Orchester spielte sich ein, die Musiker im Wettstreit der schrägen Töne. Die Instrumente, noch einmal aufeinander abgestimmt und einzelne Läufe rasch angespielt. Letzte Neuigkeiten wurden untereinander ausgetauscht. Nach einigen Minuten kamen die Sängerinnen und Sänger des Chors hinzu, die ihre Tonleitern und Kadenzen übten. Unter ihnen bekannte Solistinnen und Solisten der Wiener Musikszene. Dieser Aufwand musste Beethoven ein Heidengeld gekostet haben! In dem vieltönenden Lärm begann Streicher mit seiner Frau derart aufgeregt zu diskutieren, dass sich bereits zwei Hofratsgattinnen aus der Nachbarloge distanzlos hinüberbeugten, um aufzuschnappen, worum es ging.

„Das kann einfach nicht sein, Nanette! Du hast ihm das Dirigieren nicht ausreden können? Er hört doch nichts!"

„Was denkst du, ich hätte nicht alles versucht? Hier, lies selbst", sie hielt ihm ein Konversationsheft hin, mit dessen Hilfe der inzwischen völlig taube Beethoven seine Unterhaltungen mit seinen Besuchern führte. Normalerweise fanden sich in dem Heft nur die Fragen und Antworten des Besuchers, Beethovens Beiträge konnte man allenfalls an den Reaktionen im Heft erahnen. Aber auf der fraglichen Seite, die Nanette ihrem Mann hinhielt, las Streicher nicht nur ihren Beitrag, mit der Bitte, auf den eigenen Auftritt als Dirigent zu verzichten. Dort stand auch ihr Vorschlag, er solle stattdessen als Komponist, für alle sichtbar, in der Nähe des Orchesters Platz nehmen. Darunter jedoch, mit übergroßen, die ganze Seite ausführenden Lettern, Beethovens Handschrift: „Es ist meine Komposition! Ich werde sie dirigieren! Keine Einmischung mehr!"

„Ich habe Mattuschek, den zweiten Violinisten, gesprochen", versuchte Nanette ihren Gatten zu beruhigen, „er hat mir versichert, dass im Orchester alle Beethoven die Ehre geben, aber dem Taktstock des zweiten Dirigenten folgen werden."

„Wenigstens zu diesem zweiten Dirigenten hat er sich überreden lassen. Wenigstens dies … Doch mag ich mir nicht vorstellen, wie das aussehen wird, wenn Takt und Notenzeilen auseinanderdriften …" Streicher trat jetzt wieder näher an die Brüstung, um mit dem Licht der Deckenbeleuchtung besser im Konversationsheft lesen zu können. Dabei bemerkte er die zwei neugierigen Damen aus der Nachbarloge. Er begrüßte sie mit scharfem Ton: „Habe die Ehre, meine Damen Hofrätinnen. Kann ich Ihnen mit etwas zu Diensten sein?" Beide zogen sich mit hochrotem Kopf rasch zurück.

Dann fand Streicher ein paar Seiten weiter Beethovens Kommentar: „Ich will nichts mehr davon hören! Und richten Sie Ihrem werten Gatten aus, an seiner Stellungnahme bin ich vor dem Konzert ebenfalls nicht interessiert. Ich habe zu tun!"

„Jetzt weiß ich wenigstens, warum ich es als Letzter erfahren habe, dass er die 9. Symphonie fertig geschrieben hat und eine

Aufführung geplant war. Die Plakate waren schon in Druck, als du es mir erzählt hast", den Vorwurf wollte er ihr nicht ersparen.

„Glaube mir, er hat bis zuletzt daran gearbeitet und ist sich seiner Sache immer noch keineswegs sicher."

„Ist sich nicht sicher! Aber waghalsig genug, mit Chor und Orchester zu experimentieren. So etwas gab es noch nie, Nanette! Wahrscheinlich geht es besser, als ich befürchte. Aber hoffentlich verlangt er sich und dem Publikum nicht zu viel ab. Ich hoffe für ihn – in diesem Fall auch für Schiller – dass dies heute Abend gut geht."

Nanette war neben ihren Mann getreten: „Andreas, es ist Beethoven, vergiss das nicht. Es wird großartig, gewiss."

Noch einmal stand der Erste Geiger des Orchesters auf und strich sein langgezogenes C zum letzten Stimmen der Instrumente.

Die Musiker legten auf sein Zeichen anschließend ihre Instrumente zur Seite und auch der riesige Chor wurde ruhig. Sie erwarteten die Dirigenten. Die Stille nach dem Lärm schien ungeheuer und machte Eindruck auf das Publikum, das ebenfalls vollends verstummte. Die Spannung wuchs mit jeder Minute.

Andreas Streicher versuchte, zur Ruhe zu kommen, nahm neben seiner Frau Platz, flüsterte ihr zu: „Er ist alt, er ist krank. Er wird keine zweite Chance bekommen, ein großes Werk aufzuführen. Wenn es nicht gelingt, wird es ihn bis ins Mark treffen." Dann packte ihn wieder die Unruhe, er stand auf, lehnte erneut an der Wand und wusste nicht, wohin mit seinen nervösen Pianistenhänden.

Streicher versuchte, sich zu erinnern, wann er das erste Mal von Beethovens Plänen zur Vertonung der Schiller'schen ‚Ode an die Freude' gehört hatte. Wie lange war das jetzt her? Ein Jahrzehnt? Frühjahr 1793! Er erinnerte sich noch genau an den Tag, an dem er mit Beethoven im Prater spaziert war. Er, Andreas Streicher, soeben glücklich verliebt, verlobt, verheiratet mit seiner Nanette und im Begriff, für sich und die Familie seiner Frau in Wien ein neues Geschäft als Klavierbauer einzurichten und die Übersiedlung von Augsburg hierher vorzubereiten, war bei einer Gesellschaft dem großen Beethoven vorgestellt worden. Dieser lud ihn für den folgenden Tag zu diesem Spaziergang ein und sprach ihn darauf an, die „Ode an die Freude", dieses großartige Gedicht von Friedrich Schiller, mit Orchester zu vertonen. Streicher hatte sich damals vorstellen können, wie sehr es Schiller gefallen hätte, seine in schwieriger Zeit erdachten Verse durch den großen Beethoven gewürdigt zu sehen. Aber eine Vertonung der Ode mit symphonischem Orchester? Streicher regte damals an, Beethoven möge mit Schiller selbst in brieflichen Kontakt treten, er wolle dies gern vermitteln. In diesem Punkt schien der Meister jedoch noch unentschlossen.

Dann, wieder 22 Jahre später, Schiller war längst verstorben und Streicher hatte dieses Gespräch mit Beethoven über dessen Pläne ebenso lange schon vergessen, stand Beethoven eines Morgens im Frühjahr 1815 in seiner Klavierbauwerkstatt. Streicher war damit beschäftigt gewesen, für sein neuestes Modell eines Hammerklaviers, mit einer besonders sensiblen Anschlagmechanik, neuartige Filzbeläge auszutesten. Beethoven hatte sein Hörrohr dabei, war schlechter Laune und es erschien überhaupt nicht ersichtlich, weshalb er gekommen war. Er grantelte vor sich hin, setzte sich ungefragt an das noch unfertige Klavier und begann, fünf Minuten lang überlaute wilde Läufe zu spielen, durchsetzt von dissonanten dröhnenden Akkorden. Musik, die faszinierte und schmerzte zugleich, einfach so hingeworfen, improvisiert. Weil er das meiste ohnehin nicht mehr hören konnte, spielte er überlaut. Seine Schwerhörigkeit wuchs sich damals bereits zunehmend zur Taubheit aus. Welch ein Schicksal! Mehr als einmal fuhr er dabei Streicher an, er möge das Hörrohr doch richtig halten! Mit dem Bemerken: „Er kann es ja ohnehin nicht! Hoffe nur, sein Klavier gelingt ihm am Ende besser!", war er aufgesprungen. Streicher konnte sich jetzt, neun Jahre später, noch immer daran erinnern, wie sehr ihn die Bemerkung des Meisters verletzt und verärgert hatte. Aber er hatte sich auch wieder beruhigt, ihm, dem mit Taubheit geschlagenen Komponisten, einiges nachgesehen und war schon fast wieder der Alte, da entdeckte er, als er zur Mittagszeit seine Arbeit am Klavier unterbrach, eine Handvoll Notenblätter, lose unter den Klavierdeckel geschoben.

Es waren, wie Streicher überrascht feststellen konnte, erste Entwürfe für einen symphonischen Satz zur Vertonung der Schiller'schen „Ode an die Freude" gewesen! Hatte Beethoven sie absichtlich hiergelassen? Oder war es ein Versehen und er hatte sie nur vergessen? Streicher, unsicher, zeigte die Seiten seiner Frau Nanette, die im Beethoven'schen Haushalt ein und aus ging. Von ihr ließ der Meister manches sagen. Nanette hatte einen besonderen Zugang zu ihm.

Neugierig hatte sich Streicher mit seiner Frau ans Klavier gesetzt. Gemeinsam begannen sie damit, die Notenblätter zu studieren. Es war faszinierend, wie Beethoven Text und Musik anging, aber es fügte sich noch nicht zu einer Einheit zusammen. Ganze Passagen wie mit flüchtiger Hand hingeschmiert, wieder durchgestrichen und überschrieben. Nein, das war noch kein fertiger Entwurf gewesen, allenfalls ein Arbeitsblatt. Etwas, über das man nicht vorschnell urteilen sollte. Etwas, das im Werden begriffen war. Wenn der Meister die Seiten hiergelassen hatte, um ihre Meinung zu hören, sollten sie diese vorsichtig und ganz behutsam äußern, darin waren Nanette und Streicher rasch übereingekommen.

Jetzt im Konzertsaal war es Andreas Streicher, als lägen die Geschehnisse erst wenige Tage zurück, und er hörte im Geiste noch, wie seine Nanette ihn dazu gebracht hatte, Beethoven selbst die Blätter zu bringen: „Dir hat er die Blätter dagelassen. Du solltest sie ihm bringen, denn wenn überhaupt, scheint er an deiner Meinung interessiert zu sein", argumentierte Nanette, aber Streicher hielt dagegen: „Du weißt doch, wie er ist. Er hört aus jeder Bemerkung die leiseste Kritik heraus. Und von mir lässt er sich ohnehin nichts sagen. Ich baue nur Klaviere. Meine Kompositionen würdigt er ohnehin keines Blickes. Meinst du nicht, es wäre für alle besser, wenn du … Dir nimmt er nichts übel!"

„Wenn es um Schiller geht, mein lieber Mann, bist du zweifelsohne der Experte. Also rede dich nicht raus und stelle dich der Aufgabe!" Mit diesen Worten hatte Nanette ihm die Seiten in die Hände gedrückt und ihn auf den Weg zu Beethoven geschickt. Dieser schien ihn erwartet zu haben, nahm die Notenblätter und

Notizen entgegen, hatte ihm prüfend ins Gesicht geschaut. Streicher erinnerte sich, dass Beethoven ihn, während er noch die rechten Worte für das gesucht hatte, was er in diesen Blättern gelesen oder verstanden zu haben geglaubt hatte, nicht zu Wort hatte kommen lassen, sondern nur knapp sagte: „Ach das, das, mein lieber Streicher, ist doch gar nichts. Kaum der Mühe wert, dass man sich hierher bemüht, um mir die Seiten zurückzubringen. Aber trotzdem, meinen verbindlichsten Dank."

Eine solche Selbstkritik war selbst einem Streicher zu viel gewesen: „In aller Bescheidenheit, Meister, das, was ich in der Kürze der Zeit habe lesen können, schien mir doch ein vielversprechender Entwurf zu sein."

„So, meint er? Nun ja, ich denke jedenfalls, ich werde die Idee zu diesem Entwurf nicht weiter verfolgen. Ich soll für Amerika und England zwei Symphonien komponieren und zur Aufführung bringen. Man bietet mir allerhand. Scheine der Welt noch was wert zu sein!" Wie um das Gesagte zu unterstreichen, hatte er die mitgebrachten Notenblätter achtlos auf einen Stapel neben das Klavier geworfen. Streicher erinnerte sich, wie er Momente lang gezögert –, gemeint hatte, seinem Freund Schiller wenigstens den Versuch einer Intervention schuldig zu sein, doch Beethoven knurrte ihn an: „Wirklich nur ein Entwurf, nichts mehr, mein lieber Streicher. Ist noch was? Meinen Dank hat er ja bereits."

Beim Hinausgehen hatte Streicher den Meister leise vor sich hinmurmeln gehört: „Verstehe ihn schon, will für seinen Freund Partei ergreifen. Das nutzt nichts. Und sein Klavier, das wird ganz ordentlich, da mache er sich keine Sorgen ... Bin manchmal ein alter Knurrhahn. Wahrscheinlich geht mir die rheinische Leichtigkeit ein wenig zu oft mit der Wiener Melancholie flanieren."

Er hatte nichts mehr erwidert, nichts gesagt, was vielleicht doch noch zur Verwirklichung der Vertonung von Schillers Ode hätte beitragen können. Er sah sich aus Beethovens Haus treten und sich beeilen, sein verspätetes Mittagessen nachzuholen. Gestritten hatte er anschließend mit Nanette über das Gesprächsergebnis. Es war ein Streit gewesen, der ihm letztendlich auch das Essen verdorben hatte. Er schmunzelte über sich selbst: Es gab Tage, an denen konnte es ein Andreas Streicher niemandem recht machen. Ja, tatsächlich hatte Streicher schon seit langer Zeit den Glauben daran aufgegeben, dass Beethoven mit seiner Vertonung der schillerschen Ode oder gar einer 9. Sinfonie noch fertig werden würde. Und jetzt, stand auf den Plakaten angekündigt: „eine konzertante Symphonie zur schillerschen ‚Ode an die Freude'". Es war doch eigentlich nichts anderes zu erwarten, als dass ein Beethoven sich nicht mit einem kleinen Musikstückchen für Schillers Verse zufriedengeben würde. Einer wie Beethoven brauchte einen Chor von der Güte himmlischer Engelsscharen und gleich eine ganze Symphonie! Wo gab es denn so etwas! Streicher machte sich ernsthaft Sorgen über den Ausgang dieses Abends.

Das Theater an der Kärntnerstraße war bis auf den letzten Platz besetzt. Es war lange, sehr lange her, dass der große Beethoven etwas Neues von sich zur Aufführung gebracht hatte. Er war in den letzten Jahren geradezu publikumsscheu geworden. Nanette machte Streicher auf einzelne Personen aufmerksam. Sie waren alle gekommen, die Freunde, die Gönner und Verehrer, die Zerstrittenen und die ewigen Kritiker.

Endlich! Die nicht länger zu ertragende Warterei hatte ein Ende. Applaus brandete auf. Beide Dirigenten schritten zu ihren Pulten. Keine Verbeugung, keine unnötigen Freundlichkeiten des Meisters, Beethoven machte, selbstbewusst wie stets, keine Umstände. Er stand etwas rechts vom Orchester, mit dem Rücken zum Publikum, sein kurzer, schwarzer Frack saß ihm zu eng. Korrekt gekleidet mit kurzer Satinhose, schwarzen Strümpfen, weißem Hemdkragen und Weste. So stand er wie ein Fels in der Brandung seiner Musik und dirigierte mit großer Inbrunst sein Orchester. Doch schon auf den ersten Blick konnte Streicher erkennen, dass die Musiker dem Taktstock des eigentlichen Dirigenten Michael Umlauf folgten, der seine Sache als Diener der Sache ausgezeichnet machte und sich nicht unnötig in den Vordergrund spielte. Niemand im Publikum schien Anstoß an einem zweiten Dirigenten zu nehmen, vielmehr erwarteten alle die Sensation: den Einsatz des Chores und der Sänger! Und sie warteten geduldig und gespannt.

Geduld wurde ihnen auch abverlangt. Zur Einstimmung gab Beethoven ein paar seiner bewährten älteren Erfolgsstücke. Dann – endlich – die angekündigte große 9. Symphonie. Doch so sehr Streicher sich auch mühte, er fand zunächst einmal nichts Spektakuläres an der Musik. Chor und Sänger wurden in den ersten drei Sätzen nicht einmal benötigt. Auch das Publikum blieb noch unbeteiligt. Wohlgesonnen, aber auch unentschlossen. Was Streicher auffiel, Beethoven hatte die übliche Satzreihenfolge verändert, den schnellen Satz an die zweite Stelle und den langsameren, melodiöseren an die dritte Stelle gesetzt. Das Ohr folgte dem melodiösen, getragenen Fluss dieses dritten Satzes gern und willig bis zum vierten Satz, als völlig unvorbereitet, wie ein Blitz aus heiterem Himmel, der dissonante Auftakt des vierten Satzes auf geradezu radikale Weise die Zuhörer aufschreckte! Töne, die dem sensiblen Gehör des Instrumentenbauers Andreas Streicher geradezu Schmerzen zufügten. Verspielte sich das Orchester? Trieb da jemand an entscheidender Stelle des Konzerts einen üblen Scherz mit dem tauben Komponisten, der nichts von alledem mitbekommen würde, bis Hohn und Schmähe über ihn ausgegossen würden? Gott bewahre! Auch Nanette suchte den Blick ihres Mannes, aber er wusste keine Antwort darauf. Für Momente entstand eine Unruhe, die sogar den Dirigenten Michael Umlauf erfasste, als er das Notenblatt auf seinem Pult zu früh umschlug und einen verstohlenen Blick über die Schulter zu den Logenplätzen riskierte. Im Spiel der Geigen wurden ein, zwei Takte lang Unsicherheiten erkennbar, die ein weiteres Auseinanderdriften von Teilen des Orchesters befürchten ließen. Doch diese Dissonanzen schienen gewollt, dieser Rhythmuswechsel, die zusätzlichen Schläge Absicht, denn Beethoven forderte heftig mit dem Taktstock dirigierend von den Musikern lauteren Einsatz.

Aber dann strömte der Fluss der Melodie, nahm dieser wieder Fahrt auf und Streicher beruhigte sich, indem er sich selbst zuflüsterte: „Wir sind hier in Wien! Wir verfügen doch über die besten Musiker der Welt, die besten Orchester! An den Musikern sollte es wahrlich nicht liegen, das Konzert erfolgreich zu Ende zu bringen. An diesen Musikern nicht …!" Doch jetzt folgten ungewohnte Harmonien, eingestreute Rhythmen und mehrere Stimmungswechsel in der Melodieführung. Spannung und Unruhe im Publikum nahmen zu. Auch Streicher hielt es nicht länger im hinteren Dunkel seiner Loge. Bleich vor Erschrecken und Anspannung machte er zwei Schritte nach vorn, krallte seine Hände in den Samt der Stuhllehne. Nanette griff beruhigend nach seinem linken Arm, schien aber ebenso geschockt und ergriffen, denn Streicher spürte, wie sie zitterte. Hatte sich der Alte am Ende doch zu viel zugetraut? Es grenzte ohnehin an ein Wunder, dass da jemand vollkommen taub eine ganze Symphonie komponierte und sich wahrscheinlich auch noch vorgenommen hatte, mit einer neuen Art der Komposition sogleich die Musikwelt zu revolutionieren! Fast tat ihm Beethoven schon leid. Es konnte nicht sein, dass der alte Meister so falsch lag! Völlig ausgeschlossen! Hatte da jemand gepfiffen? Noch einmal in einem Crescendo eine Art Kakophonie, ja, anderes fiel Streicher dazu nicht mehr ein! Das Ganze überlagert von einer Art Schreckensfanfaren, eine ungewöhnliche, eine nicht auszuhaltende Spannung von Tonfolgen! Und dann – dann eine kurze Sequenz wie ein roter Teppich aus Geigen, auf dem sich jetzt die Melodie in den Saal schreitend entwickelte, um in ihrer ganzen Schönheit zu erstrahlen.

Streicher ließ die Stuhllehne los, erhob sich und war sofort ergriffen. Er stand dort, völlig aus der Zeit gefallen und staunte. In wahrhafter großer Geste spendete Beethoven dem Publikum, dem er soeben noch Enttäuschungen und Leid zugemutet hatte, Trost und große Gefühle. Auf diesem roten Klangteppich erhoben sich die Stimmen der Sängerinnen und Sänger und brachten Schillers Verse mit einer einfachen, fast schlichten Melodie dar, die sofort zu Herzen gehen musste. Eine Melodie, die jedermann auf Anhieb im Kopf blieb, weil sie in ihrer Schlichtheit und Schönheit unmittelbar zum Mitsingen anstiftete. Solch einfache, wunderschöne

Melodieführung schien Streicher, ebenso wie Schillers Verse selbst, nicht von dieser Welt, sondern wie aus dem Himmel gepflückt. Hier sprach ein großer Komponist sehr direkt zu den Menschen und sagte ihnen, was er empfand und jedermann im Saal verstand ihn auf Anhieb.

Wie konnte Beethoven ein solches furioses Finale mit all seinen Klangfarben, überwältigend in seiner Fülle und Breite, mit dem Wechselspiel zwischen Orchester und Chor komplett in seinem Kopf entwickeln, ohne es hören zu können, ob es funktioniert? – Und wie es funktionierte! Es entstand etwas völlig Neues, was – dies konnte nicht anders sein – immer auch hässliche Reaktionen heraufbeschwören würde. Aber wann, wenn nicht in Zeiten des Umbruchs, wo mit der Unabhängigkeit Amerikas, der Revolution in Frankreich, der Herrschaft Napoleons über Europa und der Neugeburt einer staatlichen Ordnung schon so vieles auf dem Prüfstand gestanden hatte und neu überdacht und geregelt worden war? Wann, wenn nicht jetzt, war die Zeit reif für solche Kunst! Und wer, wenn nicht ein Beethoven, der schon mit sieben Jahren sein erstes Konzert am Flügel gegeben hatte und zu Recht als Jahrhunderttalent galt, wer, wenn nicht ein Beethoven, der große Klaviervirtuose und Improvisationskünstler, wer wäre besser geeignet und unabhängig genug, etwas derart Revolutionäres, etwas so Wunderbares für die Musik anzugehen? Einer wie er konnte Musik lesen. Nur einen wie ihn konnte die Schwerhörigkeit nicht brechen. – Gedanken wie diese gingen Streicher unablässig im Kopf herum. Er atmete schwer ergriffen von den Gefühlen, die Beethovens Musik in ihm auslöste.

Dann geschah es Andreas Streicher, dass ihn seine Erinnerungen an Schiller überwältigten und alte Gefühle ihn überfluteten. Er war unfähig, die Gefühlswallungen, diesen Strom von Bildern in seinem Kopf, die zur Musik an ihm vorüberzogen, in irgendeiner Art und Weise einzudämmen oder zu kontrollieren. Tränen flossen ihm unaufhörlich über seine Wangen. Er hörte Schillers Zeilen, gesungen von einem vielstimmigen, mächtigen Chor:

> *„Freude, schöner Götterfunken,*
> *Tochter aus Elisium,*
> *Wir betreten feuertrunken,*
> *Himmlische, dein Heiligthum.*
> *Deine Zauber binden wieder,*
> *Was die Mode streng getheilt,*
> *Bettler werden Fürstenbrüder,*
> *Wo dein sanfter Flügel weilt.*
>
> *Seid umschlungen Millionen!*
> *Diesen Kuß der ganzen Welt!*
> *Brüder – überm Sternenzelt*
> *Muß ein lieber Vater wohnen.*
>
> *Wem der große Wurf gelungen,*
> *Eines Freundes Freund zu seyn,*
> *Wer ein holdes Weib errungen,*
> *Mische seinen Jubel ein!*
> *Ja – wer auch nur eine Seele*
> *Sein nennt auf dem Erdenrund!*
> *Und wer's nie gekonnt, der stehle*
> *Weinend sich aus diesem Bund! (…)*[2]*"*

– Sein gesamter Körper wurde ergriffen und geschüttelt. Mein Gott, was hatten sein Freund Schiller und er alles erleiden müssen, welchen Hunger, welche Not und Demütigungen! Ängste, die sie auf ihrer Flucht durchgestanden hatten, schweißten sie zusammen. Was hatte er, Streicher, für diesen „*Kuss der ganzen Welt*", dafür dieses einen „*Freundes Freund zu sein*" alles aufgegeben! Doch keinen Tag hatte er dem verausgabten Geld, der vertanen Gelegenheit, selbst bei Philipp Emanuel Bach in Hamburg komponieren zu lernen, nachgetrauert. Er, Andreas Streicher, war berufen, einer größeren

---

2 Textauszug nach der ursprünglichen Fassung, die 1785 im „Thalia" erschien.

Sache zu dienen. Ihm war es zugefallen, das Genie eines Schillers anzuerkennen und dessen Überleben in Freiheit und dessen Arbeit zu sichern. Sein Freund, sein bester Freund: Friedrich Schiller! *„Und wer's nie gekonnt, der stehle / Weinend sich aus diesem Bund!"* Diese Worte hatte Schiller zu Papier gebracht, als er bereits Mannheim auf dem Weg nach Leipzig verlassen hatte. Sie hatten Abschied voneinander genommen und sollten sich in diesem Leben nie wieder begegnen. Aber diese Verse, nachträglich aufs Papier gebracht, dessen war sich Andreas Streicher gewiss, hatte ihm sein Freund auf den Leib geschrieben. Was dort von den Musikern zum Klingen gebracht wurde, war nichts Geringeres als sein Leben! Es war einer der großen Momente in seinem Leben, in dem er die Gewissheit spürte, damals an Schillers Seite, den richtigen Weg gegangen zu sein!

Nanette versuchte, ihn zu trösten, sorgte sich bereits um seinen Zustand, denn allzu heftig schüttelten ihn seine Gefühle und der Strom seiner Tränen floss unaufhörlich. Doch Streicher wehrte ab, schloss seine Frau in aller Öffentlichkeit zärtlich in seine Arme und schluchzte, kaum, dass er zu Atem kam: „Es ist nichts, Nanette, nichts, um das du dich sorgen musst. Ich bin doch nur glücklich. Was bin ich für ein gesegneter Mensch! In meinem bescheidenen Leben zwei so großen Genies begegnen zu dürfen und Anteil an ihrer Arbeit gehabt zu haben. Welch ein Glück, Nanette! Die Welt wird mich und dich einmal darum beneiden, dass wir heute Abend hier stehen."

„Weißt du, wie sehr ich dich liebe?", mit diesen Worten, die in den Klängen der Musik fast untergingen und von Streicher mehr erahnt als verstanden werden konnten, presste sich Nanette eng an ihren Mann und hielt ihn fest, als fürchtete sie, ihn jeden Moment verlieren zu müssen.

Mit weitausschwingenden Bewegungen des Taktstocks trieb Beethoven Geigen, Bratschen, Flöten, Hörner, Pauken, Trommel und Triangeln zu einem mächtigen Fortissimo! Seine linke Hand öffnete sich und fuhr zwei Mal in die Höhe, als könne sie zu allem Überfluss noch Himmelstöne beschwören, mit einem geradezu jauchzenden Grundton menschlicher Stimmen legte der Chor die Schiller'schen Verse auf- und abschwellend, wie mit mächtigen Meereswogen darüber. Immer wieder tauchten aus den Klängen die von den Solisten getragenen Worte Schillers *„Freude schöner Götterfunken"*, *„Seid umschlungen Millionen"* und *„Diesen Kuss der ganzen Welt"* auf. Die Musik war einfach mitreißend und brachte alle Herzen zum Schwingen, wer Ohren hatte zu hören, der wurde überschwemmt von den Gefühlen, dass das Leben einfach wundervoll sei, ein schönes Geschenk und wir alle eine Gemeinschaft, frei, es anzunehmen und zu genießen! Worte und Musik verschmolzen zu einem finalen Rausch!

Mitten im jubilierenden Gesang jedoch brach der Fluss der Melodie, dieses Wogen des Gesangs jäh ab! Die 9. Symphonie war unvermutet – mitten auf ihrem Höhepunkt – zu Ende! In den Zuhörern klang die eingängige Melodie, diese in die Ode Schillers gegossene Philosophie der Liebe nach. Wie aus einem schönen Traum erwacht, mussten sie sich zunächst sammeln, fassen, was sie da zu hören bekommen hatten. Was hatten sie da soeben wirklich gehört? Das war neu! Unerhört! Was war mit ihnen geschehen? Für Minuten – kein Applaus, keine Hand rührte sich. Dann hörte man vereinzelte Bravorufe. Das Schweigen des Publikums war kaum auszuhalten, machte atemlos! Eine erregende Spannung lag in der Luft. Niemand verließ den Konzertsaal. Doch dann endlich erhoben sich die Menschen – gleich in Gruppen – schließlich überall im Konzertsaal und der prasselnde Beifall setzte ein und wollte kein Ende nehmen!

„Hör nur", flüsterte Streicher seiner Frau zu, die ihn noch immer eng umschlungen hielt, „hör nur, sie brauchen ihre Zeit, bis sie begreifen, welches Genie sie mit seinem Werk beschenkt. Aber am Ende versammeln wir uns alle doch staunend vor der Größe dieser Schöpfungen. Mein Gott, hätte Schiller das erleben können!" Der Applaus und die Bravorufe schwollen immer weiter an und füllten lärmend den Konzertsaal am Wiener Theater am Kärntnertor bis in den letzten Winkel. Erst jetzt wandte sich der zweite Dirigent

Michael Umlauf dem Publikum zu und verbeugte sich mehrere Male, gab der ersten Reihe der Musiker die Hand. Er wirkte erschöpft und stolz, als er zur Seite an den Rand der Bühne trat. Beethoven stand an dem anderen Pult, hatte seinen Dirigentenstab zur Seite gelegt, stützte sich mit den Armen am Pult ab, mit dem gebeugten Rücken noch immer dem Publikum zugewandt.

Nanette wurde unruhig: „Er hört doch nichts. Es müsste einer zu ihm gehen und ihn auf den Applaus aufmerksam machen. Schau, dort unten, die Leute fragen sich schon, ob das wirklich Beethoven ist, der da am Pult steht."

Man rief vereinzelt seinen Namen, noch immer brandete der Applaus auf. Einzelne Menschen drängte es nach vorn an die Bühne und sie winkten dem Dirigenten, er solle sich ihnen zuwenden! Es war die Solosängerin Caroline Unger, die sich ein Herz fasste, auf ihn zueilte, ihn vorsichtig lächelnd am Arm fasste und mit einer anmutigen Verbeugung Richtung Publikum ihn dazu brachte, sich langsam umzudrehen. Beethoven wirkte verschreckt, als er auf die applaudierende Menschenmenge starrte. Sein Blick tastete über die Reihen, suchte irgendwo Halt. Nanette in ihrer lebhaften Art ließ von ihrem Mann ab, und rief: „Schau doch nur, solch ein Erfolg! Und wie er dort steht und es begreifen will, der arme Mensch!" Mit zwei Schritten war sie ganz vorn an der Balustrade der Loge und winkte. Beethoven entdeckte sie tatsächlich und auf seinem starren, von tiefen Falten geprägten Gesicht mit den trotzig verschlossenen breiten Lippen zeichnete sich ein vorsichtiges Lächeln ab. Sein Blick, den er Richtung Streicher sandte, schien zu fragen: „Haben Sie unsere Botschaft vernommen? Die Botschaft Schillers und meine von der menschlichen Freude, der Freiheit, der Menschenwürde, den heilenden Fähigkeiten des menschlichen Geistes? Haben Sie gespürt, wie Finsternis überwunden werden kann?"

Erst jetzt verbeugte sich Beethoven, erst noch unsicher, zweifelnd, dann jedoch frei, weltmännisch mit großer Geste. Es war vollbracht, er war stolz, dass ihm noch einmal eine Symphonie gelungen war. Zwei weitere Verbeugungen, dann wandte er sich um, ebenso brüsk wie seine Symphonie geendet hatte, und ging. Der nicht enden wollende Applaus brachte ihn nicht zurück. Er begab sich auf dem direkten Weg nach Haus, während sich im Konzertsaal und auf dem Platz und den Straßen davor immer noch die Menschen nicht beruhigen konnten und diskutierten über das, was sie gehört hatten.

Langsam leerten sich die Reihen im Theater am Kärntnertor, nur oben in der Loge saß Andreas Streicher allein mit seiner Nanette und erzählte von der Bitternis und den Entbehrungen, die Schiller und ihm damals bis auf Verzweiflung und Tod zugesetzt hatten und wie schwer die Freude für das Herz zu erringen gewesen war. Alles war ihm wieder so gegenwärtig, als wäre es erst gestern gewesen und seinen Schiller, groß gewachsen, hager, blass, mit seinen tief liegenden brennenden Augen, den entzündeten Lidrändern und seinem schmalen, stets ein wenig geneigten Kopf, spürte er ganz nah an seiner Seite. Bewegt und unter Tränen musste er erzählen von dieser Zeit, wie er schon so oft über Schiller gesprochen hatte. Dabei fand er doch heute neue Worte, um zu beschreiben, wie er aus nächster Nähe erlebt hatte, nein, herzzerreißend mitgelitten hatte, wie dieses Licht eines Genies, im Sumpf von Angst, Verzweiflung, Gleichgültigkeit und Intrigen flackernd zu erlöschen drohte. Wie sie gemeinsam die Fackel hochgehalten hatten, er auf seine Ausbildung bei Philipp Emanuel Bach in Hamburg verzichtet hatte und alles, was er war und was er besaß, dafür in die Waagschale geworfen – und Schiller am Ende ihn, Andreas Streicher, zurücklassend, seinen vorgezeichneten Weg beschritten hatte. Diese gemeinsamen Tage würde er nie in seinem Leben vergessen, ebenso wenig wie die Schöpfung dieser Musik, die heute Beethoven zu Ehren seines unsterblichen Freundes Schiller zum Erstrahlen gebracht hatte.

Kapitel 2
Andreas Streicher erinnert sich an
Mannheim, im Jahr 1782

Da haben wir ja die Bescherung!
Friedrich Schiller, Kabale und Liebe II, 5

Der Mohr hat seine Schuldigkeit getan,
der Mohr kann gehen.
Friedrich Schiller, Fiesco, III, 4

Mit gepresster Stimme, wie unter einem großen Zwang, dann wieder begeistert und voller Enthusiasmus erzählte Andreas Streicher von seiner Zeit mit Friedrich Schiller: „Uns hatte in jenem September 1782 eine Ahnung davon ergriffen, dass man, wenn man entschlossen genug war, sein Schicksal selbst in die Hand zu nehmen, die Verhältnisse ändern könnte. Dass man unter Umständen auch als einfacher Mensch, ohne große Herkunft, sogar Geschichte schreiben könnte. Als Dichter wollte Schiller gestalten. Uns alle hatte sein Erfolg, den er mit der Aufführung der ‚Räuber' in Mannheim erzielt hatte, euphorisch gemacht. Mit Fleiß und Entschlossenheit müsste das Glück auch gegen herzoglichen Widerstand zu zwingen sein. Wir meinten, an der Schwelle einer Zeit zu leben, in der bald die Tage eines Herzogs mit seiner Allmacht gezählt waren. Welch ein Wahn! Welch eine Selbstüberschätzung oder spreche ich besser von Unerfahrenheit! Aber solang ich ihn kannte, ging etwas Großes von Schiller aus, etwas, dem man sich nur schlecht entziehen konnte. Ich war entflammt! Entschlossen, ihm den Weg zu ebnen! Ich wollte Zeuge sein, die helfende Hand für diesen großen Geist.

Jedoch in Mannheim angekommen, geriet seine erste Lesung aus dem ‚Fiesko' im Kreis der Schauspieler des Mannheimer Nationaltheaters trotz aller Freundlichkeiten und Fürsprache des Regisseurs Meyer in dessen Haus zu einer absoluten Niederlage. Vieles, ja, das meiste, was Missfallen erregte, war allein auf die unsägliche Art des

Schiller'schen Vortrags zurückzuführen. Wenn Schiller mit kreischender Stimme und einem widerlichen singenden schulmeisterlichen Ton im schwäbischen Dialekt, ohne jede Einfühlung in eine Figur, eine Szene las, waren die Pferde im Nu zuschanden geritten. Dann zersplitterten in der zartesten Liebesszene alle Weingläser und jede Leidenschaft, die er nur durch Brüllen, Stampfen und Schnauben gestaltete, wurde jeglicher Spur von Romantik beraubt. So war es rasch um die Aufmerksamkeit der Schauspieler geschehen. Selbst der ihm freundschaftlich verbundene und wohlgesonnene Regisseur Meyer vermochte dem Text weder Tiefgang noch Dramatik entnehmen.

Ich hatte meinen Fritz vor dem Abend gewarnt und ihn gebeten, sich zu zügeln. Aber mit Schiller gingen bei seinen eigenen Texten auch selbst die lahmsten Ackergäule durch. Die Gelegenheit schien vertan, die Schauspieler des Mannheimer Nationaltheaters vor der Rückkehr des Intendanten von Dalberg, der sich noch immer in Stuttgart beim Herzog aufhielt, für dieses Stück zu gewinnen. Ohne Aussicht auf dessen baldige Zusage von Geld und Stellung, wurden wir nicht nur auf Stunde und Tag mittellos, sondern angesichts der Schulden, die Schiller bislang für seine Literatur, aber auch für seine Stuttgarter Saufgelage gemacht hatte, endgültig überschuldet. Ein Fall für den Fronboten und den Schuldturm. Wenn Schiller nicht zahlte, drohte dieses gleiche Schicksal anschließend all jenen, die für seine Schulden gebürgt hatten und jetzt einstehen müssten. Schiller blendete jedoch die Katastrophe einfach aus, indem er all seine Hoffnung unausgesprochen auf Regisseur Meyer ausrichtete, der sich, nicht zuletzt wegen meiner Fürsprache für Schillers Arbeit, den Text über Nacht erbeten hatte, um einmal selbst zu lesen.

„Meyer", sagte Schiller leicht angetrunken am Abend auf dem Weg zum Quartier, „ist wahrlich ein Leuchtturm von Kunstverstand in dieser Finsternis des Nationaltheaters. Ignoranten, allesamt! Heuchler! Tun so, als seien sie Höherem verpflichtet, als betrieben sie Kunst mit Verstand. Aber werden sie gefordert, ihren Horizont auf anderes als ein billiges Lustspiel um Liebesränke und den Liebhaber im Kleiderschrank auszurichten, gehen sie lieber Bolzschießen oder Kegeln! Ich sollte als Schauspieler meine eigenen Stücke spielen! Weißt du was, Streicher, das ist es überhaupt! Wir spielen selbst!"

Wie hätte ich ihm in dieser Stimmung, in die er sich verärgert hineinsteigerte, blind vor seiner beschränkten schauspielerischen Begabung, noch gestehen können, dass Regisseur Meyer mir gegenüber im Vertrauen sogar gefragt hatte, ob es sich bei ihm tatsächlich um Schiller handeln würde. Jenen Schiller, der als Verfasser der ‚Räuber' reüssiert habe? Glaub mir, Nanette, ich setzte keine Hoffnung mehr auf ein Urteil von Regisseur Meyer. Ja, ich selbst hatte bereits zu zweifeln begonnen. Dennoch verteidigte ich Schiller und seinen ‚Fiesco' bis aufs Blut! Meine Entschlossenheit glich aber eher einem Akt der Verzweiflung, denn Schiller musste einfach das Genie sein, für das wir ihn in Stuttgart hielten, sonst wäre alles verloren gewesen.

Iffland, der führende Schauspieler der Truppe, hielt die Besetzungsliste für Schillers „Die Verschwörung des Fiesco zu Genua", die sich bei der Lesung bereits abzeichnete, ohnehin für überzogen. Ganz im Vertrauen nahm er mich noch, bevor auch er die Gesellschaft bei Meyer an dem Abend von Schillers Lesung vorzeitig verließ, zur Seite und erklärte: „Man merkt Ihrem Freund Schiller doch an, dass er wenig vom Alltag einer Bühne und Schauspieltruppe versteht. Dutzende von Schauspielern, Requisiten, Aufzügen und darzustellenden Schauplätzen – immer große Geschichte! Am liebsten noch einen Gaul auf der Bühne und eine ausgewachsene Kanone in einer Schlacht abgefeuert! Aber, lieber Streicher, das muss sich alles rechnen. Spitz auf Knopf und jeden Tag, das weiß doch ein jeder! Da muss doch auch ein Drama mal einfach nur unterhalten und mit fünf Personen auskommen können." Als ich betroffen mein Gesicht voller Bedenken verzog, mir jedoch jede Bemerkung verkniff, legte Iffland nach: „Glaube mir, Streicher, die Menschen wollen unterhalten werden und auch mal lachen dürfen. Aber Schiller, kennt nur staatstragende Stoffe und edle Absichten. Da müssen ganze Reiche wanken, komplizierte Intrigen gesponnen, wichtige

Staatsgeschäfte eingefädelt werden. Man merkt ihm an, dass er zu wenig Kontakt zum Publikum heutiger Tage hat. Er reitet hohe Rösser. Dies, lieber Streicher, muss jedoch ein verdammt guter Reiter sein." Ein lauter Lacher beendete den im Vertrauen vorgetragenen Monolog des großen Schauspielers und unterstrich noch einmal seine Ablehnung von Schillers Arbeit, die er ihm gegenüber jedoch mit keinem Wort erwähnte.

„Typisch für einen Intriganten! Höflich und interessiert bis zur Unterwürfigkeit tritt er dir gegenüber, aber wehe du wendest ihm den Rücken zu, beschmutzt er dich und wetzt die Messer! Eine unangenehme Eigenschaft, die dem großen Iffland, wie man so hört, in seinem Leben zu manchem Karrieresprung verholfen hat", kommentierte Nanette voller Empörung die Erzählung ihres Mannes. „Aber wollen wir gerecht bleiben. Er war damals bereits als Schauspieler auf der Bühne eine ebenso geniale Begabung, wie Schiller als Schriftsteller eine Genialität für Bühnenstoffe besaß. Nur dass sich beide auf dem Gebiet des jeweils anderen ebenfalls für kompetent hielten und sich so behinderten."

„Das ist wohl so", nickte Streicher bestätigend. „Wir hatten damals keine Ahnung von den Verhältnissen und erfuhren erst viel später, dass Iffland selbst Theaterstücke verfasste und ebenfalls die Stellung des Theaterdichters anstrebte. Schiller erkannte durchaus sein außergewöhnliches schauspielerisches Talent an, zeigte sich beeindruckt von der Weltgewandtheit und dem Lebensstil des Schauspielers Iffland. Der verbreitete Lebensfreude und Glanz, während wir in schäbigen Dachkammern hausten!"

Ich hegte kaum eine Hoffnung, dass sich an dem vernichtenden Urteil der Gesellschaft, Regisseur Meyer eingeschlossen, über den ‚Fiesco' etwas ändern würde. Dennoch lief ich in aller Frühe, ohne einen Bissen zu mir genommen zu haben, zu Meyer, um von dessen Eindrücken nach der Lektüre des Dramas zu erfahren. Ich wusste nicht, wie es sonst weitergehen sollte! Schiller schlief noch.

Wie gesagt, Regisseur Meyer lobte das Stück schlussendlich, deutete aber auch an, es müssten für dessen Spielbarkeit Umarbeitungen erfolgen. Der Charakter der Hauptfiguren sei noch zu unentschieden und die Besetzung gehöre gestrafft. Eine erste Liste mit Umarbeitungsvorschlägen und Fragen brachte ich Schiller ans Bett.

Schiller las das Papier, schmunzelte, lachte sogar und legte hin und wieder seine Stirn in Falten. Dann stand er auf, ließ sich von unseren Wirtsleuten, dem Handwerkerehepaar Hölzel, einen Tee und einen Kreuzerwecken bringen. Während er sich fertig ankleidete, begann er, ein Stück aus dem ‚Fiesco' vorzutragen, in dem Fiesco vor das Gemälde des Malers Romano tritt und die Erhabenheit der Kunst an der bemerkenswerten Größe einer Tat misst. Kunst oder Tat – was sollte im Leben mehr gelten? Schillers Vortrag, so nüchtern und treffend, dass er, da war ich mir sicher, gestern damit geglänzt hätte.

„*So trotzig stehst du da, weil du Leben auf toten Tüchern heuchelst, und große Taten mit kleinem Aufwand verewigst ... Geh! – Deine Arbeit ist Gaukelwerk – der Schein weiche der Tat ... Ich habe getan, was du – nur malst ...*"

Anschließend schwieg Schiller eine Weile, bevor er meinte: „Andreas, glaube mir, ich werde mein Werk nach ihren Wünschen gestalten, aber sie werden es nicht verstehen."

„Sie müssen es, Fritz! Wovon wollen wir sonst leben?", begehrte ich auf.

Er lächelte wieder und antwortete: „Weißt du, Andreas, ich habe diese Szene auch unserem alten Professor Abel in Stuttgart vorgetragen und ihm versprechen müssen, dass dieses Werk am Ende von keinem der Fehler entstellt werden soll, die noch den ‚Räubern' anhafteten. Andreas, dieses Versprechen gedenke ich zu halten." Dann wandte er sich ab.

Ich habe erst viel später begriffen, dass er in dieser Szene mit der Kunst des Dialogs im Drama die künstlerischen Träume und Ideale lächerlich gemacht hatte. Er selbst sah sich inzwischen in der Rolle eines Menschen, der darauf brannte, zu handeln. Als solcher blickte er auf die Kunst wie auf eine mit Spinnweben gewebte künstlich durch Wörter erschaffene Kunstwelt herab und veranschlagte das mutige Handeln höher. Er entfernte sich damit auch von seinen Träumen, die ihn wagemutig bis hierhin geführt hatten. Schiller war bereits dem Pathos seiner ersten Dichtungen und der ‚Räuber' entwachsen, betrachtete nüchtern und mit knurrendem Magen seine Situation.

So musste ich feststellen, dass er sich, statt mit Umarbeitungen zu beginnen, bereits an jenem Tag an neuen Stoffen versuchte. Ein anderes Drama, die ‚Luise Millerin', hatte ihn gepackt. Pläne für eine Literaturzeitung reiften und ein halbes Dutzend anderer Ideen trieben ihn zur Rastlosigkeit. Dabei bedurfte es doch nicht viel, um auf den Grund unseres gemeinsamen Geldsäckels zu blicken. Selbst für einen Monat hätten wir das schäbige Quartier im Dachgeschoss bei den Hölzels nicht bezahlen können! Ich mahnte Schiller ernsthaft, an unser Einkommen zu denken. Ein rascher Erfolg mit dem ‚Fiesco', allein darin sah ich unsere Rettung. Meinen Teil an den Finanzen wollte ich mit Musikstunden für die Bürgerstöchter und Gattinnen schon irgendwie dazu beitragen.

Schiller fühlte sich bevormundet, so könne er nicht arbeiten! Er brauste auf und wir gerieten mächtig in Streit. Davon, dass er es nicht versäumte, mir schließlich noch vorzuwerfen, ich hätte mich in die jüngste Tochter seines Verlegers Schwan, die reizende und temperamentvolle Margarete verliebt und wolle ihm diese vor seiner Hochzeit – von der weder ich noch irgendjemand sonst etwas gehört hatte – abspenstig machen, einmal ganz zu schweigen. Er besaß durchaus die Gabe, solche Dinge auf die Spitze zu treiben und genügend Fantasie, dass man sich am Ende selbst wunderte, noch nicht das Aufgebot bestellt zu haben. Dann stürmte er wie ein Wirbelwind aus dem Haus zum Verleger Schwan, der Pläne und des Einkommens und natürlich der schönen Augen der blitzgescheiten Margarete wegen. Dort holte ich ihn, mal wieder, ohne gegessen zu haben, in weinselige Laune geraten, gegen Abend ab. Ich hatte mir über sein Ausbleiben Sorgen gemacht und hielt manche Vorhaltung für ihn bereit.

Er gab sich jedoch halbwegs friedfertig, erzählte von seinen Plänen für die ‚Thalia', seine neue Zeitschrift, die Schwan vertreiben wollte. Er verwendete viel Sorgfalt darauf, seine Schreibfeder sauber anzuspitzen, setzte sich an das wacklige Tischlein in unserer Behausung, dessen fehlendes viertes Bein wir durch die Reste eines defekten, ausrangierten Stuhles notdürftig ersetzten. Einen Brief an seine Schwester Christophine verfasste er, auch, um seine Eltern zu beruhigen. Vor seiner Flucht konnte er sich von seinem Vater, dem Offizier in Herzogs Diensten, nicht verabschieden. Er las mir die Zeilen wieder und wieder vor. Wir besprachen manches, was er schreiben und was er verschweigen sollte.

Wie er mit großer Ernsthaftigkeit formulierte, wurde mir klar, dass er keinen Moment daran gedacht hatte, nach Stuttgart zurückzukehren. Nicht einen Gedanken hatte er seine Begnadigung verschwendet, als er vorgestern an den Herzog schrieb. So stand im Brief an seine Schwester Christophine zu lesen: „... *Ich habe schon einen artigen Strich durch die Welt gemacht, du würdest mich kaum noch wiedererkennen, Schwesterchen. Wenn du den lieben Eltern den Brief zeigen darfst, so sag ihnen, dass ich mit ganzer Seele und ganzem Herzen ihr gehorsamer, ihr freier, ihr froher Sohn sei. Über mein Schicksal sollen sie sich keine Sorgen machen, denn mir geht es wohl. Meine Umstände sind gut. Bin gesund und frei wie der Fisch im Wasser, und welchem freien Menschen ist nicht wohl, wenn er alle Ketten, die ihn gebunden haben, abgestreift hat!*" Schiller blendete alle Unpässlichkeiten, wie er die Dinge, die ihn bedrückten, nannte, aus und formulierte weiter: „... *Auch geht mir nichts ab, meine Schulden bezahle ich, sobald sie verfallen sind und sobald meine Affäre mit dem Herzog entschieden ist. Wenn ich nicht mehr zurückkomme, so müssen meine zurückgelassenen Sachen verkauft werden. Mit den Erlösen können die Schulden bei Landau ganz beglichen werden. Um alles andere will ich mich schon kümmern. Lass also die guten Eltern höchst beruhigt sein ...*"[3]

---

3   Sprachlich leicht veränderte Zitate aus dem Brief Schillers an Christophine Schiller, datiert vom 18.8.1782, entnommen dem Buch: die Briefe des jungen Schiller – ausgewählt und eingeleitet von Max Hecker. Insel Verlag, 1917. Seite 47/48.

Kapitel 3
Auf des Messers Schneide

„Meine Luise Millerin habe ich sehr verändert. Das ist etwas Verhasstes, schon gemachte Sachen zernichten zu müssen. Meine Luise Millerin jagt mich schon um 5 Uhr aus dem Bette. Da sitz ich, spitze Federn, und käue Gedanken. Es ist gewiss und wahrhaftig, dass der Zwang dem Geist alle Flügel abschneidet."
Friedrich Schiller, Zitate aus Briefen an W.F.H. Reinwald, Bauerbach, 24. April und 03. Mai 1783[4]

Nachdem er dieses Schreiben besorgt hatte, war Schiller zunächst nicht ansprechbar, bat mich ans Klavier, um ihm ein wenig vorzuspielen, denn er wollte noch bis in die Nacht hinein arbeiten. Ich mahnte ihn, doch an die Nachtruhe der Hölzels zu denken und jeden unnötigen Ärger zu vermeiden. Er meinte nur leichthin: „Elender Bedenkenträger! Willst du, dass ich an dem ‚Fiesco' arbeite, damit wir von meinem üppigen Salär als Theaterdichter in Saus und Braus leben oder nicht? Du musst dich entscheiden, mein Freund. Die Hölzels", er machte eine leicht wegwerfende Bewegung mit dem Arm über die linke Schulter, „die Hölzels werden bezahlt. Hätten nicht vermieten sollen an uns. So hat ein jeder sein Päckchen im Leben. Die Hölzels liegen wach in ihren Federn und lauschen deiner Musik. Ich zeichne im Schweiße meines Angesichts der Welten Lauf nach …"

„Wie konntest du das nur aushalten, Andreas? Diese Getriebensein und diese Abhängigkeit von einem Menschen, von dem man damals gar nicht sagen konnte, was aus ihm einmal werden würde!",

---

[4] Aus: Friedrich Schiller, in seinen Schreiben an W.F.H. Reinwald, Bauerbach, 24. April und 03. Mai 1783, entnommen dem Buch: Die Briefe des jungen Schiller, ausgewählt von Max Hecker, Insel Verlag, Leipzig, 1917, hier: die Briefe vom 24. April und 03. Mai 1783, u.a. auf Seite 80. Wörtliches Zitat sprachlich leicht angepasst

Nanette bewunderte ihren Mann für seine Weitsicht und Opferbereitschaft aufrichtig. Sie konnte sich so etwas im Entferntesten nicht vorstellen. Wie schlimm es damals um die Freunde in Mannheim gestanden hatte, war noch heute, Jahrzehnte später, Andreas Streicher anzusehen. Von einer ‚*Freude schöner Götterfunken*' konnte keine Rede sein! „Du hast ihm ein unglaubliches Opfer gebracht. Hat er nie danach gefragt, was du für dich wolltest?"

Streicher wehrte ab: „Das war kein Opfer im eigentlichen Sinn, Nanette, ich war sein Freund, ihm ging es schlecht und er bedurfte meiner Hilfe. Das war doch schon fast alles."

„Trotzdem", seine Frau mochte dieses einfache Argument so nicht hinnehmen. „Schiller durfte nicht gleichgültig davon ausgehen, dass in dir keine besonderen Fähigkeiten schlummern, die du durch eine Ausbildung bei Philipp Emanuel Bach in Hamburg zum Erklingen hättest bringen können. Hat er sich darüber etwa nie Gedanken gemacht?"

„Dass du dies jetzt fragst! Denn in jener Nacht, von der ich erzähle, habe ich nämlich an meinem kleinen Reisepiano gesessen und seinem Wunsch gemäß gespielt. Es war wohl eine Gavotte von Johann Sebastian Bach oder etwas aus den Französischen Suiten. Nach fast zehn Minuten webte ich die Noten von Bachs großartigem Preludium, der Fuge Nummer 1, aus seinem wohltemperierten Klavier ein und wiederholte diese perlenden Läufe. Es war bereits spät und ich schon nicht mehr mit vollem Bewusstsein bei meinem Spiel. So begann ich in Noten zu träumen, ließ mein Klavier fantasiereich wie ein Schmetterling über eine Sommerwiese flattern und trübe Gedanken im gleißenden Sonnenlicht verscheuchen. Das Plätschern eines kleinen klaren Bachlaufs mischte sich ein und einzelne Vogelstimmen. Längst hatte ich Bach hinter mir gelassen und träumte mit offenen Ohren und mit Augen, die in eine weite, helle Ferne gerichtet waren und der tristen Wirklichkeit der Dachstube entflohen.

Da holte mich Schillers Stimme ins Bewusstsein zurück: „Das ist schön, Andreas. Man kann dabei träumen. Da, diese Stelle, ja, die besonders! Die ist wie ein Feld mit Sonnenblumen, groß, in leuchtendem Gelb und die Vogelstimmen darüber … Eine Leichtigkeit,

Andreas, die zum Fliegen einlädt, ehrlich! Spiel weiter, hör bitte nicht auf. Wenn das die Hölzels stört, ist ihnen in dieser Welt nicht mehr zu helfen!"

Schiller lauschte, dann begann er, wieder umherzugehen, nahm seine Blätter und seinen Federkiel und stampfte und schnaufte, ächzte, als habe er schwerste Baumstämme aus dem Weg zu räumen, während er Wort für Wort aufs Papier warf. Wieder hielt er inne, zwei Schritte und er stand neben meinem kleinen Piano, blickte mir über die Schulter. „Mein Gott, Andreas, das ist schön. Aber das ist doch nicht von Bach, das ist verspielter. Ja, genau diese Stelle, spiele sie noch einmal, Andreas! Ich kann mich nicht satt hören …" Ich konzentrierte mich, versuchte mich, an die Improvisation zu erinnern, spielte sie ungefähr und endigte in einer kleinen Kadenz, die über acht Töne abwärts klingend, schwebend leise das Grundmotiv wiederholte. Meine Angel trieb nicht lange ohne einen Notenfang auf diesem ruhigen Gewässer und die Finger fanden wie von selbst zu einem Melodiereigen, dem ich, während ich so spielte, selbst verwundert zuhörte. Im Ausklang sprach ich zu Schiller über die Kunst der Improvisation, über das Angeln nach den Noten. Dir, Nanette, brauche ich das nicht zu erklären."

„Ich sehe euch beide vor mir, wie die Musik eure trüben Gedanken und Ängste für Momente vergessen gemacht hat. Na, da wird Schiller der Mund offen gestanden haben vor Staunen über deine Begabung beim Spielen und Komponieren, oder?", wollte Nanette wissen.

„Er meinte, die Töne seien wie ein Gedicht. Er könne die Bilder lesen, die Farben bestaunen, die diese Klaviertöne malen würden. Ob man Noten und Töne auf diese Weise übersetzen dürfe, wollte er wissen. Ich bejahte dies, unterbrach mein Spiel nicht. Nach einer Weile bat er mich, das Ganze noch einmal zu spielen. Ich zuckte nur mit den Schultern und antwortete ihm, das sei nur ein Einfall des Augenblicks gewesen, ein Träumen mit Tönen. Ich erinnere noch daran, wie ich gesagt habe: „Gehört zum Handwerk des Musikers, der einmal ein Komponist werden möchte. Aber das ist im Grunde nichts, um das man ein Aufheben macht." Dann, Nanette, wie er so hinter mir stand, fasste er mich fest mit den Händen an den Schultern und erklärte: „Mein lieber Andreas, du stellst mir dein Licht doch unter den Scheffel – und fast hätte ich es dir geglaubt, dass du nicht mehr als ein rechtschaffener Musiker bist. Jetzt aber erkenne ich, was alles in dir steckt und schäme mich dafür, wie du für mich einstehst. Immer nur mich und meine Arbeit hast gelten lassen! Ich hätte viel früher auch über deine außerordentliche Begabung sprechen müssen! Du hast doch selbst jede Förderung verdient und gibst mir als Freund alles hin, als seiest du weniger wert als ich. Dies, Andreas, ist eine Rechnung, die nicht stimmt."

Er machte mich mit seinem Lob verlegen und ich wehrte ab. Aber er bestand darauf und erklärte: „Ich weiß, dass du deine Mutter wieder um Geld angeschrieben hast. Wenn sie den Betrag schickt, Andreas, versprich mir, dass wir dann getrennte Wege gehen, ohne Rücksicht darauf, wie es um meine Sache hier in Mannheim bestellt ist. Du musst nach Hamburg und etwas aus deinem Talent machen! Versprich es mir!" Als ich ihm von Freundschaft und Treue, von Fürsorge und seinem Ruhm redete, wehrte er heftig ab und sagte nur: „Andreas, wenn ich dein Opfer wie selbstverständlich annähme, wäre es, nachdem, was ich jetzt über dich weiß, nur Unrecht! Ich würde mir dies stets zum Vorwurf machen."

„Wenigstens hat er es erkannt und dir die Anerkennung und den fälligen Dank gezollt", entgegnete Nanette, „wenngleich den Worten nur wenige Taten gefolgt sind ..."

„Uns blieb keine Zeit und Gelegenheit, unsere Dinge zu ordnen. Wir waren Getriebene! Kaum angekommen, mussten wir zwei Tage später bereits aus Mannheim wieder fliehen – ohne irgendetwas erreicht zu haben! Daran änderten auch Schillers untertänigst formulierte Bittschriften Richtung Herzog und General Augé nichts. Frau Meyer, soeben aus Stuttgart zurückgekehrt, überbrachte noch in der Nacht in Begleitung von ihrem Mann und Iffland schlechte Nachrichten. Von Dahlberg, immer noch beim Herzog zu Gast, ließ ausrichten, der Haftbefehl könne jederzeit exekutiert werden. Ihre Besorgnis nahm solche Ausmaße an, dass der Schauspieler Boeck zur

Beruhigung der Hölzels, die keinen Schlaf fanden, selbst draußen auf der nächtlichen Mannheimer Straße Wache schob. Frau Meyer sprach eindringlich ihre Sorge aus, wie leicht ein Auslieferungsersuchen ins Pfälzische zur Festnahme und Inhaftierung von Schiller führen könne. In Stuttgart spreche man von nichts anderem. Schiller stand noch deutlich die Begegnung mit dem Freiheitsdichter Schubart auf dem Hohenasperg in dessen Zelle vor Augen. Er erinnerte sich lebhaft daran, wie sein Onkel, der Kommandant der Festung und herzoglichen Haftanstalt, den bedauernswerten Schubart vorgeführt und Männchen hatte machen lassen. „Nein, in Festungshaft, in den Turm, lass ich mich niemals sperren!", rief er voller Entsetzen aus. Es war unvermeidlich, wir mussten überstürzt aus Mannheim fort!

„Er hat gleich mehrfach geschrieben? Hat er geglaubt, der Herzog ließe ihn zurückkehren und in Frieden seiner Schriftstellerei nachgehen? Doch wohl eher nicht! Solch ein Träumer konnte auch ein junger Schiller nicht sein, oder?", wollte Nanette wissen.

„Ja, tatsächlich richtete Schiller noch von Mannheim aus Bittschriften, auf die er einige Arbeit und Zeit verwendete, an General Augé und den Herzog. Er kam damit vor allem auch dem Drängen von Regisseur Meyer nach, der all seine Hoffnungen auf Schillers baldige Begnadigung setzte. Schiller vertraute dem Ehepaar Meyer, aber ihm war bewusst, dass, wenn er in seiner Bittschrift dem Herzog auch als Schriftsteller gegenübertrat, für diesen eine Grenzlinie überschreiten würde. Der Antrag auf Genehmigung seiner schreibenden Tätigkeit konnte von einem Herrscher wie Karl Eugen nur als Affront verstanden werden. Nicht einen Moment rechnete er mit einem positiven herzoglichen Bescheid. Der Punkt, schreiben zu wollen, musste vom Herzog, der ihm dies mehrfach untersagt hatte, als Affront verstanden werden. Schiller grauste bei dem Gedanken, wieder in Württemberger Verhältnisse zurückzukehren und erneut in Uniform sein Dasein fristen zu müssen. Er hatte, ohne viele Worte darüber zu verlieren, längst für sich einen Schlussstrich gezogen. So hoffte er, mit den Briefen die Reaktion des Herzogs seinen Eltern gegenüber abmildern zu können und Zeit zu gewinnen.

Kaum waren in Stuttgart und auf dem Schloss, der Solitüde, die Feierlichkeiten wegen des Besuchs des russischen Großfürsten vorüber, die zehntausend Lichter zu dessen Ehren erloschen und das Gemetzel an dem im Park in großer Zahl zusammengetriebenen Wild erledigt, ging man in Württemberg am Hofe des Herzogs Karl Eugen, missgestimmt über den Dauerregen und die Ignoranz des Großfürsten, der sich für des Herzogs Verhältnisse zu wenig beeindruckt zeigte, wieder an die üblichen Geschäfte. Nichts hatte sich seit Schillers Weggang zu seinen Gunsten verändert. Im Gegenteil! Schillers Position im Siechenregiment von General Augé war neu besetzt worden. Der Herzog hatte Schiller als Fahnenflüchtigen von der Regimentsliste gestrichen.

„Noch nicht einmal das ‚Räuber-Drama' hat der Herzog Ihnen verziehen, Schiller! Bedenken Sie, er bedarf keines Gerichts, um Sie wie den Dichter Schubart für Jahrzehnte auf dem Hohenasperg einzukerkern!", mit diesen Worten und einer letzten Einladung zum Essen verabschiedete sich Regisseur Meyer und klopfte Schiller Mut zusprechend auf die Schulter.

„Kein Jahr hielte ich das aus! Ich war dort, habe mit meinem Freund von Hoven den Schubart aufgesucht. Er sitzt schon fünf Jahre ohne Prozess und ohne ein Zeichen von Gnade und Hoffnung dort ein! Die meiste Zeit im Turmverließ in Einzelhaft! Der Mann ist gebrochen, wenn auch noch immer ein Funken in ihm glimmt! Wie ich ihn dafür bewundere!", erklärte Schiller mehrfach, während er die Abordnung vom Mannheimer Theater zur Haustür geleitete. Mit jeder weiteren Minute im Kreis der besorgten Freunde wurde Schiller dabei blasser, als er ohnehin schon war. Er bedankte sich auch noch bei seinem Freund Boeck für dessen Kommen und Sorge, wünschte den Hölzels eine angenehme Nachtruhe und hockte schließlich neben mir auf der Bettkante, wo wir gemeinsam in bedrückter Stimmung berieten, wie es weitergehen konnte.

Boeck eilte an der Seite von Iffland heimwärts durch die nächtlichen Gassen und äußerte sich zu seinen Sorgen über die Freunde.

„Ach, was soll's ...", Iffland hatte dafür nur eine wegwerfende Handbewegung übrig: „Hast du dich mal in dieser dreckigen, zugigen Dachbude umgesehen? Zu verlieren haben die beiden doch in Mannheim ohnehin nichts. Vielleicht hätte das Geld schon für die nächsten Tage nicht gereicht. Da ist es nicht das Schlechteste, wenn die beiden einige Wochen auf Wanderschaft gehen."

Boeck hat mir später davon erzählt, dass er das Argument nicht gelten lassen wollte, sich an Ifflands Überheblichkeit stieß und diesen missgestimmt allein ziehen ließ. Iffland hätte ihm nachgerufen: „Ist doch wahr! Arme Teufel sind die beiden. Freie Geister, die morgen mit knurrendem Magen auf die Wanderschaft gehen. Dabei führen Bühnen in Hamburg und Leipzig dieser Tage die ‚Räuber' mit Erfolg auf und wie man weiterhin hört, stehen die nächsten Aufführungen für Bonn und Frankfurt an. Wenn es um seine Berühmtheit ginge, dürfte einer wie Schiller keinen Hunger mehr leiden. Nur von diesen Einnahmen verbleibt Schiller nichts. Das wird mir nicht passieren! Glaube mir, mir nicht!"

Schiller hatte von all dem keine Ahnung und Iffland schwieg ihm gegenüber dazu, seine eigene Bewerbung um die Stelle als Theaterdichter am Mannheimer Nationaltheater fest im Blick.

Es wurde für Schiller und Streicher eine kurze Nacht. Früh am Morgen stand Streicher auf Zehenspitzen am schrägen Dachfenster und blickte hinaus. Gleich galt es, das Wenige an Habe zusammenzupacken. Das Piano und die überzähligen Koffer würde Regisseur Meyer abholen lassen und bis zu ihrer Rückkehr bei sich verwahren. Ihr Ziel ‚Frankfurt am Main' würden sie zu Fuß erreichen müssen, da es für eine Kutsche an Reisemitteln fehlte. Mit belegter Stimme erklärte Streicher damals dem Freund: „Meine Mutter hat sich auf das letzte Schreiben noch nicht gemeldet. Gleich morgen schreibe ich erneut wegen des Geldes. Den Brief geben wir von Oggersheim auf." Andreas Streicher unterbrach seine Erklärung, denn er hörte Schiller ein Lied pfeifen. Hatte dieser Kerl so dicke Nerven, dass ihn die Flucht nicht anfocht? Die Angst vor dem Herzog musste doch auch Schiller in den Kleidern stecken!

„Ruhig bleiben, Andreas, mein Freund", sagte der Räuberdichter in seiner unnachahmlichen Art zu ihm. Verwundert wandte sich Streicher ihm zu: „Was meinst du?"

„Sag, Andreas, ist sie nicht besonders? Du hast sie doch auch gesehen", Schiller klimperte Töne auf dem Piano. – „Wer? Die Schwan?", Streicher rollte mit den Augen. „Nicht schon wieder dieses Thema! Ich habe nichts mit ihr und will auch nichts von ihr." – „Natürlich spreche ich von Demoiselle Schwan. Von wem sonst? Beschreib sie mir einmal. Wie hast du sie gesehen? Ich will ja sichergehen, dass ich mich nicht in ihr täusche."

Hatte der Kerl Nerven! Streicher stöhnte laut auf, unterwarf sich aber der Forderung, denn es machte keinen Sinn, Schiller in derartiger Stimmung zu widersprechen, wenn er wirklich etwas wollte: „Fräulein Schwan, ein Mädchen, fast eine junge Frau, von schönstem Mittelwuchs, alle Glieder im vollkommensten Ebenmaß, mit schönen, sprechenden, schwarzen Augen, in die man umso lieber schaut, als der Blick des einen, kaum merklich, nach der Nasenwurzel hin ein wenig schief ausfällt. Ihre Haut ist blendend weiß und der schöne, schlanke Hals so reizend gestellt, wie man ihn manchmal bei antiken Figuren wahrnimmt. Dabei drücken ihr Gang und ihr Auftreten eine höhere Bildung aus. Sie wirkt fast ein wenig edel und für eine normale Gesellschaft unerreichbar."[5]

Schiller unterbrach ihn barsch: „Wenn es bis jetzt noch eines Beweises bedurft hätte, Andreas, du bist auch verliebt in sie! Streite es nicht ab! Kann das sein? Lass dir gesagt sein, ich wandere morgen mit dir bis nach Frankfurt! Wenn es sein muss, darüber hinaus, bis sich diese fixe Idee in deinem Kopf abgekühlt hat, denn ich bin derjenige, der Demoiselle Schwan heiraten wird!"

---

5   Die Beschreibung ist fast wörtlich aus der Schiller-Biografie entnommen, die Andreas Streicher unter dem Titel „Schillers Flucht von Stuttgart und Aufenthalt in Mannheim 1782 bis 1785" verfasst hat. Sein Buch ist bis heute für die Forschung eine der wichtigsten Quellen, die Jugendgeschichte Schillers betreffend.

Längst erzählte Streicher nicht mehr allein über die Zeit in Mannheim und die Ereignisse der Flucht. Nanette und ihm war es, als sei Schiller neben sie getreten, um stürmisch und voller Leidenschaft selbst das Wort zu ergreifen. Schiller erschien ihnen heute so nah, als sei er nicht bereits neunzehn Jahre tot und zu Grabe getragen. In diesem Sinn traten sie zu dritt den Heimweg an, gefangen von einer Geschichte, die längst vergangen und dank Beethovens großartiger Symphonie doch gegenwärtig wie nie ihr Denken und Fühlen beherrschte. Sie folgten Schillers Spuren und hielten ihm auch an den kommenden Tagen und Wochen ein intensives Andenken. Sie ließen ihn erzählen, wie er zu dem wurde, was er den Menschen noch immer, über seinen Tod hinaus, bedeutete.

Kapitel 4
Dieses unentwegte Fliehen, dieses mir selbst ein Fremder werden, Frankfurt – Oggersheim 1782

Mich hält kein Band, mich fesselt keine Schranke,
Frei schwinge ich mich durch alle Räume fort,
Mein unermesslich Reich ist der Gedanke,
Und mein geflügelt Werkzeug ist das Wort.
Was sich bewegt im Himmel und auf Erden,
Was die Natur tief im Verborgenen schafft,
Muss mir entschleiert und entsiegelt werden,
Denn nichts beschränkt die freie Dichterkraft;
Doch Schönres' finde ich nichts, wie lang ich wähle,
Als in der schönen Form – die schöne Seele.
Friedrich Schiller, Frühe Gedichte

Andreas Streicher und Friedrich Schiller verließen am 03. Oktober 1782 schweigend und bedrückt mit leeren Taschen Mannheim über die Neckarbrücke. Mehrfach blickten sie ängstlich über ihre Schultern und hielten Ausschau nach Verfolgern. Jeder Uniform wichen sie von Weitem aus. Sie hatten einen langen, beschwerlichen Fußmarsch in eine ungewisse Zukunft vor sich – ihr Ziel hieß Frankfurt am Main. Dort im Hessischen wähnten sie sich halbwegs sicher vor dem Zugriff des Württembergischen Herzogs Karl Eugen und eine Stadt dieser Größe könnte ihnen vielleicht eine Unterkunft und ein Auskommen bieten. Ihr Leben bestand nur noch aus äußerst vagen Zukunftsaussichten.

Sie liefen den ganzen Tag und hatten es eilig, Mannheim und ihre Ängste hinter sich zu lassen. In einem Dorf hinter Sandhausen blieben sie über Nacht und gingen am nächsten Tag auf der von Burgruinen gesäumten Landstraße nach Darmstadt weiter, wo sie abends gegen 6:00 Uhr eintrafen. Sehr erschöpft von einem zwölfstündigen Marsch begaben sich in einen Gasthof, bereit, ihre knappe Barschaft zu opfern. Sie brauchten nur noch Schlaf und ordentliche Betten, um sich auszuruhen. Doch ausgerechnet dies gestaltete sich schwieriger, als sie erhofft hatten. Denn mitten in der Nacht schreckte sie ein fürchterliches Trommeln auf, sodass sie meinten, eine Abteilung Soldaten wäre unter ihrem Fenster angetreten, Schiller festzunehmen. Sie erblickten niemanden auf der Straße, sperrten die Fensterläden weit auf, um nach links und rechts durch das Fenster zu spähen, da sie vermuteten, es sei im Ort ein Feuer ausgebrochen. Das schreckliche Getöse dauerte noch eine Weile in der Nacht, bis endlich wieder Ruhe einkehrte. Sie waren aufgeregt und es brauchte eine Weile, bis sie erneut einschlafen konnten. Am nächsten Morgen erkundigten sie sich beim Gastwirt nach den außerordentlich starken Trommeln und dem Militäraufmarsch in der Nacht und erfuhren zu ihrem Erstaunen, dass dieses jede Nacht für Mitternacht so angeordnet worden sei. Es handele sich um den Wachwechsel!

Schon standen Musikus und Theaterdichter inkognito wieder auf der Straße, doch Schiller fühlte sich nicht wohl, bestand jedoch trotz der Bedenken von Streicher darauf, die sechs Stunden Weg bis nach Frankfurt noch heute anzugehen. Er wollte von Frankfurt aus nach Mannheim schreiben, um sich die eingegangene Post an seine neue Adresse schicken zu lassen. Der Wille war wieder einmal eine Sache, die müden Füße vom zwölfstündigen Marsch des letzten Tages, die nicht so recht voran wollten, eine andere. Dennoch, es war ein heiterer und sehr schöner Morgen, als sie wieder losliefen und der Landstraße folgten. Sie gingen langsam und sparten ihre Kräfte, mussten jedoch nach einer Stunde bereits erneut rasten, um sich in einem Dorf mit Kirschgeist und Wasser abzukühlen und zu stärken. Gegen Mittag kehrten sie auf der Strecke ein weiteres Mal ein, jedoch weniger des Essens wegen, sondern weil Schiller zu erschöpft war und dringend eine Pause benötigte. In dem Wirtshaus ging es aber hoch her. Es hatten sich einige Zecher dort zusammengefunden und der Wirt, ein richtiger Draufgänger, heizte die Stimmung derart an, dass die beiden schon bald das Weite suchten, um sich wieder auf den Weg zu machen. Schiller war die übermenschliche Anstrengung anzusehen, die ihn der Marsch in seinem Zustand kostete. Es ging ihm nicht gut. Zwei Mal rumpelte die Postkutsche nach Frankfurt an ihnen vorbei, der sie jeweils sehnsüchtige Blicke hinterherwarfen. Aber ihnen fehlte das Geld für derartige Bequemlichkeit. Sie hatten immer noch einige Stunden Fußmarsch vor sich. Dabei wurden sie von Minute zu Minute immer langsamer. Schiller wurde immer blasser und begann vor Anstrengung zu schwitzen und zu keuchen. Als sie in das nächste Wäldchen traten, in dem man eine Anzahl Bäume gefällt hatte, strebte Schiller über einen seitlichen Fußweg zur Straße die Lichtung an und erklärte, dass er völlig außerstande sei, auch nur einen Schritt weiterzugehen. Streicher beobachtete mit sorgenvoller Miene, wie sich sein Freund unter ein schattiges Gebüsch ins Gras legte, um zu schlafen. Kaum lag er, fielen ihm die Augen zu und er rührte keinen Knochen mehr, sodass Streicher sich des Öfteren zu ihm hinab beugte und auf seinen Atem lauschte. Streicher setzte sich auf einen Baumstumpf, ängstlich und besorgt, wo das noch alles enden würde. Aus Schillers abgehärmten, düsteren Gesichtszügen, aus denen die Nase spitz hervorstach, ließ sich nur noch

Verzweiflung und Erschöpfung ablesen. Schiller schlief zwei Stunden wie bewusstlos und sein Freund wachte.

Während dieser Zeit passierte niemand den schmalen Weg, der ein wenig abseits der Landstraße in ihre Richtung führte. Dann jedoch tauchte ein Offizier in blassblauer Uniform mit gelben Aufschlägen auf, der sofort Kurs auf die beiden nahm, als er sie entdeckte und ausrief: „Ein schönes Plätzchen habt Ihr gefunden! Ruht man sich also aus? Auf dem Weg nach Frankfurt?" Überhaupt nicht neugierig setzte er die Frage hinzu: „Gott zum Gruße! Wohin sind denn die Herren unterwegs? Darf man sich bekannt machen?"

Schiller war noch nicht erwacht und Streicher antwortete überlaut und barsch abweisend: „Wir sind nur Reisende!"

Durch Streichers Ausruf erwachte Schiller endlich, richtete sich auf, erschrak und warf dem Uniformierten einen feindseligen Blick zu. Der Offizier suchte das Gespräch mit Streicher und bot diesem freundlich etwas von seinem Schnaps an, den er mit sich führte. Streichers Misstrauen schmolz ein wenig dahin und ein Wort ergab das Nächste. Der Offizier schien kein so schlechter Kerl zu sein. Doch Schiller schaute ihn mit stechendem Blick ins Gesicht, was den Offizier sichtlich verunsicherte. Dann schnitt er ihm das Wort ab und ging ihn gradewegs an: „Spart Euren Schnaps für andere Dumme. Wir taugen nicht zum Exerzieren und Schießen! Ich kenne Eure Sorte wohl! Seid Ihr preußischer Werber? Sucht wohl lange Kerls, Hochgewachsene wie mich als Kanonenfutter für Eure mickrige Prämie, die Ihr einstreichen wollt? Oder wollt Ihr welche für die hessischen Regimenter nach Amerika schicken? Da seid Ihr bei uns in der an der falschen Adresse! Schleicht Euch! Ihr seid keinen Deut besser als die Tyrannen, die freie Männer auf die Schlachtfelder in den Tod schicken, nur um mit ein paar daraus gezogenen Talern ihr Vergnügen zu finanzieren. Ich speie auf solches Gewerbe! Schleiche er sich endlich!"

Der Offizier fühlte sich erkannt, fuhr erschreckt zusammen und machte, dass er weiterkam. Waren es Schillers barsche Worte oder war es dessen totenkopfähnliches Gesicht, was ihn zur Flucht trieb?

Jedenfalls brachen die Freunde wieder auf und Schiller erklärte Streicher auf dessen verwunderte Frage, dass er durchaus mit dem Gewerbe des soldatischen Werbers vertraut sei. Von seinem Vater habe er manches in dieser Hinsicht gelernt. Diese Kerle würden ihn nicht noch einmal in eine Uniform zwingen!

Am späten Abend des 05. Oktober erreichten sie Frankfurt am Main. Aus Sparsamkeit und aus Sicherheitsgründen nahmen sie in Sachsenhausen in dem Gasthof ‚Zu den drei Rindern' in der Nähe der Mainbrücke Quartier.

Schiller schonte sich nicht, obgleich er in schlechter Verfassung war. Streicher mahnte ihn zur Ruhe, denn auch er verspürte inzwischen das dringende Bedürfnis danach, Körper und Seele ein wenig Erholung zu gönnen. Doch schon begann das alte Spiel und sein Freund zog die halb beschriebenen und wenigen leeren Bögen Papier vor, die er mit sich führte, spitzte die Feder und saß in der hintersten Ecke der Gaststube, um an seiner ‚Luise Millerin' und einigen Gedichten zu schreiben. Streicher wühlte in den Papieren, fand in der Tasche, was er suchte und legte ihm die noch unfertigen Überarbeitungen des ‚Fiesko' auf den Tisch. „Denk daran, dass du für dieses Werk bereits einen Fürsprecher hast. Wenn Meyer denn Dalberg überzeugen soll, musst du ihm eine Überarbeitung liefern. Es wäre nicht schlecht, wenn wir seine Zustimmung bald erhielten. Was meinst du?"

„Man kann einen Stoff nicht zwingen! Andreas, das musst du einsehen! Es wäre geradezu so, als ob du mit einer gebrochenen Hand ein Klavierstück von Beethoven oder Bach zum Besten geben solltest. Nicht jetzt!"

„Aber, Fritz, wovon willst du leben, wenn du nicht bald einen Vertrag bekommst?"

„Steck das weg!" Ärgerlich wischte er die Blätter vom Tisch, sodass Streicher sie am Boden aufsammeln musste. Anschließend hockten sie in gegenüberliegenden Ecken der Gaststube und schwiegen sich verstimmt an, bis Streicher es nicht mehr aushielt und nach draußen lief, um Luft zu schnappen. Er beschloss, dass

Schiller auf andere Ideen kommen müsse. Er musste ihn aufheitern, aus dieser düsteren Stimmung herausholen, ihm den Optimismus einflößen, den er brauchte, um mit der Überarbeitung des ‚Fiesko' voranzukommen. Als Streicher an diesem Abend aus Frankfurt zurückkam, wusste er, was zu tun war. Er schleifte Schiller am nächsten Tag in eine der Frankfurter Buchhandlungen. Neugierig stöberte dieser in den Auslagen. Dann erkundigt er sich bei dem Buchhändler, ob er schon etwas von einem Schauspiel gehört habe, dass in Mannheim unter dem Titel ‚Die Räuber' aufgeführt worden sei? Als der Buchhändler dies bejahte, bemerkte Streicher, wie Schillers Gesicht an Farbe und Lebhaftigkeit gewann. Sogleich fragte er weiter: „Und findet das Buch reichlich Absatz? Wie urteilt das Publikum, ich meine, die Leser darüber?"

Das Urteil dieses Buchhändlers und auch des nächsten Buchhändlers, den sie aufsuchten, fiel so günstig aus, dass Schiller nicht anders konnte, sein Inkognito aufgab und sich als Autor des Stückes vorstellte. Die Buchhändler waren über dieses Vergnügen, dem Autor höchstpersönlich gegenüberzustehen, sehr überrascht. Diesem freundlich aussehenden Jüngling hätten sie ein so wüstes Stück nicht zugetraut.

Diese Reaktion und das Urteil des Publikums erheiterten Schiller. In bester Laune und zu Scherzen aufgelegt, trat er mit Streicher den Weg zum Gasthof an. Wie verflogen schien die düstere Stimmung des ersten Tages. Doch dem Geldproblem, das sie beide drückte, wollte er sich nicht stellen, obwohl dies immer dringlicher wurde. Schließlich übernahm es Streicher, beim Wirt für sie günstige Konditionen in Form einer Pauschale für Kost und Logis auszuhandeln. Den Schwung des Tages nutzend, schrieb Schiller einen Brief an den Intendanten von Dalberg nach Mannheim. Nach einem Tag wie diesem fühle er sich stark genug, einmal mehr untertänigst zu Kreuze zu kriechen, erklärte er. Und: Er sei entschlossen, dieser Person die unmenschlichen Folgen seines Verhaltens vor Augen zu führen.

‚Euer Exzellenz werden von meinen Freunden zu Mannheim meine Lage bis zu Ihrer Ankunft, die ich leider nicht abwarten konnte, erfahren haben.

Sobald ich Ihnen sage, ich bin auf der Flucht, sobald habe ich mein ganzes Schicksal geschildert. Aber noch kommt das Schlimmste hinzu. Ich habe die nötigen Hilfsmittel nicht, die mich in den Stand setzen, meinem Missgeschick Trotz zu bieten ... Ich hätte noch ungefähr 200 Gulden nach Stuttgart zu bezahlen. Ich darf Ihnen gestehen, dass wir das mehr Sorgen macht, als wie ich mich selbst durch die Welt schleppen soll. Ich habe solange keine Ruhe, bis ich mich von der Seite gereinigt habe. – Dann wird mein Reisemagazin nach Tagen erschöpft sein. Noch ist es mir gänzlich unmöglich, mit dem Geist zu arbeiten. Ich habe also gegenwärtig auch in meinem Kopf keine Ressourcen. Wenn Euer Exzellenz (da ich doch einmal alles gesagt habe), mir auch dazu 100 Gulden vorstrecken würde, so wäre mir gänzlich geholfen ... [6]

Streicher konnte den Erfolg vermelden, dass er sich mit dem Wirt auf einen günstigen festen Betrag für Kost und Logis geeinigt hatte. Das verschaffte ihnen wieder einen Spielraum für ein paar Tage, in denen sie bei sparsamster Lebensführung mit dem Geldproblem durchkommen könnten. Den gewonnenen Zeitraum nutzte Schiller, um Frankfurt ein wenig kennenzulernen, sich in den Frankfurter Theatern umzuschauen, Briefe zu verfassen, das mit Buchhändler Schwan aus Mannheim ins Auge gefasste Projekt der Literaturzeitschrift ‚Thalia' voranzubringen und am ‚Fiesko' zu arbeiten.

Doch das Schicksal nahm auch weiterhin einen schlimmen Verlauf. Vier Tage später kam mit einem Schreiben von Regisseur Meyer die schlichte Ablehnung von Dalberg. Der Intendant des Mannheimer Hoftheaters hatte es noch nicht einmal für nötig befunden, selbst zu antworten! Schillers las dieses Schreiben für sich allein und blickte dann gedankenverloren durch das Fenster, das eine Aussicht auf die Mainbrücke bot. Er sprach lange kein Wort, und es ließ sich nur aus seinen düsteren Augen, aus der veränderten Gesichtsfarbe schließen, dass Regisseur Meyer nichts Erfreuliches zu vermelden

---

6   Brief zitiert nach Walter Hoyer: Schillers Leben dokumentarisch – in Briefen, zeitgenössischen Berichten und Bildern, Köln, 1967; unter Bezug auf die Schiller-Biografie, die Andreas Streicher unter dem Titel „Schillers Flucht von Stuttgart und Aufenthalt in Mannheim 1782 bis 1785‟ veröffentlicht hat.

hatte. Es war ein Fehler gewesen, auf Dalbergs Mitgefühl zu setzen. Er bestand darauf, der ‚Fiesko' müsse erst umgearbeitet werden, bevor er sich überhaupt Gedanken darüber machen könne, ob das Stück für die Mannheimer Bühne geeignet sei. Und dann, erst dann könne man überhaupt über einen Vorschuss nachdenken. Keine Entschuldigung, kein freundliches Wort, keine Zeile, die irgendwie Mut machen konnte – nichts! Steif erhob sich Schiller von seinem Platz, ging nach oben, wieder einmal seine Sachen zu packen. Streicher folgte ihm, griff nach dem Schreiben, überflog hastig die Zeilen und erkannte das ganze Ausmaß ihrer schrecklichen Situation. Sie saßen auf dem Trockenen – bei jedem Griff in ihren Geldbeutel war schon dessen Boden erreicht. Schiller bat Streicher noch, alles für die sofortige Abreise vorzubereiten. Er sagte sonst nicht mehr viel. Gebeugt trieb ihn seine Verzweiflung aus dem Haus.

Er suchte den Frankfurter Buchhändler auf, der wie Schwan in Mannheim auch Verleger war, und der sich über seine ‚Räuber' positiv geäußert hatte. Er versuchte dort, das Gedicht ‚Teufel Amor' für 25 Gulden zu verkaufen. Der Buchhändler bot dem jedoch nur 18 Gulden. Schiller insistierte und erinnerte an die positiven Reaktionen der Kunden auf die Schwan'sche Buchausgabe der ‚Räuber' und daran, dass er in Mannheim seit diesem Theatererfolg durchaus etwas gelte. Der Buchhändler, ganz Kaufmann und weniger Schöngeist, zuckte nur mit den Schultern, warf erneut einen Blick auf das lange Gedicht und erklärte knapp: „Höchstens achtzehn Gulden, mein Herr!" Dieses Verhalten rührte Schüler derart an seinen Stolz, dass er beschloss, lieber des Hungers zu sterben, als seine Gedichte zu einer Ware verkommen zu lassen, um die er um jeden Preis feilschte. Ohne ein weiteres Wort zu verlieren, stürmte er aus dem Buchladen. Mit diesem Ergebnis trat er Streicher wieder unter die Augen, der es nicht fassen konnte, dass Schiller die 18 Gulden ausgeschlagen hatte. Mit der Summe hätten sie eine ganze Zeit überleben können! Jetzt mussten sie ihr Quartier in Sandhausen endgültig verlassen und sich nach einer noch günstigeren Bleibe umschauen. Das Schlimmste blieb ihnen jedoch erspart, traf glücklicherweise am selben Tag mit dem Postwagen ein Geldbote ein, der Streicher 30 Gulden von seiner Mutter aus Stuttgart als Reisegeld überbrachte.

Am nächsten Morgen brachen sie Richtung Oggersheim auf. Sie nahmen ein Schiff bis nach Mainz und marschierten von dort zu Fuß bis nach Worms. Die Wegstrecke nach Worms, ein anspruchsvoller Fußmarsch von neun langen Stunden, setzte den beiden wieder einmal zu. Als sie am Vormittag Nierstein erreichten, konnten sie der Versuchung nicht widerstehen, den hier angebauten Wein zu kosten und einzukehren. Schiller, der von Mainz bis hierhin sehr wenig gesprochen und vor sich hin gebrütet hatte, drängte Streicher zu dieser Einkehr. Es gelang ihm sogar, beredt und sein Interesse an dem guten Tropfen durchblicken zu lassen, den Wirt dazu zu bewegen, ihnen einen Schoppen von dem besten und ältesten Wein, der sich im Keller befand, zum Verkosten auf den Tisch zu bringen. Bester Laune über dieses Bubenstück prostete er Streicher zu: „Ha, dieser Streich wäre unserem Petersen in Stuttgarter Tagen, diesem Draufgänger und Weiberheld, nicht besser gelungen! Lass uns diesem edlen Getränk huldigen und auf unsere alten Stuttgarter Freunde anstoßen!" Da der Wein tatsächlich mit keinem Taler bezahlt werden musste, fiel es dem ebenfalls weinselig gewordenen Streicher schließlich noch nicht einmal schwer, ein Lied anzustimmen, was in der Schankstube von den Gästen gern mitgesungen wurde. Als sie gemütlich beisammen hockten, den Wein auf ihrer Zunge tänzeln und zu einem Kanten Brot diesen seltenen Luxus eines solchen Tropfens auf sich wirken ließen, meinte Schiller, dass der Ruf dieses alten Weines doch ungleich größer sei als das, was er jetzt aus dieser Sache herausschmeckte. Aber das ginge einem bei vielen anderen berühmten Gegenständen sicherlich nicht anders. Gut gelaunt durchstreiften sie noch den Ort Niederstein, scherzten mit einigen Weibsleuten, die ihnen über den Weg liefen und fanden, nachdem sie ihre Wanderung fortsetzten, dass sich die Füße leichter hoben und ihr Sinn munterer geworden war.

Das Quartier in Oggersheim, das sie auf Empfehlung von Regisseur Meyer aufsuchten, erwies sich als derartig günstig, dass

Streicher und Schiller sprachlos feststellen mussten, dass in dem Raum, den sie künftig ihr Eigen nennen sollten, nur ein einzelnes Bett stand, das sie sich zu teilen hatten.

Rasch erkannte Streicher, dass es keinen Sinn machte, seinen Freund weiter zu Umarbeitungen vom ‚Fiesko' zu drängen. Seit dieser letzten von Dalberg übermittelten schroffen Absage überwogen die Selbstzweifel an dem eigenen Werk und jeder Schwung, der zu einem großen Wurf führen könnte, war dahin. Schiller zeigte sich ihm gegenüber dankbar, dass er nicht weiter drängte und ihn arbeiten ließ. Er war froh darüber, dass er den Glauben an sich selbst noch nicht vollends eingebüßt hatte. Die Flucht hatte ein heilloses Durcheinander in seinen Aufzeichnungen und nicht zuletzt auch in seinen Erinnerungen an die ursprünglichen Ideen für Entwürfe verursacht. Vieles ging auf dem Weg bis Oggersheim endgültig verloren; unter anderem auch dieses Gedicht ‚Teufel Amor', für das er in Frankfurt noch 18 Gulden ausgeschlagen hatte. Dennoch: Es erschien ihm auch jetzt noch richtig. *Ein jeder gibt den Wert sich selbst!* Schlimm genug, dass er sich Leuten wie Dalberg derart anbiedern und unter Wert verkaufen musste. Schlimm genug, dass er aus Angst vor den Häschern des Herzogs von Württemberg erneut seinen Namen von Dr. Ritter in Dr. Schmidt umwandeln musste und Streicher sich jetzt schlicht mit Wolf rufen ließ. Sie mussten aufpassen, dass sie sich nicht selbst verlustig gingen!

Jetzt galt es aber, alles zu ordnen, und sein neues Drama, die ‚Luise Millerin', voranzutreiben, vor allem alles niederzuschreiben, was er bis jetzt den Gedanken zu diesem Drama entworfen hatte. Schiller arbeitete derart konzentriert, dass er während der nächsten acht Tage nur für Minuten das Zimmer verließ. Streicher ließ sich von Regisseur Meyer sein Reisepiano nach Oggersheim schaffen. Jetzt konnte sich der Musiker auch um Unterrichtsstunden und eigene Einkünfte im Ort bemühen.

Schon beim Mittagstisch fühlte Schiller zaghaft bei Streicher vor: „Wirst du heute Abend einmal wieder für mich Klavier spielen, Andreas?"

Während das bloße Mondlicht in die Stube schien, in der aus Sparsamkeitsgründen keine Kerzen, keine Handlaterne und erst recht keine Öllämpchen leuchteten, spielte Streicher stundenlang vor sich hin. Schiller ging unentwegt im Zimmer auf und ab, hielt in regelmäßigen Zeitabständen das Papier ans Fenster, um Sätze zu notieren, stampfte auf oder brach immer wieder in begeisterte Laute aus. Am nächsten Morgen machte sich Schiller noch im gemeinsamen Bett breit, während sich Streicher bereits völlig übermüdet auf den Weg in die ersten bürgerlichen Wohnstuben begab, wo er den Gattinnen und deren Töchtern Klavierunterricht erteilte. Wenn er am Nachmittag wieder die Stiegen zum Gastzimmer nahm, hörte er bereits am Fuß der Treppe Schiller oben fluchen und schreien. Er fand ihn dann in einem Berg von zerrissenen und zerknüllten Papierbögen vor, über und über mit Tinte bekleckst. Kaum setzte Streicher seinen Fuß über die Türschwelle, musste er sich überlaute Deklamationen aus jenen Seiten anhören, die fein säuberlich aufgeschichtet auf dem Bett lagen und die Gnade des Meisters gefunden hatten. Auf diese Art gingen einige Wochen gemeinsamer Arbeit hin. Streicher hatte ihn nicht weiter gedrängt, doch dann kam die Zeit, in der Schiller von selbst damit begann, sich den ‚Fiesko' noch einmal vorzunehmen. Aus seinen Augen glimmte grimmige Entschlossenheit, das positive Urteil des von Dalberg erzwingen zu wollen. Er nahm keine Rücksichten mehr gegen andere und verschreckte durch sein geistesabwesendes Schreien und Toben beim Abfassen seiner Texte noch jeden der wenigen Besucher, die sich inzwischen bei den Freunden in Oggersheim auch aus dem nahen Mannheim wieder einfanden. Kaum hatten sich liebe Menschen, wie der Schauspieler Boeck oder Regisseur Meyer kopfschüttelnd wieder entfernt und kaum hatte Streicher die Wirtsleute einigermaßen beruhigt, forderte Schiller zum wiederholten Mal Wein, Kaffee, Tinte und Papier. Er schrieb jetzt Tag und Nacht durch, manchmal mehrere Szenen seiner Tragödie unmittelbar hintereinander, ohne sich eine Pause zu gönnen. Einmal erwachte Streicher am frühen Morgen und fand Schiller in einer Art von Starrkrampf vor. Er schüttelte den Freund, schrie ihm ins Ohr, geriet langsam in Panik, da er ihn wirklich für tot hielt. Doch ganz allmählich zeigte der Totgesagte wieder Regungen und als er endlich wieder zum Leben erwachte, rief er nur empört: „Lass mich! Wirt! Kaffee, Wein, mehr von der Tinte und Papier!", um sodann endgültig vom Stuhl zu fallen. Gemeinsam mit dem Wirt schleifte Streicher den Bewusstlosen quer durch die Stube und warf ihn aufs Bett, wo er 24 Stunden durchschlief, nur um danach dasselbe Spiel zu beginnen.

Kapitel 5
Getrennte Wege,
Oggersheim und Mannheim, im Jahr 1782

> Der Menschheit Würde ist in Eure Hand
> gegeben – bewahret sie!
> *Friedrich Schiller, Die Künstler*

Bereits am frühen Nachmittag kehrte Streicher vorzeitig von einem Termin im nahen Mannheim zurück. Er benahm sich seltsam. Schiller versuchte, ihn mit einem Scherz und einem Lächeln zu begrüßen, doch der Gesichtsausdruck des Freundes blieb verschlossen und ernst. Es musste etwas vorgefallen sein. Etwas, über das Streicher nicht gerne sprechen wollte. „Nun rück schon raus. Was ist passiert?"

„Fritz, wie bewahrt man ein Geheimnis? Wir wissen es wahrscheinlich nicht, denken uns, das Einfachste werde sein, irgendwann zu verdrängen, dass es sich um ein Geheimnis handelt. Ja, das wird es sein: Wir versuchen, ein Geheimnis durch Vergesslichkeit zu bewahren. Ich weiß, das klingt komisch, aber so ist es."

Schillers Aufmerksamkeit war geweckt. War man ihm auf der Spur? „Mein Freund, du sprichst in Rätseln …"

„Wir haben dabei nicht richtig beachtet, dass die Menschen um uns herum in diesem Punkt, der für uns von Bedeutung ist, keineswegs immer ebenso nachlässig und vergesslich sind. Sie wollen Geheimnisse ergründen, sind neugierig und an ihren Inhalten interessiert", noch immer druckste Streicher mit der Wahrheit herum. Schiller befand, dass es kaum zum Aushalten war: „Was willst du mir damit sagen? Komm zur Sache!"

„Du vergisst jeden Gegenstand, sobald du ihn zu Boden geworfen hast." Streicher war mit zwei Schritten am Arbeitstisch und sammelte Schillers zerrissene und zerknüllte Papiere vom Boden auf, um ihm anschließend eine Handvoll Blätter vors Gesicht zu halten: „Was du vergessen hast, Fritz, ist aber immer noch vorhanden! Hast du dir einmal Gedanken darüber gemacht, was mit den Papieren geschieht?"

„Na, sie werden verfeuert oder sonst wie verwertet. Mag sich einer den Hintern damit abwischen", Schiller nahm die Angelegenheit leicht und amüsierte sich.

„Wenn es nur so wäre. Ist dir schon aufgefallen, dass unsere gute Frau Wirtin eine Neigung zum Lesen besitzt und eine ebenso große Neugierde für jegliches Geschriebene? Sie hat deine Blätter, deren Sprache für sie gänzlich ungewöhnlich erschien, aufgesammelt und zu dem Kaufmann Derain am Marktplatz gebracht."

„Ich ahne schon, was jetzt kommt. Du sprichst von jenem seltsamen Vogel, der sich mehr für Politik und Literatur und besonders für die Aufklärung des Landvolks interessiert, indem er jedem unter die Nase reibt, wie schädlich Kaffee, Gewürze und andere entbehrliche Sachen für einen guten Christenmenschen sind. Dieser Mensch, der es sich leisten kann, zumindest einen Teil seiner eigenen Waren schlecht zu reden, weil er zu Geld gekommen ist?"

Streicher nickte: „Eben jener." Wie zur Demonstration drückte Streicher Schiller jetzt dieses Bündel von Blättern in die Arme, bevor er fortfuhr: „Du wirst es kaum glauben, aber dieser Kaufmann hielt deine Blätter für besonders und zeigte sie seinem Verwandten, dem Herrn Kaufmann Stein in Mannheim, wo ich heute die Klavierstunde abhalten sollte. Und jener wiederum hat eine reizende, belesene Tochter."

Schiller trat ans Fenster und starrte hinaus, ahnte, was jetzt kam und fragte sich mit klopfendem Herzen, ob sie schon wieder auf gepackten Koffern hockten und fliehen müssten: „Und dieses Töchterlein wollte keineswegs Klavierunterricht bei dir, sondern hat dir die Blätter vorgelegt?"

„Genau so geschah es. Sie unterließ es bei dieser Gelegenheit nicht, ihre Hochachtung für den ausgezeichneten Dichter auf das Herzlichste kundzutun. Anfangs versuchte ich noch, alles in Abrede zu stellen und zu leugnen. Jedoch, sie ließ sich durch nichts davon abbringen, dass es sich bei dem Verfasser dieser Seiten um Friedrich Schiller handeln müsste. Vater und Tochter schmeichelten dir und deiner Arbeit in den höchsten Tönen und baten mich dringend um die Erlaubnis, die Bekanntschaft des noch so jungen und schon so berühmten Schriftstellers machen zu dürfen. Ich wusste mir keinen Rat mehr und habe schließlich die Flucht ergriffen." Streicher trat neben seinen Freund, schaute ihm fragend ins Gesicht: „So, nun ist die ganze Wahrheit raus. Was ist zu bedenken?"

Schiller wurde nachdenklich, wog das Risiko ab, das sie eingehen würden, wenn sie blieben und sich dem Wunsch nach Kontakt nicht verschließen würden. Er verspürte nicht die geringste Lust, bereits nach so kurzer Zeit und dazu noch mitten in der Arbeit, erneut auf Wanderschaft zu gehen. Vielleicht blieb alles harmlos. Einen Versuch wäre es wert. Ein prüfender Blick auf Streicher sagte ihm, dass sein Freund ähnlich dachte. „Durch meine Gedankenlosigkeit sind wir aufgeflogen. Eine Nachlässigkeit, lieber Andreas, die schlimmere Folgen hätte haben können. Nicht deine Schuld. Aber wir werden mit einer Flucht vor der Tochter und ihrem Vater kaum das Problem aus der Welt schaffen. Ähnliches wird sich andernorts wiederholen."

„Wir sind halt keine finsteren Gesellen, die es gewohnt sind, in ihrem eigenen Schatten zu leben und unsichtbar zu bleiben", befand Streicher.

„So ist es, Andreas, man hat uns diese Rolle aufgezwungen und wir spielen sie eher schlecht. Anderseits ist es doch erfreulich, auf solches Interesse zu stoßen, meinst du nicht? Wir müssen uns dem stellen und auf das Beste hoffen. Keinesfalls werde ich das Ereignis zum Anlass nehmen, mitten in der Arbeit wieder zu fliehen. Ich wüsste auch nicht, wohin und mit welchen Mitteln."

So traf man sich an einen der folgenden Nachmittage mit dem Kaufmann Stein und seiner reizenden, belesenen Tochter in der Wohnstube des Wirtes und dessen Frau in Oggersheim zu einer Teestunde mit Kuchen. Schiller trug ein paar Gedichtkostproben vor und erzählte von der Theaterarbeit. Dabei benahm er sich aufmerksam und gesittet wie ein Kandidat, der um die Hand der Tochter des Hauses anzuhalten angetreten wäre. Die Hausherrin, die Kaufleute Stein und Derain sowie die junge Dame hingen an seinen Lippen, wenngleich Streicher sich des Eindrucks nicht erwehren konnte, dass ausgerechnet das junge Fräulein lieber auf einen wüsten Räuberhauptmann getroffen wäre. Der Wirt, bei dem sie wohnten, hatte jedoch für Schillers Profession, leere Seiten mit Tinte zu füllen, keine besondere Hochachtung übrig. Er bedachte ihn mit einer Dichtung eigener Art und scheute auch deren Vortrag nicht:

> *„Ich sag, wer ein brotlos Handwerk treibt,*
> *Gedichte macht und Komödien schreibt,*
> *muss Geld erst haben, wie's Futter die Kuh,*
> *sonst ist er ein Narr und ein Lump dazu!"*

Er lachte herzlich und meinte es nicht so, was aber dann doch des Guten zu viel und das Zeichen für Schiller zum Aufbruch war. Zu weit klaffte die Kluft zwischen Schillers Gedankenwelt und dieser Welt der braven Bürger und Kaufleute.

Nachdem ihre Tarnung aufgeflogen war, dies Missgeschick jedoch folgenlos blieb, fassten Schiller und Streicher Mut, um jetzt hin und wieder Ausflüge nach Mannheim zu unternehmen. Wenigstens

---

[7] Die Verse stammen von Karl Weitbrecht, der die Oggersheim Periode Schillers im 19. Jahrhundert zu einem Lustspiel „Doktor Schmidt" verarbeitet hat – Fundstelle: Theodor Mauch, Schiller Anekdoten, Stuttgart 1905, Seite 94.

in dieser Hinsicht normalisierten sich ihre Lebensumstände. Eines Abends trafen sie jedoch Regisseur Meyer und seine Gattin völlig aufgeregt an und erfuhren, bereits, als sie in die Wohnstube traten, dass vor kaum einer Stunde ein württembergischer Offizier dort gewesen war, der sich nachdrücklich nach Schiller erkundigt hatte. Ein württembergischer Offizier! Das konnte doch nichts anderes bedeuten, als dass es hier um eine Festnahme ging! Sie hatten sich für eine kurze Zeit der Illusion hingegeben, dass die Sache mit der Fahnenflucht ausgestanden wäre. Und jetzt das! Wahrscheinlich würde der Offizier, wenn er Schiller erst ausfindig gemacht hätte, dessen Auslieferung beantragen. Dass einem solchen Ansinnen stattgegeben würde, daran ließ Regisseur Meyer keinen Zweifel.

Noch während sie sich berieten, klopfte es erneut an der Haustür. Der Schreck fuhr Streicher und Schiller in die Glieder. War ihnen der Offizier gefolgt? Waren sie verraten und angezeigt worden? Das Ehepaar Meyer versteckte die beiden rasch in einem Kabinett, das hinter einer Tapetentür verborgen lag. Es war jedoch nur ein Bekannter des Hauses, der gleichfalls voller Bestürzung berichtete, er habe eben jenen württembergischen Offizier im Kaffeehaus getroffen. Nicht nur bei ihm, sondern auch bei mehreren anderen habe dieser ausführlich nach Schiller gefragt und großes Interesse an dessen Adresse bekundet. Der Bekannte versicherte, dass er keine Aussage gemacht habe, die den beiden schaden könnte. Auch jeder andere, der vom Offizier befragt worden sei, hätte nur gesagt, der Aufenthalt von Schiller sei völlig unbekannt. Eine Frau habe er sagen hören, soweit sie wisse, sei Schiller vor zwei Wochen nach Hamburg abgereist. Schiller und Streicher wollten es genauer wissen, fragten nach dem Aussehen der Uniform und den Farben der Rockaufschläge. Aber bei den Befragten handelt es sich allesamt um Zivilisten, deren Angaben so weit auseinanderdrifteten, dass sie sich keinen Reim darauf machen konnten. Wie sich im Verlauf des Tages herausstellte, war der Offizier auch bei allen Bekannten Schillers im Theater aufgetaucht. Wenn sich nur kein Verräter fand, der ihnen Böses wollte. Es war kein gutes Gefühl, in solche Abhängigkeiten geraten zu sein. Inzwischen waren Schiller und Streicher derartig verängstigt, dass sie nicht mehr wagten, nach Oggersheim in ihre Wohnung zurückzukehren, weil sie damit rechneten, dort erwartet zu werden. Andererseits erschienen ihnen ein Verbleib in Mannheim auch zu gefährlich. Mussten sie doch davon ausgehen, dass der Offizier von ihren freundschaftlichen Beziehungen zum Ehepaar Meyer erfahren hatte. In dieser schier ausweglosen Situation kam eine liebenswürdige Verehrerin Schillers auf einen rettenden Gedanken. Sie erbot sich, Schiller und Streicher für die nächsten Tage in dem Palais des Prinzen von Baden, über welches sie Aufsicht und Vollmacht hatte, zu verbergen. Dankbar nahmen die Freunde dieses Angebot an und waren sich halbwegs sicher, dass man sie dort am wenigsten vermuten würde. Schiller meinte sogar, dass er sich kaum vorstellen könnte, dass ein württembergischer Offizier es wagte, in das Palais des Prinzen einzudringen, um dort eine Verhaftung vorzunehmen. Auf der Stelle bekamen Schiller und Streicher ein sicheres Geleit durch Regisseur Meyer und einigen Freunde dorthin, wo die Hofdame bereits alles für die heimliche Unterkunft der beiden vorbereitet hatte. Zum Abschied versprach Meyer noch, am nächsten Morgen beim ersten Sekretär des Grafen von Oberndorf nachzufragen, ob dort ein württembergischer Offizier im Auftrage des Herzogs gewesen sei. Er versicherte Schiller, dass er den Sekretär des Ministers persönlich gut kenne und diese Auskunft ohne Gefahr erbitten könnte.

Schiller und Streicher sahen sich durch diese Umstände in eine Umgebung versetzt, die sie aus ihren bisherigen Zuständen absolut emporhob. Das Zimmer, welches ihnen zugewiesen wurde, war geschmackvoll ausgestattet. Sogar der Luxus von zwei Betten, eines für jeden von ihnen, war ihnen vergönnt! Es gab Kupferstiche an den Wänden zu bestaunen und Sitzgelegenheiten und Tische von ausgesprochener Schönheit und Bequemlichkeit. Unter anderen Umständen hätte es sich hier gut leben lassen! Doch keiner von beiden konnte diesen Luxus genießen, denn die Angst saß ihnen im Genick. Gegen 10:00 Uhr am nächsten Morgen wagte sich Streicher aus dem Palais, um von Regisseur Meyer zu erfahren, was dessen Besuch beim Sekretär des Ministers ergeben hatte und ob etwas zu befürchten sei. Es stellte sich heraus, dass keinerlei Aufträge des Offiziers an den Sekretär gerichtet worden waren. Der Meldezettel des Gastwirtes, wo der Stuttgarter abgestiegen war, ergab, dass dieser bereits gestern Abend um 7:00 Uhr wieder Mannheim verlassen hatte. Beruhigt lief Streicher zu Schiller, um ihm die gute Nachricht zu überbringen. Als sie dann erneut bei Meyer saßen, legte dieser Schiller den Meldezettel des Offiziers vor, den er sich vom Sekretär des Ministers erbeten hatte. Schiller las den Namen: ‚Leutnant Koseritz.' Plötzlich wurde klar, dass sich um einen Freund Schillers gehandelt hatte, der, in der Hoffnung, Schiller zu treffen, auf der Reise einen Abstecher nach Mannheim gemacht hatte. Die Aufregung schien völlig vergebens gewesen zu sein! Zudem hatten sie das Zusammentreffen mit einem Freund versäumt. Was Schiller, dem Freundschaften viel bedeuteten, sehr bedauerte.

Schillers Neufassung des ‚Fiesko' wurde Anfang November Regisseur Meyer zu Vorlage und Prüfung im Mannheimer Theaterausschuss zugestellt. Im Theaterausschuss konnte man sich jedoch nach längerer Diskussion über die Qualitäten des Manuskripts erneut nicht einigen und man beschloss, eine Umarbeitung durch Iffland vornehmen zu lassen. Dieser beantragte jedoch offiziell eine Vergütung für die Arbeit. So landete das Manuskript auf dem Schreibtisch des Intendanten von Dalberg, der Schiller Ende November durch Regisseur Meyer mitteilen ließ: „..., *dass dieses Schauspiel auch in der vorliegenden Umarbeitung nicht brauchbar sei und folglich dasselbe auch nicht angenommen oder etwas dafür vergütet werden könne.*"

Schiller schickte dem Intendanten von Dalberg persönlich eine kurze Nachricht als Antwort: ‚*Ich habe es sehr zu bedauern, dass ich nicht schon von Frankfurt aus nach Sachsen gereist bin ...*'

Als er den Brief aufgegeben hatte, saß er untätig grübelnd an seinem Tisch und wartete auf die Rückkehr von Streicher. Schiller wusste, die Episode von Oggersheim war vorüber, und Mannheim Vergangenheit. Er musste zu neuen Ufern aufbrechen. Doch wohin sollte er sich wenden? Für jedes Ziel von Wert fehlte ihm Geld und Reputation. Und Streicher? Wie sollte er dies seinem Freund begreiflich machen?

Schiller schrieb nach Stuttgart, bat seine Schwester, für ihn, bei der Gräfin von Wolzogen, um die Einlösung eines Versprechens zu bitten. Mit ihrem Sohn Wilhelm, der jünger war als er, hatte er damals als Eleve auf der herzoglichen Akademie zu Württemberg enge Freundschaft geschlossen. Von dem Angebot der Mutter, Henriette von Wolzogen, ihm als Fahnenflüchtigen auf dem südlich von Meiningen im Thüringischen gelegenen Bauerngut, das sie seit ihrer Witwenschaft als Sommersitz und Einkunftsquelle besaß, Unterschlupf zu gewähren, wollte Schiller jetzt Gebrauch machen. Es gab noch Freunde in der Welt, auf die Verlass war! Wenige Tage später erreichte ihn die großzügige Zusage der Gräfin, verbunden lediglich mit der Bitte, er möge in Bauerbach und Meiningen auf sein Inkognito achten. Ansonsten fürchtete seine Wohltäterin um Konsequenzen für ihre beiden Söhne, die am Tisch der Chevaliers beim Herzog in der Akademie saßen. Einer Bitte, der Schiller gern entsprach und seiner Gönnerin zurückschrieb, er werde als Dr. Ritter anreisen.

Zuvor musste er jedoch einen schweren Gang zu seinem Freund Andreas Streicher antreten, der von all dem nichts ahnte. Als dieser ihm am Abend wieder einmal auf seinem Reisepiano vorspielte, um seine Fantasie beim Abfassen der Dialoge zu beflügeln und ihn in Stimmung zu versetzen, wollte Schiller nichts so recht gelingen. Fluchend und heftig aufstampfend, warf er zerknüllte Papierbogen im Dutzend zu Boden. Sein Kopf beschäftigte sich mit völlig anderen Dingen. Streicher wurde aufmerksam, setzte mit seinem Spiel aus: „Oder soll ich etwas Freundlicheres zum Besten geben?"

„Ich hatte eine Auseinandersetzung mit dem Iffland, der mir das hohe Lied auf die leichte Komödie gesungen hat. Nur so, meinte er, ließe sich das Publikum gewinnen. Wer wolle schon belehrt werden ... Dumm sterben sollen sie! Andreas, hörst du, am eigenen Lachen ersticken sollten solche Ignoranten! Kunst braucht einen

Wert, sonst ist es nur verschwendete Lebenszeit!", Schiller wurde heftig.

Streicher spielte auf dem Piano einen Tusch: „So ist es! Nur Kunst und Freundschaft verhelfen unserem Leben zu wahrer Größe! Bin ich froh, dass dein Feuer noch nicht erloschen ist, Fritz. Jetzt lass dieses elende Papierkügelchenspiel! Das ist keine Beschäftigung für einen erwachsenen Mann. Es kann dir doch nicht so schwerfallen, ein paar Zeilen zu Papier zu bringen, die Bestand haben."

Schiller sprang auf und lief im Zimmer umher: „Ich will ihnen mit meiner ‚Luise Millerin' wirkliche Menschen auf die Bühne stellen – keine Pappfiguren – einen Vater, seine Tochter und den Kammerdiener. Zeigen werde ich ihnen zudem, was Unterhaltung wert sein kann! Dass auch freie und hochwertige Gedanken und Gefühle in einfachen Menschen reifen können, dass neben der höfischen Welt eine andere besteht, von der die Hochwohlgeborenen noch nicht einmal ahnen, welch großen Wert sie hat! Und lustig soll es dabei auch noch zugehen! Der Iffland soll sich wundern!" Schiller eilte zurück zum Tisch und begann zu schreiben. Als Streicher Anstalten machte, das Zimmer zu verlassen, um auszugehen, hielt ihn Schiller zurück: „Auf ein Wort, Andreas. Ich habe es dir noch nicht erzählt. Bereits vor Tagen erhielt ich durch Herrn Meyer Antwort, dass sie den ‚Fiesko' endgültig nicht spielen wollen. Abgelehnt! Sie können ihn nicht brauchen. Ich habe es dir ja vorausgesagt, dass sie ihn nicht verstehen werden." Schiller wagte es kaum, seinen Freund anzusehen, sondern hielt den Blick auf sein Manuskript gerichtet.

Streicher stand wie versteinert an der Tür, den Griff in der Hand. Hatte er richtig gehört? Das durfte nicht sein! War das Stück wirklich schlecht? „Und jetzt?", flüsterte Streicher sorgenvoll. „Die ganze Arbeit vergebens, mein Freund, was soll nun werden?"

Schiller atmete schwer ein und aus, schwieg eine Weile, ehe er auf Streicher zuging und ihn freundschaftlich umarmte: „Ich habe das Drama dem Buchhändler Schwan verkauft. Der verlegt den ‚Fiesko'. Schwan bezahlte mir für das Manuskript einen Louisdor für den Bogen, im Ganzen elfeinhalb, etwa 195 Mark.

Meine Taschenuhr, ein Erbstück, konnte ich ebenfalls versetzen. Damit sind die beim Viehhofwirt in den letzten vierzehn Tagen entstandenen Verbindlichkeiten getilgt und die Einträge auf der schwarzen Tafel in der Gaststube weggewischt." Schiller machte eine Pause, blickte sorgenvoll. Er hoffte, dass der Freund die Trennung nicht so schwer nehmen würde. Vorsichtig tastete er sich mit seinen Worten vor, schaute ihm dabei immer wieder prüfend ins Gesicht: „Ich kann in Mannheim nichts mehr gewinnen. Bleibt nur noch Bauerbach. Die Frau Gräfin von Wolzogen hat mich auf ihr Bauerngut nach Thüringen eingeladen. Sie ist tapfer, und wagt es, mir ihren Sommersitz als Unterschlupf anzubieten." Schiller bemerkte, wie seine Sätze Streicher einen schmerzhaften Schlag versetzten. Dieser taumelte fast ein wenig und stützte sich gegen die Tür. Er sah Streicher geradezu an, was in ihm vorging: ‚Schiller denkt nur an sich. Er sieht mich nicht …' Dabei wollte Schiller nicht mehr länger von Streichers Geld leben. Am Ende hätte er auch noch das Scheitern seines Freundes zu vertreten. Nein, es war Zeit für die Veränderung!

„Wie weit ist es von Bauerbach bis hier?", fragte Streicher fast flüsternd, nur um überhaupt etwas zu sagen. Seine Enttäuschung war riesengroß. Vor allem darüber, dass Schiller ihn nicht zuvor in diese Entscheidung eingebunden hatte. Das wäre er ihm als seinem besten Freund doch schuldig gewesen, nach allem, was sie zusammen durchgestanden hatten.

„Es ist eine ziemliche Strecke von hier. In der Nähe von Meiningen. Umso besser, dort wird mich der Württemberger am wenigsten suchen."

Streicher fehlten die Worte. Es gelang ihm, halbwegs gefasst zu bleiben und die Tränen hinunterzuschlucken. Es war klar, dass sie nicht ihr Leben lang gemeinsam in einem Bett schlafen und ihr dürftiges Dasein fristen konnten. Aber der Abschied kam wie der Blitz aus heiterem Himmel. Streicher erschien es, als ginge seine Welt unter. Sein Blick tastete an Schiller vorbei und blieb auf seinem Reisepiano haften. Ja, er würde jetzt wieder mehr Zeit für sich und seine Musik haben! Darauf müsste er sich konzentrieren und seinen eigenen Weg finden. Aber es würde bald eine ziemliche Leere um ihn sein. „Wann wirst du fahren?"

„Ich dachte, du könntest mich morgen auf dem ersten Stück begleiten, Meyer lädt uns in Worms zu einem Essen ein", Schillers Antwort wieder vorsichtig tastend, da er sich schuldig fühlte, zu lange geschwiegen zu haben.

Konnte das sein, dass einfach alles so vorüberging? Wie ein Messer stach dieses Gefühl Streicher in die Brust. Schiller gab sich selbstbewusst und entschlossen, so, als wüsste er genau, was zu tun wäre. Streicher öffnete die Wohnungstür, sagte nur: „Ja, na dann …!" Beide sahen sich noch einmal an und schwiegen. Dann lauschte Schiller den Schritten seines Freundes hinterher, wie er die Holzstufen hinunter polterte. Morgen hieß es also Abschied nehmen.

Gemeinsam mit Streicher und Meyer fuhr Schiller am nächsten Morgen nach Worms. Von dort ging der Postwagen um 1:00 Uhr nachts. Vom Essen, zu dem die Freunde eingeladen wurden, rührten sie kaum etwas an. Meyer bemühte sich, überhaupt eine Unterhaltung in Gang zu halten. Den Freunden fehlten jegliche Worte.

Jetzt standen sie zu dritt neben der Kutsche in der Kälte. Die Landschaft ringsum weiß eingeschneit. Schillers Mantelsack und Tasche lagen verstaut auf dem Dach der Kutsche. Er stand im dünnen Oberrock dort, zog seine Schultern frierend bis zu den Ohren. Streicher schaute kaum hin, dachte bei sich nur: ‚Hoffentlich holt er sich bei dieser Kälte nicht den Tod. Aber, was geht es mich noch an?'

Schillers Hoffnung, dass der Abschied im Kreis der Freunde leichter werden würde, erfüllte sich nicht. ‚War nicht am Ende stets ein jeder Mensch sich selbst ein Abgrund?', dachte er finster. Abschiedsschmerz und Wehmut drohten, alles zu überschatten. Dann wurde es Zeit und Schiller umarmte sein Freund: „Mir ist nicht bange um dich, Andreas. Du wirst deinen Weg machen. Vor allem, wo dir jetzt schon einmal ein ganzes Bett allein gehört", sagte er scherzend und tröstend und wusste, welche Kraft es den Freund gekostet hatte, mit ihm hier zum Abschied in der Kälte zu stehen. Er musste mehrfach schlucken, um die Tränen zu unterdrücken. Meyer drückte Schiller herzlich die Hand, klopfte ihm auf die Schulter und sagte: „Nicht verzagen, in mir werden Sie immer einen Freund und Fürsprecher finden, Schiller, denken Sie daran! Immer!"

Schillers Zähne schlug hart aufeinander, so sehr fröstelte er. Über Streichers Lippen kam kein weiteres Wort mehr, nur seine Augen redeten. Der Kutscher kletterte auf seinen Bock und griff zur Peitsche. Es wurde Zeit und Schiller stieg ein. Er hörte noch, wie Meyer zu Streicher sagte: „63 Stunden braucht die Post von Worms bis nach Meiningen in Thüringen. Sieben Tage, Streicher, denke er nur, und dann bei dieser Kälte!" Streichers Antwort leise, fast tonlos: „Ja, man könnte meinen, er führe bis nach Amerika."

Seine Bemerkung sollte wie ein Scherz klingen, aber niemand lachte. Schiller musste an seinen Stuttgarter Freund Kapf denken, mit dem er sich die Bude bei der Majorswitwe Vischer geteilt hatte. Der war mit seiner Einheit vom Herzog nach Afrika oder Amerika in den Krieg verkauft worden. Wie es ihm wohl ergangen war? Ob er noch lebte? Nein, da wollte Schiller doch lieber die Kälte ertragen! Übermütig rief er den Freunden durch den noch offenen Wagenverschlag zu: „Ich werde mir eine Menge heißer Gedanken machen. Zum Beispiel mir einen Dalberg in der Hölle bratend vorstellen. Und wenn das nicht mehr hilft, denke ich an Margarete Schwan. Und, lieber Freund Andreas, das Grüßen an das Fräulein übernehme ich noch immer selbst."

Na bitte, es ging doch! Es gelang ihm sogar, dem Freund ein schiefes Grinsen zu entlocken. Der Kutscher schnalzte mit der Zunge, knallte mit der Peitsche und die Pferde zogen an. Die wenigen Fahrgäste saßen, um sich zu wärmen, dicht gedrängt im Verschlag. Schiller dachte darüber nach, dass er für seinen ‚Fiesko', an dem er so lange gearbeitet hatte, jetzt von Schwan gerade so viel erhalten hatte, um seine Schulden und besagte Kreidestriche auf der schwarzen Tafel auslöschen zu lassen und einige unentbehrliche Sachen für den Winter anzuschaffen. Das Wenige, was er dann noch besaß, reichte nur für seine Reise bis Bauerbach. Was ihn danach erwartete, war der übliche Mangel! Bei der nächsten längeren Rast hockte er in der Nähe eines Kachelofens und hatte bereits Tintenfass und Feder aus seiner Tasche geholt, um eilig einige Verse aufs Papier zu werfen. Das strafbewehrte heimliche Dichten in der Karlsakademie war eine gute Schule gewesen. Er konnte immer und überall Literatur treiben, auch längere Passagen in seinem Kopf hin und her wälzen und sie sich gut einprägen, um diese dann bei Gelegenheit in einem Schwung aufs Papier zu werfen.

„Schon auf des Weges Mitte
Verloren die Begleiter sich,
Sie wandten treulos ihre Schritte,
Und einer nach dem anderen wich.

Von all dem rauschenden Geleite
Wer harrte lebend bei mir aus?
Wer steht mir tröstend noch zur Seite
Und folgt mir bis zum finsteren Haus?..."

Schiller bemerkte, dass ihm ein Mitreisender neugierig über die Schulter blickte. Mit Schwung setzte er sein ‚Dr. Ritter' unter den ersten Entwurf und lächelte den Literaturinteressierten freundlich an. Vielleicht kam es doch noch zu einem Gespräch auf der Weiterfahrt, das ihn ablenkte? Er überflog die Verse. War nicht alles bis hierher nur ein Vorspiel gewesen? Wenn er sich auch in den hintersten Winkel der Welt verkriechen musste, sein Leben würde erst jetzt richtig beginnen! Er erinnerte sich an die Dichterheroen seiner Jugend: Klopstock, Lessing, Shakespeare, Schubart ..., Goethe, dem er einmal auf der Akademie begegnet war. Schiller spürte wieder dieses brennende Verlangen in sich, weit über den Tellerrand seiner Elendsexistenz hinausschauen zu können. Für einen Moment nur schloss er die Augen und sah sich selbst an der Seite Goethes schreitend, dann mahnte er sich, die Abfahrt der Kutsche nicht zu verpassen und sein Reisegepäck mit seinen Schriften und Entwürfen im Blick zu behalten.

Kapitel 6
Asyl in der Tanneneinsamkeit,
Bauerbach, Ankunft im Dezember 1782

„Gestern hatten wir einen lustigen Tag. Die Bauern des Dorfs haben in unserem Hofe getanzt, und ich sah fröhliche Menschen. Bauerbach ist gewiss keine Barbarei. Ich habe schon manche Feinheit an den Leuten entdeckt, die mir um so schätzbarer war, je weniger ich sie der rohen Natur zugetraut hätte."
Friedrich Schiller, Brief an F.H. Reinwald, 11. Mai 1783

Zum wiederholten Mal legte der Bibliothekar Hermann Reinwald den Federkiel in die selbstgefertigte Papierrille. Er unterbrach seine Arbeit an den Einträgen in einen Folianten zur Erfassung und Beschreibung der Bestände der herzoglichen Bibliothek und griff nach einer Nachricht, die er gestern erhalten hatte. Sie war schuld daran, dass er mit seiner Arbeit nicht mehr vorankam und vor Aufregung seinen Herzschlag kontrollierte. Er legte er das Blatt auf sein Schreibpult, strich mit der Hand darüber und las erneut: ‚*Ein Fremder von Stuttgart, der mit der Postkutsche am Vormittag, des 7. Dezember in Meiningen eintreffen wird und Ihnen vom Namen bereits wohlbekannt ist, wünscht, das Vergnügen zu haben, Sie kennenzulernen. Weil aber seine Person inkognito bleiben muss und er auf meine Einladung reist, bin ich es, die Ihnen diese Nachricht übermittelt. So, wie die Kutsche pünktlich sein sollte, habe ich alles Weitere veranlasst. Zum Mittagstisch im ‚Hirschen' werden Sie ihn treffen können. Werter Herr Reinwald, ich erlaube mir, Sie zu bitten, sehen Sie des Öfteren nach meinem Gast, stehen Sie ihm in seiner Waldeinsamkeit ein wenig zur Seite und seien Sie ihm behilflich. Ich bin sicher, Sie beide werden in dem jeweils anderen einen gleichgesinnten Geist entdecken.*'

Darunter die Grüße und die schwungvolle Unterschrift der Frau von Wolzogen. Reinwald ahnte längst, warum dieser Fremde der Gräfin so am Herzen lag. Niemand anderer als der junge Friedrich Schiller kam in Frage! Jener Dichter, der es in Mannheim mit den ‚Räubern' zu einem gewissen Ruhm gebracht hatte. Welch eine Aufregung in einem ereignislosen Dasein eines Bibliothekars in Meiningen!

Reinwald lief unruhig vor seinem Schreibpult auf und ab. Was, wenn er dem Dichter in seiner jugendlichen Genialität nicht entsprechen könnte? Er hatte genügend Demütigungen als Bibliothekar des Herzogs ohne ein ausreichendes Einkommen hinnehmen müssen. Wie war er genötigt worden, sich zu ducken, nur um dieses kleinen Amtes wegen! Wie oft waren ihm eine Mehlsuppe und ein Stück Brot schon als Festmahl erschienen. Sehr gut erinnerte er sich an die Entgegnung des Finanzministers des Herzogs, den er um eine Gehaltsaufbesserung ersucht hatte: „Bist du's, Hermann, ein Rabe?" Ausgerechnet mit diesem Satz aus Schillers ‚Räubern' hatte er ihn schulterklopfend zum Besten gehalten. Sei's drum! Er fasste sich ein Herz, griff sich sein neuestes Werk über „Poetische Launen, Erzählungen, Briefe und Miszellancen" aus einer Schublade, schlug dieses in Papier ein und machte sich auf den Weg zum Gasthof. Dichtes Schneetreiben und bittere Kälte erwarteten ihn. Die Straßen der kleinen Residenzstadt lagen wie verlassen da. Das grausige Wetter trieb den Bibliothekar zur Eile.

Schiller hockte im Gasthof ‚Zum Hirschen' am Kachelofen, den Blick fest auf den Eingang gerichtet. Sieben Tage beißende Kälte auf schlechten Wegen, zuletzt über verschneite Berge zwischen Rhön und Thüringer Wald lagen hinter ihm. Hungrig wie ein Wolf, durchgeschüttelt, nur mit leichtem Oberrock bekleidet, spürte er ein unbändiges Verlangen danach, endlich anzukommen. Müde war er, wie erschlagen und durchgefroren bis auf die Knochen. Er erkannte Reinwald sofort, als dieser etwas steif wirkende, aber nicht unfreundliche, hagere Mann die Gaststube betrat und sich suchend umschaute. Es konnte kein anderer sein als dieser Mensch gewordene Bücherwurm. Schiller ging ihm entgegen und begrüßte ihn herzlich. Reinwald reichte ihm die Hand mit den Worten: „Ein Fremder von Stuttgart, so schrieb mir Frau von Wolzogen – Schiller! Dachte ich es mir. Gern stehe ich ihm zur Seite und bin ihm behilflich. Sie werden in mir einen gleichgesinnten Geist finden." Schon überreichte er ihm das Buch als Präsent. Schiller bedankte sich freundlich und fragte: „Bibliothekar Reinwald? Ich freue mich sehr, Sie kennenzulernen." Dabei bedachte er sein Gegenüber mit einem warmen Blick aus seinen blauen Augen. Reinwald starrte Schiller in sein blasses Gesicht, dessen Augenränder gerötet waren und wunderte sich, einen so gesitteten jungen Mann anzutreffen. Wo waren die wilden Blicke, dieses aufbrausende Wesen des Dichters, das einem aus den ‚Räubern' entgegenschlug? Dieser Schiller war die Liebenswürdigkeit in Person. Schon wollte er ihn erneut zur Begrüßung anreden, aber Schiller unterbrach ihn und mit einer höflichen Verbeugung und erklärte: „Dr. Ritter, wenn's beliebt. Sie wissen doch, inkognito …"

„Ich verstehe", erwiderte Reinwald noch immer ganz eingenommen von Schillers Erscheinung. „Das Buch von mir ist nichts als ein bescheidenes Geschenk zur Begrüßung."

„Ich freue mich auf einen geistigen Austausch. Da ich allein in Bauerbach sein werde, von aller Welt verlassen, zähle ich auf Sie. Ihre Geste zeigt mir, dass ich da hoffen darf. Frau von Wolzogen schrieb mir, ich fände nichts anderes als nur Ruhe und Einsamkeit auf ihrem Gut. Ich will schreiben und brauche keine Ablenkung dazu. Aber geistige Anregung, Gespräche, Bücher sind doch unsere tägliche Nahrung. Habe ich nicht recht? Werden Sie helfen?"

Reinwald streckte seine Hand über den Tisch, in die Schiller gern einschlug. „Ich werde mich glücklich schätzen, behilflich sein zu dürfen. Nein, ich werde mich nicht nur glücklich schätzen, es wird mir eine Ehre sein!", verbesserte sich der Bibliothekar. „Sensationen hat dieser Landstrich nicht viele zu bieten, müssen Sie wissen. Ihre Anwesenheit ist für mich eine außerordentliche Bereicherung!"

Während der Wirt an den Tisch trat, um Braten und Gemüse zu servieren, packte Schiller das Buch aus. „Sie sind selbst Dichter, Herr Reinwald", stellte er fest und legte, nachdem er vom Braten gekostet hatte, Messer und Gabel noch einmal zur Seite, um in dem Büchlein zu blättern. „Seien Sie gewiss, ich werde es lesen und hochschätzen."

Reinwald hob halb verlegen, ein wenig komisch gestikulierend die Hände. „Ich möchte mich nicht wichtigmachen. In aller Bescheidenheit und vor der Welt, einem Dichter wie Ihnen meine Zeilen anzuvertrauen, da schlägt das Herz vor Aufregung bis zum Hals."

Schiller musste über dieses Geständnis des wesentlich älteren Mannes herzlich lachen. Die beiden schlossen sofort Freundschaft miteinander. Reinwalds abgehärmte Gesichtszüge erhellte ein Lächeln, das ihn gleich um Jahre jünger erscheinen ließ. Schließlich war er so beschäftigt damit, Schiller von den Verhältnissen in Meiningen und Bauerbach, von seinen Dichtungen und seinem Leben zu erzählen, dass nach einer Weile sein Teller noch mehr oder weniger unberührt vor ihm stand, während Schiller bereits kräftig zugelangt hatte. Da hielt Reinwald plötzlich inne, ballte die Fäuste vors Gesicht und vergoss bittere Tränen: „Ich bin ein alter Narr! Gelte wenig im Herzogtum als Studierter. Selbst die Bauern, die ihre Kühe hüten, finden ihre Gelegenheiten, auf mich herabzuschauen. Da schwatz ich Ihnen wie ein Waschweib die Ohren voll und sterbe dabei selbst noch des Hungers. Als ob ich Hungerleider mir jeden Tag ein so üppiges Mahl im ‚Hirschen' leisten könnte. Ich bin nichts als ein alter Narr! Hören Sie nicht auf mich!"

Schiller fasste ihn am Arm und tröstete ihn: „Keine Freude ist ungetrübt, Herr Reinwald. Da seien Sie sicher. Der Erfolg meines Räuberdramas ist eine Sache, meine Flucht aus Stuttgart und die kräftezehrende Arbeit an dem nächsten Drama, das urplötzlich der Intendant des Theaters nicht mehr spielen möchte, eine andere. Sie lassen mich Fahnenflüchtigen vom Gipfel meines Ruhms aus in einen Abgrund blicken. Das Leben treibt manchmal üble Scherze mit uns. Jetzt essen Sie, bevor die Speisen kalt werden. Sie haben es nötig, ebenso wie ich. Das Essen ist bezahlt!"

Der Gastwirt trat an den Tisch und Schiller quittierte ihm die Rechnung für Frau von Wolzogen. Mit einem Kopfnicken deutete der Wirt auf einen kräftig gebauten Mann, der in der Nähe des Eingangs bei einem Bierfass hockte. Der Mann hatte seine Felljacke nicht abgelegt und trank Bier. „Der Herr fährt nach Bauerbach. Er ist Kutscher und verfügt über einen Pferdeschlitten. Er könnte Sie mitnehmen. Eine Dreiviertelstunde Fahrt. Was meinen Sie?"

Schiller blickt zu dem Mann hinüber: „Kommt der Kutscher aus Bauerbach?" Der Wirt bejahte dies. „Wenn er mein Gepäck auf dem Gutshof abgeben könnte. Kosten dürfte es jedoch nichts. Keine Stunde will ich mehr auf einem Kutschbock ausharren und in der Kälte zu einem Eiszapfen frieren. Lieber kämpfe ich mich durch Eis und Schnee."

„Wie es dem Herrn beliebt." Der Wirt ging zu dem Mann, beide schauten zu Schiller hinüber, redeten eine Weile miteinander, dann kehrte der Wirt zurück an den Tisch: „Es geht in Ordnung. Aber Sie sind sich sicher, mein Herr, ... zu Fuß ... bei diesem Wetter?" Schiller bedankte sich und ging, dem Kutscher sein Gepäck zu reichen.

Als sie die Gaststube verließen, griff sich Reinwald seinen schweren Wintermantel, den er sich mit einem kurzen Schwung überwarf. Dann verharrte er noch in der Tür, eine alte Fellkappe in der Hand und blickte verwundert auf Schiller: „Sie wollen doch nicht etwa mit diesem dünnen Oberrock und ihrem Schuhwerk zwei Wegstunden bis nach Bauerbach durch Schnee, Eis und Sturm wandern? Es ist bitterkalt draußen! Sie holen sich den Tod!"

„Warum sollte ich nicht?", antwortete Schiller ungerührt und schaute prüfend an sich herunter, als ob es da etwas zu entdecken gegeben hätte. Der gestreifte dunkelgrüne Sommerrock, leichte gelbe Beinkleider, dünnes, aber festes weißes Strumpfwerk bis zu den Knien und Schuhe, die er vor der Nässe von oben mit billigen Stulpen geschützt trug, nicht zu vergessen den kleinen Dreispitzhut, den er jetzt vom Huthaken nahm, um ihn zu den seitlichen Locken und dem langen Zopf am Hinterkopf wie zu seiner Zeit als Eleve aufzusetzen, alles wirkte auf ihn vertraut. „Ich besitze nichts anderes." Reinwald mochte es kaum fassen, maß diesen jungen, großgewachsenen Mann. Dieser Mensch war in diesem Aufzug tatsächlich von Worms bis hierher gefahren und wollte durch Schnee und Eis bis nach Bauerbach laufen? In dem Gesicht des Bibliothekars regte sich etwas. Dann sagte er: „Mein lieber Dr. Ritter, bisher habe ich mich selbst für arm gehalten. Doch heute musste ich lernen, dass man noch manche Entbehrung mehr ertragen kann, als ich es bisher gewohnt war. Ich ziehe meinen Hut vor Ihnen."

„Sie sind ein guter Mensch, Herr Reinwald", antwortete Schiller und ließ sich ausführlich den Weg beschreiben. Rasch schritt er aus, stemmte seinen Körper in südlicher Richtung dem schneidenden Wind entgegen. Sein Weg führte zunächst durch das Werratal, dann seitwärts über einen dicht bewaldeten Lerchenhang. Die Wolken hingen tief und es begann bald zu dunkeln. Das Weiß der schneebedeckten Landschaft spendete noch ausreichend Licht, sodass wenigstens keine Gefahr bestand, dass sich Schiller verlaufen konnte. Hin und wieder stieß er auf einzelne Gehöfte und Hütten, sah von Ferne Feuerschein und wärmende Lichter. Im Dorf Maßfeld erkundigte er sich nach dem richtigen Weg. Die einbrechende Dunkelheit warf inzwischen immer längere Schatten auch auf die Schneeflächen und vor ihm lagen Anhöhen mit finsteren Waldstücken. Seine steifgefrorenen Füße und Hände spürte er kaum noch. Die Strecke, mehr als beschwerlich, setzte ihm zu. Zweifel beschlichen ihn, ob er sich nicht zu viel zugemutet hatte. Mit keuchendem Atem jagte er eine Steigung mitten durch einen finsteren Fichtenwald hinauf. Keine Menschenseele zu sehen, nicht einmal mehr Spuren im tiefen, knarzenden Schnee unter seinen Schuhen, in die längst die Nässe eingedrungen war. Das Heulen eines Hundes aus weiter Ferne. Wenige unheimliche Geräusche, die vom Rauschen des Windes im Geäst fortgetragen wurden. Hatte er sich am Ende doch verlaufen? Für Momente nahm die Angst überhand. Er begann zu rennen, hoffte, von der Anhöhe aus endlich sein Ziel ausmachen zu können. Der Wind riss an seinem flatternden Halstuch. Mit der linken Hand presste er den Dreispitz fest auf den Kopf. Jetzt war es nur noch eine jagende Flucht aus der Finsternis des Waldes! Endlich entdeckte er im Tal die ersten in weiter Ferne liegenden Lichter menschlicher Behausungen! Nach zwei langen Stunden erreichte er Bauerbach, das wie verlassen in einer Talmulde lag. Den tief verschneiten Gutshof an der Dorfstraße fand er schnell. Schiller bediente den eisernen Türklopfer. Von drinnen ertönte der Bass des Gutsverwalters Voigt: „Wer da, so spät vor meiner Tür?"

Schiller wies sich durch einen Brief von Frau von Wolzogen als Dr. Ritter aus. Eine Magd führte ihn durch das Haus, bevor ihm der Verwalter Voigt zwei Kammern im oberen Stockwerk zuwies. Man hatte bereits eingeheizt und alles für seine Ankunft vorbereitet. Schiller genoss die Fürsorge und fiel bald in einen erholsamen Schlaf, sodass er erst am Nachmittag des nächsten Tages wieder aufstand.

Ausgeschlafen und bei Tageslicht nahm er die Einzelheiten seiner neuen Unterkunft wirklich wahr. Bei seiner Ankunft war er zu erschöpft dafür gewesen. Seine zwei Zimmer im oberen Stockwerk, niedrig, bescheiden möbliert, aber von peinlichster Sauberkeit und Ordnung. Vor dem Bett und dem Schrank lagen seine Reisetasche und sein Mantelsack. In einer Ecke befand sich eine Waschgelegenheit. Ins zweite Zimmer gelangte man durch eine rundbogige Tür. Dort stand ein hoher Lehnstuhl, vor einem auf einem gewundenen Bein mit drei Ausslauffüßen ruhenden Tisch. Links neben der Tür, der Fensterseite gegenüber, befand sich der hohe Eisenofen, dessen Krone mit dem aus Eisen nachempfundenen, stilisierten Palmwedel fast bis zur niedrigen Decke reichte. Mancher mochte vielleicht meinen, es seien doch recht einfache Verhältnisse und tatsächlich gab es nur wenig an diesem Ort, was nur der Kunst oder der Schönheit und nicht einem speziellen Nutzen diente. Aber wann hatte sich Schiller überhaupt in solch behaglicher Ordnung einrichten und arbeiten dürfen? Die letzten Wochen der Flucht steckten ihm wie eine düstere, schwere Last in den Knochen. Würde es ihm nur gelingen, sich als Dichter aus der drückenden Schuldenlast herauszuarbeiten! Vor allem galt es, jene freizustellen, die für ihn gebürgt hatten. Auch in seiner Welt musste es Wege geben, die ihn einen ehrlichen Kerl bleiben ließen, der für sein eigenes Auskommen ohne fremde Unterstützung sorgen könnte. Sein Handwerk musste einen Wert besitzen wie jedes andere auch! Schiller seufzte, schüttelte seinen Kopf und sprach mit sich selbst: „Gerettet für ein ganzes sorgenfreies Jahr! Es wird mir nicht ungenutzt verrinnen! Meine

Flucht vor dem Herzog war nicht nur ein Dummejungenstreich! Es gilt, endlich etwas von anerkanntem Wert zu schaffen!"

Es klopfte, die Magd stellte das versäumte Frühstück auf den Tisch, eine Hafergrütze und einen heißen Tee. Sie verschwand wieder, ohne dass Schiller von ihr besonders Notiz genommen hätte. Vom Fenster aus schweifte sein Blick über den engen Hof, an dessen Ende die Scheune und der Stall lagen, weiter, über deren Dächer hinaus bis zu dem im Schneetreiben unscharfen Horizont, wo sich in der Ferne die das Dorf umgebenden bewaldeten Hügel abzeichneten.

Sein neuer Aufenthaltsort Bauerbach hatte mit den doch vom milden Klima begünstigten Dörfern aus Württemberg und Schwaben wenig gemeinsam. Es wäre auch vermessen gewesen, zu behaupten, dass Bauerbach im Thüringischen in irgendeiner Hinsicht eine Bedeutung zugefallen wäre. Dieses Dorf glich absolut keiner Dichterinsel, auf der im Schatten imposanter Bauwerke oder eines bedeutenden Kunstwerkes oder etwa eines erwähnenswerten historischen Ereignisses der dichterischen Fantasie Flügel wuchsen. Dennoch fand Schiller bereits nach wenigen Tagen genau das, was er in dem entlegenen Ort gesucht hatte. Vor allem Ruhe und das Gefühl der Sicherheit. Der Gutshof stand auf reichsritterlichem Grund und war somit Auge und Arm der Polizei entzogen. Selbst die anfängliche Neugierde der Dorfbewohner legte sich rasch, denn es war nichts Besonderes, dass in reichsritterlichen Gutsorten oft Fremde bei der Gutsherrschaft auch für längere Zeit als Gäste unterkamen. Schiller bewegte sich bald unbefangen unter den Dorfbewohnern. Er besaß wenig wie sie, ein Armer unter Armen. Hinzukam, dass er sich das erste Mal seit Monaten relativ sicher vor der Verfolgung durch den Herzog und einer Festnahme fühlte.

Er aß und trank mit großem Appetit. Dann begann er, seine Taschen auszupacken. Die wenigen Kleider verstaute er im Schrank. Mit besonderer Liebe stellte er seine Bücher, die er aus Stuttgart bereits mitgenommen hatte, auf den Schrank. Es waren neben den eigenen Schriften, wie einige Exemplare der ‚Räuber' und des ‚Almanachs', ein paar Bücher von Shakespeare, Lessing, Wieland und

Haller, die Oden Klopstocks und das Trauerspiel ‚Julius von Tarent' von Leisewitz, das er fast auswendig kannte. Daneben stellte er das Präsent von Reinwald, dessen schmale Poesie. Dann breitete er seine Manuskripte auf dem Tisch aus, ein paar leere Bögen obenauf, Tintenfass und Feder luden zur Arbeit ein. Schiller prüfte das Arrangement. Er war angekommen.

Der Verwalter erschien in Begleitung der Magd, die das Geschirr abräumte. „Ich danke Ihnen, Herr Voigt, alles ist auf das Beste gerichtet. Ich werde mich sehr wohl bei Ihnen fühlen und arbeiten können."

„Spielen Sie Schach, Herr Dr. Ritter oder vielleicht Karten? Tarock?"

„Alles, wie es beliebt, Herr Voigt. Am liebsten Karten."

„Also Tarock, heute Abend, da würde auch meine Frau mitspielen können …" Der Verwalter schaute sich in der Stube um, blickte auf die Bücher und die Papiere auf dem Tisch: „Ich würde mich freuen, wenn Sie heute Abend in der Stube vorbeischauen würden."

„Gut, Herr Verwalter, wir spielen Tarock."

„Unsere junge Magd, eine Halbwaise aus dem Ort, wird bei Ihnen künftig für Ordnung sorgen und Ihnen auch die Wäsche richten. Dann gibt es noch Judith, die Tochter des Juden Israel aus dem Dorf, die Ihnen die Post besorgen könnte", informierte ihn der Verwalter, bevor er ging. Schiller bat noch darum, dass Judith recht bald vorbeischauen möge, er werde sich sofort daransetzen, denn er habe eine Unmenge an Briefen zu schreiben. Er hoffe nur, dass die winterliche Witterung nicht allzu schlimm werde und die Aufgabe der Post nach Meiningen nicht behindere.

„Meistens ist dies kein Problem, denn wir haben Pferde mit Schlitten", meinte der Verwalter.

Schiller vertrat sich noch an diesem Tag die Beine. Der Ort bestand aus zumeist kleinen unansehnlichen Häusern. Nur die Kirche und das Gutshaus der Frau von Wolzogen, sowie einige Judenhäuser waren von etwas besserer baulicher Substanz. Er schätzte, dass hier ungefähr 300 Seelen wohnten. Die Einwohnerschaft, informierte ihn der Verwalter, bestünde zu einer Hälfte aus abgabepflichtigen Kleinbauern, zur anderen aus Juden, die gegen ein Schutzgeld hier leben durften und Kleingewerben nachgingen. Das Herrenhaus, vormals das prächtigste Bauernhaus im Dorf, war von Frau von Wolzogen angekauft und wohnlich eingerichtet worden, da sie das baufällige Gutshaus nicht mehr unterhalten konnte. Das alte Gutshaus stand halb verfallen als stummer Zeuge von einstiger Größe an der unbefestigten Straße. Schiller genoss die klare kalte Luft in der Höhe der thüringischen Wälder. Die tiefhängenden schwarzen Wolkengebirge hatten sich verzogen, der Schneefall ausgesetzt. Die Welt um ihn herum lag tief verschneit wie in einem Schlaf. Das Gutshaus war ein langer, schmaler Bau mit Giebelseite, der Dorfstraße zugewandt. Das Haupthaus wies mit seiner langen Seite in den Hof. Schillers Zimmer, an der Rückseite, lagen zum Garten des Nachbarn. Hinter dem Haus befanden sich Heuschober und Tierställe. Eine Gartenanlage war unter der Schneedecke nur zu erahnen. Dort entdeckte er eine Laube, in der man im Frühjahr bequem arbeiten könnte. Auf ein Bier schaute er im Wirtshaus ‚Zum braunen Ross' vorbei und machte sich beim Wirt bekannt, der ihm tägliche Mittagessen liefern sollte. Heute würde daraus ein Abendessen werden. Dies kümmerte den Wirt nicht weiter. Dann aber lief Schiller eilig zurück in seine Stube, denn er hatte noch zu arbeiten.

In fliegender Hast schrieb er Brief um Brief nach Mannheim und Stuttgart. Er lebte hier am Rand der Welt, aber den Kontakt zur Welt wollte er nicht verlieren. In diesem im Schnee versunkenen kleinen Nest fühlte er sich wie ein Schiffbrüchiger, der sich mühsam aus den Wellen ans Land gerettet hatte. Während er schrieb, befiel ihn die Melancholie und Bitterkeit. Besaß er nur einen einzigen ansehnlichen Rock, um auszugehen und kaum einen ordentlichen Mantel gegen das Winterwetter. *‚Ich habe die Welt mit meinen kühnsten Empfindungen umfasst und am Ende fand ich, dass ich einen kalten Eisklumpen in den Armen hatte … Wenn man die Menschen braucht, muss man ein Hundsfott werden oder sich ihnen unentbehrlich machen. Eines von beidem oder man geht unter.'* Neben dem Gefühl der Dankbarkeit als Erretteter, dem jetzt ein sicheres Asyl zugesichert worden war, brach sich doch auch der Frust in Schiller Bahn. Und in manchem seiner Briefe machte er aus seinem Herzen keine Mördergrube. Es waren am Ende zehn Briefe, mit denen er Judith, die Tochter des jüdischen Geldverleihers am Ort, nach Meiningen schickte.

Diejenigen, die es etwas anging, wussten nun, dass er wohlauf angekommen war. Schiller begann zu schreiben. Wollte binnen zwei Wochen seine ‚Luise Millerin' vollenden und schmiedete Pläne für ein großes Staatsdrama – ‚Don Carlos' –. Sonntags lief er in die Dorfkirche, um sich die Predigt anzuhören und der menschlichen Gesellschaft nicht gänzlich fremd zu werden. Auf dem Rückweg beschwerte er sich beim Wirt im ‚Braunen Ross' über die allzu häufigen Anteile an Sauerkraut im Mittagsmahl. Eine Empfehlung für den Pfarrer hatte er nach seinem zweiten Sonntagsbesuch in der Kirche ebenfalls: neue Gesangsbücher. Die alten hätten keine Lieder des bemerkenswerten Dichters Gellert ... Aber ohne Geld half auch eine verständige Empfehlung nicht viel.

Auf seinen um 22 Jahre älteren Freund Reinwald aus Meiningen war Verlass. Dieser besuchte ihn, sobald das Wetter aufklarte und versorgte ihn zuverlässig mit Büchern, Journalen, Neuigkeiten oder auch mit dem Nötigsten wie Tinte, Postpapier, Papierbögen für Manuskripte – nicht zu vergessen mit dem für Schiller *„unverzichtbaren. Guten Schnupftabak für einen armen schmachtenden Freund"*, wenn es sich einrichten ließ, sogleich pfundweise.

Wie selbstverständlich vertraute sich ihm Schiller mit seiner Arbeit auch hinsichtlich seiner künftigen dramatischen Planungen an und hörte auf den Rat des belesenen älteren Freundes, der, wie er erfreut feststellte, mit dieser neuen Aufgabe auflebte und kaum mehr wiederzuerkennen schien. Schiller begann, seine Zeit in Bauerbach für umfangreichere Studien von historischen Quellen für seine Arbeiten zu nutzen. Ihm, dem ein Zugang zum Studium in diesen Bereichen, die ihn weit mehr interessiert hätten, verschlossen gewesen war, holte mit Reinwalds Hilfe und mit intensiver Lektüre vieles nach. Sobald das Wetter zu längeren Wanderungen einlud, wagte es Schiller, seinen Freund Reinwald in Meiningen aufzusuchen. Manchmal traf man sich auch auf halben Weg im Dorf Maßfeld, an das Schiller noch von seiner winterlichen Ankunft eine lebhafte Erinnerung hatte. Schiller spürte es deutlich, während er abends seinen einzigen repräsentativen Rock ausbürstete, dass er diese Zeit der Besinnung nötig hatte. Bücher aus der Bibliothek des Meininger Schlosses, Gespräche mit Reinwald über die Zusammenhänge historischer Ereignisse. Die Zeit der Besinnung wurde für ihn auch ein Studienjahr.

‚Luise Miller' und ‚Don Carlos' hießen seine Leidenschaften, mit denen er Tisch und Bett teilte. Diese lehrten die einfachen Bauersleute zu Bauerbach das Fürchten. Bei teuflischem Sauwetter, dichtestem Schneetreiben, bei Wind und peitschenden Regengüssen rannte Schiller im Hemd, ohne Rock und Hut, aus dem Haus, aß tagelang so gut wie nichts, tauchte nach ein, zwei Tagen wieder auf, hockte dann in der verdunkelten und verräucherten Stube, qualmte Marokko-Tabak, verbrannte den gesamten Kerzenvorrat und schrie und tobte in seiner Kammer, als könne ein Mensch allen Ernstes mit sich selbst in tödlichen Streit geraten. Natürlich! Er kam voran, in dieser Tanneneinsamkeit.

Allein, es blieb das alte Spiel: Ihm fehlte das Geld an allen Ecken und Enden! Es blieb ein Elend. Zwar bezog er auf Kosten der Frau von Wolzogen das Essen aus dem Gasthof des Ortes, aber für die alltäglichen Dinge des Lebens musste er dennoch bei dem Juden Israel, dem Vater von Judith, die seine Post besorgte, wegen eines Kredits vorsprechen. Auch auf der schwarzen Tafel in der Gaststube ‚Zum braunen Ross' fanden sich schon wieder Krediteinträge zu Schillers Person. Als Freund der Gutsherrin gewährte man ihm Kredit. Manchmal wurde er ganz mutlos, wenn er der Welt immer wieder Zuversicht vorspielen musste und die Umstände doch gegen ihn sprachen. Manchmal hasste sich Schiller dafür, egoistisch davon leben zu müssen, dass er anderen Leuten ins Geldsäckel griff. Manchmal kam es ihm wie eine schlechte Posse vor, dass ausgerechnet er, der ohne greifbare Aussicht auf ein Ein- und Auskommen, in den schwärzesten Momenten dieser Elendsexistenz, den genialen Dichter zu geben hatte.

Schiller bemerkte immer häufiger, dass er zu zweifeln begann. Das durfte er nicht zulassen! Dies würde der Anfang vom Ende sein! Ebenso tragisch wäre ihm dieses Ende wie die Festnahme durch die Häscher des Herzogs. Nein, er sollte nicht übertreiben! Er haderte mit sich selbst, als er an Schubart dachte. Sätze aufs Papier schreiben, mehr machte er im Moment nicht. Tag für Tag, Nacht für Nacht!

Was sollte er auch sonst machen? Für einen geistigen Wettstreit gab es außer Reinwald niemanden. In der Stube hocken und schreiben – auf dem Land hielten dies die Leute für einen seltsamen Zeitvertreib. Keiner in Bauerbach gab einen Pfifferling für den spinnerten Gedanken, von so etwas leben zu wollen! Lebenstüchtige Menschen halt, befand Schiller selbstironisch. Doch sie schienen ihm allesamt auf ihre Art rechtschaffen. Dabei berührte es Schiller, zu erleben, wie sich der Verwalter Voigt, der zugleich auch Schultheiß und Lehrer des Dorfes war, bemühte, die Anweisung, ihm, *dem Gast, ‚den Aufenthalt angenehm zu gestalten'*, mit Fürsorge umsetzte. Das gesamte Gesinde behandelte ihn zuvorkommend wie einen Sohn des Hauses. Dabei beobachteten sie ihn. Was sahen sie wohl in diesem Herrn Dr. Ritter aus Stuttgart oder sonst wo, wo sie noch nie gewesen waren? Mit einer gewissen Distanz begegneten sie ihm und prosteten ihm übertrieben freundlich zu, solange die Taler der Frau von Wolzogen blinkten.

Während er mit seinem Schicksal und seiner ungewissen Zukunft haderte, entnahm Schiller den Journalen, die Reinwald ihm brachte, dass Goethe in Weimar geadelt worden war, sich durch ein ehrendes Amt gehoben und sorglos gestellt sah. Goethe lebte frei und wirkte in einem Kreis produktiver Geister. Ihm, Schiller, jedoch wuchsen Schulden wie Haare auf dem Kopf, während dem ‚*Göttergleichen*' in Weimar ein Haus zur Verfügung gestellt wurde, um ihn zum Bleiben zu bewegen. Das Journal mit der Nachricht über Goethe in Händen haltend, dachte Schiller darüber nach, dass wenn er es einmal als Dichter bis Weimar geschafft hätte, wenn es ihm gelänge, neben Wieland und vor allem Goethe wahrgenommen zu werden, dass er dann seinen Platz in der Welt und auch sein Auskommen gefunden hätte. Aber was für ein Gedanke! Absurd! Ein langer Weg dorthin ... Statt weiter Luftschlösser zu bauen, setzte er sich wieder an den Tisch in seiner Stube und begann zu schreiben.

An Zuhaus, Vater und Mutter, mochte er nicht denken! Sein Erfolg war Pflicht! Stampfend und tobend, seine Feder übers Papier jagend, trotzte Schiller der Verzweiflung und dem Hunger nach Anerkennung, der Einsamkeit in den bäuerlichen Verhältnissen Seite um Seite ab. Doch es gab inzwischen auch Tage, da hielt er inne, blickte auf das Geschriebene, war zufrieden und spürte den Frieden, den Bauerbach und die Schönheit der Natur, ihm boten.

Kapitel 7
Wo die Liebe hinfällt, da wächst kein Gras mehr, Bauerbach, Dezember 1782/Januar 1783

> Selig durch die Liebe
> Götter – durch die Liebe
> Menschen Göttern gleich!
> Liebe macht den Himmel
> Himmlischer – die Erde
> Zu dem Himmelreich.
> *Friedrich Schiller, aus Kabale und Liebe*

„Halten Sie es für kein leeres Geschwätz, wenn ich gestehe, dass mein Aufenthalt in Bauerbach bis jetzt mein seligster gewesen, der vielleicht nie wiederkommen wird."
Friedrich Schiller, aus Brief an F. H. Reinwald, 1783

Seine Gönnerin Henriette von Wolzogen kündigte sich zum Jahreswechsel an. Welch ein Lichtblick! An solchen Tagen nicht allein über Manuskriptseiten brüten oder gemeinsam mit Reinwald sorgenvoll auf das neue Jahr blicken zu müssen, weil sich das alte mit allzu großen Löchern in den Hosentaschen davongeschlichen hatte, erschien ihm wie ein Geschenk des Himmels. Die Gegenwart der Gräfin verlieh doch einem Jahresanfang schlichtweg ein wenig Glanz und bewahrte ihn vor Heimweh. Denn an solchen Tagen plagten ihn allzu häufig wehmütige Gedanken an sein Elternhaus, besonders an seine Mutter und seine Schwester Christophine, das Phinele. Ganz sicher sorgten sie sich seinetwegen. Schiller freute sich auf Frau von Wolzogen, die auch als attraktive Frau nicht ohne Eindruck auf ihn geblieben war.

Was aber dann am Neujahrstag 1783 geschah, damit hatte er nicht gerechnet! Denn der Kutsche entstieg ebenfalls ihre reizende Tochter Charlotte. Eine lebhafte junge Dame, die jeden Raum in Bauerbach zum Leben erweckte. Schiller, wie verzaubert, fragte sich, wie er die Tochter in Stuttgart hatte übersehen können. Sie konnte sich unmöglich in den wenigen Wochen seit seiner Flucht von einer unscheinbaren Larve zu einem so wunderschönen Schmetterling entpuppt haben!

Artig erzählte er Henriette von Wolzogen vom Fortschritt seiner Arbeiten, von seinem Leben in Bauerbach, von den Begegnungen mit Reinwald, von den letzten harten Wintertagen, davon, wie er die Bauerbacher in Aufruhr versetzt hatte, als er mitten im Gewitter in den Wald gelaufen sei, davon, wie die Urgewalt der Natur manches Große in einem freisetzen könnte … Die Mutter hörte ihm amüsiert zu. Doch sein Blick glitt immer öfter an ihr vorbei zur Tochter, deren Wangen noch von der Kälte draußen rot glühten. Schiller entschuldigte sich, er rede zu viel, das mache die Waldeinsamkeit und das Glück, sie, seine Retterin, an einem solchen Tag zum Jahreswechsel hier in seiner Nähe zu wissen. Auch noch in so liebreizender Begleitung! Er machte eine Verbeugung in Charlottes Richtung. Sie nahm das Kompliment mit einem Lächeln entgegen. Er wurde verlegen, denn er spürte, wie er sich zu verlieben begann. Nach Tagen der Einsamkeit und des angestrengten Arbeitens überfiel ihn dieses Gefühl wie eine Urgewalt!

Es gab einige Dinge mit dem Verwalter Voigt zu besprechen, die Frau von Wolzogen direkt anging und diesen in sein Büro begleitete. Für einen Moment der nüchterne Gedanke Schillers, dass sie die Gelegenheit nutzte, seine Verbindlichkeiten für das Essen beim Wirt zu begleichen. Herzensgut erkundigte sich Henriette gewiss auch, ob es ihm, Schiller, tatsächlich an nichts fehle. Um wie viel heller würde die Sonne scheinen, wenn es nur mehr Menschen von ihrer Güte auf der Welt gäbe!

Charlotte lief in der Stube umher, nahm verträumt diesen oder jenen Gegenstand zur Hand, schaute aus dem Fenster und erzählte von ihren Kindertagen auf dem Schloss ihres Onkels im nahen Walldorf. Schiller hörte ihre Stimme, aber was sie sagte, drang kaum in sein Bewusstsein. Nur sehr vage meldete sich ein Gefühl in ihm, wie verschieden doch seine Kindheitserinnerungen zu den ihren ausfielen, ohne dass er diesem Gefühl gedanklich nachging und sich zur Vorsicht ermahnt hätte. Stattdessen fragte er sich, wo sich die kleine Charlotte versteckt gehalten hatte, als er mit ihrem Bruder Wilhelm, seinem Freund, in Stuttgart, die Bekanntschaft der schönen Mutter gemacht hatte. Diese junge Dame, die sich mit streng aus der hohen Stirn gekämmten und im Nacken kunstvoll gestecktem vollem blonden Haar und der aufrechten Körperhaltung einer Tänzerin auf das Anmutigste bewegte, konnte unmöglich damals noch mit Puppen im Hinterzimmer gespielt haben!

Schiller ergriff wieder das Wort, versprach ihr, aus seinen neuesten Werken vorzulesen. Er redete viel und musste aufpassen, dass er sich nicht zum Narren machte! Als Henriette von Wolzogen vom Gespräch mit dem Verwalter zurückkehrte und man sich zu einem gemeinsamen Essen verabredete, um den Jahreswechsel zu begehen, trat Charlotte neben ihn, griff wie selbstverständlich nach seiner Hand. Sie ließ sich von ihm zusichern, dass er ihr gleich am nächsten Tag etwas aus der ‚Luise Miller' vorlesen möge. Wenn es noch eines göttlichen Zeichens der Liebe bedurft hätte, allein mit dieser zarten Geste entflammte sie Schillers Herz.

Die Stellen seines Vortrags wählte er sorgfältig aus, vermied jene Abschnitte, in denen es zu deutlich um Stand und Ehre ging, denn das war es ursprünglich, was ihn bereits in Regimentshaft in Stuttgart motiviert hatte, über dieses Stück nachzudenken und erste Pläne zu entwerfen. Am Beispiel einer großen Liebe zwischen der bürgerlichen Luise aus reichem Elternhaus und dem adligen Ferdinand wollte Schiller die alles zerstörende Wirkung der überkommenen und unmenschlichen Standesvorbehalte bis in den Tod – eines Shakespeares würdig – dem geneigten Publikum vor Augen führen. Gleich geboren, gleich geachtet, wie er es sich als Dichter in seinen kühnsten Anfängen immer erträumt hatte. Ein Gleicher unter Gleichen, abgeschafft alle Vorrechte durch Geburt, die durch nichts verdient waren und nur zu Ungerechtigkeiten führten. Schiller gab sich überzeugt, dies sei das Prinzip des heraufziehenden neuen Jahrhunderts, dem es den Boden zu bereiten gelte. Aber in Bauerbach ging es doch um das eigene Gefühlsleben, das in Unordnung geraten war und nicht darum, eine Revolution anzuzetteln ... Er durfte nicht missverstanden werden, sich in der Situation nicht undankbar zeigen und gegen die adligen Vorrechte wettern, wie es sein Stück in seinen Grundanlagen vorsah. Stattdessen empfahl er sich mit Szenen von Liebeshändel. Bis in die Morgenstunden brannte sein Licht, bis er sicher war, die zartesten Liebesschwüre, die am meisten zu Herzen gehenden Szenen zusammengestellt zu haben. Er erinnerte sich lebhaft an seinen fulminanten Misserfolg beim Vortrag des ‚Fiesco' in Mannheim und nahm sich vor, diesen Text sanftmütig wie ein Lämmchen vorzulesen. Zu lesen, sich nicht zu einem ausschweifenden freien Vortrag hinreißen zu lassen. Seine Worte würden alles richten. Es galt, die Mutter für sich einzunehmen und das Herz der Charlotte im Galopp zu erobern. Schiller las mit vor Aufregung trockener Kehle, zuckersüß, wie er noch nie gelesen hatte:

„Liebe macht den Himmel
Himmlischer – die Erde
Zu dem Himmelreich."

Henriette von Wolzogen bedachte ihn mit einem seltsamen Blick. Sie war nicht lang genug Witwe, als dass sie nicht noch Empfindungen für die Liebe gehabt hätte. „Er steckt doch immer wieder voller Überraschungen", wunderte sie sich. Von Charlotte war ein tiefer Seufzer zu hören. Schiller bemerkte, wie Henriette von Wolzogen überrascht ihre Tochter anblickte und diese zart errötete. Da wusste er, dass sein Ziel erreichbar schien. Die Mutter räusperte sich, stand auf, strich sich über die Falten ihres Kleides und meinte, das Drama wäre ja außerordentlich überraschend, so anders als das, was sie bislang von Schiller zu hören bekommen hätte. „Außerordentlich", betonte sie erneut. „Sicher wird es das Publikum mitgehen lassen. Sie machen Fortschritte." Dann stand sie auf, schien etwas verlegen, blickte Schiller noch einmal nachdenklich an und meinte, sie hätte noch etwas mit dem Verwalter zu besprechen, denn in zwei Tagen würden sie nach Walldorf zu ihrem Herrn Bruder weiterreisen. Die Tür fiel hinter ihr ins Schloss. Schiller war erneut hin- und hergerissen zwischen zwei Gefühlen: Der Verzweiflung über den drohenden Abschied, der mit der Ankündigung der Mutter unmittelbar bevorstand und dem großen Glück, mit seiner Charlotte jetzt allein sein zu können. Genau dies hatte er insgeheim erhofft: eine Lesung mit ihr unter vier Augen. Er schlug vor, mit verteilten Rollen zu lesen. Ja, er ging sogar so weit, ihr anzutragen, eigene Ideen und Formulierungen für den Text einzubringen. Schließlich sei sie eine Frau im Alter von Luise und ebenso leidenschaftlich. Sicherlich könne sie sich gut in diese junge Frau hineindenken. Ein Spiel, nichts weiter, aber eines, das er bereit wäre, durchaus ernst zu nehmen.

Charlottes Wangen glühten vor Aufregung und Glück. Sie spielte mit Inbrunst: *„Nun, wie steht mir dieses Kleidchen? Staunet nur ihr trüben Leutchen!"* Ihr glockenhelles Lachen zu diesem lustigen, platten Vers. Sie verstand die Ironie, die Anspielungen in seinen Zeilen. Solch eine junge Frau an seiner Seite, und er wäre ein glücklicher Mann! Schiller hörte aus ihrem Mund seinen Text wie ein Bekenntnis ihrer Liebe.

"Ich hatte diese Träume vergessen und war glücklich – jetzt! Jetzt! – Von heut an – der Friede meines Lebens ist aus – wilde Wünsche – ich weiß es, werden in meinem Busen rasen. – Geh! – Gott vergebe dir's – Du hast den Feuerbrand in mein junges Herz geworfen, und er wird nimmer, nimmer gelöscht werden." Charlotte wurde angesichts der Heftigkeit dieses Liebesbekenntnisses verlegen, spielte ihre Rolle dennoch gut und stürzte, wie die Regieanweisung es vorsah, aus dem Zimmer. Er setzte ihr nach und rief: *"Du bist meine Luise. Wer sagt, dass du noch etwas sein solltest? Wenn ich bei dir bin, zerschmilzt meine Vernunft in einem Blick – in einen Traum von dir ... Oh, oh! Ich fürchte nichts – nichts – als die Grenzen deiner Liebe. Lass auch Hindernisse wie Gebirge zwischen uns treten, ich will sie für Treppen nehmen und darüber hin in Luises Arme fliegen ..."*

Sicherlich wäre es jetzt noch zum Äußersten gekommen und sie in seine Arme gesunken, aber in diesem Moment tauchte Mutter Henriette wieder auf, bedachte beide mit einem seltsamen Blick und meinte nur: „Lasst uns das neue Jahr schicklich und gesittet beginnen. Charlotte, ein paar Schritte raus an die frische Luft können dir nicht schaden. Ma chère, du echauffierst dich immer so schnell. Außerdem hast du noch einen Brief zu schreiben. Weißt schon, nach Gotha."

„Ach, Maman", seufzte Charlotte unwillig, und Schiller war glücklich über diesen Unwillen. Sie würde sein werden! Das konnte die Abschirmung durch die Mutter kaum verhindern! Schon nahm er sich vor, den beiden nach Walldorf nachzureisen. Musste die Arbeit halt ruhen! Es gab wichtigere Dinge im Leben, denen ein Mann verpflichtet war. Wer das eigene Glück nicht beim Schopfe packte, war selbst schuld, wenn er am Ende leer ausging. „Seit Sie hier sind, ist der Ort wie verwandelt, gerade so, als sei mitten im strengsten Winter der Frühling ausgebrochen. Jetzt müssen Sie tatsächlich nach Walldorf weiterreisen? Unaufschiebbar? Meine Teuerste, Sie glauben ja gar nicht, wie mich das trifft und wie ich bereits bei dem Gedanken daran, Ihre Gegenwart schon auf das Schmerzlichste entbehre!", rief Schiller aus, bezähmte sich gerade noch, sich ihr zu Füßen zu werfen.

„Kinder, was habt ihr nur!", rief Frau von Wolzogen aus, hob beide Arme wie zur Aufgabe bereit ein wenig in die Höhe. „Ich habe unser Kommen angekündigt. Wir werden im Schloss Walldorf erwartet. Da gehört es sich nicht, die Gastgeber zu versetzen. Selbst, wenn es Onkel und Tante sind, meine liebe Charlotte." Erneut widersprach die Tochter. Schiller bemerkte es an der unwilligen Reaktion der Mutter, dass diese solcherart Widerspruch von ihrer Tochter nicht gewohnt war. In Französisch, der Sprache des Adels, tadelte sie ihre Tochter scharf. „Écoutez, ma fille, nous sortons! Mon frère et la tante attendez toi l'après-midi. S'il vous plaît, il n'a pas le moment pour dérangez toute arrangements! Compris?"

Soviel verstand Schiller aus seiner Stuttgarter Zeit, in der er einige Brocken Französisch bei den Eleven aus Mömpelgart, zu denen sein Freund Scharffenstein gehörte, aufgeschnappt hatte, dass nichts zur Diskussion gestellt werden sollte. Die Abreise schon gar nicht. Doch Charlotte bewies Eigensinn und schimpfte halblaut vor sich hin: „Tu ne pense pas, je suis d'accord. Je ne suis pas d'accord." Frau von Wolzogen erhob sich und entgegnete ihr mit schneidender Stimme: „Nous allons voir mon frère, comprends?"

Charlotte schwieg und steckte ihre Nase in irgendwelche Handarbeiten. Sie wusste, dass es das Beste für sie war, nicht weiter zu insistieren. Schiller bedachte noch einmal kurz die Situation, dann beschloss er, mit dreister Entschlossenheit zum Angriff überzugehen. „Ich würde mich gerne für all Ihre Wohltaten erkenntlich zeigen und Sie bitten, Sie in dieser unwirtlichen Jahreszeit und bei diesen schlechten Wegstrecken bis nach Walldorf begleiten zu dürfen. Bitte sagen Sie ja, teuerste Freundin."

Schiller beobachtete, wie Henriette von Wolzogen ihn erschreckt anstarrte, sich bedachte, dann zu Charlotte hinübersah und sichtlich unruhig mit sich um eine richtige Antwort rang. Was den Ausschlag gab, war der Umstand, dass Charlotte vollkommene Gleichgültigkeit vorgab und ihren Blick nicht von der Stickerei hob, die sie sich als Handarbeit mitgebracht hatte. Kein verräterischer Austausch von Blicken zwischen den beiden jungen Leuten, kein Seufzer kam über ihre Lippen, der einen Hinweis auf Liebesgefühle hätte geben können. Henriette von Wolzogen schob zunächst Bedenken vor. Schillers Inkognito sei durch einen solchen Besuch gefährdet, behauptete sie, und: „Sie müssen arbeiten, Herr Schiller, wo Herr von Dalberg in Mannheim auf ein neues Trauerspiel aus Ihrer Feder wartet."

Schiller entgegnete prompt, was sein Inkognito anginge, sei er entschlossen, ihrem Herrn Bruder und seiner Familie sein ganzes Vertrauen zu schenken. Dass diese solches verdienten, davon sei er fest überzeugt. An den Reichsfreiherrn von Dalberg denke er nicht gern und wolle sich diesem mit einem neuen Stück oder einer Überarbeitung auch nicht aufdrängen. Von dem Herrn von Dalberg sei nicht viel zu erwarten. Zusagen hätten bei ihm die Beständigkeit von einer Sonnenstunde im April. Er, Schiller, wolle die Zeit in Bauerbach für intensive Geschichtsstudien mittels der Bücher aus der herzoglichen Bibliothek nutzen und mithilfe interessanter Begegnungen neue Menschen kennenlernen, um für neue Aufgaben zu reifen. Niemand könne große Werke nur aus sich selbst schöpfen.

Henriette von Wolzogen hatte ein Einsehen, dass gegen Schillers Wortkunst jeglicher Widerstand zwecklos erschien. Auch lag es ihr nicht, über Tage die Fassade der Strenge zu pflegen, die im drohenden Alter zu Falten und Runzeln führte und weder weise noch schön machte. Vielleicht gelang es ihr, wenn sie Schiller nachgab, Charlotte für die Reise zu begeistern? Auf alles andere würde sie schon ein Auge haben. Schließlich reisten die beiden in ihrer Begleitung. In diesem Sinne vertraute Henriette auf ihr Gespür, die Vernunft des älteren Schiller und darauf, dass Charlotte ihr gewogen sein würde, wenn sie Schiller mitnahm. So fuhren sie am nächsten Morgen zu dritt in der Kutsche nach Walldorf. Während der Fahrt berichtete Henriette von Wolzogen ihrem Schützling Schiller, der nur noch Augen für Charlotte zu haben schien, dass man in Bonn, auf der Grundlage der von Schwan in Mannheim herausgegebenen Druckfassung seines ‚Fiesco', eine Uraufführung dieses Dramas plane. Wie man hörte, liefen die Geschäfte in Mannheim beim kurfürstlichen Theater längst nicht mehr dem Wunsche des

Intendanten entsprechend gut. Wenn sie jetzt eins und eins zusammenzähle, könnte sie sich vorstellen, dass der Intendant Reichsfreiherr von Dalberg in Kürze bei Schiller nach einem spielbaren Drama nachfragen würde.

„Ich gebe nicht viel drauf", antwortete Schiller schlicht, der Herr von Dalberg und ein gewisser Herr Ritter, den jener vermögende Intendant, wenn es nach ihm gegangen wäre, im Hessischen hätte verhungern lassen, wären doch zu verschieden, um miteinander glücklich zu werden. Aber die Aufführung in Bonn interessierte ihn. Auch wenn er in seiner Bauerbacher Waldeinsamkeit nichts davon spürte, vielleicht machte er draußen in der Welt bereits Fortschritte. Wenn diese Aufführung in Bonn ein Erfolg würde, kämen Angebote anderer Bühnen und die Mannheimer könnten sich ärgern, dass sie nicht längst zugegriffen hatten.

Verhältnisse und Verstrickungen dieser Art ließen seinen Gastgeber, den Oberforstmeister Dietrich Marschalk von Ostheim, einen Edelmann von altem Schrot und Korn, kalt. Bücher und Literatur gehörten nicht zu seinem Metier und die Schreiberei tat er leichthin als Tintenkleckserei ab, ohne jedoch Schiller damit herabsetzen oder beleidigen zu wollen. In seiner Welt schienen andere Fähigkeiten gefragt. Als sie den Empfangssaal seines Hauses Walldorf betraten, saß er dort im zugigsten Bereich zwischen zwei Türen und hatte soeben zwei Jagdbüchsen auseinandergenommen, die Einzelteile auf einem Tisch ausgebreitet und reinigte das Innere der Waffen. Unmittelbar nach der Begrüßung pries er die Qualität der Gewehre, ihre Präzision und die Verarbeitung insbesondere der feinmechanischen Einzelteile. Ein Thema, zu dem Schiller außer eines bescheidenen Wissens als Sohn eines Werbeoffiziers und später als Eleve in der Karlsakademie, kaum etwas beizutragen hatte. Er meinte nur lachend, ob der Herr Oberförster seine Gäste immer mit geladenen Gewehren zu erschrecken pflege. Dieser antwortete, manchmal postiere er sich bereits vor der Einfahrt zum Gutshof und hätte so schon manches Wegegeld erzielt, das ihn über den Tag brächte. Seine Gattin tadelte ihn wegen dieses Unsinns: „Am Ende glaubt dir das noch jemand, Dietrich. Dann ist das letzte Quäntchen unseres guten Rufs auch noch ruiniert."

Die Stimmung bei Tisch war ausgezeichnet. Es wurde viel gescherzt. Schiller gab seine Imitation des württembergischen Herzogs und die Geschichte zum Besten, wo ihm damals als Eleve der Oberst von Seeger und der Herzog beim Mittagstisch mit der Aufgabe, er solle in seinem Theaterspiel den Herzog selbst darstellen, eine Falle gestellt hatten. Er imitierte den Goldstock schwingenden Herrscher, hieß ihn als Eleve einen Dummkopf und bot ihm Wein an, bevor er verärgert über so viel Unverstand an seiner Akademie Karl Eugen als Eleven tadelte, den Arm von Franziska von Hohenheim, des Herzogs Mätresse, ergriff, um mit ihr verärgert den Raum zu verlassen. Man wischte sich bei Tisch die Tränen vor Lachen, als Schiller mit großer Geste rief: „Ach, Fränzel, was beherbergt unsere Akademie doch für dumme Bauernbuben."

„Und der Herzog? Ich sehe das förmlich vor mir, wie sie ihn alle angestarrt haben …", der Oberforstmeister wollte jetzt auch das Ende der Geschichte. Die Gelegenheit für Schiller, den Arm von Charlotte zu ergreifen, sie galant an seiner Seite zur Tür zu führen, bevor er den hinterher stolpernden Herzog zum Besten gab und ausrief: „Höre er, lasse er mir meine Fränzel!" Das Eis bei seinen Gastgebern war sprichwörtlich gebrochen. Schiller erhielt eine Einladung, über Nacht zu bleiben, die er höflich ablehnte und bei Henriette von Wolzogen einen guten Eindruck machte. Die Belagerung der Festung war eröffnet. Die Tore des Belagerungsrings, die es einzunehmen galt, schienen Schiller im übertragenen Sinn nicht uneinnehmbar. Unbemerkt von den anderen, wünschte er seiner Angebeteten eine gute Nacht, versprach ihr flüsternd, bald wieder vorbeizuschauen. Auf dem Tisch im Empfangssaal sah er noch den Brief von Charlotte liegen, den ihr die Mutter für Gotha aufgetragen hatte und Eifersucht stach Schiller. Ob er bei der Besorgung der Post behilflich sein könne, er wolle gern auch einen Umweg …

Charlotte lächelte, ahnte, worauf Schillers Angebot abzielte und erklärte ihm, das sei wirklich nicht nötig. Die Zeilen seien an ihre

Tante, die Herzogin Maria Charlotte von Gotha, gerichtet, die für Ausbildung in einer Pension in Hildburghausen, einer Institution für höhere Töchter, aufkäme. „Ich bin ihr zu Dank verpflichtet, ebenso wie meinem Onkel hier, bei dem ich meine Ferien verbringen durfte. Von der Welt habe ich noch nicht viel gesehen."

„Wie hat Ihnen meine Geschichte vom Herzog gefallen?", erkundigte sich Schiller.

„Ich habe Mamas Freundin, die Franziska von Hohenheim, kennengelernt. Der Herzog hat mir scherzend in die Wange gekniffen und gemeint, wenn man solch aufgeweckte Mädchen wie mich sähe, käme ihm der Gedanke, noch eine hohe Schule für Mädchen zu gründen. Daraufhin hat ihm seine Mätresse drohend den Finger gehoben. Es war ein lustiges Schauspiel, das die beiden da aufführten. Ich habe ihn im Spiel bei Tisch sofort wiedererkannt. Einfach köstlich!" Sie klatschte vor Vergnügen in die Hände.

Schon war ihre Mutter zur Stelle und verabschiedete Schiller mit dem Hinweis, er müsse sich sputen, wolle er bei dem Schneetreiben nicht noch in Dunkelheit geraten.

Eine Belagerung führte nur dann zu einer glücklichen Erstürmung, wenn man nicht nachließ, den Ring enger zog und immer neue Attacken ritt. Schiller, als Dramatiker, wusste, diese Grundregel zu beherzigen. Kaum brachte er am 03. Januar den beschwerlichen Weg nach Bauerbach hinter sich, saß er wieder am Tisch und schrieb an Henriette von Wolzogen: *‚Beste teuerste Freundin! Ich bin ungewiss, ob ich diesen Brief früher werde fortbringen können, als ich selbst zu Ihnen kommen werde. Doch warum soll ich es nicht wagen? Ich kam wohlbehalten von Maßfeld hier an. Aber meine Prophezeiung wurde wahr. Seit Ihrer Abwesenheit bin ich mir selbst gestohlen. Es geht uns mit großen lebhaften Entzückungen wie demjenigen, der lange in die Sonne gesehen. Sie steht noch vor ihm, wenn er das Auge längst davon weggewandt. Er ist für jede geringere Strahlen verblindet. Aber ich werde mich wohl hüten, diese angenehme Täuschung auszulöschen."* Schiller kündigte seinen umgehenden zweiten Besuch in Walldorf an und setzte unter den Brief: *‚Ihrer liebenswürdigen Lotte machen Sie mein herzliches Kompliment ..."*

In einem frischen weißem Hemd, rasiert und gepflegt vom Scheitel bis zur Sohle eilte Schiller, ohne eine Antwort seiner Wohltäterin abzuwarten, am nächsten Wochenende, dem 05. Januar, bereits wieder auf direktem Weg über Dreißigacker nach Walldorf. Dieses Mal nahm er die Einladung des Oberforstmeisters an und blieb gleich bis zum 09. Januar. Seiner Lotte hatte er in den Tagen in Walldorf das wohlige Gefühl des Geborgenseins in ihrer Gegenwart gestanden und in der andächtigen Stille eines Sonntagmorgens in Anwesenheit von Mutter, Onkel und Tante erklärt: „Endlich bin ich glücklich und vergnügt, dass ich einmal am Ufer bin. Bei lieben Menschen gut aufgehoben …", und Charlotte hatte ihn angeschaut, dass er sicher war, sie verstand, dass er vor allem sie damit gemeint hatte. Ihre Lebensfreude, ungetrübt von Enttäuschungen und Drangsalen, sah man einmal von dem frühen Tod ihres Vaters ab, riss Schiller förmlich mit. Schon bald nannten sie sich vertraut beim Vornamen mit ‚Lotte' und ‚Fritz'. Henriette von Wolzogen musste befürchten, dass sich keineswegs alles innerhalb der von ihr gezogenen Grenzen entwickelte. Schiller bemerkte, dass sie immer häufiger ihm und seiner Lotte nachstellte, um dann unter einem Vorwand ein Gespräch anzuzetteln oder Lotte mit einem Auftrag, der keinen Aufschub duldete, wegzuschicken.

Am letzten Tag seines Aufenthaltes überdachte Schiller seine Situation und befand, dass er sich zum Narren machen würde, wenn er sich ohne Vermögen, ohne Stellung und ohne Titel gegenüber Tochter und Mutter erklärte und deshalb eine Abfuhr erhielte. Dass Lotte etwas für ihn empfand, stand für ihn fest. Ihr Verhalten sprach für sich. Er beschloss, durch Andeutungen und mit seinem Verhalten bei Henriette von Wolzogen seine Absichten der Tochter gegenüber unmissverständlich klarzumachen. Wenn er einen eindeutigen Antrag vermied, konnte ihm die im Grunde ihres Herzens gewogene Mutter nicht ablehnend gegenübertreten. Als Schiller sich am 09. Januar bei seinem Gastgeber, Marschalk von Ostheim, verabschiedete, bemerkte er zur Verbeugung mit Handkuss, eine Art stumme Verzweiflung am Gesichtsausdruck der Mutter seiner geliebten Lotte, dass sie seine Absichten verstanden hatte. Im Grunde, so sagte er sich, den Blick nach dem Aufbruch gen Himmel gerichtet, wo sich Gewitter- und Sturmwolken auftürmten, war er Teil seines eigenen Dramas um die ‚Luise Millerin' geworden. Denn auch bei ihm ging es nur um die Liebe und die Grenzen, die Standesunterschiede zogen. Seine eigene Liebesgeschichte sollte jedoch gut ausgehen, dies jedenfalls nahm er sich vor, als er mit langen, eiligen Schritten auf Bauerbach zulief.

Kapitel 8
Liebe und Kabale um Lotte & Co
Walldorf, Bauerbach, Meiningen, Januar 1783

> Nein, länger werd' ich diesen Kampf nicht
> Kämpfen, den Riesenkampf der Pflicht.
> *Friedrich Schiller, aus Freigeisterei der Leidenschaft*

In der Rocktasche trug er eine Einladung nach Walldorf zu einer Hochzeitsfeier von Charlottes Pflegeschwester Henriette, einer Waise, um die sich seit dem Tod ihrer Eltern Henriette von Wolzogen kümmerte. Sie würde dem Verwalter Schmidt ihr Jawort geben und Schiller war gebeten, zum Anlass der Feier ein paar Verse vorzutragen. Ein Gelegenheitsgedicht! – Eine Pflicht, die es ihm erneut ermöglichen würde, seiner Lotte nah zu sein und in Versen über die Liebe zu sprechen. Getreu dem Motto: ‚Gelegenheit macht Diebe', das er in seinem speziellen Fall gern in ‚Gelegenheit macht Liebe' abwandelte, schmiedete er die Reime und erntete Beifall für das in seinen Augen doch bescheidene Ergebnis.

Zwei weitere Tage auf Schloss Walldorf durfte sich Schiller als willkommener Gast fühlen, bevor die Gesellschaft zu Verwandten zum Schloss Nordheim fahren würde. Eine weitere Familienfeier, über die bereits viel getuschelt wurde. Schiller fragte nicht weiter nach, zeigte sich für die Großzügigkeit dieser Einladung erkenntlich, indem er für den Abend vor dem Kamin eine Lesung des Endes seines fertiggestellten Dramas von der ‚Luise Millerin' zusagte. Auch wenn der Hausherr auf Schloss Walldorf diesen Vortrag sicherlich wieder einmal zu versäumen wünschte, Schiller und er kamen sich in den Tagen des Besuchs näher. Nach dem Mittagstisch präsentierte ihm Diethelm Marschalk von Ostheim stolz seine Bibliothek und lenkte, als sie sich bei einem Glas schweren Burgunderweines gegenübersaßen, das Gespräch auf die Ausbildung und die Jahre von Schiller in der Stuttgarter Karlsakademie. Seine Fragen zum Medizinischen und zur Art der militärischen Schulung der Eleven versuchte Schiller, so gut es ihm möglich war, sachlich zu beantworten. Mochten es der ungewohnte Wein am helllichten Tag oder auch nur das ihn aufwühlende Gesprächsthema gewesen sein, schließlich brach es aus ihm hervor. Er sprang auf und schimpfte auf diese *Sklavenplantage*, die kleinsten Kindern Zwang antue, sie in Schrecken versetze, sie ihren Eltern entfremde und eine höllische Ungerechtigkeit auf Erden darstelle. Ohne Atem zu schöpfen, berichtete er von den Schikanen des Exerzierens, davon, wie sie unter Anleitung der hochgeschätzten Medizinprofessoren einen toten Mitschüler zu Studienzwecken auf dem Seziertisch vorgefunden hätten, wie sich der Herzog von seinen Eleven als Landesvater feiern ließ (wie viele Poems zu diesem oder jenem nichtigen Zweck zum Lobe des Herzogs und seiner Mätresse habe er allein verfassen müssen), die Grausamkeit und Willkür der Bestrafungen, von dem Hunger wusste er wortreich zu erzählen, den durchwachten Nächten auf den Krankenstationen ... „Und immer wieder nur Unfreiheit, Drangsal und Tyrannentum, gleich, wohin man blickt! Von überall in diesem Herzogtum gibt es einen unverstellten Blick auf den Gefängnisturm des Hohenasperg!", rief Schiller schließlich aus.

„Gab es denn keine verständigen Professoren an dem Institut?", fragte der Oberforstmeister, der davon ausging, dass die Bildung dieses jungen Mannes, der noch immer auf grausame Weise von seiner Vergangenheit gefangen genommen wurde, einen Ursprung haben musste. Schiller beruhigte sich und erzählte seinem Gastgeber von Professor Abel, davon, wie sie heimlich Literatur trieben und wie in durchwachten Nächten und mittels auswendig gelernter Seiten von entworfenen Dialogen unter größten Gefahren und Anstrengungen seine ‚Räuber' entstanden waren. Er sprach von der Freundschaft, als dem für sein Leben und Überleben höchsten Gut, das ihn mehr gelehrt und am Leben gehalten habe als alle Wohltaten der Karlsuniversität und der Militärischen Pflanzschule zusammen. Und schlussendlich wusste er noch hinzuzufügen: „Denn nach Auffassung eines Tyrannen vom Stil des Karl Eugens gebührt einem Herrscher, der pflanzt und gießt und Unkraut jätet, auch die Ernte. Ein ausgebildeter Karlsschüler bringt dem württembergischen Herzog beim Verkauf an das englische Königshaus zum Einsatz im Kampf gegen die Aufständischen in Amerika oder bei Kriegen in Afrika gut 60 Taler. So viel wäre auch ich ihm wert gewesen. Gestatten? Friedrich Schiller! Zum Preis von 60 Talern billig zu erwerben! Mit ganzen verkauften Regimentern finanziert er seinen Lebensstil! Zudem schickt er sie schlecht ausgerüstet in den Kampf. Von Büchsen, wie Sie sie zur Jagd mit sich führen, können meine Freunde nur träumen! Aber wen schert es schon, was im fernen Amerika oder Afrika geschieht? Falls sie zum Kanonenfutter taugen …, es wachsen ja neue nach, mit denen die Kassen saniert werden können. In tyrannos!"

‚Mein Gott, steckte in dem jungen Mann ein Feuer!' Bewegt und hingerissen schritt der Oberforstmeister zum Regal und zog die Schwan'sche Druckausgabe des Dramas aus der Reihe der Bücher: „Nach dieser Erzählung, mein lieber Freund, werde ich dieses Buch jetzt anders wertschätzen und es – gegen meine sonstigen Gewohnheiten – einmal in Gänze lesen."

Vielleicht war es diese Zusammenkunft mit Dietrich Marschalk von Ostheim gewesen oder auch nur der Umstand, dass Henriette von Wolzogen für den Nachmittag eine Verabredung mit ihrer Schwägerin getroffen hatte, Schiller und Lotte bekamen die Genehmigung für einen gemeinsamen Ausflug nach Meiningen. Der

Verwalter Voigt kam von Bauerbach mit einem Schlitten vorbei und nahm sie mit.

„Es war einmal", erzählte Lotte und meinte noch, dass ihre Mutter die Verse über die den ‚*Adel drückenden Felsen*' im Hochzeitsgedicht nicht gefallen hätten. „Musst du immer den Aufrechten geben, Fritz? Kannst du nicht einfach nur ausgelassen feiern wie andere auch?"

Voigt, der Verwalter des Gutes, setzte sie mit der Kutsche vor der Elisabethenburg in Meiningen ab. Er hatte ebenfalls Besorgungen für die Gnädigste und das Gut zu erledigen. Man verabredete einen Treffpunkt. Lotte verfolgte eigene Pläne und verfügte über ein wenig eigenes Geld. Briefpapier und Parfüm sollten es sein. Das Geld juckte ihr in den Fingern und wollte ausgegeben werden. Außerdem hatte sie bei der Schneiderin ein Kleid bestellt und kam zur Zwischenanprobe, bevor die letzten Nähte fixiert wurden. Alles aufregend, sicher, sodass Schiller durchaus Verständnis für ihren Blick auf die Welt haben konnte und nicht mit ihr darüber diskutieren mochte, um nicht den schönen Tag und die Gelegenheit zu verderben. Wenn er jetzt über Stand und Adel und das Geld nachdachte, das sie leichten Herzens mit ihrem hellen Lachen ausgeben würde, um dann wieder mit der Kutsche bequem zurückzufahren, war klar, was ihr alles nicht einfallen würde, was aber zu sagen wäre, über das Leben überhaupt und seines bescheidenen Daseins im Besonderen. Doch er antwortete nur: „Aber es ist doch wahr. Was kann falsch sein, die Dinge auszusprechen, wie sie sind?"

„Fritz, du bist unverbesserlich!", sie schalt ihn halb im Scherz, „das Leben ist dir eine Bühne für deine Dramen. Jedoch, es verhält sich sicherlich ebenso umgekehrt: die Dramen sollen das Leben lehren. Ich glaube manchmal, dir wird alles zum Drama. Das muss nicht sein."

„Oh, das Fräulein ‚Von und Zu' wird gar klug und belehrend", scherzte Scheller ebenfalls. „Wenn wir uns jetzt ein paar Schritte seitlich dort in eine Gasse begeben könnten, ich meine, unbemerkt, ganz verstohlen, dann könnte ich dieser wunderschönen Jungfrau ‚Von und Zu' ein paar Küsse aufdrücken, die sie ganz andere Dinge lehren könnten. Aber, ich verstehe schon, für solcherart Lektionen ist sie nicht empfänglich. Doch sich beschweren, meine Lotte, wenn ich deshalb ungeküsst im wahren Leben Dramen aufführen muss, das kann sie!" Schiller lachte und entwischte ihr, als sie im Scherz nach ihm schlug.

„Das mit den Küssen kenne ich längst. Aber ich mag es nicht, dabei in aller Öffentlichkeit gesehen zu werden, Fritz. Und ich will ja auch nicht klagen, waren doch die Segenswünsche in deinem Festgedicht wirklich schön. Ich danke dir dafür, dass du meiner Pflegeschwester Henriette eine solche Freude bereitet hast. Sie hat wahrlich wenig Freude in ihrem Leben gehabt. Als junges Mädchen beide Elternteile zu verlieren und bei fremden Menschen aufwachsen zu müssen, ist ein hartes Los."

„So gehe denn zum Traualtar,

Die Liebe zeigt dir goldene Jahre, – habe ich beiden nicht die besten Wünsche mitgegeben auf ihrem Lebensweg?", fragte Schiller. Sie betraten ein Geschäft und Lotte hielt ihr zartes Näschen über verschiedene Riechflakons, um sich für einen Duft zu entscheiden. Die Auswahl beim Friseur, der gleichzeitig die Geschäfte des Parfümeurs im Ort wahrnahm, nahm sich, obwohl Schiller von derlei Dingen wenig verstand, für ihn recht teuer und schmal aus. Diesen Luxus leisteten sich in Meiningen halt nur wenige Menschen. Umso größere Freude schien es jenen wenigen zu bereiten, in diesem Luxus zu schwelgen. „Du hast recht, dein Segenswunsch geriet besonders und wurde überall begossen und beklatscht. Wenn du nicht danach so sauertöpfisch dreingeschaut hättest!"

„So habe ich das?", Schiller versuchte, sich zu erinnern und wusste auf einmal wieder, dass ihn beim Schmieden der Verse eine finstere Ahnung befallen hatte, die sich in die Verse schlich. ‚Oft drücken ja gleich Felsen bürden

Mit Seelenruh' bezahlte Würden

Der Großen kleines Herz entzwei …'

Es fühlte sich für ihn damals so an, als nahe ein Unheil, wie eine große schwarze Wolke, die übers Land zog.[8]

„Jetzt schaust du wieder so trüb und raubst dir selbst eine jede Freude an den schönen Dingen", beschwerte sich Lotte und winkte ihm, er solle neben sie treten.

„Entschuldige bitte, manchmal ..." Sie ließ ihn nicht weiterreden: „Riech einmal. Welcher von beiden Düften würde dir mehr zusagen?"

Schiller machte eine abwehrende Geste: „Davon verstehe ich doch nichts. Bin sicherlich nicht der Richtige dafür."

„Bist du nun ein Mann von Welt, zu dem ich aufblicken sollte, Fritz, oder nicht? Also!"

Schiller fügte sich, roch aber keine großen Unterschiede. Wahrscheinlich überwogen in beiden Flakons ähnliche Grundsubstanzen. Der Mangel wurde hierzulande auch beim Luxus geistreich verwaltet.

„Nun?", forderte Lotte, ungeduldig geworden, sein Urteil heraus.

„Diesen Duft ...", Schiller deutete auf den rechten Flakon.

„Dachte ich's mir doch. Du willst den preiswerteren! Hast du nicht die besondere Rosennote bei dem anderen wahrgenommen? Rosen im Winter – sag, das muss doch den Dichter in dir zum Klingen bringen!", Lotte wählte leichten Herzens den linken Flakon mit der ihm heimlich zugeflüsterten Begründung: „Mit Rosen lass mich deine Muse sein." Schiller lächelte und freute sich über dieses Kompliment. Ihm wurde aber sogleich schwindlig, als der Friseur den Preis nannte, den Lotte stolz mit dem eigenen Geld entrichtete.

Am Abend trug Schiller das Ende seines Dramas von der ‚Luise Millerin' vor. Die Damen des Hauses hingen nach dem Tode Luises betroffen ihren eigenen Gedanken nach. Da wandte Lotte

---

8   Tatsächlich stand Henriette, der Pflegetochter, eine schwere Zeit bevor. Ihr Mann sollte schon bald seine Stelle als Verwalter einbüßen und sich mehr schlecht als recht mit einem kleinen Kramladen durchschlagen. Verarmt und kränklich starb er bereits drei Jahre nach der Hochzeit.

selbstbewusst und dem Leben zugewandt ein, ob für die Bühne nicht ein Schluss schöner wäre, der die Zuschauer mit etwas sanfteren Gefühlen entließe. Der Tod der Liebenden sei doch recht unversöhnlich.

Schiller schüttelte den Kopf und verneinte heftig: „Auf keinen Fall! Der Dichter bleibt der Vollstrecker des unerbittlichen Schicksals! Ein Drama bewegt nur dann etwas, wenn es Menschen zeigt, wie sie an ihren Schicksalen zerbrechen. Bei den ‚Räubern' hatte man mir schon zu viele Kompromisse aufgenötigt. Das darf mir bei der ‚Luise Miller' nicht passieren. Missstände müssen offen zutage treten. Bis ins Mark getroffen, soll der Zuschauer nach Hause gehen und über die Sache nachgrübeln!"

Henriette von Wolzogen schwieg eine Weile, bevor sie zugab, dass Schillers Anschauungen sie nachdenklich gestimmt hätten. „Schon Ihr Hochzeitsgedicht sparte nicht mit Ihrem Hass auf den Adel von Geburt. Warum? Sagen Sie nichts!" Sie hob den Arm und gebot ihm zu schweigen. „Ich war geneigt, Ihnen zu widersprechen. Natürlich hätte ich Ihnen widersprechen sollen! Aber ich kann Sie durchaus verstehen. Es ist das Wort ‚Adel'. Das Wort ‚Adel' knüpft an das ‚Edle' an, das wertvoller sein soll als die Masse. Nun ist die Stellung des Adels von Geburt wegen nicht auf einer sittlichen Überlegenheit gegründet und nicht mit edlen Handlungen verdient. Es mag, Gott weiß wie viele Beispiele geben, in denen die überkommenen Stände zu beispiellosen Ungerechtigkeiten führen. Dass man hierüber nachdenken muss, das gestehe ich Ihnen zu."

Schiller sprang auf, ergriff Henriette von Wolzogen bei der rechten Hand und bat sie: „Sie müssen zu meiner ‚Luise Millerin' in diesem Sinne eine Vorrede schreiben! Unbedingt! Was Sie über Adel gesagt haben, berührt meine innersten Gedanken!"

Henriette von Wolzogen seufzte wie unter einer schweren Last und antwortete: „Ich habe Nichten, bedauernswerte Waisen, die, nachdem sie auch noch ihren älteren Bruder in Göttingen bei einem Duell verloren haben, bei ihrem Onkel, dem Reichsfreiherrn von Stein, auf Schloss Nordheim leben."

In diesem Moment stieß Dietrich Marschalk von Ostheim zu der kleinen Gesellschaft und kommentierte sogleich: „Ach, Henriette, erzählst du von unserem *kleinen Sonnenkönig*? Unserem *Fürsten der Rhön*?" Der Hausherr machte es sich mit einem Rotwein in der Kaminecke gemütlich. „Stellen Sie sich vor, Schiller, dieser Mensch schickt dem Kaiser höchstpersönlich das Grafendiplom mit dem Bemerken zurück, er wolle lieber ein alter Freiherr statt ein neuer Graf sein. Wenn Sie nach einem leuchtenden Beispiel für einen eingebildeten Adligen suchen, ein besseres Exemplar als jenes in Schloss Nordheim residierende, werden sie weit und breit nicht finden." Dann nahm er einen kräftigen Schluck vom Wein und meinte zu seiner Schwester: „Bist du dir sicher, dass diese alten Geschichten noch von Interesse sind?"

Henriette von Wolzogen widersprach: „Dies, mein lieber Bruder, ist keine alte Geschichte, sondern Vorgänge, bei denen wir bereits zu lange wegschauen. Ja, dieser Reichsfreiherr von Stein lebt gern auf Reisen und mit zahlreichen Mätressen auf wahrhaft großem Fuß. Dabei, ein durchaus ansehnlicher Mann von stattlicher Haltung, trägt er gegenüber jedermann seinen unermesslichen Stolz auf seinen reichsfeierherrlichen Stand zur Schau."

„Sage es, wie es ist: Er hat ein Furz im Kopf! Dem Mann ist nicht zu helfen", kommentierte der Oberforstmeister trocken. Schiller musste lachen.

„Ja, es ist so simpel, dass es lächerlich erscheint, dabei ist es doch zum Weinen", bestätigte auch die Frau des Oberforstmeisters und machte die Runde, vom Wein nachzuschenken. „Der Gedanke, eine seiner Töchter oder Nichten könnte einen Bürgerlichen ehelichen, ist ihm absolut unerträglich."

Henriette von Wolzogen führte den Einwurf ihrer Schwägerin fort: „Daher opfert er die Gefühle der Mädchen rücksichtslos. Seine eigenen Töchter verheiratete er an alte, abgelebte Adlige."

Schiller nickte, denn das Muster entsprach jenem, das er auch seinem Drama zugrunde gelegt hatte: „Man kennt das ja: Stammbaum, Werte, Bildung und vor allem Vermögen und einigen Besitz.

Jeder Gedanke an die Liebe kann bei solcherart Beziehung nur in den Schmutz gezogen werden."

„In der Tat, so ist es", bestätigte Henriette von Wolzogen. „Eine seiner Töchter musste den Freiherrn von Thüngen, einen vermögenden Greis von 80 Jahren, ehelichen", Henriette von Wolzogen schöpfte Atem. Allein die Gedanken an das Unrecht, was sich da vor ihren Augen abspielte, setzten ihr zu.

„Abscheulich", warf Schiller ein und verglich dabei die Methoden des Freiherrn von Stein und seinesgleichen durchaus mit jenen des Sklavenhandels.

„Wie Sie sich denken können, ist Reichsfreiherr von Stein, der zum Vormund über meine Nichten bestimmt wurde, mit ihnen keineswegs rücksichtsvoller verfahren. Wilhelmine musste mit neunzehn Jahren ihre bürgerliche Liebschaft aufgeben und überhastet einem vornehmen älteren Gatten folgen. Es war eine der traurigsten Hochzeitsfeiern, an denen ich teilzunehmen mich gezwungen sah. Das arme Ding hat die Qual dieser Ehe nicht lange ertragen und liegt seit einem Monat begraben. Doch damit nicht genug! Die zweitjüngste Nichte, gerade einmal 17 Jahre jung, wie meine Lotte, ein lebenslustiges, aufgewecktes Ding, wurde an den alten Kammergerichtspräsidenten von Kalb, einem doppelt so alten Witwer, verheiratet. Ein rechthaberischer, herrschsüchtiger Greis, ein widerlicher Mensch!"

Zur Bestätigung erhob der Oberforstmeister sein Glas und deutete damit in Richtung seiner Schwester: „Selbst Goethe hat öffentlich über von Kalb erklärt: als Geschäftsmann mittelmäßig, als politischer Mensch schlecht und als Mensch abscheulich. Als Ehegatte für eine junge Frau – Lotte, höre jetzt bitte einmal weg! – Teufel und Fegefeuer in Person."

Aber selbst Lotte wusste etwas zu dieser Geschichte beizutragen: „Auf einem seiner Güter soll er eines Sonntags von einem Pfarrer gefordert haben, ausdrücklich namentlich in dem Schlusssegen des Gottesdienstes genannt zu werden. Der Pfarrer, der einen Widerwillen gegen die herrische Art des Freiherrn hatte, soll ihm vor

Zeugen nur knapp geantwortet haben, dass dies nicht notwendig sei, da er doch bereits im Schlussgebet, dem ‚Vater unser', berücksichtigt würde. Als ihn daraufhin der Freiherr fragend anschaute und eine Erklärung forderte, zitierte der geistliche Herr nur knapp: ‚... und erlöse uns von dem Übel ...', und ließ ihn stehen. Er soll nicht mehr an dem Gottesdienst teilgenommen haben." Lotte gluckste ein wenig vor Vergnügen. Ihre Mutter tadelte nur: „Kind, wo hast du das wieder aufgeschnappt?".

„Kammergerichtspräsident von Kalb", murmelte Schiller vor sich hin und prägte sich den Namen sorgsam ein. „Man sollte diesen Unmenschen verewigen! Es wäre der geeignete Name für den schleimenden Hofmann in meiner ‚Luise'."

„Die Geschichte hat eine unschöne Fortsetzung. Am härtesten traf das Schicksal die Älteste, die Charlotte. Als Mädchen war sie bereits bei ihrer Geburt wenig willkommen. Es ist überliefert, dass die Großmutter sie nach der Geburt in Armen hielt und ihr ins Gesicht sagte: ‚Du solltest nicht sein.' Diese Lieblosigkeit, die bei der Geburt ihren Anfang nahm, begleitete Charlotte ein Leben lang. Sie zog sich zurück, horchte deshalb mehr auf ihre eigene Stimme, scheute sich, vor ihren Mitmenschen offen zu reden oder wie andere Kinder ausgelassen zu spielen. Mit acht Jahren verlor sie beide Eltern und ihre Pflegemutter. Die Welt, in der Charlotte aufwuchs, lehrte sie das Fürchten. So habe ich sie im letzten Jahr in Nordheim kennengelernt. Sie ist eine belesene und junge Frau mit einem eigenen Kopf. Sie sollten sie kennenlernen, Schiller. Sie würden sich mit ihr gut verstehen."

Ihr Bruder fiel ihr ins Wort: „Machen wir es kurz. Was sich aus Sicht unseres kleinen Sonnenkönigs von Stein ausgezeichnet bewährt hatte, sollte seine Fortsetzung in dem Bruder, einem Offizier von Kalb, finden, von dem man allenfalls sagen kann, dass er als Abenteurer im amerikanischen Freiheitskrieg gewesen ist. Außer seinem Kriegshandwerk besitzt er keine Eigenschaften, die ihn auszeichnen könnten. Wie sagt man so schön? *Ein rechtschaffener Degen von Adel und weiter nichts.*"

Frau von Wolzogen schien derartig ergriffen, dass sie nach einem Spitzentuch griff und sich die Tränen abtupfte.

Schillers Blick schweifte in die Ferne. Seine Gedanken gehörten seinem Dramenstoff. Lotte hörte ihn leise sprechen: „Menschenhandel überall, Postengeschacher, widerliches Geschäftemachen mit den Seelen und Gefühlen, Mord an der Liebe und am selbstbestimmten freien Leben. Nicht nur bei Hofe, auch bei den kleinsten Besitzungen, dass einen das Grausen packt!"

Henriette von Wolzogen mahnte ihn versöhnlich: „Schiller, Sie sind noch jung an Jahren und sollten nicht gegen die ganze Welt zu Felde ziehen und am Ende ungerecht werden. Es stimmt, was Sie schreiben. Sie stehen, weiß Gott, mit Ihren Verhältnissen, auf der Flucht lebend, dafür ein! Aber neben dem vielen Leid und der Ungerechtigkeit, das es anzuprangern und abzuschaffen gilt, steht auch viel Gutes und Schönes in der Welt, an dem wir uns erbauen können. Menschen, die ihren Platz nicht nur beanspruchen, sondern ihn zum Wohl anderer auch rechtschaffen ausfüllen. Allein deswegen dürfen Sie Ihr eigenes noch junges Leben nicht versäumen, indem Sie sich die Missstände allzu sehr zu Herzen nehmen."

„Recht gesprochen, Schwester", kam es ein wenig schläfrig aus der Kaminecke. „Die Welt retten wir morgen. Heute gehen wir einstweilen zu Bett. Morgen ist zudem Abreise. Marsch, Lotte, ab in die Federn mit dir!" Lotte protestierte, da sie sich nicht wie ein kleines Mädchen behandeln lassen wollte. Die Uhr auf dem Kamin schlug Elf. Das Feuer glimmte nur noch. Langsam kühlten die hohen Räume des Schlosses aus. Alle wünschten sich eine gute Nacht.

Schiller erbat sich vom Hausherrn einen Bogen Papier, Tinte und eine Feder zum Schreiben. Die Geschichte mit dem Freiherrn von Stein und seinen Töchtern und Nichten beschäftigte ihn. Die Wirklichkeit überholte seine Dramen immer wieder! Er würde seine ‚Luise Millerin' zum dritten Mal umschreiben. Oben auf dem Papier stand am Morgen der Name: ‚Kammergerichtspräsident von Kalb!' Da ahnte Schiller noch nicht einmal ansatzweise, wie sehr er selbst noch Teil dieser Geschichte werden sollte.

Kapitel 9

Es ist, wie es ist – von Unrecht & Adel
Bauerbach/Meiningen, Januar/Februar 1783

„Hofmarschall: ... Aber ich? – Mon Dieu! Was bin dann
ich, wenn mich Seine Durchlaucht entlassen?
Präsident: Ein Bonmot von vorgestern. Die Mode vom
vorigen Jahr ..."

Friedrich Schiller, aus Kabale und Liebe, 3 Akt, 2 Szene

Man korrespondierte wieder zwischen Walldorf und Bauerbach. Bevor Henriette von Wolzogen und Lotte nach Stuttgart zurückreisen würden, wollte man sich Ende Januar noch einmal in Meiningen treffen. Schiller drängte jedoch, er könne nicht schlafen und arbeiten und wünsche sich, beide zuvor für einige Tage in Bauerbach zu sehen.

In dieser Zeit ging Schiller häufiger unter Menschen und schloss neue Freundschaften. Zu Reinwald lief er wegen des Tabaks und der Bücher aus des Herzogs Bibliothek. Er machte Fortschritte mit seinen Studien und folgerichtig hatte ihn die Lektüre der spanischen und niederländischen Geschichte auf das Gebiet der englischen Geschichte geführt. Schiller machte sich Notizen zur Figur der Maria Stuart und las intensiv in dem Buch ‚*Geschichte Schottlands*' von *Robertson*. Der gewaltsame Tod der schottischen Königin Maria Stuart, verantwortet durch ihre Schwester Elisabeth, der englischen Königin, eröffnete viele verschiedene Ansätze zur dramatischen Bearbeitung.

Dramatisch ging es auch in Meiningen zu – fast wäre es zu einem Staatsstreich gekommen. Jedenfalls geriet Reinwald an der Spitze zahlreicher einflussreicher Meininger Bürger in größte Aufregung, als der erst am 21. Juli 1782 inthronisierte Herzog Georg als Alleinregent im Januar bis auf den Tod erkrankte. Die Ärzte schienen ratlos und gaben ihn bereits auf. Mangels eigener Kinder, die als Erben in Frage gekommen wären, richtete sich die Verwandte,

Herzogin Sophia Antonia vom Hof zu Koburg, auf den anstehenden Erbgang und die Einverleibung der Meininger Lande ein. Ein Wartbote residierte in der Elisabethenburg, um im Todesfall für die sofortige Übermittlung der erwarteten Nachricht zu sorgen. Milizen standen marschbereit am Neustädter Tor zu Koburg, um staatsstreichartig Besitz vom Land zu ergreifen. Meiningen drohten der Verlust des Regierungssitzes und der endgültige Absturz in die Bedeutungslosigkeit. Wochenlang schien das Schicksal der kleinen Residenz besiegelt und Schiller erlebte aus erster Hand, was diese Ängste und Sorgen mit den Untertanen in der Residenz machten, die sich von den siegessicher lauernden Truppen bereits manche Frechheit gefallen lassen mussten. Reinwald, nur noch ein Schatten seiner selbst, litt an einem Dutzend eingebildeter Krankheiten gleichzeitig, bis Schiller die rettende Idee kam, unter Pseudonym, diese Leichenfledderei zu Lebzeiten des Herzogs mit Versen aufs Korn zu nehmen. Gemeinsam mit dem Bibliothekarius, in dem jetzt wieder ein Feuer loderte, kommentierte er in einem satirischen Gedicht im *„Meininger Sonnabendsblatt' „Aus einer alten Chronika gezogen und in schnackische Reimlein gebracht von Simeon Krebsauge ...',* den unsäglichen Vorgang. Da erholte sich Herzog Georg von der tödlichen Erkrankung. Das Gespenst, das so lange, kalte Wintertage auf der Elisabethenburg gehockt hatte, war vertrieben. Natürlich hatte das gierige und vorschnelle Handeln der Herzogin Sophia Antonia im Nachgang für Spott und für entsprechende Popularität von ‚Schillers' Gedicht gesorgt. Herzog Georg hatte seine Freude daran und Reinwald wieder seine arbeitsame innere Ruhe in der Bibliothek bei seinen Folianten. Schiller kehrte zu seinem Liebesschmerz um Lotte zurück, der ihn zu langen Briefen und Wanderungen in die Natur trieb.

Verständige Gesprächspartner fand Schiller bei seinen Ausflügen vor allem in den Pfarrern, unter denen sich einige auch der Naturforschung und der Dichtung verschrieben hatten. In Bibra, dem nächst größeren Ort, pflegte Schiller in der Pfarrei freundschaftlichen Umgang mit Vater und Sohn Freißlich. Eines Abends, in gemütlicher Runde mit den beiden, fand Schiller, überall noch als Dr. Ritter bekannt, die Gelegenheit, den alten Pfarrer nach seiner Meinung über das Drama ‚Die Räuber' zu befragen, dessen von Schwan in Mannheim herausgegebenes Druckstück er im Bücherschrank entdeckt hatte. Der alte Herr wiegte seinen Kopf bedenklich, hielt das Stück aber am Ende für übertrieben. Schiller, als Dr. Ritter, hörte interessiert dem gelehrten Urteil zu und erwiderte: „Sie haben ganz recht, Herr Pfarrer. Sicherlich. Aber die Tendenz des Stücks ist doch edel und gut." Kurz danach verabschiedete sich Schiller und machte sich auf den Rückweg nach Bauerbach. Der junge Pfarrer Freißlich begleitete ihn in der bereits hereinbrechenden Dunkelheit noch ein Stück des Weges. Der Vollmond stand hell leuchtend über den Gräbern. Auf dem Kirchhof von Bibra blieb Schiller stehen und begann, aus einem Gedicht zu zitieren:

> *„Mit erstorbnem' Scheinen*
> *Steht der Mond auf totenstillen Hainen,*
> *Seufzend streicht der Nachtgeist durch die Luft –*
> *Nebelwolken schauern,*
> *Sterne trauern*
> *Bleich herab, wie Lampen in der Gruft.*
> *Gleich Gespenstern, stumm und hohl und hager,*
> *Zieht in schwarzem Totenpompe dort*
> *Ein Gewimmel nach dem Leichenlager*
> *Unterm Schauerflor der Grabnacht fort ..."*

Er unterbrach seinen Vortrag und fragte Freißlich, ob ihm die Verse etwas sagen würden. Ohne zu zögern, antwortete der Freund aus dem Pfarrhaus: „Sicher, das Gedicht ist aus einer Anthologie – von Schiller verfasst."

„Ja, es ist von Schiller und trägt den Titel ‚Leichenphantasie'. Jetzt möchte ich Ihnen mein Geheimnis lüften: Ich bin Schiller selbst." Dann erzählte er ihm von den Umständen seiner Flucht, bat ihn um Stillschweigen. Er war ganz gerührt von der Anteilnahme und

Bewunderung, die ihm der junge Pfarrer entgegenbrachte. Schiller wärmte sich geradezu an dem Gefühl, einem neuen Freund nicht mehr Inkognito gegenübertreten zu müssen. Diesen Dr.-Ritter-Namen war er ziemlich leid. Er fühlte sich in Bauerbach sicher vor den Nachstellungen des Herzogs Karl Eugen und ließ häufiger durchblicken, wer da auf dem Gut oder in Meiningen zu Gast war. Der Name Schiller machte bereits die Runde und auch der Gastwirt „Zum braunen Ross" in Bauerbach hatte ihn darauf angesprochen. Schiller freute es, allmählich wieder er selbst zu werden.

Wenige Tage nach seiner Rückkehr von Walldorf kündigte sich zu Schillers Überraschung Frau von Wolzogen mit Tochter in Bauerbach an. Er wunderte sich, stand doch bislang nur das letzte Treffen in Meiningen zur Diskussion. Jetzt kam sie in Bauerbach gleich auf mehrere Tage vorbei. Schiller nahm es wie einen Frühlingstag mitten im Winter! Vielleicht, so seine kühnste Hoffnung, konnte sich die Gräfin inzwischen sogar eine Verbindung ihrer Tochter mit ihm vorstellen. Vielleicht, vielleicht – was wäre alles möglich? ... Schiller, außer sich vor Freude, wartete den nächsten Tag vor dem Gutshof auf die Ankunft der Kutsche.

Wenn er mit kühlem Verstand, seine eigene Situation bewertend, die plötzliche Änderung der Reisepläne seiner Wohltäterin bedacht hätte, wäre er durchaus in der Lage gewesen, das aufziehende Unheil zu erahnen. Aber dass sie jetzt Anlass und Gelegenheit finden würde, seine Absichten auf ihre Tochter endgültig zu vereiteln und ihm eine Abfuhr zu erteilen, damit konnte und wollte Schiller nicht rechnen. Ausgerechnet Reinwald lieferte ihr das entscheidende Ärgernis, das sie eilig nach Bauerbach führte.

Mit verschlossener Miene stieg sie aus der Kutsche und begrüßte Schiller eisig. Dann verbannte sie Charlotte in die Wohnstube zu ihren Handarbeiten, hieß die Magd, die Koffer auspacken und das Essen für sie und ihre Tochter richten und versäumte keine Zeit, um Schiller zu einer Aussprache auf sein Arbeitszimmer zu beordern. Sie setzte sich in seinen Arbeitssessel. Schiller stand unruhig vor dem hohen Ofen mit dem schmiedeeisernen Palmwedel als

Krone und schwitzte vor Aufregung. Etwas stimmte nicht! Etwas, von dem er keine Ahnung hatte und dem er jetzt schutzlos ausgeliefert sein würde! Er musste nicht lange darüber nachgrübeln, denn Henriette von Wolzogen machte in wohlgesetzten Worten unverzüglich deutlich, was sie zornig machte. „Ich habe über Reinwald Nachricht aus Stuttgart erhalten, dass Sie, Schiller, sich mit Ihrer ehemaligen Vermieterin, der Majorswitwe Vischer, schreiben. Trifft dies zu?"

Schiller errötete wegen dieses Verhörthemas bis in die Haarspitzen. Genau dies beabsichtigte Henriette von Wolzogen. Was bildete sich der junge Mann ein? Ihrer Tochter nachzustellen und gleichzeitig Korrespondenz mit einer Frau zweifelhaftesten Rufes zu pflegen, mit der er offensichtlich in Stuttgarter Zeit ein Verhältnis gehabt hatte!

Schiller fürchtete das Schlimmste. Würde sie ihm jetzt auch noch seine Weibergeschichten aus den wilden Stuttgarter Tagen vorhalten? Was wusste sie von den Schuldscheinen, die fällig geworden waren und unbezahlt blieben?

Die Gräfin ließ ihn nicht so schnell vom Haken, wusste um sein schlechtes Gewissen, denn Schiller eilte unter den Soldaten in Stuttgart ein zweifelhafter Ruf wie Donnerhall voraus. „Sicherlich, im Grunde ist die mir wohlbekannte Dorothee Vischer ein gutes Weib, das – ohne im Mindesten hübsch oder sehr geistvoll zu sein – etwas Gutmütiges und Anziehendes hat. Ich verstehe nichts davon, aber man hört immer wieder, dass es junge Kerls gibt, die sich lobend über sie äußern und ihr etwas Pikantes nachsagen. Aber Ihre Junggesellenbude dort, wo Sie seinerzeit mit dem Kapf hausten, war doch nichts als ein nach Tabak und allerhand stinkendes Loch. Ich erinnere mich gut daran, dass es dort nichts gab, außer einem groben Tisch, zwei Bänken und einer an der Wand hängenden schmalen Garderobe. In den Ecken ganze Ballen von Manuskriptseiten der ‚Räuber' und in einem anderen Haufen purzelten Kartoffeln, leere Teller und Brotreste durcheinander. Keine sauberen Verhältnisse, weder in der einen, noch in jeder anderen Hinsicht – weiß

Gott nicht!⁹ Wen wundert es, wenn man heute hört, dass man der Dorothee Vischer einen Prozess macht, weil sie aus einem ebenso unsauberen Verhältnis zu einem jungen Regimentsoffizier, der bei ihr zur Miete wohnte, ein Kind erwartet. Aber falls es Sie, Schiller, dahin zurückzieht, ich will die Letzte sein, die Sie aufzuhalten gedenkt!"

Nach dieser Eröffnung, die ihre Wirkung nicht verfehlte, ging sie ein wenig diplomatischer und geschickter vor. Er müsse sich vorstellen, dass diese Majorswitwe sein Schreiben einem württembergischen Leutnant zum Lesen gegeben hätte. Dieser hätte nichts Besseres damit anzufangen gewusst, als es in der Kaserne herumzureichen!

„Haben Sie eine ungefähre Ahnung davon, was dies für meine Söhne in der Akademie bedeuten kann, wenn der Herzog erfährt, dass ich dem entlaufenen Regimentsmedicus Schiller Unterschlupf gewähre. Immerhin sind Sie doch mit Wilhelm, meinem Ältesten, eng befreundet. Das, Schiller, was Sie da angerichtet haben, ist alles andere als ein Freundschaftsdienst! Ich muss um meine eigene Sicherheit in Stuttgart fürchten und finde es empörend, wie Sie meine Wohltaten derart gedankenlos mit Füßen treten! Außerdem ist mir zu Ohren gekommen, dass man bereits in Meiningen in vielen Häusern, von dem ‚Schiller' in Bauerbach spricht. Auch hier scheinen Sie zu gedankenlos, auf die Freundschaft Ihnen fremder Menschen zu setzen. Für sich können Sie das so entscheiden, aber für mich und meine Familie gedenke ich dies keinesfalls hinzunehmen! Bedenke er sich, Schiller! Ich bin bereit, das Gespräch am morgigen Tag fortzuführen. Für heute bin ich einfach zu echauffiert!"

Dann stand sie auf, ließ den schreckensbleichen Schiller im Raum stehen und warf die Tür hinter sich zu. Er hatte das Gefühl, der Boden würde ihm unter den Füßen weggezogen. Es schien

---

9   Beschreibung nach Lebenserinnerungen von Georg Friedrich von Scharfenstein, einem der engsten Freunde in der Stuttgarter Karlsschule, später hoher Württemberger Offizier

alles verloren! Er konnte am Abend keinen Bissen zu sich nehmen, hockte verzweifelt und wütend an seinem Arbeitstisch und raufte sich die Haare. Natürlich hatte sie recht! Sein Verhalten war unreif und unbedacht gewesen!

Am nächsten Morgen erschien Schiller, übernächtigt, in keineswegs akzeptabler Verfassung in der Wohnstube der Henriette von Wolzogen, um sich in Anwesenheit von Lotte zu den Vorwürfen zu erklären. Heimlichkeiten wollte er zwischen Lotte und sich nicht gelten lassen. Er bemerkte, wie die Mutter eine Aussprache unter vier Augen vorgezogen hätte. Den angebotenen Sitzplatz lehnte er ab, blieb stocksteif stehen, als er erklärte: „Sie haben, werte Frau von Wolzogen, allen Anlass, mich zu tadeln und auch verärgert zu sein. Ich hätte bedachter handeln müssen und habe zu wenig Rücksichten auf Ihre Interessen genommen." Er verbeugte sich tief zu seiner Entschuldigung und ließ diese Eröffnung wirken, bevor er fortfuhr: „*Es stimmt, ich schrieb der Frau Vischer vor Wochen, noch bevor ich das Glück Ihrer Gegenwart in Bauerbach und der Begegnung mit Lotte hatte, einen etwas übereilten Brief, den niemand zu Gesicht hätte bekommen sollen. Sie kommunizierte ihn einem gewissen Offizier; sie hätte mir lieber, ich weiß nicht was, tun können. Eine solche Indiskretion (das ist der gelindeste Name, den ich dafür finde) tut weh, und ich dachte besser von ihr. Wie muss man sich oft in seinen liebsten Personen betrügen!*"[10]

Aus ihrer vermeintlichen Position der Stärke heraus, ging ihn Henriette von Wolzogen mit schneidendem Tonfall an: „Dies, mein lieber Schiller, ist die Erklärung einer Selbstverständlichkeit, für die ich dennoch danke. Dass es keineswegs in Ihrer Absicht gelegen haben konnte, mir schaden zu wollen, davon bin ich bei allem Ärger selbstverständlich ausgegangen. Aber ungeschehen gemacht ist damit noch nichts!"

Schiller empfand die Schärfe ihres Vorgehens ungerecht, eines Freundes der Familie gegenüber nicht angemessen und machte

---

10 Text der wörtlichen Rede ist einem Brief Schillers an seinen Freund Wilhelm von Wolzogen nach Stuttgart über diesen Vorfall entnommen.

seinem Ärger Luft: „Frau Gräfin dürfen unbesorgt sein, ich werde meine wenige Habe packen, meine Verhältnisse hier ordnen und – falls dies mir noch gestattet sein wird – in zwei Tagen Bauerbach verlassen haben …"

Jetzt sprang Charlotte auf und warf sich ihrer Mutter zu Füßen: „Maman, das dürfen Sie nicht zulassen! So herzlos dürfen Sie nicht strafen!"

Die Mutter schob ihre Tochter zurück auf ihren Platz und gebot Schiller mit einer Geste in seiner Erklärung fortzufahren. Aus diesem brach es geradezu hervor: „So bin ich wieder einmal der Narr meines Schicksals. Alle meine Entwürfe sollen scheitern! Irgendein kindsköpfiger Teufel wirft mich wie seinen Ball in dieser Welt herum. Die Freundschaft der Menschen ist das Ding, das sich des Suchens nicht lohnt. Wehe dem, den seine Umstände nötigen, auf fremde Hilfe zu bauen! Der ist wahrlich arm dran und zumeist in einem Meer von Verrat und Eigennutz verloren!"

Entschieden hob Henriette von Wolzogen den Arm und unterbrach die Klage: „Lieber Schiller, ich darf Ihnen nochmals versichern, wie es meinem Wunsch entsprochen hätte, ein Stück zu ihrem künftigen Glück beizutragen. Aber es gibt Umstände, da sehe ich mich gezwungen auf das Glück der eigenen Kinder zu achten."

„Maman!", protestierte Lotte erneut, die bis zuletzt gehofft hatte. „Was, lieber Fritz, wollen Sie jetzt machen? Wohin gehen Sie? Ach, ist nicht alles schrecklich?"

„Ich habe bei Reinwald einen jungen Herrn von Wurmb kennengelernt, der meine ‚Räuber' auswendig deklamieren kann und eine Fortsetzung schreiben möchte. Ich könnte bei ihm unterkommen. Alles Weitere muss sich erweisen." Jetzt zog er mehrere Schreiben aus einer Tasche, die er der Gräfin übergab. „Ich habe den gestrigen Tag an diesen Schreiben gearbeitet, mit deren Hilfe Nachforschungen betreffend meine Person in die Irre geleitet werden können." Die Gräfin überflog die Zeilen und nickte. Jetzt las auch Lotte, wie Schiller im ersten Schreiben seinem Freund Wilhelm von Wolzogen mitteilte, er sei nach der Indiskretion einer gewissen Frau Vischer, der er sein Vertrauen leichtfertig geschenkt habe, entschlossen, Württemberg und am Ende sich selbst und seinem Elternhaus den Rücken zu kehren. Er befände sich auf dem Weg nach Amerika an die Stätte der Befreiungskriege, den Untergang der Tyrannen zu beklatschen. In einem zweiten Schreiben an Frau von Wolzogen gab er an, seine Reisepläne geändert zu haben, auch, weil das Geld nicht reichte. Er würde kurzfristig und vorläufig in das Vereinigte Königreich reisen, wo er sich vor Nachstellungen halbwegs sicher fühle. Er bäte sie, Grüße an die Eltern und die Schwester Christophine auszurichten.

„Nein, Fritz, das darfst du nicht! Unter keinen Umständen ins Ausland!", rief Lotte mit weit aufgerissenen Augen aus. „Maman, wenn Sie das zulassen, werden wir allesamt nicht mehr froh in dieser Welt!"

„Nun, was sagen Sie?", Schiller straffte seine Haltung. Henriette von Wolzogen wandte sich ihrer Tochter zu: „Beruhige dich doch, Lotte! Sollten Nachforschungen eine Rechtfertigung erforderlich erscheinen lassen, werde ich mit Ihren Schreiben diese Lügengeschichten verbreiten, um meine Interessen zu schützen. Aber, werter Schiller, jetzt wollen wir es nicht übertreiben. Wenn Sie künftig Ihr Inkognito wahren wollen, würde ich es bedauern, Sie unnötigerweise von Ihrem Bauerbacher Arbeitsplatz vertrieben zu haben."

„Fritz, ich wusste es doch, dass du bleiben kannst. Jetzt sei kein Frosch und sag auch ja!", rief Lotte übermütig aus.

„Ich darf mich in Meiningen von Ihnen verabschieden?"

„Wir würden Sie vermissen, wenn Sie nicht in Meiningen neben unserer Kutsche stünden und bittere Tränen vergössen", scherzte Henriette von Wolzogen, auch, um der Trennung, die zugleich ein Schlussstrich unter Schillers Absichten im Hinblick auf Lotte sein würde, ein wenig von der Schwere zu nehmen.

Kapitel 10

Abschied von Bauerbach,
April bis August 1783

„Wollte der Himmel, dass Ihr Weg Sie über Bauerbach geführt hätte ... Tausend Ideen schlafen in mir, und warten auf die Magnetnadel, die sie zieht ... Sie reisen ab ... und werden mich mit Wieland, Goethe und anderen messen, und einen ungeheuren Abstand gewahr werden. Sie werden wiederkommen voll der gesammelten Ideale, geblendet von so viel schimmernden Genies und den matten Flimmer eines Johanniswurms nicht mehr bemerken ... Wenigstens bin ich ein guter Mensch – und Ihr Freund. Große Geister sind sie immer – aber nicht in diesem. Was hilft Ihnen auch der Mann, dessen Genie eine Welt umspannt, dessen Herz aber für Ihre Freuden und Leiden zu eng – dessen Auge für Ihr Schicksal zu trocken ist? – Unterwerfen Sie besonders Wieland dieser Probe. Den Dichter kennen wir schon. Studieren Sie den Menschen in ihm."
Friedrich Schiller, Brief an F.H. Reinwald, 09. Juni 1783

Zaghaft klopfte es an die Tür. „Punktum!", schrie Schiller. Der königliche Beichtende verschwand durch die spanischen Gartenanlagen. Durch eine Reihe blühender Zwetschgen- und Mandelbäume schritt Don Rodrigo, der Marquis Posa ... Er trug ein rotes Kopftuch. Rot? Nein, das konnte nicht sein! Schiller schaute genauer hin, es war Judith, die Tochter des Geldverleihers Israel aus dem Dorf, die ihm die Post besorgte. Schüchtern stand sie in der Tür und starrte auf das Chaos im Zimmer, vor allem aber auf den entrückten Doktor Ritter mit seinen rot geränderten Augen.

„Hallo, Judith", Schiller versuchte ein Lächeln und streckte eine Hand aus, die Post entgegenzunehmen. Der Brief trug das Siegel der Mannheimer Bühne und tatsächlich, er kam vom Intendanten und Schatzkämmerer von Dalberg höchstpersönlich. Jenem devoten

Speichellecker der Fürsten, dem es aus welchen Gründen auch immer, gleichgültig gewesen war, Schiller und Streicher fast des Hungers sterben zu lassen! Allein dessen Name, als Absenderangabe auf dem Umschlag und dem Schriftstück vermerkt, löste Unwohlsein in Schiller aus! Seiner Gleichgültigkeit und seinem Verrat an dem gegebenen Wort hatte Schiller eine mehrmonatige Flucht quer durch Hessen und die Pfalz und eine Menge neuer Schulden und Unannehmlichkeiten zu verdanken. Mehr als einmal die Angst im Nacken, das Elend nicht mehr überleben zu können oder neben dem Freiheitsdichter Schubart im lichtlosen Kerkerturm des württembergischen Hohenasperg sein Ende finden zu müssen. Schließlich nur von Dalbergs freches Urteil, übermittelt durch Regisseur Meyer: Der ‚Fiesko' sei nicht spielbar, nicht gut genug für die Mannheimer Bühne! Kein Gedanke daran verschwendet, wovon ein Flüchtling leben sollte! Wenn der gute Freund Streicher damals nicht sein letztes für seine Ausbildung gespartes Geld geopfert hätte ... Mit zusammengepressten Lippen und zitternden Händen riss Schiller den Brief auf und dachte dabei an seinen Freund Streicher, an den Abschied in klirrender Kälte zur Nacht, ohne das Versprechen auf ein Wiedersehen. Was Streicher wohl trieb? Ob ihm Erfolg vergönnt war?

In seinem Schreiben erkundigte sich von Dalberg nach Schillers Wohlergehen und seinen Plänen. Er schrieb von einem vorschnellen Urteil über den ‚Fiesko'. Gern würde er sich doch an einer Aufführung versuchen und ermunterte ihn, dem Mannheimer Theater weitere theatralische Arbeiten zu senden, von denen Schillers Freund Streicher ihm berichtet hätte. Der Brief endete sehr persönlich, mit: *„Ich sähe Sie gern wieder hier. Ich erwarte freudig baldige Nachrichten."*

Verächtlich warf Schiller das Schreiben auf den Tisch zu dem Haufen von Manuskriptblättern. Hatte Schwan dem Intendanten die gedruckte Erstausgabe des Dramas „Die Verschwörung des Fiesko zu Genua" zugespielt? Schiller wusste, dass er auf seine Freunde zählen konnte. Ganz sicher hatte von Dalberg davon gehört, dass man im Bonner Kurfürstlichen Theater im Sommer eine Aufführung plante. Vielleicht fürchtete dieser eitle Hofmensch, dass sich Fremde mit seinem ‚*Räuber-Dichter*' schmücken könnten! Sollte er! Schiller würde ihn zappeln lassen, um dieses Mal bessere Bedingungen auszuhandeln. Überhaupt sollte sich diese fettleibige Hoffratze die Schleimereien schenken und ihm lieber das zukommen lassen, was er am dringendsten benötigte – Geld!

Schon wieder langte Schiller nach dem Schnupftabak, fluchte, als er feststellen musste, dass es sich wie so oft um die letzten Krümel handelte. Er nieste mehrfach mit donnernder Heftigkeit. Erst jetzt bemerkte er, dass Judith noch immer im Raum stand. Vielleicht war sie nur neugierig oder wurde von ihrem Vater geschickt, dem Schiller Geld schuldete. „Sie kann gehen. Danke. Es war eine gute Nachricht aus Mannheim. Schönen Gruß an den Herrn Vater, ich erwarte eine feste Anstellung und einen baldigen Vorschuss." Dann schob Schiller sie zur Tür hinaus, riss anschließend Fenster und Läden auf, blickte in einen milden Apriltag und schmiedete Pläne.

Zwei Monate und ein weiteres werbendes Schreiben von der Mannheimer Bühne ließ Schiller verstreichen. Sie sollten nicht denken, er wäre auf sie angewiesen. Die Wahrheit war jedoch, dass er keinen Kreuzer für die Reise und die Unterkunft besaß. Der Verkauf der Erstausgabe des ‚Fiesko' spielte nur wenige Gulden in seine leeren Hosentaschen und diese schienen, angesichts der Ausgaben, die er trotz sparsamster Lebensführung hatte, nach wie vor diese wohlvertrauten riesengroße Löcher zu haben. Nicht zu Unrecht mahnte ihn seine Schwester Christophine in ihren Schreiben, er müsse besser Haushalten lernen. Geld rann ihm wie Wasser durch die Finger. Wenn er aufrichtig mit sich zu Gericht saß, konnte er nie genau sagen, wofür er das Geld in Summe ausgegeben hatte. Es fehlte einfach ständig.

Der Frühling zeigte sich von seiner launischen Seite, aber nach einigen Wochen trüben Wetters spannte sich eines Tages der blaue Himmel mit einer strahlenden Sonne über den Bergen. Noch spürte man die Kälte, aber die Wintertage schienen endgültig überwunden. Schiller warf sich mit seiner ganzen Kraft auf die dramatische Ausgestaltung des historischen Stoffes des ‚Don Carlos', als ihn die

Mitteilung von Henriette von Wolzogen erreichte, dass ein Herr von Winkelmann aus Stuttgart seine ernsten Absichten Charlotte gegenüber erklärt habe und mit ihr nach Meiningen reisen werde. Vorbei war es mit der Dichterei und alle Fantasie war dem Dramatiker verflogen! Wie sollte er als Flüchtling ohne Einkommen neben einem finanziell bessergestellten Bürger von Stand und Adel bestehen können? Mochte jener, der ihm durchaus bekannt war, auch weniger achtbar, weniger begabt sein, allein seine Stellung sprach für ihn. Schiller schrieb Frau von Wolzogen offen von seinen Bedenken gegen den Besuch des Herrn von Winkelman und schloss, unter diesen Bedingungen müsse er das Gut sofort verlassen, da ihm eine nähere Beziehung zu jenem Herrn aus Stuttgart nicht möglich sei. Er erkläre dies ausdrücklich, ohne sich über dessen Wert äußern zu wollen. Sein Punkt seien lediglich die Umstände, die es ihm nicht möglich machen würden, seine Zeit mit diesem Menschen zu verbringen. Frau von Wolzogen lenkte ein, kündigte an, sie werde mit Charlotte allein anreisen. Aber sie ließ keine Zweifel darüber aufkommen, dass sie der Brautwerbung des Herrn Winkelmann aufgeschlossen gegenüberstand. Schiller sollte Charlotte als fest verlobt betrachten.

Reinwald, dem offensichtlich im Unterschied zu Schiller frühlingshaftes Glück widerfahren war, kam eigens nach Bauerbach gelaufen, um ihm einen Vorschlag zu unterbreiten, und die Aufregung, die von ihm Besitz ergriffen hatte, raubte ihm dabei fast den Atem. Schiller schüttelte nur unwillig den Kopf. Nein, er wollte nicht an der Seite Reinwalds als drittes Rad am Wagen des Herzogs von Meiningen nach Weimar reisen! Reinwald beharrte auf der Einladung. Er würde Goethe treffen, Wieland und mit etwas Glück auch Herder. Vor allem aber die Termine mit Goethe seien ausgemacht. Ein Gespräch am späten Vormittag mit einer Führung durch die Bibliothek und eine kleine Abendgesellschaft. Durchaus eine Gelegenheit für Schiller, auf sich aufmerksam zu machen!

Sicherlich, wenn Schiller den Blick nach Weimar wandte, dann wusste er, dass, wer als Schriftsteller etwas auf sich hielt, den

‚Göttergleichen' im deutschen ‚Klein-Athen' seine Aufwartung zu machen hatte. Es gab kaum einen Ort in deutschen Landen, von dem eine solche schöpferische Energie ausging. Doch mancher hoffte, in Weimar gestrandet, vergeblich auf Anerkennung oder gar auf Aufnahme. Erst vor Kurzem hatte Schiller von jenem Dichter Jakob Michael Lenz gelesen, ein Freund Goethes, der an seiner Ablehnung in Weimar zerbrochen und wahnsinnig geworden sein sollte. Reinwald ging es um die Huldigung, die Begegnung. Dies allein würde Schiller nicht genügen. Er hörte Reinwald zu, der neben ihm in der Gartenlaube Platz genommen hatte und ihm auseinandersetzte, was nicht alles aus einer Bekanntschaft mit Goethe und Wieland erwachsen könnte, und er bedankte ihn sich artig für das Angebot. Ja doch, er beneidete Rheinwald wegen dieser Reise nach Weimar, während er in Bauerbach in seiner Waldeinsamkeit hocken würde. Aber die Reise kam für ihn zu früh!

Bis dorthin würde es noch ein weiter Weg sein, den er zurück zulegen hätte. Was konnte er jetzt überhaupt bieten? Die Weimarer ‚Gottgleichen' hatten sich klassischen Idealen verschrieben und würden ihn nicht verstehen. Das Edle in Denken und Fühlen, ausgeglichene, innerlich freie Mensch und die reine Menschlichkeit und Humanität sollten ihre Ideale sein. Von diesen Idealen, dies spürte Schiller mit sicherem Instinkt, war er mit seinem bisherigen schmalen Werk noch weit entfernt. Es war ihm zugetragen worden, dass Goethe, aber auch Wieland, sich abfällig über sein Drama ‚Die Räuber' geäußert haben sollten. Sie hielten diese Art der Dichtung zwar für populär, aber zu wild und zu ungestaltet. Schiller schien ihnen nichts als eine vorübergehende Modeerscheinung im fernen Mannheim zu sein. Was sollte er in Weimar zum jetzigen Zeitpunkt? Den Unvergleichlichen erklären, was Hunger war, wie er bellte und knurrte, wie er quälte und schlaflos machte, wie er Menschen in Tiere verwandeln konnte? Was würden sie aus seinen Worten hören, wenn er von Tyrannenketten sprechen würde, von denen er sich fahnenflüchtig frei gemacht hatte? Wer von ihnen würde die Materialität des irdischen Daseins anschauen mögen, wenn sie von den Summen seiner Verschuldung erführen? Die Weimarer Größen waren zum Mittelpunkt ihrer kleinen Welt geworden. Was konnten ihnen die grenzenlose Einsamkeit, die Verlorenheit und die lähmende Angst von jemandem bedeuten, dessen nächste Zeilen und deren Aufnahme von Intendanten und Publikum über sein Überleben oder den Hungertod und Schuldturm entschieden? Nein, die Gefahr, dass er seinen letzten Krümel an Stolz einbüßen und sich zum Gespött machen könnte, erschien ihm zu groß. Nach Weimar? Ein anderes Mal vielleicht, am Ende seines eigenen langen Weges.

Reinwald gegenüber erwähnte er diese Gedanken mit keinem Wort. Er sandte ihm vielmehr ein Schreiben hinterher, als dieser bereits wieder nach Meiningen zurückgekehrt war, um eilends für sich und den Herzog letzte Reisevorbereitungen zu treffen. Schiller empfahl sich ihm in den wenigen Zeilen als Freund und bat ihn um Auskunft über sein Treffen mit Wieland. Er wusste, Reinwald würde sich wegen dieses Auftrags geschmeichelt fühlen. Im Grunde seines Herzens gönnte er ihm diese Reise, die seiner ansonsten unterbezahlten Existenz ein wenig Glanz verlieh.

Schließlich erreichte Schiller Frau von Wolzogens briefliche Ankündigung, zunächst allein anzureisen. Lotte würde später nachkommen. Kaum hatte er diese Enttäuschung verarbeitet, entnahm er einem zweiten zeitgleich eingetroffenen Brief von Christophine, dass Reinwald bereits einige Zeit, ohne Schillers Wissen, Korrespondenz mit seiner Schwester pflegte. Wie war das möglich? Und vor allem: Wohin sollte das führen? Jetzt fiel Schiller jener Tag im Februar ein, an dem er vergeblich auf Reinwald in dessen Stube in Meiningen gewartet hatte. Er sah die Briefe wieder vor sich, die er von der Poststation abgeholt und in der Wartezeit gelesen hatte. Diese Briefe, die er auf dem Tisch bei Reinwald vergessen hatte. Es konnte nicht anders sein – dieser muss die Gelegenheit ergriffen haben, sich mit dem Phinele vertraut zu machen! Schiller bedachte die Heimlichkeiten, mit denen der Freund diesen Briefverkehr offenbar begonnen hatte und sein leiser Verdacht wuchs sich allmählich zu einer handfesten Empörung aus. Es konnte nicht anders sein! Der 20 Jahre ältere Junggeselle zielte darauf ab, das unverheiratete Phinele, seine Lieblingsschwester, als Ehefrau in den Elendshaushalt eines herzoglichen Bibliothekars zu locken. Nein, der Gedanke und der gesamte Vorgang gefielen Schiller überhaupt nicht! Er nahm sich vor, vor allem seiner Schwester gegenüber mit seinen Bedenken nicht zu geizen. Zapperlottnochmal! Gab es denn keine anständige Post mehr zu lesen!

Er brauchte Ablenkung! Eine Herausforderung musste her! Der Anreisetag der Frau von Wolzogen rückte näher und Schiller entfaltete Aktivitäten ungeahnten Ausmaßes. Das ganze Dorf sollte ihm zur Bühne werden, denn er hatte beschlossen, ein Empfangsfest zu organisieren, das die Gutsherrin so schnell nicht wieder vergessen sollte. Bei einem abendlichen Tarock-Kartenspiel mit dem Verwalter und seiner Frau überließ er der Ehefrau die entscheidenden Stiche und überzeugte diese inmitten ihrer Glückssträhne mit leichter Hand von seinen Plänen. Am nächsten Morgen stand der Verwalter in Schillers Stube, drehte seinen Hut in den Händen: „Meine Frau hat mich geschickt, zusammen mit Ihnen an den Bauerbacher Türen anzuklopfen und für ein schönes Fest zu sorgen. Ich habe allerdings nicht den ganzen Tag Zeit. Nur damit Sie's wissen."

Die Autorität des Verwalters und Schillers Feuer für das Fest, das er im Detail auch jedem, der es nicht hören wollte, beschrieb, führten bereits zu einer breiten Unterstützungsbereitschaft. Der Glanz des Gelingens wurde jedoch erst greifbar, nachdem Schiller feststellte, dass auch die Frau des Verwalters am Nachmittag noch einmal die Frauen aus dem Dorf eingeschworen hatte. Am Abend erschreckten Schiller bei Kerzenlicht und der Lektüre der spanischen Geschichte des Don Carlos schräge Töne mehrerer Blechblasinstrumente, die vom Wirtshaus die Straße hinunter schallten und noch für Stunden die Bauerbacher an einer frühen Nachtruhe hinderten. Schiller packte an den folgenden Tagen tatkräftig mit an. Haus und Garten wurden instandgesetzt. Am Tag vor der Anreise ließ er vom äußersten Ende des Ortes eine Allee von Maibäumen und Sträuchern, geschmückt mit bunten Bändern bis zum Gutshaus anlegen und im Hof des Hauses errichtete er aus Tannenzweigen eine Ehrenpforte. Das Gespann mit der Gutsherrin fuhr im Schritttempo die Maiallee entlang. Frau von Wolzogen wurde, als sie der Kutsche entstieg, mit einem lauten ‚Vivat' und mit Salutschüssen willkommen geheißen und von den Bauerbachern, mit dem Verwalterehepaar Voigt und Schiller an der Spitze, zur Kirche geleitet. Auch dieser Weg war mit Maibäumen und Büschen ausgesteckt und geschmückt. Begleitet wurde die kleine Prozession von Musikern mit ihren Blasinstrumenten, die Ländler spielten. Der Pfarrer hielt schließlich eine Einzugsrede. Bei dem ausgelassenen Fest, zu dem getanzt und gegessen und nicht wenig getrunken wurde, erlebte Schiller seine Bauerbacher, die im Alltag abgabepflichtige, geduckte Pächter abgaben, als fröhliche, freie Menschen. Er erzählte jedem, Bauerbach wäre doch gewiss keine Barbarei. Eine solche Begrüßung hatte selbst eine Frau von Wolzogen noch nie erlebt! Sie dankte Schiller und dem Verwalterehepaar herzlich. Schiller meinte: „Ich habe schon manche Feinheit an den Leuten hier entdeckt, die mir umso wertvoller erschien, je weniger ich sie der rohen Natur anfangs zugetraut hätte." Im Dorf genoss Schiller wegen dieses gelungenen Festes großes Ansehen.

Doch Schillers Entscheidungen waren gefallen. Reinwalds Reise nach Weimar sah er als Zeichen, endlich seinen Anlauf in Mannheim zu wagen und auf die Schreiben des Intendanten Dalberg zu reagieren. Seine Dramen mussten auf die Bühne!

Auch Frau von Wolzogen drängte Schiller, auf die Anfragen des Intendanten von Dalberg einzugehen, um damit auch seine ökonomischen Verhältnisse zu bessern. „Sicher, es gibt keine schriftlichen Garantien und keine endgültigen Sicherheiten, aber ich habe mit meiner Freundin Franziska von Hohenheim, der Frau an des Herzogs Seite gesprochen. Ohne Ihren Namen zu nennen …" Sie stockte, überlegte, wie sie es formulieren sollte, ohne zu viel vom Gespräch preiszugeben: „Schiller, reisen Sie ohne Angst. Der Herzog von Württemberg hat, aus welchem Grund auch immer, nicht den geringsten Schritt zu Ihrer Verfolgung und Verhaftung unternommen. Selbst Ihrer Familie und Ihrem Vater in herzoglichen Diensten ist nichts geschehen." Dann machte sie machte ihm wie von ungefähr den Vorschlag, er solle auf kurze Zeit nach Mannheim gehen, die Angelegenheit mit von Dalberg und der Frage der Anstellung als Theaterdichter klären. Dann könne er wieder nach Bauerbach zurückkehren.

Halb freiwillig, halb bestimmt, griff Schiller den Vorschlag auf. Bei allen zärtlichen Gefühlen, die er Lotte gegenüber hegte, er sah ein, dass Henriette von Wolzogen ihn nicht als Ehegatten ihre Tochter akzeptieren würde. Die Heirat von Lotte schien zudem auch nicht gegen ihren Willen angebahnt zu werden. Alles andere, was ihm da noch durch den Kopf ging, erwies sich als reines Wunschdenken und seiner Situation nicht angemessen. Er bat Henriette von Wolzogen, ihrer Lotte für ihren weiteren Weg seine besten Wünsche und zärtlichsten Gefühle zu übermitteln.

Es konnte ihm jetzt nicht schnell genug gehen. Die Sonne brannte heiß im Juli, als Schiller den Dreispitz vom Kopf riss, sich die schweißnasse Stirn wischte und ein letztes Mal die windschiefe Hütte des Geldverleihers Israel aufsuchte. Wild schlug er gegen das wurmstichige Holz der Eingangstür. Ungeduldig klopfte Schiller erneut, wütend über sich selbst und sein Unvermögen, sich von seiner Schreiberei anständig zu ernähren. Judith öffnete ihm die Tür und führte ihn in das finstere Loch, das als Wohnstube diente. Dort stand Schiller auf dem Boden aus gestampftem Lehm, schwitzte noch mehr in der stickigen, geradezu schmierigen Luft, die noch die Gerüche der letzten Mahlzeiten in sich trug, und drehte verlegen seinen Hut in den Händen.

„Unser Herr Ritter, stürmisch und ungeduldig wie immer! Ein herzliches Willkommen! Er hat fleißig geschrieben, wie mir meine Tochter berichtet hat. Ist er bezahlt worden und bringt Geld?", schnarrte ihm ein verrostetes Lungenwerk entgegen.

„Nein, ehrlich gesagt nicht. Ihre Tochter Judith brachte mir ein Schreiben aus Mannheim. Man will mich dort als Theaterdichter gegen Bezahlung anstellen. Jetzt benötige ich ein letztes Mal das

Reisegeld ...", Schiller rang nach Luft. Wie konnte ein Mensch, der Geldgeschäfte trieb, so ärmlich hausen? „Kurzum, ich brauche vierzig Gulden!" – „Die hätte ich auch gern, Herr Doktor! Die Zeiten werden immer kostspieliger und die Schuldner unzuverlässiger. Das macht auch das Geld teurer", erwiderte der weißhaarige Jude und kraulte sich mit einer Hand im langen Bart.

Schiller wurde heiß und kalt zugleich. Er benötigte die Summe wie die Luft zum Atmen! Er hasste es, zu Kreuze kriechen zu müssen! Nein, trotzdem, betteln wollte er nicht! Selbstbewusst nahm er Haltung an und sprach mit fester Stimme: „Ich muss das Geld haben! Er kennt mich, weiß doch, dass ich der Vertraute der Frau von Wolzogen bin und auf ihrem Gut lebe." – „Bürgt die Gräfin für ihn?", fragte der Alte emotionslos.

„Die Zukunft bürgt für mich! Meine Dramen sind genauso gut", rief Schiller und schlug sich selbstbewusst an die Brust.

„In der Zukunft werden wir alle sterben. Das ist die einzige Sicherheit, von der ich weiß, dass sie eintreffen wird. Er wird hohe Zinsen zahlen müssen."

„Das Geld her! Es muss weitergehen! Zapperlottnochmal! Die Unterschrift der Frau von Wolzogen bekommt er auch!", Schiller wurde laut, scharrte mit den Füßen.

„Hohe Zinsen ...", der Alte legte ihm ein Papier zur Unterschrift vor, schlurfte zur Wand im Hinterzimmer und beugte sich zu einer Truhe herunter, aus deren Tiefe er unter Stoffen und Kleidern eine erste Rate von fünfzehn Gulden hervorholte. „Neun Prozent und die Unterschrift der gnädigen Frau, dann besorge ich ihm den Rest."

Ohne hinzusehen, unterschrieb Schiller den Wechsel und stopfte das Geld achtlos in die Tasche. Sein Blick fiel auf ein schmales Bücherregal, in dem er Werke von Lessing entdeckte. „Ein Dichter von Wert. Leider tot. Aber es gibt noch andere, die für die Freiheit leben!" Gedemütigt eilte er ins Freie. Ein schwacher Trost blieb es ihm, dass es Lessing, einer der Heroen seiner Jugend, mit seinem Buch bis in das Bauerbacher Bücherregal des Geldverleihers Israel geschafft hatte. Wirklich Großes ging doch nicht verloren.

Am nächsten Morgen umarmte er Frau von Wolzogen zum Abschied. Es gelang ihm, ihr die Bevorzugung des Herrn Winkelmann zu verzeihen. Seine Dankbarkeit für ihre Fürsorge überwog am Ende. Dem Wirt ‚Zum braunen Ross‘, bei dem noch eine nicht geringe Rechnung offenstand, versprach Schiller, bald wieder zurückzukehren. Dann eilte er nach Meiningen, wo er die Postkutsche nahm, die ihn mit verschiedenen Aufenthalten binnen drei Tagen nach Mannheim brachte. Wie ein Pfeil, abgefeuert von einem straff gespannten Bogen, flog Schiller seinem Ziel entgegen. Er fühlte sich stark und gut gerüstet, das Mannheimer Theater ein zweites Mal zu erobern, vor allem freute er sich unbändig auf Streicher und Meyer. Den Kopf hatte er voller Pläne, die er Schwan unterbreiten wollte. Und dann war da noch Margarete Schwan, die schöne Tochter seines Verlegers …

Kapitel 11
Genie ist eine Dornenkrone und der Geschmack ein
Purpurmantel, der einen zerfleischten Rücken deckt [11]
Theaterdichter in Mannheim, 1783 – 1784

> „Heftig braust's in meinen Adern –
> Dreiundzwanzig Jahre,
> und nichts für die Unsterblichkeit getan!
> Ich bin erwacht,
> ich fühle mich …"
> *Friedrich Schiller, aus: Don Carlos 1784*

Trotz aller Aufbruchsstimmung, Schiller blieb skeptisch und plante seinen Aufenthalt für Mannheim zunächst nur für wenige Tage. Er misstraute von Dalbergs brieflichen Freundlichkeiten und selbst

---

11 Aphorismen und Aussprüche von Johann Georg Hamann (1730–1788/ Dichtung des Sturm und Drang)

Iffland, der ihm gegenüber erklärt hatte, er brenne darauf, sein Gesellschaftsdrama von der ‚Luise Millerin' zu lesen und auf die Bühne zu bringen. Doch von Beginn an lief wieder einmal nichts wie geplant. Von Dalberg und Iffland waren auf Reisen und sollten erst in zwei Wochen zurückkommen. Regisseur und Freund Meyer bewirtete Schiller und brachte ihn bei Madame Hammelmann im Hubertushaus, in der Nähe des Schlossplatzes, repräsentabel unter. Schiller sah sein geborgtes Geld schon wieder dahinschmelzen und legte, unmittelbar nachdem er sein Quartier bezogen hatte, einen Geldbetrag für seine Rückreise nach Bauerbach und einen Notgroschen zur Seite.

Er schrieb an seine Schwester Christophine: *„Mannheim hat mich wieder, das prächtige Schloss und die wirklich schöne, moderne Residenz. Nur ist sie so gebaut, als ob die Leute darin wohnen müssten und nicht, als ob sie in den Häusern wohnen wollten. Gemacht und nicht geworden. Keine Heimstadt, eher despotisch zum Repräsentieren. Das Wasser hier ist so schlecht, dass ich heute meinen Tee wie flüssigen Stein getrunken habe. Es verspricht ein heißer Sommer zu werden, mit einer argen Mückenplage. Die Stadtgräben verbreiten einen faulen Geruch, der vom Wasser herrührt und den vier Kirchhöfe, die alle in der Stadt liegen, noch verstärken. Man fürchtet hier das kalte Fieber, eine alljährliche Sommerkrankheit. Die Mannheimer haben meistens um die Lippen einen Zug von großer Stadtschneidigkeit, der auch sogleich laut wird, wenn man sich mit ihnen einlässt. Sonst gibt man sich hier, zwischen Rhein und Neckar, leichtlebig und stolziert gern en mode daher. Ich werde mich aufrüsten müssen, um nicht als Bauerntölpel verschrien zu werden."*[12]

Am Abend feierte er mit Streicher, der inzwischen als Musikus sein Auskommen in der Residenzstadt bestritt und sich als Pianist einen Namen gemacht hatte, beim Theaterregisseur Meyer und

---

12 Beschreibung entnommen einem zeitgenössischen Brief von Johann Jakob Wilhelm Heinse an Fritz Jacobi vom 14. Juli 1780. Schiller reiste aus Bauerbach an und traf am Abend des 27. Juli 1783 aus Bauerbach ein. (Literaturhinweis: Axel Gellhaus, Norbert Oellers: Schiller/Bilder und Texte zu seinem Leben, Böhlau Verlag, 1999, Seite 77)

seiner Gattin ein rauschendes Wiedersehen. Vom ersten Moment an waren sie sich so vertraut, als wären sie nie getrennt gewesen. Später verabschiedeten sich Streicher und Schiller auf einem Spazierweg durch das nächtliche Mannheim. Schiller legte seinem Freund die Hand auf die Schulter und sagte bewegt: „Nie werde ich dir vergessen, was du für mich geopfert hast. Jetzt sitzt du hier fest und könntest in Hamburg oder sonst wo in der Welt sein." –

„Allzu viel Liebfrauenmilch umnebelt sentimental dein Hirn. Ich habe mein Auskommen, mir geht es gut", lachte Streicher ihn an.

„Unsere Flucht – ein Wahnsinn! Was wir da gewagt haben, Streicher, hätte böse ausgehen können!", sinnierte Schiller.

„Und wir sind dem Württemberger nicht in die Fänge gegangen und noch immer unser eigener Herr!", führte Streicher den Satz fort.

„Ahnungslos sind wir unter ein neues Joch geraten." – „Um Gottes willen, Schiller! So arg kann es doch nicht sein!", Streicher klang besorgt.

„Die Wahrheit ist hart! Schulden habe ich, wie ein Pilgerreisender Flöhe. Genauso quälen sie mich. Stolz gebe ich mich, frei im Geist, und muss doch vor den erbärmlichen Kontrakten zu Kreuz kriechen und jenen, die mir übel mitgespielt haben, ein freundliches Gesicht zeigen!" Schiller sah auf die finstere Stadt hinab. Sie standen erhöht auf einer Wiese, die zu einer der Mannheimer Kirchen gehörte. Der Tag hatte eine feuchte Schwüle zurückgelassen, die den üblen Dunst, der von den Dächern der Häuser qualmte, zurück in die gradlinigen Straßen und Gassen drückte. Wie in einem Opferherd, dachte Schiller, brodelt es. Immer wieder gab es diese Momente, in denen ihn die Melancholie im Genick packte. „Grimmig neidisch könnte ich werden auf die dort", Schiller deutete auf die Grabsteine. „Sie quälen sich nicht mehr mit unnützen Hoffnungen und eitlen Fantasien."

„Fritz, mein Freund, alles wird sich wenden. Pass auf, wir gehen das Gespräch mit von Dalberg Schritt für Schritt durch. Legen eine Taktik zurecht. Weißt du noch? ‚*Courage und Fortune*'!", Streicher erinnerte ihn an den über 80-jährigen General Augé in Stuttgart, bei dem Schiller im Siechenregiment als Regimentsarzt gedient hatte, versuchte, ihn zum Lachen zu bringen. Er war stets bemüht, den Freund aus seiner Düsternis aufzuscheuchen.

„Recht hast du. Wem nützt das Geflenne? Komm, schleichen wir uns zu Madame Schneider. Ich will heute Nacht ein Schwein sein, damit ich meinen Mitmenschen gleicher werde!"

„Lass gut sein, Fritz. Du weißt, dass ich nicht in Freudenhäuser gehe, und du solltest dein Geld auch zusammenhalten", mahnte Streicher.

„Du hast es gut, erledigst deine Bedrängnis mit der Musik, während sich unsereiner mit einem blutigen Herzen plagt ..." Gemeinsam schlichen sie durch die nächtlichen Mannheimer Straßen zurück zu Schillers Stube und trafen dort auf die jungen Schauspieler Beck und Beil. Streicher verabschiedete sich bald.

„Da ist er wieder, der Stern der Mannheimer Bühne", Beck begrüßte Schiller mit offenen Armen.

„Ich freue mich über Ihre Freude, mit der Sie mich empfangen", antwortete Schiller. „Mit demütigem Feuer wollen wir uns der Kunst widmen."

„Er reitet noch immer hohe Rösser!", spottete Beil. „Aber seine Anwesenheit tut Not. Zwei Paare saßen heute im Parkett und eines hat es sogar lustig getrieben, dass die Sitze teuflisch geknarzt haben. Bei solchen Zuständen ist es ein Segen, dass sich Dalberg Ihrer erinnert hat."

„Ihre ‚Räuber' sind wieder im Repertoire und von Dalberg hat uns Ihren ‚Fiesko' in Aussicht gestellt", sagte Beck. „Es geht jetzt stürmisch aufwärts!"

„Noch ist nichts entschieden. Wie ich den Intendanten kenne, hat er zahllose Wünsche für die Bühnenbearbeitung", erwiderte Schiller aus leidvoller Erfahrung vorsichtig.

Das Horn des Nachtwächters schallte vom anderen Ende der Stadt. Kurze Zeit später bummelte dieser über die lange Allee Richtung Goetheplatz und Nationaltheater, schlurfte dann, faul den Spieß hinter sich herziehend, vorbei. Beil verabschiedete sich Richtung

Madame Schneider und träumte von einer schwarzhaarigen Muselmanin. Beck lehnte dankend ab. Er gestand Schiller, erst kürzlich geheiratet zu haben. Schiller hakte sich bei ihm ein: „Recht hast du gehandelt, Beck! Sich gegen alle Standesunterschiede und Widrigkeiten der Welt der Liebe zu verschwören! Zusammen in eine Zukunft blicken! Wie ich euch zwei beneide!" Dabei dachte er sehnsüchtig an seine Lotte. Träumen durfte er noch. Wenigstens dies.

„Dalberg ist wieder da. Er will Sie als Theaterdichter mit fester Anstellung! Ist das nichts?", mit Schwung warf Verlagsbuchhändler Schwan die Ladentür hinter sich zu, dass die Türglocke laut aufschrillte. Schiller legte das neue Buch von Goethe weg, das ihm Margarete, die achtzehnjährige Tochter des Hauses, aus dem Regal gezogen hatte, und nahm seine Beine vom Tisch. „Lieber Herr Verleger, ich bin nur ein völlig unbegabter Fahnenflüchtiger auf Durchreise. Wann werde ich gebeten, meine Aufwartung zu machen?"

„Morgen. Ich bin noch einmal alles durchgegangen. Auch Iffland rät Ihnen, Sie sollen sich die Einnahmen einer Vorstellung vorbehalten, ebenso die Verwertung für andere Bühnen – Hamburg, Berlin! Schiller, die Welt erwartet Sie!", energisch fasste Schwan seinen Schützling am Arm. „Sie werden es geschickt anstellen und nicht alles verderben?"

„Ach, Vater, lass ihn doch!", sprang Margarete an Schillers andere Seite. „Du verwirrst ihn noch. Geben Sie mir Ihren Rock, damit ich ihn für morgen ausbürsten und den fehlenden Knopf annähen kann."

„Ihr umtanzt mich wie ein goldenes Kalb! Das ist Götzendienst!", Schiller hob warnend den Finger. „Ich wusste es schon immer: Kommt man zu Geld und Vermögen, ist man als Mensch verloren! Da ruht kein Segen drauf."

Schwan trat hinter den Ladentisch und prüfte die Kasse. Die Abendsonne fiel schräg durch die Fenster. „Sie geben doch Ihre ‚Luise Millerin' in meinen Verlag? Ich zahle Ihnen ein Honorar – trotz der frechen Nachdrucke, die in letzter Zeit mein Auskommen gefährden."

Schiller trat ans Fenster und schaute in die Ferne. „Ich möchte dazu noch nichts sagen. Wer weiß, was morgen ist."

„Lieber, verehrter Dichter, mein Doktor Schiller", säuselte jetzt Schwan, „war ich es doch, der Sie protegierte. Meine Empfehlung hat den ‚Räubern' den Weg auf die Mannheimer Bühne geebnet. Ich bin Ihr guter Geist beim Intendanten von Dalberg. Oh, Sie vergessen mir zu schnell, wo Sie dankbar sein sollten!", Schwan gab sich beleidigt.

Schiller sah ihn nachdenklich an. Er zog tatsächlich alle Register. „Jetzt hören Sie doch mit dem Gejammer auf! Mir scheint, die Abrechnungen über die letzten Bücher sind nicht zu meinem Vorteil ausgefallen. Dabei war ich mir, als man mich vor Monaten aus Mannheim ziehen ließ, sicher, Sie wollten mein Drama nicht." – „Nein!", rief Schwan empört aus und malte mit ausgestrecktem Zeigefinger ein Ausrufezeichen in die Luft. „Wenn Sie so schäbig über mich denken, verbietet es mir mein Ehrgefühl! –", er stockte einen Moment, wollte sich offenbar nicht jeder Möglichkeit verschließen, „… heute mit Ihnen weiter zu verhandeln. Bekommen Sie einen klaren Kopf, lieber Schiller." Schwan machte sich wieder im Laden zu schaffen. Er kannte seine Dichter! Die gaben am Ende stets nach.

Andreas Streicher betrat den Buchladen und brachte Post. Schiller erkannte die Handschrift der Freifrau von Wolzogen. Sie hatte ihn bereits zurückerwartet und berichtete, Charlotte habe eine Stelle bei Hofe in Gotha angetreten. Dann mahnte sie ihn, die offenstehenden Raten bei Israel zu begleichen, für die sie gebürgt habe. Israel hatte den Zinssatz im Fall eines Zahlungsverzuges auf zehn Prozent heraufgesetzt. Der Wirt ‚Zum braunen Ross' war wegen der auf der schwarzen Tafel verzeichneten Beträge ebenfalls bei der Gutsherrin vorstellig geworden. Henriette von Wolzogen hatte ihn abgewiesen, versäumte aber nicht, Schiller jetzt brieflich auch diese Rechnung aufzumachen. Was hatte sich Schiller erhofft? Dass sie ein persönliches Wort der Aufmunterung oder der Bewunderung finden würde, wo ihr nur die Umstände verblieben, die er verursacht hatte, und die Schulden bei Israel und dem Wirt, die ihr jetzt fordernd über den Weg liefen? Schiller wandte sich Schwan zu: „Ich werde mit von Dalberg abschließen, und Sie, Schwan, drucken meine ‚Luise Millerin'. Hand drauf!"

Schwan lächelte in der Gewissheit, ein gutes Geschäft gemacht zu haben. Margarete freute sich über den glücklichen Ausgang und hockte an Schillers Seite.

Obwohl Schiller für seine Verhältnisse ordentlich herausgeputzt bei von Dalberg erschien, taxierte der kurfürstliche Schatzkämmerer und Intendant dessen einfachen blauen Rock mit polierten Stahlknöpfen, seine abgetragenen Schuhe mit übergroßen Schnallen und seine ungebändigte Frisur abschätzig. Mit diesem Mann konnte man schwerlich ‚*einen Staat machen*'! Aber, von Dalberg stellte auch fest: Die Umgangsformen dieses jungen Burschen hatten sich gewandelt – dieser Schiller redete geschliffen daher, voller Selbstvertrauen, gewürzt mit einem Schuss Selbstironie und Esprit. Dass sich Geist und Talent doch häufig so elende Behausungen suchten, dachte von Dalberg, eilte seinem künftigen Theaterdichter entgegen, um ihm die Hand zu schütteln und ihn mit großer Geste zu begrüßen. Dies schien Schiller jedoch nicht im Mindesten zu beeindrucken: „Eure Exzellenz scheinen ungeachtet meiner misslungenen Versuche und Ihres geäußerten Missfallens über meine dramaturgischen Dichtungen noch immer einiges Zutrauen zu meiner dramatischen Feder zu haben."

„Ich bitte Sie, guter Schiller, der Dichter der ‚Räuber' wird stets eine Bereicherung für jede Bühne in Deutschland sein." Von Dalberg fühlte sich in die Defensive gedrängt.

„In der Tat. Ich trage mich mit dem Gedanken, nach Berlin zu reisen, wo man im nächsten Monat mein Drama spielen will. Dann kehre ich nach Bauerbach zurück."

„Von einer Abreise will ich nichts wissen", erklärte von Dalberg rasch. „Hier werden Sie gebraucht! Ich biete Ihnen einen festen Kontrakt als Theaterdichter für ein Jahr. Und Ihren ‚Fiesko' führen wir in Mannheim als Erstes auf!"

Schiller lächelte, diese Erklärung hatte er nach Schwans Gespräch bereits erwartet. Gut gewappnet für diesen Verlauf des Gesprächs, zählte er mit Absicht die angeblichen ‚*Fehler*' des Stücks auf, da er sich der Gefahr, der Erwartung des hochverehrten Intendanten erneut nicht zu entsprechen, nicht aussetzen wolle. Er hob neben der vielleicht allzu freien Satire und Verspottung einer vornehmen Narren- und Schurkenart unter anderem die Vermischung von Schrecklichem und Lustigem hervor und versicherte listig, dass, wenn dies auf der Bühne anstößig sei, alles Übrige, wenn es auch noch so vortrefflich ausfallen könne, für Dalbergs Zwecke unbrauchbar sein werde. Nein, angesichts der Erfahrungen, die er in Mannheim habe machen müssen, sei es doch besser, wenn er sich bedenken würde. Wahrscheinlich sei es sogar für alle das Beste, den ‚Fiesko' für andere Bühnen zurückzubehalten.

Schiller bemerkte, wie von Dalberg unruhig wurde, sogar eine gewisse aufgeregte Blässe schien auf seinen Gesichtszügen erkennbar. „Aber, aber, lieber Schiller, davon will ich nichts wissen. Sie sind mir noch immer gram, dass ich Bedenken gegen Ihr Stück hatte. Doch die Welt dreht sich und heute sind andere Zeiten und wir haben alle dazugelernt. Verstehen Sie mich doch! Ich will Ihren ‚Fiesko' auf der Mannheimer Bühne sehen! Nicht irgendwann, sondern sobald es uns allen möglich sein wird! Schlagen Sie ein, Schiller! Das ist Ihre Gelegenheit, mit den besten Schauspielern Ihr Drama Wirklichkeit werden zu lassen! Ich versichere Ihnen, dass ich vollstes Vertrauen in Ihre Fähigkeiten habe und Ihnen wegen der Inhalte freie Hand lasse."

Mehr konnte Schiller nicht erwarten! Das Herz schlug ihm vor Aufregung bis zum Hals, aber er spielte den Gleichgültigen, denn jetzt galt es, den Sack zuzuschnüren und die Geldangelegenheiten zu klären. Der Intendant nutzte mit seiner ganzen Erfahrung diesen Moment und diktierte Schiller die Bedingungen eines Kontrakts, für den er sich im Hinterkopf bereits Hintertürchen offenhielt, die es ihm ermöglichen würden, sich im Fall des Falles vorzeitig von Schiller wieder zu verabschieden. Schiller blickte seinem Gegenüber prüfend ins Gesicht, als dieser ihm erklärte: „Ich biete Ihnen die bezahlte Stelle als Theaterdichter in Mannheim. Drei Stücke haben Sie fristgemäß abzuliefern und Sie erhalten dreihundert Gulden als Vorschuss."

Irgendetwas an von Dalbergs Mienenspiel verriet Schiller, dass der Intendant mit diesem Angebot keinesfalls der Wohltäter sein würde, den er ihm gegenüber spielte. Doch, so sehr Schiller sich mühte, die Fallstricke und Finten zu entdecken, es gelang ihm nicht. Der Gedanke, dass er in wenigen Minuten diesen Raum verlassen und der neue bezahlte Theaterdichter von Mannheim sein würde, machte ihn geradezu schwindlig vor Glück. Gerade noch rechtzeitig erinnerte er sich an die Vorbereitungen mit Streicher und Schwan und platzte völlig undiplomatisch mit der Forderung heraus: „Dreihundert Gulden Vorschuss und die Einnahmen jeweils einer Vorstellung sowie die Rechte an den auswärtigen Aufführungen!" Von Dalberg stutzte. In der Tat, dieser Schiller hatte sich verändert! Der Vertrag wurde aufgesetzt, denn die Defizite des laufenden Spielbetriebs erforderten sofortiges Handeln.

Am 31. August gab die Mannheimer Bühne zu Ehren des neuen Theaterdichters unter großem Zuschauerandrang ‚Die Räuber'. Während von Dalberg noch die Einnahmen zählte und fest mit den großen Zeiten rechnete, die jetzt für das Nationaltheater anbrechen würden, liefen Schiller, Streicher und Beck mit schnellen Schritten über den Goetheplatz, die dunklen Häuserzeilen der Straßen entlang. Erbarmungslos hielten die hohen Stadtmauern noch immer die Gluthitze des Tages gefangen. Dunstverschwommen vom Rauch der Herde vernebelt, der nicht abzog, standen die Sterne im fernen Himmelsraum.

„Dass man nur atmen könnte", stöhnte Schiller. „Ein frischer Wind und kühler Regen, das wäre es", rief Beck und sprach damit den Wunsch vieler Mannheimer aus.

„Man hält es drinnen nicht aus. Die Finger kleben mir auf den Tasten des Klaviers. Die Gedanken sind wie gelähmt", sagte Streicher.

„Die Stuben sind wie Bleikammern. Mir ist alles so eng, als ob einem die Kraft zum Atmen fehle", Schiller nahm den Dreispitz in die Hand und fächelte sich frische Luft zu.

„Man erzählt sich, dem Hofrat May seien heute allein dreißig neue Fieberfälle gemeldet worden", berichtete Streicher.

„Lasst uns einen Moment verschnaufen", bat Schiller, blieb stehen und atmete schwer.

„Die Seuche kommt vom brackigen, faulenden Wasser der Kanäle her", Becks ausgestreckter Arm wies auf die Stadtmauer, die in der Ferne dunkel drohend vor ihnen lag. „Nirgendwo sonst ist es im Sommer so schlimm wie in Mannheim." – „Schüttelfrost soll das erste Anzeichen sein", wusste Streicher zu erzählen. „Wer weiß, wie viele Opfer die Seuche in diesem Jahr fordert." Keine Antwort.

Der Weg führte durch die Hohlweggasse auf das Stadttor zu. Trotz später Stunde wollten sie versuchen, ob sie nicht wenigstens ein paar Stunden im Freien außerhalb der Stadtmauern Luft schöpfen könnten. Da trat ihnen ein stämmiger pfälzisch-bayrischer Grenadier in den Weg, mit tiefer Bassstimme und schwarz gekräuseltem Rauschebart. Ohne Passierschein von der Obrigkeit käme, bis die Sonne wieder scheine, hier keiner durch. „Der ist recht!", meinte Streicher lachend. „Vielleicht gar ein finsterer Geselle für deinen ‚Don Carlos', was meinst du, Schiller?"

Doch Schiller hörte nicht, sprang auf den viel kräftigeren Mann zu, packte ihn am Revers seiner Uniform und schrie: „Aus dem Weg! Herauslassen soll er mich! Ich ersticke hier!" Schon hängten sich Streicher und Beck an ihren Freund und zerrten ihn weg. „Keine Prügeleien und keinen Skandal! Schiller, du hast jetzt eine Stellung!", flehte Streicher.

Der überraschte Grenadier schaute der Gruppe nach und rief seinem Kollegen in der Wachstube zu: „Lass gut sein, war eh nur der Räuber-Dichter. Dem war heiß im Kopf. Die Genies – immer ein bisschen verrückt im Oberstübchen!"

Schiller hing wie ein nasser Sack zwischen seinen Freunden. „Seid so gut. Bringt mich heim, mir ist nicht gut."

Zwei Tage später trug man Regisseur Meyer zu Grab, dessen Herz den Belastungen der plötzlichen Fieberschübe nicht standgehalten hatte. Zur großen Trauergemeinde fanden sich neben den Theaterleuten sowohl honorige Repräsentanten der Bürgerschaft als auch Regierungsvertreter ein. Meyer hatte in seinem Amt

Ansehen erworben, was für den Stand der Theaterleute keineswegs selbstverständlich war. So kondolierte der Oberkammerrat der Witwe Meyer am offenen Grab und warf dabei einen missmutigen Blick auf seine Tochter, die gegen seinen Willen den Schauspieler Beck geheiratet hatte und in der Gruppe der Vertreter des Theaters auf der anderen Seite des Grabes darauf wartete, dass man die Grube schlösse. Er ging anschließend zum Verlagsbuchhändler Schwan und erkundigte sich nach dem Verbleib von Schiller. Dieser sei doch, wie man höre, dem Meyer zu Dank verpflichtet gewesen.

„Friedrich Schiller leidet ebenfalls am kalten Fieber und ist sehr geschwächt", antwortete Schwan mit besorgter Miene. „Sein neues Drama ist bei mir in Druck und wird in der nächsten Woche erscheinen. Sie können jederzeit Vorbestellungen hinterlegen. Gern werde ich Euer Exzellenz Hofkammerrat auch eine persönliche Widmung des Doktors besorgen. Trotz seines besorgniserregenden Zustandes."

„Richten Sie ihm meine Genesungswünsche aus. Sind doch alle darauf gespannt, was er uns Neues für unsere Bühne bescheren wird. Ich werde ihm meinen Arzt schicken", der Hofkammerrat nickte Schwan freundlich zu, wartete jetzt aber nicht das Ende der Beerdigungszeremonie ab, suchte auch keinen Kontakt zu seiner Tochter und flüchtete aus der Hitze der Mittagssonne.

Schiller hatte einen sauren Geschmack im Mund. Die Gedanken in seinem Kopf schienen ebenso aufgewühlt wie seine Eingeweide. Sein Herz jagte, und regelmäßig wiederkehrende Fantasien raubten ihm den Verstand. Fast den ganzen Tag lag er zusammengerollt wie ein kleines Kind im Bett. Sein dichtes rotes Haar klebte matt und glanzlos an seiner verschwitzten Stirn. Wie lange dauerte dieses Elend bereits an? Ob er überhaupt wieder gesund werden würde? Immer, wenn er sich zwei, drei Tage vom Klima erholt hatte, kam der Rückfall. Heftiger, gnadenloser als zuvor. ‚Wieder einmal spielt mir das Schicksal einen grausamen Streich', dachte Schiller. Eigentlich hatte er in den letzten Wochen bereits die teure Wohnung neben dem Schlossplatz räumen und mit Streicher in die Vorstadt in ein preiswerteres Quartier beim Baumeisterehepaar Hölzel ziehen wollen. Jetzt fesselte ihn das kalte Fieber an das Bett und er war nur froh, wenn er den nächsten Tag erlebte. Sein Geld schmolz dahin, und seine Arbeit lag als angefangenes Stückwerk auf dem Tisch. So durfte er nicht enden! Erneut schüttelte das Fieber seinen Körper durch. Er stieß heftig mit den Beinen gegen die Bettlade. Man schaffte Umschläge herbei, wickelte ihn und versuchte, ihm abgekochtes Wasser einzuflößen, das er jedoch gurgelnd und nach Luft schnappend inmitten eines Anfalls wieder von sich gab. Dann übermannte ihn die Erschöpfung und er fiel in einen tiefen Schlaf, einer Bewusstlosigkeit ähnlich. Als er die Augen wieder aufschlug, fand er Streicher und Hofrat May, den offiziellen Arzt von Hofe, neben seinem Bett vor, die sich besorgte Blicke zuwarfen.

Schiller sammelte seine Kräfte, dann stieß er fluchend hervor: „Tausendsackerlott! Jetzt schauen Sie beide nicht so bekümmert drein! Wie soll ich zu Kräften kommen, wenn man mich zur Ader lässt und mir nichts zu essen gibt! Wassersuppen heute, Wassersuppen morgen! Wenn mein Körper trotz dieser Behandlung nicht verreckt und noch Lebenswillen zeigt, kriegt er trotzdem allenfalls gelbe Rüben und saure Kartoffeln. Kein Wunder, sage ich! Der arme Meyer ist wahrscheinlich auch an der Behandlung krepiert!"

„Sparen Sie sich Ihre Energien, mein Freund, für die Genesung! Lassen Sie mich meine Arbeit machen", antwortete der Hofmedikus lächelnd und hörte Schillers Herz mit einem vergoldeten Horchrohr ab.

„Ich bin ja billig und willig und esse die Chinarinde wie Brot", gab Schiller keuchend zurück.

„In allem bist du maßlos!" Streicher schüttelte den Kopf. „Du solltest dich besser an die verordneten Dosierungen halten." – „Damit ich noch monatelang hier herumliege und auf mein elendes Ende harre! Ich verdiene nur, wenn ich arbeite! Ich muss schreiben! Himmel Herrgott schwere Not!" Schiller griff nach einem Kissen und warf es wütend quer durch den Raum. „Mein lieber Schiller, auch ich schreibe gelegentlich Gedichte, erwarte aber keineswegs, meine Ergüsse vom Iffland auf der Nationalbühne vorgetragen zu hören. Sie haben der Medizin Ade gesagt, weil Sie Ihre Qualitäten zuallererst in der Dichtkunst sehen. Bleiben Sie daher bei Ihrem Metier und lassen mich für Ihre Gesundheit sorgen. Sie sind, mit Verlaub, ein unmöglicher Patient!" Der Hofmedikus empfahl sich bis morgen. Streicher flößte Schiller jetzt die verhasste Wassersuppe ein.

Die Waschfrau kam und Schiller scheuchte fluchend seinen Freund durch das ganze Zimmer, um aus allen Ecken, Truhen und Schubladen die Schmutzwäsche hervorzukramen. Dann verlangte er nach Papier und Federkiel und begab sich an seine Monatsrechnung. Die Post und der Perückenmacher, die Waschfrau und der Wirt, Papier und Tinte, schon wieder waren fünfzehn Gulden draufgegangen! Für seinen Hunger gab er noch das Wenigste aus. Seit er krank war, investierte er ohnehin nur noch in Chinarinde. „Ich hätte eine Baumplantage betreiben sollen", lachend hielt Schiller seinem Freund die Rechnung hin. Das Kostgeld war er auch noch schuldig, Schneider und Schuster hatten Arbeiten ausgeführt, die er wegen seiner plötzlichen Erkrankung weder abgeholt noch bezahlt hatte. Auch diese Posten fanden sich jetzt auf dem Papier wieder. „Ja, so ist es. Man darf nicht zurückstehen. Erscheinung und Kleidung übertünchen den Menschen für jene, die den Geist nicht schätzen. Und diese, mein Freund, sitzen zumeist auf den Geldsäckeln!", Schiller lachte bitter auf und warf die Rechnung verächtlich auf den Fußboden. Die erhofften Einnahmen für die Erstaufführung des ‚Fiesko' hatte Schiller schriftlich der Freifrau von Wolzogen zur Begleichung der Bauerbacher Schulden zugesagt. Das musste gut gehen. Immer noch hatte er keinen Plan, wie er neben den Lebenshaltungskosten für seine Stuttgarter Schulden einstehen sollte. Verdammt! Der Schädel schmerzte zum Zerplatzen. Zum Verrücktwerden! Jetzt verlangte Schiller nach seinem ‚Don Carlos', um sich in der Arbeit zu vergraben. Kopfschüttelnd besorgte Streicher auch diesen Auftrag und sparte nicht mit mahnenden Worten, ehe er sich verabschiedete. ‚Lasst mich nur alle hier in meinem faulen Elend!', dachte Schiller bitter, ungerecht gegen alle und gegen sich selbst. Wo war er stehen geblieben? Die letzten Worte des vergifteten Ferdinands. Auch der war am Ende! Das Fieber stieg wieder. Hilflos und verzweifelt presste er den arbeitsunfähigen Kopf erneut in die Kissen.

Mitte Oktober, Schiller hatte seine Krankheit immer noch nicht ganz überwunden, organisierten Schwan, Streicher und Beck den Umzug. Schiller bezog in der Wallgasse 8 beim Baumeister Hölzel eine gemeinsame Wohnung mit Streicher. Ein billigeres Logis und das Ganze noch geteilt mit dem Freund, das musste sich auf Dauer doch rechnen! Er arbeitete wieder und unternahm sogar einen Ausflug mit Schwan nach Speyer zu Sophie La Roche, der Jugendliebe des berühmten Wieland, einem der Weimarer Literaturgötter. Sie selbst war als Verfasserin viel gelesener Romane, Erzählungen und Memoiren vor allem dem weiblichen Publikum bekannt und eine bezaubernde Persönlichkeit obendrein. Sophie La Roche erklärte Schiller ungefragt, dass sie ihn für ein Talent hielte, einen jungen Mann mit Visionen, der die Lücke, die Lessing mit seinem Tod für das deutsche Theater gerissen hätte, schließen könnte. Schiller verneigte sich, wurde leicht verlegen über so viel Ehre und berichtete von seinen Plänen, künftig eine periodische Literaturzeitung, die ‚Rheinische Thalia' herauszugeben. Die Gastgeberin stand Schwan und ihm Rede und Antwort hinsichtlich des Vertriebs, der Unkosten und des Aufwandes, den ein solches Unternehmen erforderte, denn sie selbst fungierte seit Kurzem als Herausgeberin der ‚Pomana', einer Zeitschrift für Frauen.

Kaum kehrte Schiller aus Speyer zurück, ereilte ihn ein schwerer Rückfall des kalten Fiebers. Dennoch rang er Woche um Woche seinem geschwächten Körper die Zeit der Bühnenbearbeitung des ‚Fiesko' nach Dalbergs Vorgaben ab, die der Intendant trotz seiner anfänglichen Zusagen, sich enthalten zu wollen, dennoch machte. Vor Weihnachten galt es, für die Ankündigung des Dramas an das Publikum, das übliche Werbeblättchen zu schmieden. Auch diese Zeilen kleisterte Schiller weihelos, abgemagert bis auf die Knochen, kreidebleich im Bett hockend, zusammen. Er fühlte sich müde, zerschlagen, wollte jeder weiteren Auseinandersetzung aus dem Weg gehen, da er auch noch die ‚Luise Millerin' und den ‚Don Carlos' gemäß Vertrag bis zur Bühnenreife zu bewältigen hatte und sich Dalbergs Stimmung angesichts seiner langsamen Arbeitsfortschritte neuerdings wieder auf den Gefrierpunkt zubewegte. Deshalb versah er sein *republikanisches Trauerspiel* sogar mit einem glücklichen Ausgang: Fiesko verzichtete auf den Herzogtitel, versöhnte sich mit Vendrina und Leonore und blieb am Leben. So viel Hoffnung wünschte er sich für sein eigenes Leben auch. Aber Weihnachtsgeschenke dieser Art hielt das Leben für ihn nicht bereit.

Kapitel 12
Licht und Schatten – Mannheim 1784

Die menschliche Natur erträgt es nicht, ununterbrochen und ewig auf der Folter der Geschäfte zu liegen, die Reize der Sinne sterben mit ihrer Befriedigung. Der Mensch, überladen von tierischem Genuss, der langen Anstrengung müde, vom ewigen Triebe nach Tätigkeit gequält, dürstet nach besseren, auserleseneren Vergnügungen, oder stürzt in zügellos in wilde Zerstreuungen, die seinen Hinfall beschleunigen und die Ruhe der Gesellschaft zerstören. (…) Wenn tausend Lasten unsere Seelen drücken und unsere Reizbarkeit unter Arbeiten des Berufs zu ersticken droht, so empfängt uns die Bühne – in dieser künstlichen Welt träumen wir die wirkliche hinweg, wir werden uns selbst wiedergegeben, unsere Empfindung erwacht (…) und die Brust jedes Einzelnen gibt jetzt nur einer Empfindung Raum – es ist diese: ein Mensch zu sein.
Friedrich Schiller, ‚Was kann eine gute stehende Schaubühne eigentlich wirken'; aus der Rede vor der kurpfälzischen deutschen Gesellschaft, am 26. Juni 1784 in Mannheim gehalten

Zur Eröffnung des Karnevals am 11. Januar 1784 ließ Dalberg ‚Die Verschwörung des Fiesko zu Genua' mit allem Pomp aufführen. Streicher konnte das Ereignis nicht miterleben, denn im Schloss wurde ein Konzert gegeben und er griff in die Tasten. Professor Abel, zum Jahreswechsel eigens angereist, um den kränkelnden Schiller, der inzwischen wegen der Unmengen Chinarinde, die er zu sich genommen hatte, unter Schüben von Bauchkrämpfen litt, aufzurichten, war längst wieder dienstverpflichtet in der Stuttgarter Akademie. Schiller fürchtete, dass der nicht enden wollende Winter, der einfach keine rechte Genesung bringen wollte, ihm zeitlebens einen Stoß versetzen könnte. Und jetzt fiel der „Fiesko" noch durch! Hilflos musste Schiller mit ansehen, wie sich der nur halb besetzte Theatersaal bereits nach zwei Dritteln der Aufführung deutlich leerte. In den Schlussapplaus mischten sich Buhrufe und Pfiffe! Kraftlos versank Schiller in dem Sessel in seiner Parterreloge. Zweifel befielen ihn. Nein, einen zweiten Lessing gab er noch lange nicht ab! Das Publikum bevorzugte Kurzweil, nach dem Stil von Ifflands Stücken, die dieser in letzter Zeit schrieb, verdauliche Konversationen à la von Gemmingen-Hornberg, mit Kalauern durchsetzt. Schiller hatte das Publikum fordern, erhöhen wollen. Aber seine Sprache schien dem Alltag entrückt. Die Handlung seines Stücks unentschlossen auf ein offenes Ende ausgerichtet, wo die schlichteren Seelen die Moral der Geschichte in Schwarz-Weiß erwarteten. Vier Stunden Spieldauer, lange Deklamationsszenen, das alles erwies sich als eine Überforderung. Ein Missverständnis zwischen Dichter und Publikum, wenn nicht gar Ärgeres! Das letzte Selbstwertgefühl rann dahin wie der Regen an der Fensterscheibe.

Beck und seine schöne Frau warfen ihre Kostüme achtlos in die Garderobe und eilten, noch immer nicht ganz abgeschminkt, zu Schillers Loge. Sie erahnten zumindest, was in ihrem Dichterfreund vor sich ging. Schiller jedoch wollte auch sie nicht sehen, aber beide nahmen ihn in ihre Mitte und gingen zielstrebig auf den Hinterausgang des Theaters zu. Unglücklicherweise trafen sie auf diesem Weg Iffland, der sich angesichts des Erfolges seines Dramas „Verbrechen aus Ehrsucht" überlegen gab und herablassend meinte: „Schiller, das sollte Ihnen eine Lehre sein. Das Publikum hat einen feinen Geschmack für das, was sich ziemt. Niemand greift ungestraft seinen Fürsten an und pöbelt sich in genialischer Manier durch die Geschichte. Gelassene Andeutungen, geistvolle Kritik und etwas Humor werden vom Publikum goutiert. Sie sollten das bei Ihrem nächsten Bühnenstück bedenken! Und unterlassen Sie die nervtötenden Monologe."

„Herr Iffland. Sie sind zweifellos ein großer Schauspieler, aber das sagte ich Ihnen ja bereits …", Schillers Stimme bebte vor Zorn, „… nicht alles, was billig ist, muss recht sein. Was das Publikum heute goutiert, mag zwar in Ihrer Geldkatze klimpern, landet aber erfahrungsgemäß morgen auf dem Mist!" – „Der Hochmut steht Ihnen nicht, Kollege", entgegnete Iffland. „Nicht solange Exzellenz Dalberg bereits nächste Woche die Absetzung Ihres ‚Fiesko' befohlen und mein Stück auf den Spielplan gesetzt hat." Gemessen grüßte Iffland, der jetzt auch noch Meyers vakante Stelle als Oberregisseur übertragen bekommen hatte.

Schiller senkte den Kopf. Beck und seine Frau versuchten, ihn zu trösten: „Selbst Goethes ‚Clavigo' ist hier durchgefallen." „Der ‚Kaufmann von Venedig' von Shakespeare ist sogar als überspannte Fabel abgelehnt worden. Die Mannheimer sind launenhaft und eitel, und das, mein Freund, gilt für das Publikum und die Theaterverantwortlichen gleichermaßen".

„Die nicht vom Stand gestellten Zuschauer in der obersten Galerie, die mit wenig Geld, haben dich schon verstanden, lieber Fritz", sagte Frau Beck. „Dort oben hat es Vivat-Rufe und freundlichen Applaus gegeben." – „Und wie!", bestätigte Beck und gab sogar noch die entsprechenden Textzeilen zum Besten. Gerührt dankte Schiller den Freunden. „Ihr meint es gut mir mir, wohin geht unsere Reise?"

„Zu uns selbstverständlich. Gern wollen wir dir die Zeit vertreiben, gemeinsam essen und du erzählst uns von deinen Überlegungen zur ‚Millerin' und zum ‚Don Carlos'", schlug Frau Beck vor.

„Von meiner ‚Luise Millerin'? Jener drohenden neuen Katastrophe, die auf Vorschlag Ifflands künftig ‚Kabale und Liebe' heißen wird", Schiller schüttelte nur den Kopf. – „Gleich, wie – erläutere doch die Rolle der Luise, die mein liebes Eheweib sprechen und mit Leben füllen soll, aber noch nicht so recht versteht." Beck freute sich, dass Schiller sich jetzt tatsächlich durch seine Frau ablenken ließ. Gemeinsam ging es die zwei steilen Holzstiegen zur Beck'schen Wohnung hinauf, und Schiller hockte sich behaglich in den Kanapeewinkel, wo er sich eine eigens für ihn gestopfte Pfeife vornahm. Frau Beck lief in die Küche. „Meine Frau backt die besten gefüllten Pfannkuchen der Stadt", verkündete der Schauspieler stolz. „Und einen kurfürstlichen Weißwein, von der letzten Premiere organisiert, haben wir auch noch dazu." Beck deckte auf. „Nur wenn sich deine Frau dazusetzt und mittrinkt", forderte Schiller.

Um die Ecke blitzten zwei tiefblaue Augensterne unter wunderschönen gelockten blauschwarzen Haaren. „Bleib nur hocken, Fritz. Ich komme gleich und hör dir zu. Bitte nicht aufstehen und helfen, du kränkst mich sonst als Gastgeberin. Ich bin doch noch nicht so geübt in diesen Dingen." Dann endlich setzte sie sich neben Schiller. „Wenn's recht ist. Oder sollte ich diesen Platz neben dir für die Margaret Schwan freihalten?" – „Wie kommst du denn auf solche Ideen?" – „Na, weil sie mir gestanden hat, dass sie dich mag. Ich habe sie gestern auf dem Markt getroffen", log Caroline Beck und freute sich über die Wirkung ihrer Worte, die den schüchternen Schiller in Verlegenheit brachten. Doch dann wurde Schiller ernst: „Wie sollte ich mich um eine Frau bemühen, wenn ich noch nicht einmal genug habe, um meine Schulden zu bezahlen und meiner Gönnerin, der Frau von Wolzogen, den Zinswucher, für den sie gebürgt hat, vom Hals zu schaffen."

„Du bist zu schlecht honoriert", bestätigte Beck. „Der Iffland bekommt das Vierfache von dir." – „Auch du bekommst das Doppelte", warf Caroline Beck vorwurfsvoll ein. „Ich verstehe den von Dalberg nicht. Wie soll sich jemand freischreiben, der in materieller Unfreiheit lebt!" – „Die Mittellosigkeit eines flüchtigen Dichters ist eine gute Vorbereitung für die großen Werke, weil man nur so den Grund von allem berührt und hinter die kunstvoll gewebten Vorhänge der gesellschaftlichen Bühne blickt", antwortete Schiller.

„Nun lasst es gut sein, ihr braucht euer Geld, denn im Überfluss lebt ihr auch nicht. Es ist auch ein Stück weit meine Schuld, denn ich dachte, ich hätte mich gut vorbereitet, als ich über den Vertrag mit von Dalberg verhandelt habe."

„Lieber Schiller", sagte Beck verlegen und erhob sich, „es ist eine große Ehre für uns, dich zu kennen, mit dir zusammensitzen zu dürfen." Sie stießen an und prosteten sich zu. „Bitte gib auch meiner Frau den Bruderkuss, damit wir einen unerschütterlichen Freundesbund schließen!" – „Aber drückt mich nicht zu fest, denn ich bin guter Hoffnung ...", Caroline Beck wollte seit Längerem ihrem Mann die Schwangerschaft gestehen, aber die Arbeit an Schillers schwierig zu spielenden Stück und die Auseinandersetzungen mit Iffland hatten ihr keine so rechte Gelegenheit dazu gelassen. Diesen Zeitpunkt wählte sie, um dem Abend doch noch einen gewissen Glanz zu verleihen. Es gelang ihr und beide Männer freuten sich ausgelassen und begossen die Neuigkeit. Kurze Zeit später verabschiedete sich Schiller, nahm noch einmal die junge Frau in den Arm und ging.

Trotz des Misserfolges des ‚Fiesko' wählte man Schiller und nicht Iffland in den Vorstand der Kurfürstlichen Deutschen Gesellschaft in Mannheim, wo Schiller eine aufsehenerregende Rede hielt und Anerkennung von den Kreisen der Mannheimer Kulturelite erfuhr. Derart gestärkt, begleitete Schiller die Proben zu ‚Kabale und Liebe', die parallel zu einem Theaterstück Ifflands liefen.

Mit sprachlosem Erstaunen hörte Luise Millerin die Liebeserklärung Ferdinand von Walters an und konnte als Antwort nur stammeln: „Wie *schön in dieser Sprache das bürgerliche Mädchen sich ausnimmt.*" Sie verfügten nicht über die gleiche Sprache, benutzten nicht dieselben Worte. Ferdinand lieh seiner Luise daraufhin Bücher, die sie ihrerseits fleißig zitierte, wenn sie über Gefühle reden wollte. Nicht mehr um Schurken im Fürstengewand, sondern um die Überwindung der Standesunterschiede angesichts des Bundes zweier Herzen ging es Schiller. Still wurde es im abgedunkelten Zuschauerraum, in dem die Bedienten des Theaters der Probe zusahen. Viel schien ihnen in dem Stück zu stecken, das sie aus dem eigenen Erleben hätten beisteuern können, davon überzeugte sich Schiller, der mit diesem oder jenem das Gespräch suchte. Dieses Drama stand auf dem festen Grund der Bauerbacher Erfahrungen.

Noch einmal begannen sie auf Bitten Dalbergs mit der Eingangsszene. Beil, den Musikus Müller spielend, stritt heftig mit seinem Weib und ließ es an Derbheiten nicht fehlen. Schiller wurde dieses Treiben auf der Bühne zu bunt und er eilte in Dalbergs Loge. „Euer Exzellenz, so geht das nicht! Der Beil hält sich nicht ans Skript. Er meint wohl, der Dichter liefere nur das Gerüst zu seinem Spiel!"

Da Dalberg nicht sogleich reagierte, schrie Schiller mitten in die laufende Probe: „Herr Beil! Lassen Sie doch die Grobheiten – das ist nicht der Musikus in meinem Stück! Und bitte, benutzen Sie meine wohl überlegten Reden!"

Beil brach die Szene mitten im Satz ab und trat an den Bühnenrand, hielt die Hand vor die Stirn und rief zurück: „Ist Eure Exzellenz Dalberg auch der Meinung, dass wir zu lebhaft sind?" Dann lief er wie ein gereizter Stier am Bühnenrand auf und ab.

„Vor allem, meine Herren, sollten sich die Künstler gemeinsam um das Stück bemühen und sich nicht im Streit entzweien und behindern", ließ von Dalberg aus den Tiefen seiner dunklen Loge vernehmen. „So ganz ohne Derbheiten sind Ihre Stücke wohl niemals, Herr Schiller, das legt schon mal die eine oder andere Selbsthilfe des Schauspielers nahe." – „Da hören Sie es!", donnerte Beil von der Bühne.

„Ich bin kein Handlanger für geistloses Gossenspiel! Niemals!", schrie Schiller. „Die Schauspieler haben bis in feinste Nuancen das umzusetzen, was ich ausgedacht und wohlfeil formuliert habe. Anders würde die Muse zur Metze des eifernden Virtuosen!" – „Dann spielen Sie den Mist doch selber!", schrie Beil, krebsrot vor Zorn. Jetzt trat Iffland auf die Bühne. „Meine Herren, ich bin der Auffassung Ihrer Exzellenz von Dalberg." Er verbeugte sich kurz in Richtung Zuschauerraum. „Wir müssen in jeder Lage vornehm bleiben, auch wenn es das Stück mit seinen Schwachheiten verwehrt. Dem Dichter sollte dabei die Beurteilung der Bühnenbearbeitung nicht zustehen."

„Genug der Eitelkeiten!", rief Schiller. „Sein persönliches Streben sollte auch Herr Iffland in den Dienst der Sache stellen. Zum Nutzen der Gesamtheit."

„Und wer sagt uns, was der Nutzen der Gesamtheit ist?", fragte von Dalberg hintersinnig.

„Der Dichter, Eurer Exzellenz, mit seiner Arbeit! Wer sonst?"

Sie lachten ihn aus. Auf offener Bühne! Neid und Missgunst ergossen sich über Schiller. Dieser ballte die Fäuste in den Taschen, lief durch den Zuschauerraum an den Bühnenrand und schrie Iffland an: „Mit Erlaubnis Eurer Exzellenz Dalberg gehen die Proben weiter. Herr Iffland, räumen Sie augenblicklich die Bühne!"

Iffland verbeugte sich graziös und ging ab. „Unbelehrbar ist dieser Stückeschreiber! Exzellenz haben in Aussicht gestellt, Schiller sehe seine Fehler ein und bessere sich …", begann Beil von Neuem. Schiller schnitt ihm das Wort ab: „Ihr Stichwort, Herr Beil, ist: ‚*Ein für alle Mal. Der Handel wird ernsthaft. Meine Tochter kommt mit dem Baron ins Geschrei.*' Wenn ich jetzt bitten dürfte!"

„Encore une fois", tönte es aus Dalbergs Loge, der sich die Spielleitung nicht aus den Händen nehmen lassen wollte.

Im bis zum Bersten vollen dreistöckigen Rundhaus des Mannheimer Nationaltheaters gab es keinen freien Platz mehr. Auf dem Goetheplatz drängten sich noch Menschen, die keine Karte mehr bekommen hatten. Die aufgeregte Erwartungshaltung entlud sich mit einem lauten Stimmengewirr, das fast den dröhnenden Gong übertönte, mit dem der erste Akt angekündigt wurde. Margarete Schwan saß in der Loge neben ihrem Vater. Nervös sah sie zu Schiller hinüber, der mit Streicher in der Parterreloge hockte und seine Fingerknochen knetete. Ihr war elend zumute, als müsse sie selbst heute Abend eine Prüfung bestehen. Von Dalberg schaute sich noch einmal wohlgefällig im hohen Rund des Hauses um, bevor er sich setzte. Der riesige Kronleuchter verschwand in der Kuppel, die Lichter an den Wänden und Ausgängen wurden ausgelöscht, der Vorhang glitt zur Seite und gab den Blick auf Beil frei, der als Musikus Miller seine Frau schalt. Streng versuchte Schiller, seine Worte herauszuhören. Noch immer sprach Beil nicht nach Wunsch, aber er hielt sich zumindest in groben Zügen an den Text und verdrehte die Handlung nicht, dieser elende Dickkopf! Das Uhrwerk des Dramas lief entlang der straffen Handlungsfeder, die Flamme der Leidenschaft loderte hell und das Publikum wurde ergriffen von den Herzensangelegenheiten der Luise und ihres Ferdinands.

Streicher beobachtete sorgenvoll das Mienenspiel seines Freundes. Sollte auch dieses Stück ein Misserfolg werden, würde sich Schiller davon nicht wieder erholen. Während des ersten Aufzuges saß Schiller wie in Stein gemeißelt. Es entschlüpfte ihm kein Wort, und nur zum Schluss des Aktes hörte Streicher ein leises: *„Es geht, geht gut."* Er sah ein Lächeln über das Gesicht des Freundes huschen. Halbzeit. Der Vorhang fiel. Die Zuschauer, die bis jetzt noch gebannt auf die Bühne gestarrt hatten, hielt es nicht länger auf ihren Bänken, auf ihren Sesseln. Sie sprangen auf und brachen in rhythmisches Händeklatschen und Jubelrufen aus. Unter den Jubel mischten sich erste „Schiller!"-Rufe. Die Schönen der Nacht gefährdeten den Sitz ihrer Frisurtürme, zumindest verloren sie den Puder ihrer Haare, aber auch die Herren rangen um Haltung. „Vivat! Vivat Schiller!" Langsam, fast bedächtig stand Schiller auf, trat nach vorn und machte eine steife Verbeugung gegen das Publikum. Diese Momente entschädigten ihn für so vieles.

Aus einer Reserveloge im ersten Stock winkte eine junge Dame einen Theaterbedienten heran, steckte diesem ein Billett zu und bat ihn: „Geben Sie dies Schiller höchstpersönlich. Ich verlasse mich auf Sie. Und sagen Sie ihm, er soll uns bald aufsuchen. Ich will ihm Grüße von Frau von Wolzogen ausrichten." – „Unnötig war das, meine Liebe, absolut unnötig! Der Kerl hat meinen Namen in seinem Stück lächerlich gemacht!", erboste sich der Ehemann der jungen Frau, Major von Kalb. Charlotte von Kalb zuckte gleichgültig mit den Schultern. Was verstand ihr Soldat und amerikanischer

Kriegsheld schon von Theater? Nebenan aus der Loge hörte sie einen Kaufmann aus Württemberg sich schwäbelnd darüber beschweren, dass dieses Stück wieder einmal schlecht ausginge. Der werte Herr las das Drama in der wohlfeilen Druckausgabe Schwans im Voraus. Auch eine Art, sich den Spaß zu verderben. Noch einmal blickte sie zu dem hochgewachsenen jungen Mann mit starkem Profil hinüber. Sie war interessiert. Ein Mann, der mehr vom Leben erwartete als Branntweinsaufen und Säbelrasseln! Wie anders hätte ihr Leben verlaufen können, wenn ihr Onkel sie nicht an diesen alten Offizier verheiratet hätte! Charlotte von Kalb war entschlossen, sie wollte Schiller näher kennenlernen! Welch angenehme Abwechslung würde ihr ins Haus stehen!

Erst mit erheblicher Verspätung konnte die Aufführung des zweiten Teils des Dramas beginnen. Und weiter flog die Handlung, in die sich jetzt selbst die Schauspieler bis in den stärksten Erfolg hineinsteigerten. Wieder einmal erlebte Schiller, wie seine der Einsamkeit und Not abgerungenen Worte Macht über das Publikum erlangten. Das Spiel erreichte Köpfe und Herzen der Zuschauer gleichermaßen, denn es sprach im Privatesten Wahrheiten aus, die für alle Gültigkeit besaßen und nach einer gerechteren Welt mit Menschenrechten verlangten.

„Was bezahlt der Herzog für diese Steine?" Die Schauspielerin, die die Kurtisane gab, befragte den Boten mit eiskalter, schneidender Stimme. Schiller war hingerissen – genauso wollte er diese Szene sehen! Sie hielt die Diamanten hoch und ließ sie im Kerzenlicht glitzern.

„Gestern sind siebentausend Landeskinder nach Amerika fort – die zahlen alles." Dem Boten versagte vor Betroffenheit und Schmerz fast die Stimme.

Die Milford horchte auf, blickte ihn prüfend an: „Doch keine gezwungenen?"

„O Gott, nein – lauter Freiwillige!", die pflichtschuldige Antwort des Boten. Dazu das zufriedene Lächeln der Kurtisane. Die verordnete Wahrheit über diese Ungeheuerlichkeit! Schiller beugte sich aus seiner Loge nach vorn, spähte in den Zuschauerraum. Die Zuschauer saßen wie versteinert. Jeder kannte die Wahrheit! Sie alle wussten, was hier gespielt wurde.

„Wir hörten die Büchsen knallen, sahen ihr Gehirn auf das Pflaster spritzen, und die ganze Armee schrie: ‚Juchhe! Nach Amerika!" Der Bediente, stand da, von der verordneten Begeisterung verlassen, mutlos, die Arme schlaff neben dem Körper baumelnd, mit hängenden Schultern. Er sagte nichts mehr. Die Stille musste von dem Publikum ertragen werden, wie dieses Unrecht, ohne weitere Worte, stumm anklagend.

Die Spannung im Theater wuchs ins Unerträgliche! Der Vorhang fiel und ein Beifall ohnegleichen brach los! Der Spagat zwischen Lustspiel und Gesellschaftskritik, zwischen Anspruch und Unterhaltung hatte gezündet! Schiller war mit sich zufrieden, dass ihm dies gelungen war. Iffland gratulierte ihm anschließend sogar und erkannte diese neue Qualität im Dramatischen an. Vielleicht konnte noch alles gut werden mit ihm, dem Schiller, als Theaterdichter in Mannheim? Schiller genoss den Erfolg und verscheuchte alle Sorgen und Nöte aus seinen Gedanken.

Etwas später am Abend verweilte er einen Moment vor dem imposanten Bürgerhaus, in dem das Ehepaar Major von Kalb eine weitläufige Wohnung im ersten Stock gemietet hatte. Aus der hell erleuchteten Fensterfront fiel der Lichtschein auf die Straßen. Man gab eine Gesellschaft und die Gastgeberin Charlotte hatte ihn eingeladen. Gut, er würde sich eine Mahlzeit sparen. Etwas unbehaglich erinnerte er sich daran, dass er in seinem Drama mit dem Namen von Kalb einen Hofmarschall beliehen hatte, dem alles andere als eine heldenhafte Rolle zufiel. Der Name war Schiller nicht zufällig ins Dramenskript geflogen, sondern er stand dort als Folge der Erzählung der Frau von Wolzogen über die vom Freiherrn von Stein auf Schloss Nordheim vorgenommenen Zwangsverheiratungen seiner Töchter und anvertrauten Nichten. Der alte Gerichtspräsident von Kalb und sein jüngerer Bruder, der Major, die zwei der blutjungen Nichten zur Ehe nötigten, hatten ein erschreckend schlechtes Beispiel abgegeben. Schillers Empörung fand ihren Niederschlag in seinem Drama und in der Peinlichkeit, dass er den Namen ‚von Kalb' auf öffentlicher Bühne angeprangert hatte und heute bei eben jenen von Kalbs eingeladen war. Was er nicht bedacht hatte: Damals wollte er mit der Namensnennung den Gerichtspräsidenten und seinen Bruder, den Major, treffen, aber in der Öffentlichkeit stellte er ja auch die Angelegenheiten der angetrauten jungen Frauen bloß! Die Sache wurde Schiller mehr als unangenehm und er beschloss, den Namen von Kalb in den weiteren Aufführungen zu ersetzen. Für heute dürfte das Ehepaar von Kalb auf Mannheims Brettern das zweifelhafte Vergnügen gehabt haben, zu einiger Berühmtheit gelangt zu sein. Hoffentlich nahm ihm wenigstens die Gastgeberin Charlotte von Kalb diesen Fauxpas nicht allzu übel.

„Mein lieber Theaterdichter", begann Major von Kalb bereits bei der Begrüßung im Flur, „er hat mich ganz nett in Verlegenheit gebracht, indem er dem drolligen Hofmarschall in seinem Stück meinen Namen gegeben hat. Dichterische Freiheit, wie?" Major von Kalb lachte dröhnend. „Normalerweise ziehe ich es vor, zu Pferd und auf dem Feld zu reüssieren. Dass sich das nicht wiederholt! Ich müsste mir gar überlegen, Sie zu fordern." Schiller beeilte sich zu versichern, dass der Hofmarschall für künftige Aufführungen umgetauft würde. Er bekam daraufhin vom Gastgeber eine Pfeife gereicht, mit der Aufforderung, sich ohne weitere Formalitäten im Kreis der versammelten Soldateska wohlzufühlen. Schiller wandte sich der Form gemäß an die Frau des Hauses und fragte nach der Bekanntmachung höflich: „Darf ich rauchen? Es stört Sie nicht?" – „Natürlich dürfen Sie!" Frau von Kalb nickte ihm freundlich zu. Schiller bemerkte, wie ihn die großen Augen der durchaus hübschen jungen Frau aufmerksam musterten. Etwas verwirrt wandte sich Schiller wieder dem wesentlich älteren Gastgeber zu, der gerade im Kreis der anwesenden Offiziere von seinen Kämpfen gegen die amerikanischen Rothäute zu berichten wusste. „Sie haben jenseits des großen ewigen Ozeans an den Freiheitskämpfen teilgenommen, für die Menschenrechte gestritten?" Schiller interessierte sich sofort für das Thema. Schon schilderte Major von Kalb die Großartigkeit, die unendliche Weite der amerikanischen Landschaft, um aber sogleich wieder auf das Schlachtgetümmel, auf entbehrungsreiche Feldzüge an der Seite von General Washington und seine eigenen Heldentaten zu sprechen zu kommen. Dem staunenden Publikum präsentierte er sogar eine Narbe am Oberarm, die von einer Pfeilspitze herrühren sollte. Auch die Schilderung der Überfahrten auf einem Schiff gerieten ihm zu einer abenteuerlichen Schilderung. „Wie ich Sie beneide. Hier in Mannheim ist nichts zu erleben", entgegnete Schiller.

Doch die geistreichen Gespräche ermüdeten den Major von Kalb rasch und er richtete sein Hauptaugenmerk auf oberflächlichere Dinge des Lebens, denen er den Vorzug zu geben pflegte. Rasch scharte er einige Herren um sich, denen das Geld locker saß. „Sie gestatten uns ein kleines Spielchen, meine Liebe?", fragte Major von Kalb seine Frau, die ihren aufwändig frisierten Schopf freundlich lächelnd neigte und nur erwiderte: „Unter der Bedingung, dass Sie mir den Herrn Schiller zur Unterhaltung dalassen." – „Falls es ihm noch nach Karten gelüsten sollte, stoße er ruhig zu uns in die Bibliothek. Ansonsten", er reichte ihm die Hand, „willkommen ist er jederzeit. Wir führen ein offenes Haus. Er hat mich durchaus für sich eingenommen." Von Kalb schlug die Hacken zusammen und lachte dröhnend, als er sich im Kreis seiner Freunde entfernte.

Etwas schüchtern saß Schiller jetzt im großen Salon neben Frau von Kalb, nahm von den dargebotenen Fleischspießen und drehte sein Weinglas in den Fingern.

„Grämen Sie sich nicht, Herr Schiller. Mein Mann flieht immer das Feld, wenn schöngeistige Gespräche drohen. Das ermüdet ihn als Kriegsmann zu rasch und strengt ihn an."

„Das Billett stammt von Ihnen. Sie suchen nach geistiger Abwechslung und leben hier in treuer Pflichterfüllung. Das sind Gegensätze, die größer nicht sein könnten. Oder bin ich Ihnen jetzt zu persönlich geworden?", erwiderte Schiller.

Frau von Kalb errötete, schaute Schiller prüfend an: „Wer erlaubt Ihnen, in den Seiten meiner Gefühle zu blättern?"

„Niemand. Verzeihen Sie meine Aufdringlichkeit, aber Sie sind für mich eine faszinierende Persönlichkeit. Es ist mir eine große Freude, hier mit Ihnen zu sitzen und Sie kennenlernen zu dürfen", gestand Schiller. Aus dem angrenzenden Bibliothekszimmer klangen freche Ausrufe, Fäuste knallten auf den Tisch und anschließend lautes Gelächter. „Wie hat Ihnen meine ‚Kabale und Liebe' gefallen?", erkundigte sich Schiller.

„Ein modernes Stück und für jene, die über Standesgrenzen sich hinwegzudenken getrauen, ein revolutionäres Drama. Als Frau bin ich Ihnen, lieber Schiller, schon deshalb gewogen, weil Sie die Welt mit Herzensangelegenheiten zu reformieren trachten." Frau von Kalb lächelte, hielt einen Moment inne, neigte ihren Kopf ein wenig graziös nach links und rechts. „Aber insgesamt, glaube ich, Sie können mehr. Es steckt noch Größeres in Ihnen. Sie sollten sich, wenn ich das so sagen darf, von den Vorbildern Ihrer Jugend befreien und nicht zu viel Shakespeare-Jüngereien betreiben."

„Wie meinen Sie das?", fragte Schiller ernüchtert, der nicht mit kritischen Anmerkungen gerechnet hatte.

„Ihre Sprache ist derb und schockierend, wo Sie anklagen wollen, aber es herrscht ein Mangel an Erziehung, an innerer Reife. Nehmen Sie die Franzosen Racine und Corneille, die wissen erhabene Empfindungen darzustellen und zu wecken. Mancherorts wendet man sich den großen klassischen Vorbildern zu. Sie sollten versuchen, Ihre Sprache in eine feste Form zu bringen."

Schiller ließ den Kopf hängen. Natürlich dachte er an Ifflands Schmährede. „Ich habe schon einige so sprechen hören", gestand er wortkarg.

„Hier, ich gebe Ihnen die neueste Ausgabe des Wieland'schen Merkur. Er fordert ein deutsches Trauerspiel, das wir der ‚Phädra' oder der ‚Athalie' entgegenstellen könnten. Bleiben Sie nicht auf halber Strecke stehen, Schiller. Ziehen Sie Ihrem nächsten Drama die Alltagskleider aus und schmücken Sie es erhaben in

Verse!", Frau von Kalb verstand durchaus, mit Leidenschaft zu argumentieren.

„Mein neues Trauerspiel ist eine fürstliche Familienkatastrophe. Auch, wenn es in der Ihnen unsympathischen verslosen Form daherkommt, möchten Sie etwas hören?", fragte Schiller, mit dem Gespür dafür, dass er an eine ebenbürtige Gesprächspartnerin geraten war. Er erinnerte sich an die Empfehlung der Frau von Wolzogen, die ihm gegenüber auf Schloss Walldorf gemeint hatte, diese Charlotte von Kalb müsse er, Schiller, einmal kennenlernen.

„Lassen Sie mich teilhaben, bitte! Ich will Ihnen meinen aufrichtigen Rat und meine Bewunderung schenken!", sie griff nach seinen Händen und drückte sie dankbar, was Schiller ein wenig verlegen machte. Schiller hatte auf dem Weg zur Einladung eine Abschrift vom Kopisten abgeholt und ließ sich vom Bedienten des Hauses seine Umhängetasche bringen. Ohne Umschweife begann er ganz privat für Charlotte von Kalb seinen Vortrag. Während Schiller mitten im Schwung der Handlung in gewohnter Manier mit sich selbst in Streit geriet und schwäbelnd lauthals deklamierte, erreichte das Kartenspiel im Nachbarzimmer ebenfalls einen Höhepunkt. Einigen herausfordernden Rufen folgte ein trunkenes Grölen und der Ausruf: „Bei der Sache solltest du dir sicher sein, mein lieber Major, sonst zieht man dir die Hosen aus!" – „Mein Gewinnrevier ist heute das Bett, meine Herren! Da stören die Hosen ohnehin! Man kann nicht alles haben!", die dröhnende Lache des Majors von Kalb als Antwort.

Schmallippig, etwas verletzt, reagierte Charlotte von Kalb. Sie bat Schiller, sich in den Sessel gegenüber zu setzen und ein anderes Mal mit dem Vortrag fortzufahren. Schiller schwieg betroffen, nahm einen Schluck Wein.

„Mein Mann geht morgen in seine französische Garnison zurück. Kein Aufenthaltsort für eine Frau von Stand, wie er meint. Darum bleibe ich hier – Mannheim bietet mir Kunst, Esprit und Zerstreuung. Hätten Sie morgen um drei Uhr Zeit? Gerne stehe ich Ihnen auch Rede und Antwort zu Ihrem Stück. Sie würden mir eine große Freude machen."

Schiller strahlte, mochte sein Glück kaum fassen. Diese wunderschöne gebildete Frau machte ihm Avancen! Er würde mit ihr seine Arbeiten durchgehen und etwas aus ihrem Urteil lernen können! „Ich könnte vor Jubel die Nachbarschaft aufschrecken!", rief er aus. „Und wenn Sie wollen, selbst in Versen!" Charlotte von Kalb lachte herzlich. Dankbar, dass er die Grobheiten ihres Mannes derartig leicht überging und ihre Gefühle auf so offene Art erwiderte. Die Gastgeberin wurde heiter und gelöst, und der etwas steif wirkende, ernste Dichter verwandelte sich in einen galanten Schöngeist. Auf ihre Bitte überließ Schiller ihr die Manuskriptseiten und sie las rasch noch einmal in dem ersten Akt. „Dieser Teil gefällt mir außerordentlich. Ich sehe die Charaktere lebendig vor mir ...", dann blickte sie ihn prüfend an, bevor sie schloss: „Großartige Literatur, obwohl ..." – „Obwohl?", Schiller blickte erschrocken auf. Was für ein Tadel mochte ihn jetzt ereilen? – „Obwohl Sie so schrecklich vortragen. Sie sind Dichter und beileibe kein Schauspieler! Bekommen Sie Ihren schwäbischen Dialekt in den Griff! Der Text leidet."

„Nein!" – „Doch! Glauben Sie mir. Es fällt schwer, Ihren Gedankenflügen zu folgen, wenn Sie vortragen!" – „Gefällt Ihnen überhaupt etwas an mir?" – „Ich bin nur aufrichtig." – „Es ist nicht mein Vortrag. Es sind die Amouren im ersten Akt, die Anzüglichkeiten", mutmaßte Schiller. – „Nein, nicht deswegen", Charlotte von Kalb schmunzelte hinterlistig. „Hat die Schauspielerin Mademoiselle Baumann Pate gestanden?" – „Woher wissen Sie denn das schon wieder?"

Charlotte von Kalb stellte ihr Glas auf das kleine Holztischchen neben ihrem Sessel, dass der Wein darin überzuschwappen drohte, und öffnete mit einer theatralischen Geste die Arme. „Woher weiß man so etwas? Dieser Schiller – ahnungslos! Die Stadt zerreißt sich bereits das Maul! In Frankfurt sollen Sie ihr ein Medaillonbild von sich geschenkt haben – andere glauben zu wissen, Sie hätten ihr gar einen Antrag gemacht. Und was glauben Sie, was so ein eitles Geschöpf wie die Baumann treibt?"

Schiller wühlte verlegen in seinen Hosentaschen, griff nach seiner Tabaksdose, erinnerte sich aber rechtzeitig daran, dass Schnupfen jetzt unschicklich wäre. „Es waren schöne Tage in Frankfurt. Ifflands und mein Drama wurden gefeiert und wir von Fresserei zu Fresserei herumgereicht. Ich war einfach in so einer Stimmung." – „Nur eine kleine, unbedeutende Stimmung, wie?" – „Nun ja, sie gefällt mir schon." – „Wenn Sie sich unbedingt verehelichen wollen, meinetwegen. Aber ich bin eine eifersüchtige Freundin, solange sie flatterhaften Mädchen wie dieser Baumann hinterherlaufen, der man übrigens ein Verhältnis mit Iffland nachsagt und über Sie nicht immer vor anderen das beste Zeugnis ausstellt."

„Was wissen Sie darüber?"

Charlotte von Kalb wehrte nur ab: „Wir sind heute nicht des Tratsches und eines gewissen Fräulein Baumanns wegen zusammengekommen. Solche Geschichten sind nicht mein Metier. Ich wollte Sie nur warnen. Fragen Sie Ihren Freund, Andreas Streicher, der wird sicher auch davon gehört haben."

„Hinter meinem Rücken …", Schiller hockte da, wie vom Donner gerührt, spürte aber sofort, dass sie die Wahrheit sagte. Er fiel vor ihrem Sitz auf die Knie: „Bitte verzeihen Sie mir, meine Gnädigste. Ich wäre der glücklichste Mensch, wenn ich Sie für mich gewinnen könnte."

In der Bibliothek wurden die Sessel gerückt. Offenbar hatten genügend Gulden die Taschen gewechselt. Rasch erhob sich Schiller. Die Offiziere traten ein und lärmten ungeniert weiter, als seien sie noch mitten im Kartenspiel. Mit überlegener Ruhe reichte Frau Charlotte von Kalb ihrem neuen Verehrer die Hand zum Abschied, die dieser küsste. „Die Statuen der Griechen und Römer sind von zeitloser Schönheit. Sie sind in Gips und Marmor gefasste Verse zu unserer Erbauung, die noch Generationen überdauern werden." Dann wandte sie sich einem untersetzten Korporal zu und parlierte über Militärisches ebenso unangestrengt wie über die Klassik. Ihr Mann, erhitzt vom Kartenspiel, langte nach der Weinkaraffe und trank mit großem Durst.

„Herr Major, es war mir eine Freude", trat Schiller zackig vor ihn und drehte den Dreispitz verlegen in den Händen. Major von Kalb klopfte ihm kameradschaftlich auf die Schulter. „Adieu, mein Lieber!", schrie er. „Es würde mich freuen, ihn wieder bei uns begrüßen zu dürfen."

Noch einmal verneigte sich Schiller pflichtgemäß vor der Gastgeberin. Er kam sich überflüssig vor. „Lieber Herr Schiller, ich bin neu hier. Sie müssen mir vieles über Mannheim erzählen." Sie nickte ihm freundlich zu und übersah ihn dann wieder, indem sie sich der Männergesellschaft widmete. Schiller floh die Runde in aller Hast. Nachdenklich schaute ihm Major von Kalb nach und sagte, als sie allein waren, zu seiner Frau: „Dieser Schiller, für einen Zeilenschinder fast zu schade. Man spürt die straffe Erziehung und das soldatische Blut väterlicherseits."

Charlotte von Kalb sah ihren Mann prüfend an. Dann sagte sie in leicht überheblichem Tonfall: „Sie wissen, mein lieber Gatte, dass Ihr Urteil in diesen Dingen selten mit meinem kombiniert. Ich halte ihn für bürgerlichen Durchschnitt. Geistvoll, aber ohne gesellschaftliche Eleganz. Ganz und gar unreif. Ich gestehe, enttäuscht zu sein."

Major von Kalb lächelte zufrieden, vollkommen ahnungslos, dass er der Frau an seiner Seite nie das Wasser würde reichen können.

Kapitel 13
Ein Unglück und ein Sumpf voller Intrigen
– Mannheim, Mai 1784 bis Februar 1785

> Es kann der Frömmste nicht in Frieden bleiben,
> wenn es dem bösen Nachbarn nicht gefällt.
> *Friedrich Schiller, Wilhelm Tell IV, 3*

Man hatte ein vorzügliches Essen genossen und spazierte jetzt in der Schlossparkanlage. Die Sonne brach gelegentlich zwischen den

Wolken hervor und ein leichter Wind verschaffte eine angenehme Kühlung. Ein feuchtwarmes Maiwetter, wie es die Bauern liebten, doch von Dalberg und Iffland, im Gespräch vertieft, verstanden von Felderwirtschaft wenig. Ihr Metier war das Theater.

„Ich hatte die Gelegenheit, Frau Rat Goethe in Frankfurt kennenzulernen."

„In der Tat, lieber Iffland", von Dalberg war guter Stimmung.

„Goethe selbst, versicherte sie mir, habe sich anerkennend über mein ‚Verbrechen aus Ehrsucht' geäußert und erwägt es für die Weimarer Bühne. Man schätzt mich im Ausland." – „Wie Sie das sagen, lieber Iffland! Wir wissen alle, was wir an Ihnen haben!" – „Sie hätten den Erfolg in Frankfurt erleben sollen, Eure Exzellenz", antwortete Iffland und verzog das Gesicht, als würde er großen Schmerz erleiden. – „Ich setze auf Sie. Sie sind als Schauspieler und Dichter eine feste Größe der Mannheimer Nationalbühne!", von Dalberg legte zur Bekräftigung die Hand auf Ifflands Arm.

„Allerdings, meine Dramen kommen ohne anmaßende Wildheit aus und überfordern die Schauspieler nicht. Auch sind mir leere Versprechungen fremd, die ich nicht halten kann. Ich bin nur für den sicheren Kassenerfolg gut. Ein Esel, der ohne genialisches Getöse seine Arbeit verrichtet!" Bei diesen Sätzen hielt Iffland seinen Kopf demütig gesenkt, aber er focht mit seinem mit Silberknopf verzierten Stock, als gelte es, Ungeheuer zu erlegen – „Ich verstehe, Sie sprechen von Schiller. In der Tat. Der Herr hält seinen Vertrag nicht. Noch immer warte ich auf sein drittes Stück. Da ist es gut, dass Sie, lieber Iffland, ein verlässlicher Posten sind."

Iffland trat von Dalberg in den Weg und zwang ihn, stehen zu bleiben. „Ich will offen sein. Eine Autorität würde ich anerkennen. Aber ich bin nicht länger gewillt, hinter einem Schiller die zweite Position einzunehmen. Ich habe mich entschieden und werde nach Wien oder Berlin gehen. Mir liegt bereits ein Angebot vor."

Von Dalberg erschrak zutiefst: „Was ist in Sie gefahren, Iffland? Wurmt es Sie immer noch, dass man Schiller und nicht Sie in die ‚*Deutsche Gesellschaft*' berufen hat? Ich erfülle Ihnen doch jeden

Wunsch! Sie wissen genau, dass Sie bei mir alles andere als zweite Wahl sind." – „Eure Exzellenz!", unterbrach Iffland. „Wir sind abhängig von den Launen des Publikums. Sicher, der Schiller hat Ideen und manche Szene ist genialisch entworfen, aber das Publikum folgt ihm nicht. Er ist zu modern, zu kraftstrotzend und suhlt sich zu offen mit dem Pöbel in den Gossen. Auch zu Frankfurt übertraf mein Erfolg den seinen. Er ist ein armer Mann, der sich in wenigen Jahren zugrunde gerichtet haben wird. Vielleicht ringt er sich noch einmal durch und es gelingt ihm etwas Großes, was seine Jugendsünden ‚Räuber' und ‚Fiesko' vergessen machen kann. Aber ich fürchte, vorher ist er ausgebrannt, das ist nun einmal seine Art. Man sollte ihm eine Brücke bauen, einen Fingerzeig für eine bürgerliche Existenz geben." – „Ist schon geschehen. Ich habe ihm meinen Sekretär mit dem Vorschlag geschickt, er möge sein Medizinstudium wieder aufnehmen. Er hat ihm freudig zugestimmt, ihn sogar auf ein Bier eingeladen und anfragen lassen, ob ich bereit sei, dieses Unterfangen mit zweihundert Gulden jährlich zu unterstützen. Stellen Sie sich das vor! Er geht allen Ernstes davon aus, dass ich ihn finanziere!", die Fassungslosigkeit war von Dalberg noch anzumerken.

„Auf mich nimmt man in Geldsachen nicht so viel Rücksicht. Haben Sie schon einmal den Aufwand bemerkt, den unser Herr Schiller betreibt?", Iffland lachte verbissen. „Natürlich hat das alles seinen Grund. Man kennt das ja! Aber mich wurmt es, dass ich dagegen so bescheiden aufzutreten gezwungen bin."

Aufgeregt befeuchtete von Dalberg seine Lippen und warf Iffland prüfende Blicke von der Seite zu. „Sie bleiben, Iffland! Wir brauchen Sie hier! Um wie viel geht es? Ich bin bereit, Ihr Gehalt aus privaten Mitteln zu erhöhen. Dreihundert Gulden zusätzlich?" Dalberg zögerte, winkte dann ab: „Sagen Sie nichts, lieber Iffland. Sechshundert, ein mehrjähriger Kontrakt und Ihre jetzigen Schulden betrachten Sie als beglichen. Ist das ein Wort? Ihr nächstes Stück wird die Novität an der Mannheimer Bühne! Was können Sie noch mehr verlangen?" – Iffland spielte den Gerührten: „Wie kann ich

Ihnen danken, Exzellenz? Aber wollen Sie gütigst bedenken, welche Unannehmlichkeiten der Schiller uns bei den Proben bereitet. Noch so ein Mammutstück von ihm und wir können andere Aufführungen drangeben. Was aber noch schlimmer ist, neuerdings kursieren Gerüchte, der bürgerlich polternde Hitzkopf und die um Mode bemühte Mutter und Tochter in meinem Drama seien dem schillerschen Drama ‚Kabale und Liebe' entlehnt. Dabei sollten die Lästermäuler einmal in von Gemmingens ‚Der deutsche Hausvater' lesen, um zu erkennen, woher unser genialer Schiller seine Ideen bezieht! Ich habe es nicht nötig, mich mit fremden Federn zu schmücken! Aber so etwas entsteht, wenn es ein Theaterdichter beim einfachen Volk zu zweifelhaftem Ruhm gebracht hat und mit dem Pöbel paktiert. Euer Exzellenz, ich habe es nicht nötig, mich mit ihm weiter zu messen! Da sage ich einfach: er oder ich! Lieber gehe ich, als mich hier durch solche Eitelkeiten von meiner wahren Berufung abhalten zu lassen!"

„Sie wollen partout seinen Kopf", erwiderte von Dalberg nachdenklich, dem die Sache nicht behagte. „Wenn Sie versprechen zu bleiben, erneure ich seinen Vertrag nicht. Mein Wort!" – Iffland schwieg angestrengt. In der Gestaltung bedeutungsschwangerer Pausen war er ein Meister. Von Dalberg schwitzte. Weiter konnte und wollte er unmöglich gehen. Er tastete vorsichtig nach seinem Ordensstern, der an seiner Brust prangte. In kritischen Situationen der rechte Halt! Warum sagte Iffland nichts? Verdammt, er sollte jetzt nicht überziehen mit seinen Forderungen!

Mit einem wehmütigen, entsagenden Lächeln kam es über Ifflands gespitzte Lippen: „Ich werde wohl bleiben. Eurer Exzellenz zuliebe!" – Von Dalberg atmete erleichtert auf: „Danke! Es soll Ihr Schaden nicht sein, Iffland!"

Vor dem Schloss wartete der Schauspieler Beil: „Nun? Wie ist es gelaufen?"

„Alles bestens. Den Schiller sind wir so gut wie los." – „Und jetzt besorgen wir den Rest", Beil zog seinen Regisseur und Schauspielerkollegen Richtung Innenstadt. „Die Requisiten sind besorgt. War nicht so schwer, den Gehrock mit den blank polierten

Stahlknöpfen aufzutreiben. Die Perücke wird jedoch ins Geld reißen." – „Rot muss sie sein und ein wenig wild und ungepflegt!", Iffland geriet ganz in sein Element. „Ich kenne da einen ausgezeichneten Perückenmacher, dem der Schiller nicht unbekannt ist. Das Geld kommt von mir, da mach dir keine Sorgen, Beil." Beide liefen lachend davon. Noch heute Abend würden sie mit den heimlichen Proben beginnen.

„Es ist ein Unglück!", Margarete Schwan lief Schiller bereits auf der Straße vor dem Verlagsgeschäft ihres Vaters entgegen.

„Um Gottes willen, Margarete, so beruhige dich doch", Schiller, tief in Gedanken, hatte sich erschreckt, gab sich aber jetzt besonnen.

„Komm bitte sofort mit! Die Caroline ist tot! Bei der Probe von der Bühne gestürzt." Tränen flossen Margarete über das Gesicht, die Frisur war längst in den Zustand der Auflösung übergegangen, der ihren inneren Gefühlen entsprach. Schiller, der kaum fassen konnte, was die jüngere Tochter des Verlegers Schwan ihm da mitteilte, ließ sich ein paar Schritte von ihr fortziehen, dann begann er zu laufen, immer schneller und nahm längst keine Rücksicht mehr darauf, ob die junge Frau Schritt hielt. Caroline, hochschwanger und jetzt tot? Ein Sturz von der Bühne! Schiller fürchtete um seinen Freund Beck! Sein Weg führte ihn direkt zu dessen Wohnung. Er nahm auf der steilen Holzstiege zwei Stufen auf einmal. Die Wohnungstür, nur angelehnt, drinnen standen viele Menschen dicht gedrängt beisammen, um Abschied zu nehmen und Trost zu spenden, wo keine Hoffnung mehr sein konnte. Schiller drängte sich rücksichtslos durch Theaterleute, Nachbarn und Verwandte, stieß jene zur Seite, die nicht sofort Platz machten, und überhörte deren Protestrufe. Er fand Caroline aufgebahrt in dem kleinen Raum, der an die Küche angrenzte, wo sie nach der missglückten Aufführung des ‚Fiesko' zusammengesessen und sich Caroline offenbart hatte, dass sie ein Kind erwartete. Wie hatte er beide um das Glück ihrer großen Liebe beneidet! Das blutleere Gesicht der jungen Frau erinnerte nur noch schwach an jenes liebenswerte Geschöpf, das diese Räume einmal mit Leben füllte.

„Schrecklich, unsere beste Aktrice!", hörte Schiller jemanden flüstern. Ein anderer antwortete: „Sie starb auf der Bühne in treuer Pflichterfüllung! Möge Gott ihr Frieden schenken." Was wussten diese Schaumschläger und Hohlköpfe schon davon, was diese junge Frau für ein liebenswerter und begabter Mensch gewesen war!

Beck kauerte neben dem Sarg. Sein Körper wippte in einem grausamen, nie endenden Rhythmus haltlos vor und zurück, ein langgezogener klagender Laut kam über seine Lippen, der an das Heulen eines Hundes erinnerte. Schiller sprang hinzu, riss den Freund an seine Schulter und strich ihm wie einem kleinen Kind über den Kopf. Gemeinsam mit Margarete Schwan und einigen Nachbarn hielten sie Totenwache und erzählten sich Geschichten über die Tote. Doch die Worte des Trostes versiegten angesichts der grausamen Endgültigkeit. Als Beck schließlich den Trost des Pfarrers verweigerte und ihn bat zu gehen, sagte Schiller nur: „Wir werden deiner Caroline ein Begräbnis bereiten, mein Freund, das dem einer Fürstin würdig sein wird."

Am Nachmittag des darauffolgenden Tages fand sich eine große Menschenmenge auf dem Friedhof ein, um der jungen, beliebten Schauspielerin das letzte Geleit zu geben. Der Choral der kurfürstlichen Sänger trat unter der Leitung von Andreas Streicher an, um inoffiziell eine Gesangsprobe im Freien vor Publikum abzuhalten. Ihr festlicher Gesang stieg in den sommerlichen Himmel und ging wahrhaft zu Herzen. Schiller und Margarete nahmen den Freund in ihre Mitte. Doch kaum war die Predigt des Pfarrers verklungen, trat ein Hofbeamter in Begleitung von zwei angesehenen Ratsherren vor und wies den Totengräber an, die Blumen vom Sarg zu entfernen, bevor man das Grab zuschaufele. Man trat sogar Trauergästen in den Weg, die einzelne Blumen noch als letzten Gruß in die Graböffnung werfen wollten. Sie sei, das bitte man nicht zu vergessen, nur eine Schauspielerin gewesen. Ein solches Gepränge gebühre ausschließlich Personen von Stand! Für einen Moment gewann betroffenes Schweigen die Oberhand. Der Totengräber zögerte noch, den Befehl auszuführen, der seinem Gefühl widersprach. Beck begann wieder haltlos zu schluchzen. Da trat Schiller hervor, stellte sich breitbeinig vor das offene Grab und schrie tiefbewegt: „Wer es wagt, dessen Knochen schlag ich zusammen, dass man ihm gleich nebenan eine schmucklose Grube ausheben kann!" – „So nehme er doch Vernunft an und mische sich nicht in Dinge, die von Staats wegen so geregelt sind", versuchte der Hofbeamte, ihn zum Einlenken zu bewegen, während die beiden anderen Männer den Totengräber Richtung Grab schubsten. „Ich sage es noch einmal! Ich kannte diese junge Frau! Die Blumen bleiben!" Spontan entriss Schiller dem Totengräber die Schaufel und hielt sie drohend in Höhe des Brustkorbes.

„Lasst sie in Frieden ruhen. Sie war mein treues Weib!" Es war ein Schrei der Verzweiflung aus Becks Kehle. Schon schlug Schiller nach den Männern, die seiner Attacke nur mit Mühe ausweichen konnten.

Weiter hinten bei den Trauergästen standen von Dalberg und der Hofkammerrat zusammen. „Ein Skandal, dieser Schiller!", echauffierte sich der Intendant. „Als öffentliche Person hat er Contenance zu üben und das Gesetz zu achten!" – „Ja, der Auftritt gerät zur peinlichen Affäre, mit der niemandem gedient sein wird." Von Dalberg verließ das Begräbnis vorzeitig. „Nur der erbgesessenen Bürgerschaft und denen von Rang gebührt der Blumenschmuck! Im Namen der Ordnung: Mache er Platz da!"

Doch Schiller widerstand. „Sie war Bürgerin wie Ihr! Herr Hofkammerrat, war sie nicht Ihr eigenes Fleisch und Blut? Warum schweigen Sie? Caroline war ein wunderbarer Mensch und mit ihr tragen wir auch ihr ungeborenes Kind zu Grabe! Eure Knochen mögen in der Hölle schmoren, weil Ihr dies nicht respektiert!"

Jetzt endlich kam Bewegung in die Menge der Trauergäste. Es waren die Theaterleute, die neben Schiller traten, die ‚Wächter der Ordnung' packten und vor das Tor des Gottesackers expedierten. Erst allmählich kehrte wieder Ruhe ein. Margarete Schwan trat vor und küsste Schiller vor aller Augen am offenen Grab auf die Wange. „Caroline war unsere Freundin. Meinen aufrichtigen Dank und meine Bewunderung, Herr Schiller!", verkündete sie laut. Noch bebend vor Wut und Aufregung ergriff Schiller das Wort:

„Die Kunst kann unsere Fähigkeit stärken, um Menschen zu weinen, die nicht wir selbst sind und nicht zu uns gehören. Wer wären wir, wenn wir uns selbst nicht zeitweise – wenigstens zeitweise – vergessen könnten? Wenn wir nicht jemand anderes werden könnten, als wir sind? Ich verneige mich vor ihr, Caroline Beck, denn sie war eine große Künstlerin."

Dann trat er vom Grab weg und sie schaufelten die viereckige Grube zu. Versöhnt fasste der Hofkammerrat den Mann seines toten Kindes bei den Schultern. Doch nicht wenige in Mannheim vertraten die Auffassung, dass sich Schiller für die Bürgerschaft und die besseren Kreise vernichtend kompromittiert habe und keinen Kredit mehr beanspruchen könnte.

In der Tat, es stand nicht gut um Schillers Ruf und um seine Gemütsverfassung. Sein Freund Streicher hatte ihm gestanden, was die schöne Schauspielerin Sophie Albrecht, in die sich Schiller verliebt hatte, über ihn – ausgerechnet bei Iffland – zum Besten gegeben hatte und seitdem von Frankfurt am Main bis Mannheim die Runde machte.

‚Es habe Momente gegeben, in denen sie zu Schiller als Dichter aufgeblickt habe, denn er verfüge über ein außergewöhnliches Feuer, doch seine Begabungen seien recht einseitig ausgebildet. Selten könne man sich an seiner Seite blicken lassen, denn seine gewöhnliche Kleidung in Form eines dürftigen grauen Rocks und dem in Stoffen und Anordnung ebenso dürftigen Zubehör ließen die bescheidensten Anforderungen an den Schönheitssinn vermissen, von einem Anspruch auf Mode sei gar überhaupt zu schweigen. Dann sein tiefgesenkter, wenig lebensbejahender Kopf und dieser grässliche Dauerkonsum von Schnupftabak!'

Schiller wandte seinem Freund Streicher gegenüber ein: „Dabei hat sie mir noch ein Billett geschrieben mit einem Gedicht darauf: ‚An Friedrich Schiller: *Ein leuchtender Genius –/ schön und stolz –/ Kühn und hehr –/ Wie mir noch keiner erschien.*' Hatte ich nicht allen Anlass, auf *‚göttliche Tage in ihrer Gesellschaft'* zu hoffen?"

Streicher entgegnete sachlich kühl: „Wo hat man schon gehört, dass ein Denkmal von einem Genius, *„Stolz, kühn und hehr"*, auf einen Liebesrausch hoffen darf? Der Mensch Friedrich Schiller reichte den Anforderungen dieses Genius, jedenfalls in den Augen der Sophie Albrecht nicht und aus purer Langeweile und Geltungssucht hat sie dich mit deinen Eigenarten lächerlich gemacht. Sie soll bei Iffland in Gesellschaft zur Gaudi der Versammlung einen ungeschliffen, wenn nicht gar ungehobelten Schiller als Bauerntölpel zum Besten gegeben haben. Diese Person verdient es nicht, dass du dich auch nur noch mit einem Gedanken an sie verschwendest!" – Schiller wusste, dass man auf diese Art und Weise zu trauriger Berühmtheit gelangen und als Witzfigur in der Gosse landen konnte. Er musste besser Acht geben, wem er sein Vertrauen schenkte. Doch, diesen Vorbehalt im Alltag zu leben, widersprach nicht nur seinem Temperament, sondern auch seiner gesamten bisherigen Lebenserfahrung. Freundschaft und Unfreiheit waren die persönlich drängendsten Erfahrungen, die er als Eleve in seiner Zeit an der Karlschule für sein Leben machen musste. Die Suche nach menschlicher Nähe, nach verlässlichen zwischenmenschlichen Werten, wurde ihm zum Lebensinhalt und auch zur Voraussetzung seiner Poesie und Kreativität. Diese Oberflächlichkeit, mit der die Gesellschaft sich begnügte und vergnügte, würde er nie verstehen. Sie lachten über ihn, wo er auf Liebe und Anerkennung gehofft hatte. Das schmerzte Schiller so sehr, dass er noch nicht einmal bereit war, über die Folgen, die dies für seine Person in der Mannheimer Gesellschaft haben könnte, nachzudenken.

Auch von der Solitude erreichten ihn nur noch Ermahnungen seines Vaters, endlich einen ehrbaren Beruf zu ergreifen und Geld zu verdienen, um dem Schuldenmachen zu entrinnen. Es war ihm unendlich schwergefallen, seinen Vater um einen Geldbetrag anzuschreiben. Es musste sein, die Bürgschaften waren fällig und die Freunde bedroht. Aber er hatte nur Vorwürfe geerntet. Selbst auf die Unterstützung durch seine auswärtigen Freunde konnte Schiller kaum setzen. Entweder schuldete er ihnen noch Beträge oder sie mussten mit Bürgschaften für ihn einstehen. Sie erinnerten sich seiner in der Heimat offenbar nur noch, wenn es um die Begleichung von Außenständen ging, die zugegebenermaßen immer dringlicher wurden. Manche gaben auch einfach nicht mehr viel auf ihn, weil sie ihm den großen Wurf nicht mehr zutrauten. Dazu noch Schillers labile Gesundheit, sein Magen, der ihm Probleme bereitete und ihn, selbst wenn der Tisch einmal etwas üppiger gedeckt und er eingeladen war, vorsichtiger zugreifen ließ. Meistens war ohnehin ‚Schmalhans' Küchenmeister und man lebte bescheiden von der Fantasie des Möglichen. Immer wieder gab es auch diese Fieberschübe für einige Tage, nicht so schlimm wie zu Anfang seiner Mannheimer Zeit, aber schlimm genug, um seine Schaffenskraft zu beeinträchtigen.

Kapitel 14
Den hohen Wert der wahren Kunst muss man sich leisten können! – Mannheim 1784/1785

> Leidenschaft für die Dichtkunst ist feurig und stark,
> wie die erste Liebe.
> Was sie ersticken sollte, fachte sie an.
> *Friedrich Schiller, aus der Ankündigung zur Thalia, Nov. 1784*

> Ruhm und Bewunderung und die ganze übrige Begleitung der Schriftstellerei wägen auch nicht einen Moment auf, den Freundschaft und Liebe bereiten – das Herz darbt dabei.
> *Brief von Schiller an Körner im Februar 1785*

In seinem Zimmer fand Schiller ein Paket aus Leipzig vor, das ihm die versammelte Familie Hölzel mit feierlichem Gesicht und neugierigen Blicken überreichte. In diesen düsteren Tagen voller Schicksalsschläge, Sorgen und Enttäuschungen entpuppte sich die Sendung als die herrlichste Überraschung der Welt. Denn in diesem Paket aus Leipzig fanden sich von vier Schiller völlig unbekannten

Personen Briefe voller Wärme und Leidenschaft für seine Person und seine Schriften. Sein Schaffen und Wirken, vor allem aber seine Sicht der Dinge und die Neuartigkeit der Gestaltung seiner Dramen, seine unbedingte Aufrichtigkeit, fanden wärmstes Lob und aufrichtige Bewunderung. In seiner kritischen Grundhaltung zur Gesellschaft, in seinem Streben nach Reformen erkannte man Weitsicht und wünschte ihm von Herzen den Erfolg, der ihm gebühre. Absender waren Christian Gottfried Körner, Oberkonsistorialrat und Assessor der Landesökonomie-, Manufaktur- und Kommerziendeputation in Dresden, seine Verlobte Anna Maria Jacobine (Minna) Stock, deren Schwester Johanna Dorothea (Dora) Stock sowie deren Verlobter, der Schriftsteller Ludwig Ferdinand Huber. Die Briefe bekamen zudem noch eine sehr persönliche Note, denn der Sendung lagen kleine Porträts der Freunde bei, die Dora Stock angefertigt hatte, und eine von Minna Stock bestickte Brieftasche. Sie bekundetem dem Dichter der ‚Räuber' und des ‚Fiesko' ihre Verehrung und boten ihre Freundschaft an. Schiller holte Erkundigungen ein. Dieser Körner war schon wer! Er hatte es im Leben zu etwas gebracht. Schiller las Streicher mit stolz geschwellter Brust aus dem Brief Körners vor: *„Zu einer Zeit, da die Kunst sich immer mehr zur feilen Sklavin reicher und mächtiger Wollüstiger herabwürdigt, tut es wohl, wenn ein großer Mann auftritt und zeigt, was der Mensch auch jetzt noch vermag."* Schiller umarmte seinen Freund Streicher glücklich lachend, nahm ihn und sein Reisepiano gleich mit auf seine Stube, um zu musizieren. Im Überschwang des Glücks schrieb Schiller zum Klang des Klaviers die halbe Nacht durch. Als er den Freund in der Nacht verabschiedete, holte er die Briefe nochmals hervor, las laut daraus die schönsten Passagen und erklärte: *„Und wenn ich mir denke, dass in der Welt vielleicht mehr solche Zirkel sind, die mich unerkannt lieben und sich freuen, mich zu kennen, dass vielleicht in hundert und mehr Jahren – wenn auch mein Staub schon lange verweht ist, man mein Andenken segnet und mir noch am Grabe Tränen und Bewunderung zollt – dann, mein Freund, freue ich mich meines Dichterberufes und versöhne mich mit Gott und meinem oft harten Verhängnis."*

Getreu seinem neuen Lebensmotto: ‚*Ich bekenne gern, dass mir das schöne Geschlecht von Seiten des Umgangs gar nicht zuwider ist*', lief Schiller fast täglich zur Schwan'schen Buchhandlung, um dort Margarete zu treffen und ihren Vater, den Verlagsbuchhändler Schwan, inzwischen zum angesehenen Mannheimer Kammerrat avanciert, mit Überlegungen und Diskussionen zur Literatur und zum Geschäftlichen für sich einzunehmen. Gleichzeitig dachte er viel über die Begegnung mit Charlotte von Kalb nach. Sie hatte ihn aufgefordert, wieder vorbeizuschauen, um das vertraut begonnene Gespräche fortzusetzen. Es gab tausend Gründe, diesen Besuch vor sich selbst zu rechtfertigen und die Arbeit am ‚Don Carlos' ruhen zu lassen. Denn sie würde ihm gegenüber mit wertvollen Hinweisen, Empfehlungen, mit Kritik und Lob nicht sparen. Aber es gab auch ebenso viele gute Gründe, es nicht zu wagen, denn Schiller empfand ein Begehren, das aus einer Seelenverwandtschaft erwuchs. Außerdem sah sie bezaubernd aus, da musste er nicht zweimal hinschauen. Wahrscheinlich überwogen die Gründe, die gegen einen Besuch sprachen, erheblich, wenn er allein bedachte, wie ungern er ihrem Ehegatten begegnen würde. Er unternahm zwei vergebliche Anläufe, die ihn bis zur Haustür des vom Kalb'schen Hauses führten und seine Zweifel vertieften. Jedes Mal schlich Schiller wie ein Dieb wieder zurück auf seine Stube oder ins Theater zu den Proben. Beim dritten Anlauf beobachtete er, wie Charlotte mit einem Kindermädchen und dem Kind auf dem Arm aus der Haustür trat. Er folgte ihnen einige Meter unbemerkt und stahl sich erneut davon. Das hatte er überhaupt noch nicht bedacht: Sie war vor Kurzem Mutter geworden. Ihr Kind konnte erst wenige Wochen alt sein! Umso mehr bewunderte Schiller sie dafür, wie sie sich nicht in ihr Schicksal fügte, sondern die Zügel offenbar fest in beiden Händen nahm und ihr Leben gestaltete. So, wie Schiller sie in der Gesellschaft erlebt hatte, war er überzeugt davon, dass der Herr Major mit seinen schlichten Bedürfnissen an das Leben an ihren Fäden lief und sich wahrscheinlich bei seiner hohen Offiziersehre einbildete, seine Gattin blicke stets zu ihm auf und würde es nicht wagen, ohne sein Wissen ein eigenes Leben zu führen. Er nahm sich jede Freiheit und glaubte, seine Gattin sei ein kleines, unschuldiges Mädchen, dem er vormachen könnte, einem Mann stünde so etwas zu. Wahrscheinlich hatte er auch seine Weibergeschichten, dort bei seiner Einheit im Französischen und führte ein Leben ohne größere Verpflichtungen. Charlotte schien ihn mit sanfter Hand in gewisse Grenzen zu dirigieren, befragte ihn wohl kaum über Dinge, zu denen er sich nicht äußern wollte und übersah großzügig den Rest. So sicherte sie sich als Gegenleistung ein Leben in Freiheit und Selbstbestimmung, das sie sich nach ihren Vorstellungen einrichte. Ihre Verpflichtungen als Frau des Hauses meisterte sie mit Bravour. Sie sicherte sich, indem sie ein Stadthaus in Mannheim bezog, den Tratsch, die Enge der ländlichen Verhältnisse in Thüringen mied, die Freiheiten in ihrem gesellschaftlichen Umgang und die geistigen Anregungen, die sie hier in dem Kulturangebot wahrnahm.

Er stellte am Ende seiner Überlegung zu Charlotte für sich selbst fest, dass sie auch ihm in vielen Dingen überlegen war. Sie hatte ihr Leben auch unter aufgezwungenen Umständen neu ausgerichtet, während er, ebenso alt wie sie, von *gesprengten Tyrannenketten* träumte, aber im Grunde immer noch ein Getriebener und ein Opfer seiner widrigen Verhältnisse blieb. Der Umgang mit dieser attraktiven und geistreichen Frau könnte nur eine Bereicherung seines Lebens darstellen.

Die Verhältnisse in Mannheim wurden zudem immer widriger. Daran hatte leider auch der Erfolg seines Dramas ‚Kabale und Liebe' nichts ändern können. Mit seiner Art, für das Theater und das Dramatische zu entflammen, konnten und wollten weite Teile der Schauspielertruppe am Mannheimer Nationaltheater nichts anfangen. Für Schauspieler, wie diesen Beil, mit dem Schiller inzwischen bei fast jeder Probe, die er besuchte, aneinandergeriet, bestand die Bühnenkunst vornehmlich darin, ihr Publikum zu unterhalten und ihre eigene Person ins rechte Licht gesetzt zu sehen. Außer einer anständigen Entlohnung und einen Applaus für jeden mittelmäßigen Kalauer eines leicht einzustudierenden und abzuspulenden Lustspiels, stand ihnen nicht der Sinn nach höheren Werten. Schiller erlebte fast täglich, wie der Widerstand gegen ihn, den Theaterdichter, wuchs und wie er sich immer häufiger gezwungen sah, nur im Streit durchzusetzen, dass Schauspieler sich auch bei ihrem Spiel an seine Texte und Vorgaben hielten. Iffland stand dem mit einer gewissen Gleichgültigkeit gegenüber und richtete nicht selten Empfehlungen für publikumswirksame und modernere Überarbeitungen an Schillers Adresse, ohne dabei offen in Opposition zu treten. Sein Freund Beck informierte ihn darüber, dass sein Erfolgsstück ‚Kabale und Liebe' inzwischen auf Anweisung des Intendanten für die nächsten Aufführungen verfälscht wurde. Es sollte fürstliche Bedenken und Anmerkungen der Zensurbehörde gegeben haben. Natürlich fiel auch die Szene mit den verkauften Soldaten den Streichungen und Umarbeitungen zum Opfer, die willfährig von Iffland besorgt wurden. Selbst dafür benötigten sie ihren Theaterdichter nicht! Schiller vermisste seinen verstorbenen Freund Regisseur Meyer.

Seine Intervention bei von Dalberg blieb vergeblich und Schiller musste erkennen, dass seine Karriere als Theaterdichter in Mannheim ein vorzeitiges Ende finden würde. Enttäuscht und gedemütigt warf er jetzt alle Rücksichtnahmen auf die Verhältnisse an der Mannheimer Bühne und auf den Intendanten von sich. Er erklärte von Dalberg schriftlich, dass es ein unverzeihlicher Fehler gewesen sei, aus seinem ‚Don Carlos' ein in den Schranken des bürgerlichen Dramas angesiedeltes Familienstück machen zu wollen. Entsprechenden Ratschlägen würde er keine Beachtung mehr schenken und bekannte sich zur Gattung der ‚hohen Tragödie'. Von Dalberg verlängerte daraufhin stillschweigend Schillers Vertrag nicht.

Die Not trieb Schiller, sich mit der Herausgabe der ‚Thalia' einen Namen zu machen und einen Gelderwerb zu sichern. Fast täglich sah man ihn in dieser Angelegenheit bei Schwan ein- und ausgehen. Doch natürlich machten ihn Zweifel auch wieder rast- und schlaflos. Wie weit hatte er es gebracht? War er nicht vor Jahr und Tag mit seinen ‚Räubern' auf ähnliche Weise mit hochfliegenden Plänen, einem im Selbstverlag ohne Geld und ohne kaufmännische Erfahrung angetreten? ... und saß er deswegen nicht immer noch auf einem Berg von Schulden? ‚Thalia', die ‚Blühende', so die Übersetzung des Namens, dem Mythos zufolge eine der neun Musen und Töchter des Göttervaters Zeus, litt doch unter ähnlichem Mangel, den sich der junge Herausgeber der Zeitschrift selbstbewusst nicht anmerken lassen durfte. Vor allem Schwan gegenüber musste er den Zuversichtlichen spielen.

In dieser Situation beschloss er endlich, den lange aufgeschobenen Besuch bei Charlotte von Kalb zu machen. Ganz sicher würde ein offenes Gespräch mit ihr ihm weiterhelfen können. Er hatte Glück, der Herr des Hauses war beim Glücksspiel andernorts beschäftigt. Schiller wartete im kleinen blauseidenen Salon, in dem sich das Licht der Kerzen in den schmalen, goldumrandeten Spiegeln brach und vervielfältigte. Er hörte aus dem Flur die Stimme der Kinderfrau, dann das Geschrei des Kindes und Charlotte von Kalb, die beruhigende Worte flüsterte und ein Kinderlied sang. Schiller wurde immer unsicherer. Charlotte war verheiratet, sie war Mutter, der Ehemann außer Haus. Was erwartete er? Am Ende würde er sie doch nur kompromittieren ... Schon entschloss er sich, wieder zu gehen, aber der Weg nach draußen führte durch den Flur. Was sollte er ihr sagen? Sie würde ihn wahrscheinlich nicht gehen lassen wollen. Schiller horchte auf ihren Gesang und nicht nur das Kind, sondern auch er beruhigte sich und blieb.

„Dass Sie endlich gekommen sind, mir die Gelegenheit zu geben, etwas zu Ihrem ‚Don Carlos' zu sagen. Sie haben doch hoffentlich etwas Neues für Ihren Vortrag mitgebracht?" Charlotte hatte das Kinn in die Hand gestützt, freute sich aufrichtig, aber sie wirkte müde und angegriffen. – Schiller erkundigte sich auch sogleich besorgt: „Soll ich nicht lieber einen anderen Abend wiederkommen? Sie sehen etwas müde aus. Ich verspreche auch, Sie nicht wieder so lange warten zu lassen." – „Nein, ich bitte Sie, Schiller, der Abend wäre mir verdorben ..." – Schiller lächelte glücklich, fühlte sich geborgen in ihrer Nähe und genoss die elegante Vornehmheit, die kultivierte Atmosphäre, ihre kluge Art der Konversation. Schon setzte er sich behaglich in einen der Sessel, streckte seine langen Beine ungeniert von sich, zog einige Bogen hervor und begann, aus seinem Skript zu unbekümmert vorzutragen. Bald geriet er wie gewohnt ins Feuer und damit in seinen schwäbischen Dialekt, las und kommentierte die Szenen gleichzeitig, fiel als Don Carlos vor ihr, der Königin in seinem Drama, die er einst ehelichen wollte, die aber nun seine Stiefmutter geworden war, auf die Knie, um dessen Sätze pathetisch zu deklamieren. Dann stand er schwer atmend vor ihr: „Das ist doch ergreifend! Oder, ist das nicht gut?" Im selben Moment sah er es Charlotte von Kalb, die sich alle Mühe gegeben hatte, nicht einzuschreiten, an, dass sie weder Stück noch seine Darstellung goutierte. „Oh, Sie finden es schlecht ...", erkannte er betroffen, und sie fand, dass nur die Wahrheit ihnen beiden helfen könnte: „Der Vortrag war scheußlich, die Hälfte davon habe ich des Schwäbischen wegen ohnehin nicht verstanden. Sie sind, lieber Schiller, ein schlechter Darsteller. Und das, was ich verstehen konnte, halte ich eines großen Schillers nicht für würdig. Entschuldigen Sie meine Offenheit." Das Geständnis schien sie anzustrengen, sie atmete tief ein und aus.

Schiller war bestürzt, rang um Fassung, setzte mehrfach zu einer Antwort an, die er jedes Mal im halben Satz abbrach. Dann raffte er seine Blätter zusammen und sagte nur: „Ich denke, es ist besser, wenn ich mich rasch verabschiede. Ihnen ist nicht recht wohl heute Abend und mein Vortrag hat sie nur unnötig enttäuscht und angestrengt." Er ging mit leichter Verbeugung rückwärts zur Tür, wie er es auf der Karlsschule gelernt hatte, und entfernte sich eilig. Betroffen blickte Charlotte von Kalb auf die geschlossene Tür. Was war geschehen? Ein Missverständnis, sie fühlte sich tatsächlich nicht wohl. Sie wollte und durfte Schiller nicht verlieren, nicht jetzt und nicht auf diese Art. Sie schellte nach dem Hausdiener und schickte ihn Schiller hinterherzueilen. „Richten Sie ihm aus, ich bäte ihn dringend und rasch zurückzukommen! Sagen Sie ihm, es sei wichtig!", schärfte sie dem Diener ein.

Es gelang und Schiller kehrte zu ihr zurück, stand etwas zögernd, vor allem aber noch immer betroffen und gekränkt im Raum. Sie hatte inzwischen jene Blätter, die er in der Eile zurückgelassen hatte, aufgesammelt und gelesen, erhob sich jetzt und schritt, einen dieser Bogen in Händen haltend auf ihn zu. In gekonnter Betonung mit Pausen und begleitet von majestätischer Gestik trug sie die dort skizzierte Szene vor. Schiller schaute ihr überrascht zu. „Hören Sie das, Schiller? Das ist großartig – so etwas müssten Sie schreiben!"

„Aber, das ist von mir!", protestierte er lautstark.

„Da kann man doch mal sehen, was für ein miserabler Schauspieler und Händler in Sachen eigener Texte sind", ahmte sie ihn gekonnt in einem pathetisch schwäbelnden Tonfall nach und lachte verhalten dazu. Aber Schiller amüsierte sich inzwischen auch, glücklich darüber, dass das Missverständnis zwischen ihnen aus der Welt geschaffen war. „Danke, für Ihr aufrichtiges Urteil. Ich will von Ihnen lernen", er warf ihr bewundernde Blicke zu.

„Gefällt Ihnen mein neues Kleid? Dieser Faltenwurf und diese Farben sind diesen Herbst ganz Mode. Wissen Sie, was das ist, Mode? Schiller?", es war eine leicht hingeworfene Bemerkung, aber irgendetwas an ihrem Tonfall ließ Schiller aufhorchen und er machte einen Schritt auf sie zu. Schon seufzte sie tief und sank ohnmächtig zu Boden. Schiller erschrak, lehnte ihren Oberkörper gegen die Couch, stützte ihren Rücken und Kopf mit zwei Kissen, griff nach der Wasserkaraffe, klopfte ihr unter Zurufen ins Gesicht, versuchte, ihr etwas Flüssigkeit einzuflößen, was aber misslang. Auch das kalte Wasser auf ihren Wangen und ihrem Dekolleté brachten sie nicht zur Besinnung. Stattdessen sackte ihr Körper vollends in sich zusammen und aus der Ohnmacht wurde eine tiefe Bewusstlosigkeit. Schiller fürchtete das Schlimmste und geriet in Panik. Er schrie laut nach dem Hausdiener, sodass die gesamte Dienerschaft zusammenlief. Dann schickte er nach einem Arzt und dem Ehemann, betete, dass Charlotte diese Krise überleben würde. Er tastete nach dem Puls, den er nur noch schwach und rasch schlagend am Hals fühlte. Gemeinsam mit der Kinderfrau befreite er Charlotte in fliegender

Hast aus den Verschnürungen ihres Kleides und der Korsage. Schiller spürte den fragend zweifelnden Blick der jungen Frau, die ihm assistierte, wurde verlegen, blieb aber entschlossen und erklärte: „Ich war selbst einmal Arzt. Kommen Sie, wir legen sie vorsichtig auf den Rücken und nehmen die Beine ein wenig hoch, um das Blut zum Herzen zu befördern."

Hausarzt und der Ehemann trafen fast gleichzeitig ein. Der Hausarzt verabreichte Kampfer und brachte Charlotte von Kalb mittels Riechfläschchen zu Bewusstsein. Nach einer endlosen Stunde schien die Krise überwunden. Der Arzt empfahl dem Ehegatten Major von Kalb seinen Kollegen, der mit seinen Handlungen sicherlich Anteil am Erfolg gehabt habe. Von Kalb wusste Schiller an diesem Abend nicht genug zu danken und versicherte ihm mehrfach, dass er jederzeit zu Tag und Nacht in seinen vier Wänden willkommen sei. Er müsse die nächsten Wochen zurück in die Kaserne und hoffe sehr, Schiller würde die Gelegenheit finden, nach seiner Frau zu schauen. Er wäre um vieles ruhiger, wenn er sie in seiner Nähe wüsste.

Als Schiller sich von Charlotte verabschiedete, saß diese aufrecht in ihrem Bett und lächelte ihn auf eine Art an, als hätte sie sagen wollen: 'Gut gemacht. Das hätten wir uns doch nicht besser ausdenken können …' Doch in Wirklichkeit schaute sie ihren Mann von der Seite an, als sie zu Schiller etwas steif erklärte: „Lieber Herr Schiller, ich bin Ihnen zu Dank verpflichtet und werde mich bemühen, mich Ihnen das nächste Mal, wenn Sie kommen, nicht mehr in meiner Unterwäsche zu präsentieren. Denn das schickt sich nicht für mich."

„Auch wenn ich Ihnen versichern darf, dass es Sie ausgezeichnet kleidet, verspreche ich, das nächste Mal nicht mehr auf solche Äußerlichkeiten zu achten, ja, soweit es mir möglich sein wird, überhaupt nicht hinzusehen. Ich wünsche eine gute Genesung und verbleibe in der Hoffnung, dass auch mir eine Aufregung dieser Art künftig erspart bleiben möge. Denn im Medizinischen stoße ich doch noch schneller an meine Grenzen als im Dramatischen."

Guten Mutes trennte man sich am Abend und Schiller war fortan regelmäßiger Gast im Haus des Majors von Kalb.

Die Aufregung bescherte Schiller eine schlaflose Nacht, und er hatte, wie dies seine Art war, die Nachtstunden mit der Schreibarbeit verbracht. Erst gegen Morgen war er eingeschlafen. Sein Kopf lag auf den auf dem Tisch ausgebreiteten Manuskriptseiten des ‚Don Carlos'. Die Kerzen längst heruntergebrannt. Durch die Ritzen der angelehnten Fensterläden brach ein wenig Tageslicht. Es klopfte. Zunächst erschien Frau Hölzels rundes Gesicht in dem offenen Türspalt: „Er schläft noch. Die ganze Nacht geschrieben hat er …" Dann hörte man den Türklopfer von draußen hart an die eichene Bohlentür schlagen. Energische befehlsgewohnte Männerstimmen begehrten Einlass. Andreas Streicher schob jetzt entschlossen die Vermieterin zur Seite: „Lassen Sie mich das machen! Es pressiert!" Er trat an den Tisch und rüttelte Schiller, der auch auf das Zurufen nicht reagierte. Dies verwunderte Streicher keineswegs, denn sein Freund arbeitete häufig bis zur Erschöpfung und fiel anschließend in einen Zustand, der dem der tatsächlichen Bewusstlosigkeit nahekam. Streicher wurde barsch und ungeduldig. Er rüttelte Schiller derart stark, dass dieser seitlich vom Stuhl kippte und sich fluchend auf dem Boden wiederfand. Dann goss Streicher kaltes Wasser in eine Waschschüssel, stellte sie vor Schiller auf den Boden und bevor es sich dieser wieder gemütlich machen konnte, packte er ihn beim Nacken und steckte seinen Kopf in die kalte Schüssel. Es kam zu einem Handgemenge, an dessen Ende sich Schiller wankend, aber mit wachem Blick wieder auf seinen Beinen halten konnte. Erneut dröhnte der Ton des schweren Türklopfers durch die Räume des Hauses. Erneut erschien Frau Hölzel in der Tür und rieb sich die ohnehin trockenen Hände aufgeregt an einer Schürze ab. Man verlangte nach dem Baumeister Hölzel und Herrn Schiller. Sicherlich waren die Nachbarn bereits aufmerksam geworden.

„Was zum Teufel –"

„Sie haben die Frau Korporalin Fricke und den Petersen verhaftet!", platzte es aus Streicher hervor. „Die Polizei steht unten und verlangt jetzt auch nach dir, mein Freund." – „Was sagst du da? Ich habe die Nacht geschrieben." – „Das dürfte die kaum interessieren." Vorsichtig spähten beide durch die Ritzen der Fensterläden auf die Straße. Vor der Tür standen zwei stämmige, offenbar entschlossene Polizisten. „Sieh mal dort!", Schiller deutete auf die gegenüberliegende Straßenseite. Dort lauerte ein schwarz gekleideter älterer Mann im Häuserschatten und beobachtete die Szenerie. „Das ist doch …" – „Genau, das ist der Reuss aus Württemberg. Der ist gekommen, die Schulden einzutreiben." – „Wie ich diesen schwarzen Pestfrack hasse!"

Noch einmal der Blick nach unten. Blaue Röcke mit rotem Aufschlag und Zinnknöpfen, Hüte mit weißen Borten und Säbel an der rechten Hüfte. Das waren zwei Mannheimer Polizeivisitatoren, denen Hölzel pflichtschuldigst die Tür öffnete. „Rasch, Streicher, laufe runter, sage, dass ich nicht da bin und mich aber noch heute auf der Station melden werde."

Der Sachverhalt klärte sich weiter auf. Wegen der längst fälligen Schuldwechsel hatte man weitere Verfristungen abgelehnt, und die Bürgen aufgefordert zu zahlen. Man hatte der Korporalin Fricke, die vor Jahr und Tag für den ersten Druck der ‚Räuber' mitgebürgt hatte, mit dem Schuldturm gedroht und ihrem Mann dienstrechtliche Konsequenzen in Aussicht gestellt. Um die Ehe der beiden stand es infolge des unvermeidbaren Zerwürfnisses nicht zum Besten. In ihrer Not hatte sich Frau Fricke an Petersen gewandt, der ebenfalls als Bürge gefordert wurde, nicht zahlen konnte und gemeinsam mit ihr nun die Flucht organisierte. Fronbote und württembergische Soldaten hatten sie vor den Mannheimer Stadttoren gestellt und der Obrigkeit übergeben, die sie gleich in Haft genommen und in den Turm werfen ließen, bis die Schuldenfrage geklärt sei.

Schiller wurde noch bleicher. Er tastete nach einem Stuhl. „Zweihundert Gulden! Die Korporalin hat für zweihundert Gulden gebürgt. Ich dachte, es hätte noch einmal Zeit." – „Nichts hat mehr Zeit, Schiller! Wenn die beiden erst belegen, dass du der wahre

Schuldner bist, wird man dich ebenfalls festsetzen." Streicher räumte die im Zimmer herumliegenden Sachen zusammen und warf sie auf das Bett – „Sie haben mich aufgespürt, die Jesuiten! Ich dachte, ich wäre sicher", Schiller fasste sich an den Kopf. – „Wie willst du das Geld auftreiben? Fritz, denk nach!", Streicher drängte. – „Zweihundert Gulden, Andreas! Ich habe kaum zwei in der Tasche." Schiller langte in die Waschschüssel und spritzte sich kaltes Wasser ins Gesicht. Ein böser Traum, aus dem er aufzuwachen hoffte!

„Ich besitze auch nichts. Wenn ich ehrlich bin, kenne ich auch niemanden, der dir helfen könnte." Streicher, der nie tagsüber trank, griff nach einer halbvollen Rotweinflasche, setzte sie an und schluckte gierig. Als Schiller am Nachmittag aufbrach, die Inhaftierten zu besuchen, wusste er immer noch nicht weiter. Zwar ging er täglich bei Charlotte von Kalb ein und aus, aber er wollte sie nicht vor ihrem Mann in Verlegenheit bringen, der nichts von der Vertrautheit und Intensität ihrer Beziehung wusste. Von Dalberg ließ sich verleugnen. Natürlich wartete der Herr Intendant zu Recht auf das vertraglich vereinbarte dritte Drama. Daher war Schillers Wunsch, zu ihm vorzustoßen, ohnehin nur ein hilfloser Akt gewesen. Schwan klagte über schlechte Verkaufszahlen und was die Freunde hätten entbehren können, hätte nie gereicht, eine solch hohe Summe aufzubringen.

Schiller spürte seine Angst, dass man auch ihn sogleich inhaftieren könnte. Mit äußerster Willensanstrengung bewegte er seine Beine die Stufen des Turms zum Wachtor hinauf. Dort trat ihm ein feister Beschließer in den Weg. „Niemand darf zu den Gefangenen, ohne dass er daran verinteressiert ist."

Schiller schluckte, holte Luft und sagte: „Ich bin der Schuldner, für den diese beiden Personen unterschrieben haben." – „Der Herr Theaterdichter höchstselbst! Sie machen aber auch Sachen!", fast verschwörerisch klopfte ihm der Beschließer auf die Schulter. – Würde man ihn hierbehalten, dieses Mal ginge seine Haft nicht aus, wie seinerzeit der Arrest unter Oberst von Rau! Eine Wendeltreppe führte hinauf. Kalte und zugige Gänge im Halbdunkel, die bis zu den Zellen für Schiller unendlich schienen. Der schwere Schlüsselbund rasselte. Schiller hielt den Beschließer auf, trat vor die Tür und öffnete eine Holzklappe, um vorsichtig und unerkannt ins Innere zu spähen. Dort kauerte die Korporalin Fricke im Stroh neben einer Pritsche und rührte sich nicht. Schiller erschrak. Dies war nicht mehr das Soldatenweib, das seine Lust entflammt und ihn dazu getrieben hatte, sie im Wirtshaus zu lieben. Ihre Haare, von stumpfer Farbe, standen ihr wirr um den Kopf. Ihr Blick ins Leere gerichtet, das Gesicht faltig und verlebt. Schiller trat rasch zurück, als sie den Kopf hob und in Richtung Tür schaute. Er hatte keine Ahnung, was er mit dieser fremden Frau reden sollte. Es mochte hässlich und schäbig von ihm sein, dass er keine Worte des Trostes und des Mitleides fand, denn immerhin hatte sie an ihn geglaubt und für sein Drama gebürgt. Ein vergeblicher Liebesdienst. Jetzt war auch ihr Mann kompromittiert und auf sie selbst wartete eine ungewisse Zukunft! Aber Schiller empfand nichts für diese Frau. So sehr er sich anstrengte, es gab diese Entschlossenheit in ihm, die Ungerechtigkeit zu beseitigen, aber er wollte keinen Kontakt mehr. Ihre Liebe, die sicherlich nicht nur ihm galt, beanspruchte Milderungsgründe. Doch Schiller fühlte sich machtlos und konnte nichts abmildern.

Er bat den Beschließer weiterzugehen. Petersen stand auf der Pritsche und lugte durch die Fensteröffnung nach unten ins Freie. Fettleibig war er geworden, der Herr Unterbibliothekar. „Petersen! Mein Freund, verzeih mir!", rief Schiller ihm zu. Vorsichtig und ungelenk kletterte Petersen von der Pritsche runter. Der Beschließer schloss die Tür und gewährte zehn Minuten Besuchszeit.

„Der Herr Theaterdichter, im feinen Frack und ganz ohne Geld, nehme ich an?" Petersen reichte ihm nicht die Hand. „Ich bin untröstlich, Petersen. Du weißt doch, dass ich alles …" – „Du bist ein arroganter Lumpenhund, du!", schrie Petersen und sprang vor. „Du leichtsinniger Schweinehund scharwenzelst bei Dalberg ein und aus, machst dir ein angenehmes Leben und vergisst deine Freunde von der Militärakademie."

Militärakademie – ein Wort, das am Kleiderhaken eines untergegangenen Jahrhunderts hing. „Es steht längst nicht so gut. Aber ich schreibe derzeit an einem Stück, das meine ‚Räuber' in den Schatten stellen wird", Schillers Stimme hatte einen flehentlichen Unterton. Petersen wandte sich ab und hockte sich auf die Pritsche. Dann blinzelte er ihn böse mit seinen weinverglasten Augen an, klopfte sich mit den Händen auf seine feisten Oberschenkel. „Es wäre mir verdammt lieber, du würdest endlich das Geld auftreiben! Und so lange bist du ein pathetischer Witz, ohne Herz und Charakter, bei dem es vorne und hinten nicht langt. Vielleicht hast du ja Glück und man schmeißt dich am Ende zu der Korporalin ins Stroh, nur damit du ihr mit ein wenig Schnupftabak noch ein letztes Vergnügen in diesem Leben bereiten kannst!" – „Petersen, bei unserer Freundschaft!", schrie Schiller entsetzt.

„Lass mich endlich in Ruhe!" Petersen ließ sich ins Stroh fallen, drehte sich auf die Seite und schloss die Augen. Die Sache schien für ihn erledigt. So sehr Schiller sich mühte, es kam zu keinem weiteren Kontakt. Hatte sein Freund recht, war er zu einer herzlosen Karikatur verkommen? Schiller floh aus der Zelle, stolperte die Stiegen hinunter. Niemand hielt ihn auf und drohte ihm mit Haft. Hatte er sich nicht gerade dem Beschließer gegenüber zu seiner Schuld bekannt? Die schwere Tür des Gefängnisturms fiel hinter ihm ins Schloss. Lauernd stand er mit dem Rücken gegen das raue Holz im Schatten des Gebäudes. Immer ließ er einige Zeit verstreichen, bevor er auf die Straße trat. Das traurige Laster desjenigen, der stets auf seinem Weg kontrollierte, ob ihm jemand folgte. Die Schwalben flogen hoch. Sie waren nur noch als winzige Punkte auszumachen. Heiße Tagen standen bevor. Hoffentlich befiel ihn nicht wieder das kalte Fieber. Er würde noch einmal bei der Kurfürstlichen Deutschen Gesellschaft vorsprechen und um Mittel für den Herrn Theaterdichter a.D. betteln.

Wie aus dem Boden geschossen stand plötzlich Reuss vor ihm. Hilfesuchend blickte Schiller sich um, aber der Reflex eines Fluchtversuches wurde unterbunden, indem ihm der Einbeinige erneut in den Weg trat und ihn fest am Arm packte. Erst jetzt bemerkte Schiller, dass hinter ihm ein hünenhafter Gehilfe in württembergischer Uniform mit gezücktem Degen stand.

„Ich will keine Umstände machen, Regimentsmedikus. Wie ich schon sagte, die Tage der Hilfestellungen sind vorbei. Ich bin gekommen, das Geld einzutreiben und den Abtrünnigen und gottlosen Herumtreiber an seine christlichen Pflichten zu erinnern!", der Tonfall des Einbeinigen war von schneidender Kälte und Entschlossenheit. „Woher?", Schiller versagte die Stimme.

„Es gibt kein Woher und Wohin, Schiller! Er sollte noch nicht einmal an einen Fluchtversuch denken, denn zuzutrauen wäre es ihm, dass er seine Freunde im Schuldenturm verfaulen lässt. Die pfälzischen Torwachen sind informiert und ich werde ein Auge auf ihn haben. Er ist arrestiert in der Stadt und hat zwei Tage Zeit, wenigstens zweihundert Gulden aufzutreiben." – „Und dann …", Schiller schluckte und schwitzte, als er die Spitze des Degens in seinem Rücken spürte. – „Dann werden wir entscheiden, welcher Art der Verwertung er zugeführt wird. Es sei denn, er besitzt etwas, das für meine Brüder in Stuttgart von einigem Wert ist. Für Schubarts Vermächtnis sollten zumindest seine Stuttgarter Verbindlichkeiten als passé betrachtet werden können. Bedenke er es wohl, denn meine Auftraggeber werden in der einen wie der anderen Sache nicht nachlassen, ihn zu jagen. Ich empfehle mich!" Reuß deutete eine Verbeugung an und verschwand mit wehenden schwarzen Rockschößen. Sein Gehilfe folgte ihm auf dem Fuß.

Die beiden Galgentage verstrichen schlaf- und ruhelos. Schiller war als Bittsteller bei Bekannten und Verehrern in Mannheim gewesen. Streicher hatte für ihn ergebnislos bei bekannten Adeligen vorgesprochen, bei denen er als Musikus einen Namen hatte. Es schien alles verbaut und sinnlos. Schillers bürgerliches Ansehen war vollends ruiniert. Schiller aß nichts mehr, hielt einen Brief mit frommen Ermahnungen des Vaters in den Händen und irrte den ganzen Tag ziellos durch die Straßen. Immer wieder bemerkte er Reuss oder andere ihm verdächtige Personen in seiner Nähe. Als er in der Nacht zum dritten Tag todmüde in sein Zimmer torkelte, mit noch stärker geröteten Augen als sonst, hatte er in tiefster Verzweiflung einen Entschluss gefasst. Er wollte sich in der Frühe den Werbern verkaufen und sich in die afrikanischen Kolonien verschicken lassen. Es wäre sein sicheres Ende, denn kaum einer kam zurück von solchen Einsätzen, aber das Geld würde vielleicht reichen, Petersen und die Korporalin Fricke freizubekommen. Und lieber wollte er in Afrika sterben, als auf dem Hohenasperg vor des Herzogs Augen zu vegetieren. In keinem Fall würde er den kümmerlichen Rest von Schubarts Texten, die ihm anvertraut waren, der sicheren Vernichtung überantworten!

In seiner Stube wurde Schiller von seinem treuen Freund Andreas Streicher und dem Ehepaar Hölzel erwartet. Sie hatten voller Sorge den Verfall Schillers in den letzten Tagen verfolgen müssen. Frau Hölzel zog Schiller zu seinem Schreibtisch. Darauf lag ein linkisch beschriebener Zettel: „*Wie ich hörte ist der Herr Schiller in nöten. Wenn das gelt würkong machte sollte er es annehmen, bis er besser bestellt sei. Anna Hölzel.*"

Schiller las, griff nach dem Geld. Es waren genau zweihundert Gulden! Er legte es zurück und schüttelte fassungslos den Kopf. „Das kann ich nicht annehmen." – „Herr Schiller", Frau Hölzel geriet in große Erregung, „wir möchten Sie bitten, den ‚Don Carlos' für uns zu Ende zu schreiben und Ihre Freunde aus dem Turm zu holen." Dann hielt sie nicht länger die Tränen zurück und heulte los. „Das Ehepaar Hölzel schießt dir sein gespartes Geld vor, bis Herr Körner aus Leipzig hilft. Ich habe ihm geschrieben", sprang ihr Andreas Streicher zur Seite.

Schiller ließ sich in den Sessel fallen und begann ebenfalls, vor Erleichterung zu weinen. „Was hast du getan, Andreas? Ich kenne diesen Herrn Körner doch gar nicht."

Streicher blieb standhaft und überzeugt: „Er liebt deine Arbeit, er glaubt an dich und er verfügt über das Geld, dir zu helfen. Es ist höchste Zeit, dass etwas zu deiner Rettung geschieht, Fritz!"

Schiller sank erschöpft und dankbar auf einen Stuhl: „Es gibt noch einen Gott. Andreas, ich bin nicht verlassen von den Menschen …"

„Wenn Sie jetzt nicht endlich das Geld nehmen, Herr Schiller, kündige ich Ihnen das Logis!", ließ Herr Hölzel vernehmen. „Das wäre eine Missachtung meines geringen Handwerkerstandes! Auch Menschen wie ich haben ihren Stolz!"

Bewegt dankte Schiller allen, eilte mit Streicher zum Schuldturm, die Freunde auszulösen, kehrte zurück in seine Stube und wenige Minuten später lag er in voller Montur im Sessel, wo ihn die Erschöpfung übermannte und schlief tief und fest.

Kapitel 15
Von einem hässlichen Ende und einem glücklichen Neubeginn – Mannheim/Darmstadt bis April 1785

> Verachtung ist der wahre Tod.
> *Friedrich Schiller, Maria Stuart II, 3*

Große Schritte, die Arme in weitem Bogen schlenkernd, wäre er fast geistesabwesend in eine Gruppe Halbwüchsiger gelaufen, als er um die Ecke bog. Sie sprangen auseinander, machten ihm Platz und bückten sich ehrerbietig. „Dichter Flickwort, zu Diensten", rief der eine. – „Welche Ehre, Herr Flickwort", ein anderer und schon liefen sie wieder lachend davon. Schiller schüttelte den Kopf. Flickwort, das war doch eine Figur aus einem Lustspiel. Ja, richtig! ‚Der schwarze Mann', von Friedrich Wilhelm Gotter. Ja, das Theater beschäftigte die Menschen. Gut gelaunt setzte Schiller seinen Weg fort. Er führte wohlgesetzte Jamben im Gepäck und war gespannt, was Charlotte zu seinem neuen Vortrag aus dem ‚Don Carlos' zu sagen hatte. Wenn sie nicht verheiratet und er nicht so ein armes Dachstubengenie wäre …

„Der Herr Schiller. Selbstverständlich, Sie werden erwartet!" Die Tür schwang auf und der Diener lief die Treppe voran, den Besucher anzukündigen. Von oben wehten zarte Töne des Spinetts den Flur hinunter. Madame musizierte, was für eine heitere gelöste Stimmung sprach. Schiller wusste es längst, dass auch sie ihn in ihrer Gesellschaft nicht mehr missen mochte. Er staunte über sich selbst, welche Entwicklung er in ihrer Gegenwart in den letzten Wochen genommen hatte. Lockerte sie ihm mit ihrem sprühenden Esprit erst einmal ein wenig die Zunge, entdeckte er in sich einen erstaunlichen Mann mit Geist, Witz und sogar erotischer Ausstrahlung. Kaum betrat Schiller das Musikzimmer, das gleichzeitig als Salon diente, beauftragte Charlotte von Kalb ihren Diener, Weißburgunder für ihren Gast und für sich Likör zu bringen. Der Diener schenkte ein, verbeugte sich und verschwand wie ein Schatten in der Mittagssonne, lautlos und diskret. Die Stores im Salon waren zur Seite gezogen, sodass die Sommersonne durch die Gardinen flutete und weiche Konturen auf das dünne Seidenkleid der Charlotte von Kalb zeichnete. Die Frau des Hauses reichte Schiller die Hand zum Kuss, die dieser, einen winzigen Moment länger und inniger hielt, als es sich geziemte. Sie errötete und ging rasch zu ihrem Sessel im Erker, von dem aus sie einen Blick auf die Straße hatte. Schiller setzte sich zu ihren Füßen. Charlotte von Kalb vergaß ihre Vorsätze und strich mit ihrer Hand über seine Haare, glättete seine Stirn, seine Lippen berührten die Rundung ihres entblößten Armes. Dann schien sie wie aus einem Traum zu erwachen, schob ihn zurück, rang um ihre Fassung und zwang sich zu einem entspannten Lächeln. „Gibt es Neuigkeiten? Haben sich die Leipziger gemeldet?"

„Ihr dunkelblaues Haarband ist wunderschön!"

Verlegen zupfte Charlotte von Kalb an ihrem Brusttuch, denn Schiller hatte keinesfalls seine Blicke ausschließlich auf das Haarband gerichtet. Sie räusperte sich und sagte, immer noch auf Abstand bedacht: „Mit Gewissheit sind Sie gekommen, etwas über Ihren ‚Don Carlos' zu hören. Ich habe die Blätter erneut gelesen. Dort drüben auf dem Spinett liegen sie. Dieser erste Akt ist außerordentlich gelungen, obwohl Sie das letzte Mal wieder so scheußlich vorgetragen haben." – „Das kann nicht sein. Ich achte doch schon so auf meine Aussprache!", protestierte Schiller.

„Doch! Sie sollten Ihre Stücke lieber vortragen lassen. Glauben Sie mir, das Versmaß ist geglückt. Das wird ein Buch, das den Menschen trägt, ihn erhöht, anstatt ihn in einen Sumpf des Alltäglichen zu ziehen. Ein Stück wie dieses, nimmt die Last des Alltags vom Rücken." Das Lob klang wie eine Liebeserklärung. Schiller konnte seinen Blick nicht mehr von dieser begehrenswerten Frau abwenden. Rasch griff er nach dem Weinglas, um irgendetwas in Händen zu halten und bekam vor Aufregung einen Krampf im Magen. Sein Körper liebte diese Frau, warnte ihn mit schmerzhaften Stichen und begehrte auf, auch wenn sein Kopf ihm Einhalt gebot. Er war diesen Sieg seinem Körper schuldig, allein wegen der Last, die er ihm täglich aufbürdete. Es hätte auch niemals zu ihm gepasst, etwas aufzugeben, was er aus dem tiefsten Innern seines Herzens begehrte. Schiller trank von dem französischen Weißwein, einer von der Sorte, die den Gaumen zum Niederknien bringen. Er hatte keine Zunge für solche Köstlichkeiten. Charlotte ja, wie sie in allem Bildung und Geschmack bewies. Aber er liebte sie auch dafür, dass sie ihn seine Unzulänglichkeiten nicht spüren ließ.

„Mit diesem Stück, Schiller, werden Sie zum Klassiker! Halten Sie durch und die Streiche Dalbergs und Ifflands – selbst ihre gefürchteten jesuitischen Verfolgungen werden Sie nicht mehr treffen können." – „Was haben nur alle mit Iffland und Dalberg? Der Intendant selbst hat mich erst kürzlich wissen lassen, dass er ein Studium der Medizin unterstützen wolle." – „Denken Sie doch nicht immer so edel von den Menschen! Alles um uns ist verdorben, verrottet in einem egoistischen Sumpf. Ihr Traum von ewiger Freundschaft und Menschlichkeit, Schiller, macht Sie liebenswert, aber er ist nicht von dieser Welt. Dalberg will Sie wieder einmal loswerden und Iffland intrigiert, weil er sich für einen Dichter hält", Charlotte von Kalb wurde heftig, stand auf und lief unruhig im Zimmer auf und ab.

„Gute Freundin, bitte regen Sie sich nicht so auf. Es stimmt, Dalberg hat meinen Kontrakt nicht verlängert und ich werde ihn nicht länger bitten, auch wenn ich das Geld bitter nötig habe. Iffland ist für mich ein hochgeschätzter Schauspieler und Kollege, beileibe kein Freund. Aber Sie übertreiben, wenn Sie eine Gefahr sehen und meinen, ich wäre zu vertrauensselig!" Schiller fasste sie behutsam am Arm und geleitete sie zu dem zierlichen Sofa neben dem Spinett. Doch Charlotte von Kalb mochte sich nicht beruhigen. „Schiller, meine Empfindungen sind aufrichtig und wahrscheinlich tiefer, als es sich für eine Frau geziemt. Sie leben jedoch in Ihrer Dichtung, Schiller, nicht in der Wirklichkeit! Das muss sich ändern!"

Schiller stand da und wühlte verlegen in seinen Taschen nach seiner Tabaksdose, die er in seiner Stube auf dem Tisch vergessen hatte. „Also gut, ich will mich bessern. Was soll ich tun, liebste Freundin?" – „Das beginnt doch schon damit, wie Sie daherkommen. Dort drüben ist ein Spiegel. Nun gehen Sie einmal hin und riskieren einen Blick!" – „Ich weiß wirklich nicht, wofür das gut sein soll ...", protestierte Schiller, trat aber wie geheißen vor den Spiegel. Was er sah, verschreckte ihn keineswegs. Er warf die Rockschöße zurück, steckte die Hände in die Taschen und drehte sich zur Seite. Groß gewachsen, saubere Kleider, fand er sich durchaus akzeptabel. Charlotte von Kalb, die ihn beobachtete, mochte sich vor Lachen ausschütten. „Nun? Natürlich fällt dem Schiller nichts auf! Er ist ganz und gar zufrieden mit sich, wie?" Sie stand auf und trat hinter ihn vor den Spiegel. „Was sagt er zu den roten Strümpfen, zu den grauen Hosen und dem blauen Rock? Das schreit nach Farbenblindheit! Und dann die wilden Haare, kraus und ungebändigt wie das Räuberdrama! Wenn Sie schon keine Perücke tragen wollen, mein lieber Schiller, sollten Sie nicht das kauzige Genie mimen und dem Frisör einen Gulden mehr gönnen! Von den Schnupftabakflecken auf dem weißen Hemd, das auch schon bessere Tage gesehen hat, ganz zu schweigen!"

Verlegen zog Schiller den Ärmel seines blauen Rockes in die Länge. – „Da hilft kein Verdecken, mein Lieber. Wie wäre es mit einer kleinen modischen Note? Spitzenmanschetten, vielleicht? Sie machen aus dem ernsthaften Dichter noch lange keinen Modegecken. Und die schiefgelaufenen Stiefel, die keinen Schritt halten können mit dem Temperament seines Trägers, gehören zum Schuster und ordentlich geputzt!"

Schiller machte ein wenig beleidigt, einen Schritt vom Spiegel weg. „Mögen Sie überhaupt etwas an mir?"

Charlotte von Kalb reckte sich bis auf ihre Schuhspitzen, um ihm einen zärtlichen Kuss auf die Wange zu drücken: „Du Dummer. Es ist doch zu deinem Besten!" Jetzt war es heraus. Das vertraute ‚Du'! Spontan schloss Schiller sie in die Arme, drückte ihr einen leidenschaftlichen Kuss auf die Lippen, um diese Vertrautheit zu besiegeln und seiner Sehnsucht nachzugeben. Lachend, mit geröteten Wangen wand sie sich aus seinen Armen. „Mach nur so weiter, Charlotte, und die Weibsbilder werden mir in Scharen nachlaufen! Denn ich kann durchaus gelehrig sein!", drohte ihr Schiller im Scherz.

„Solange die Wandlung aus dir einen Dichter macht, der seiner Jamben würdig ist, will ich der Bedrohung meiner Gefühle für dich gelassen entgegensehen und die Eifersucht als meinen Beitrag für deine Zukunft hinnehmen", Charlotte strahlte ihn an. „Noch etwas. Du bist nicht von Stand, ein Dichter zwar, aber doch ein Bürgerschreck. Der Makel des entlaufenen Regimentsmedikus und des Schuldenmachers haftet dir an und macht dich wenig gesellschaftsfähig. Wenn erst der Erfolg ausbleibt, wird man gern zusehen, wie du im Elend versinkst." – „So sind sie, unsere Mannheimer! Genau so lieben wir sie!", rief Schiller aus. – Mit großem Ernst fuhr Charlotte fort: „Du musst deshalb nach Darmstadt. Weihnachten und den Jahreswechsel wird der Herzog Carl August von Weimar dort verbringen. Unter den Fürsten ist er derjenige mit dem größten Kunstverstand. Ich kann ein Treffen arrangieren. Jetzt schau nicht so! Du musst dich den Verhältnissen unserer Zeit fügen. Nur durch Beziehungen zu einem Fürsten vermagst du deine Grobheiten und deine Württemberger Desertion zu kompensieren, die an all deinen gegenwärtigen Bedrängnissen schuld sind. Niemand hätte gewagt, gegen dich zu intrigieren, dir Hilfe zu versagen, wenn man dich von Fürstenhand protegiert wüsste."

„Ich bin kein Mensch, der zu Kreuze kriecht!", entgegnete Schiller finster. „Auch wenn du Recht hättest, kenne ich die Fürsten von einer anderen Seite und fühle mich unwohl an einem Tisch mit ihnen." – „Ich bitte dich. Du bist kein Eleve in der Militärpflanzschule mehr. Werde erwachsen, Friedrich! Du hast eine Gabe. Bei allen Schwächen – die Fürsten verstehen sich auf Geist und Kultur. Also revoltiere nicht und nutze die Gelegenheit für deine Zwecke!" – „Ich werde darüber nachdenken!", erwiderte Schiller. Zärtlichkeit und Vertrautheit schienen wie verflogen, es überwog der Ärger über das Standesbewusstsein der Freundin. Fast bittend hob sie ihre Hände und beugte sich vor, sein Blick fiel in ihr tiefes Dekolleté. „Dein ‚Don Carlos' – geradezu ein Staatsdrama – wird beim hessischen Hof ein Erfolg. Die dir vertraute Charlotte von Wolzogen lebt in Darmstadt bei Hofe. Über sie habe ich bereits Kontakt zur Gesellschaftsdame, der Luise von Mecklenburg, aufgenommen. Sie wird dich bei Hofe einführen." – „An allem ist dieser Mannheimer Sumpf schuld. Eben Sumpf, fiebertreibend, krankmachend."

„Warum setzt du dich nicht zu mir? Ich verspreche, dich nicht länger zu schulmeistern, sondern mit voller Hingabe zu dir aufzublicken." – „So, wie du das sagst, könnte ich mir dabei wieder manche Frage stellen", beschwerte sich Schiller, lächelte aber und setzte sich zu ihr auf das Sofa. – „Du hast recht, wir sollten aufrichtig zueinander sein." Sie prosteten sich zu. Mit den Fingerknöcheln strich sie ihm zärtlich über den Handrücken und schob seinen Ärmel nach oben. „Es ist so heiß", sagte sie und half ihm aus dem blauen Rock. Ihm fiel keine passende Erwiderung ein. „Es gefällt mir, wie du bist", sagte sie, „eine Stromschnelle im Fluss."

Schiller betrachtete sie, mochte plötzlich aufstehen, den kleinen Tisch mit den Gläsern wegschieben, sie an den Hüften greifen und festhalten. Er blieb jedoch still sitzen. „Und ich gefalle dir", sagte sie, ohne zu fragen, ohne auf seine Antwort zu warten. Charlotte streifte ihre Schuhe ab, ging barfüßig mit tänzerischen Schritten zum Sessel, wo die Weinflasche stand. Leise summte sie ein Lied, kam wie zufällig an der Tür vorbei, drehte spielerisch den

Schlüssel im Schloss. Dann setzte sie sich wieder zu ihm. Ihr Gesicht war ganz nah, sie schaute ihm tief in die Augen, bis auf den Grund seines Herzens und seufzte. Es verwirrte ihn nicht, sondern er sah alles endlich klar und geordnet vor sich. Woran er dachte? Er brauchte nicht länger zu grübeln, nur ihre Haare betrachten, darin ihre ordnenden Handbewegungen wiedererkennen, den Perlmuttgriff ihrer Haarbürste, die wie der Wind im Meer lange Wellen grub. Charlotte knotete ihr Brusttuch auf, griff nach einem Fächer und beugte ihre Stirn vor, eine glühend heiße langsame Bewegung, der Schiller nicht auswich. Ein Duft von Parfüm und sommerheißer Haut lenkte seinen Blick über ihren zierlichen Hals, die runden Schultern auf die Wölbungen der Brüste. Sie lehnte sich an ihn.

Mit einem Griff zog sie das Haarband vom Kopf, sodass ihre Haare lose über die Schläfen fielen. Noch einmal begehrte Schillers Verstand auf: „Und dein Mann? Er ist nicht blind und taub! Wie soll ich ihm noch ehrlich unter die Augen treten?" – Charlotte lachte leise: „Mein Mann? In unserem Ehekontrakt stand nichts von Liebe. Es ging dabei, soweit ich mich erinnere, um Titel und Familienvermögen. Ich frage auch nicht, was er in Landau in der Garnison treibt." – Schiller spürte, wie sein Verlangen überhandnahm und seine Hände zu zittern begannen. – „Ist die Liebe nicht zuallererst eine Frage des Herzens? Du bist doch Dichter. Du weißt es besser. Viele leben zu dritt miteinander und allen ist geholfen, wenn man nur die Form wahrt." Jetzt drückte sie seinen Nacken mit der Hand und presste ihren Mund fest auf seinen. Seine Hände führten ein Eigenleben und zerknitterten die feine Seide ihres Kleides.

„Ich bin ein Nichts!", keuchte er. „Du hast eine gesellschaftliche Stellung, eine geborene Marschalk von Ostheim." – „Ich bin nur eine einfache Frau, die geliebt werden möchte", widersprach sie mit sanfter Stimme. „Ist dir nicht heiß in Hemd und Hose? Warte, lass dir helfen …" Sie küsste seine nackte Brust, und er streichelte sie unter ihren Röcken. Dann war sie über ihm. Mit Mühe gelang es ihm, sich zurückzuhalten. Er konzentrierte sich nur auf seine Hände, die sie aus ihrem Kleid schälten, ihre nackte, heiße Haut streichelten, während sie nicht von ihm abließ. Sie spürte sein gestautes Verlangen. Sie wollte seine bedingungslose Hingabe. Die Fülle der Umarmungen zog das Blut zusammen, er konnte es nicht länger zurückhalten und stöhnte wie im Rausch. Sie überhäufte ihn mit Küssen und flüsterte ihm Kosenamen ins Ohr.

Sie bat ihn, zu warten, stand auf, durchquerte das Zimmer, blickte nur kurz unter den dunkel getönten Wimpern zu ihm herüber und verschwand hinter einer kleinen Tapetentür, hinter der sich ihr Boudoir mit Toilette befand. Wie in Panik griff Schiller nach seinen Sachen und flüchtete. Aus dem Zimmer. Aus dem Haus. In diese Liebe war er hineingegangen, ohne an Rückkehr und die Konsequenz zu denken. Jetzt fand er sich in den Zimmern von früher nicht mehr zurecht. Doch wie schnell und wie weit er auch laufen würde, sein Körper behielt ihre Zärtlichkeiten bei sich und jubelte vor Dankbarkeit. Ein untrügliches Zeichen für eine Liebe, die ihn verwirrte, die ihn überfallen hatte, wie dieses kalte Fieber im Sommer Mannheim überfiel und sich nicht um die Opfer scherte.

Sein Weg führte ihn am Neckar entlang. Schiffsleute beluden die breiten, flach gebauten Holzkähne. Einige stießen gerade ab und manövrierten ihre Schiffe in eine günstige Strömung. Marktweiber unter hochgepackten Körben, Handwerker, Bauern mit Ochsenkarren und Händler strebten bereits auf ihren Wegen zurück nach Waldhof, Viernheim und zu ihren Dörfern an der Bergstraße. Sein Vater hatte schon recht in seinen Briefen, er musste seine Verhältnisse endlich in Ordnung bringen! Maß halten, weniger verschwenden, nicht verludern! Jetzt dieses Verhältnis, diese unmögliche Liebe! Bei allen guten Vorsätzen! Schiller lief schneller, begann sogar zu hüpfen und mit seinem Spazierstock wild durch die Luft zu schlagen, dass die Passanten verwundert stehen blieben und ihm nachschauten.

Beck und Streicher kamen ihm entgegen, froh, ihn endlich gefunden zu haben. Noch ganz außer Atem, aber voller Empörung berichteten sie Schiller, dass Iffland in der Rolle des Dichters ‚Flickwort' in Gotters Lustspiel in der Maske unverkennbar Schiller gemimt und ihn damit zur lächerlichen Figur gemacht habe. Mit roter

Perücke und einer Kopie von Schillers Kleidern sei jede Anspielung unmissverständlich auf Schiller gemünzt gewesen. Das Publikum habe sich gebogen vor Lachen, getrampelt vor Vergnügen und Zugabe gefordert!

Schiller fielen die Burschen von heute früh ein. Das war es also, womit diese sich die Zeit vertrieben und auf seine Kosten amüsiert hatten! Wie weit würde sich Iffland noch gehen lassen, um ihn auszustechen und endgültig bloßzustellen? „Mon Dieu! Welch eine Indelikatesse!", rief Schiller schlicht aus und versetzte seine Freunde in Erstaunen, die mit seinem Zorn gerechnet hatten. Mit dieser weiteren Blamage hatten Iffland und Beil aus dem großen Künstler Schiller einen lächerlichen Direktor eines Flohzirkusses gemacht. Jeder Theatererfolg Schillers war bis auf Weiteres der Lächerlichkeit preisgegeben. Ganz gleich wie sich von Dalberg zu diesem Affront stellen würde, hier in Mannheim war seines Bleibens nicht länger. Schiller dankte seinen Freunden für ihre aufrichtige Teilnahme und lud sie ein, mit ihm auf sein Wohl zu trinken. Unterwegs trafen sie noch auf Schwan. Schiller berichtete das erste Mal von neuen Reiseplänen und dem Druckauftrag für die erste Ausgabe der ‚Thalia'-Zeitschrift. Nicht ohne Stolz gab Schiller zum Besten, dass in Berlin sein ‚Fiesko' im Doebblin'schen Theater vierzehn Mal innerhalb von drei Wochen gefordert und unter Applaus gespielt wurde, während man sich hier in Mannheim an Komödien und Rührstücken zu ergötzen suche. „Republikanische Freiheit ist hierzulande ein Schall ohne Bedeutung. In den Adern der Pfälzer fließt eben kein römisches Blut!", rief Schiller und stürzte den Wein wie Wasser hinunter. Während die Freunde sich um seine Zukunft sorgten, wusste Schiller längst, dass seines Bleibens in Mannheim nicht länger sein konnte. Und was ihn trotz dieser Schmach, die man ihm einmal mehr antat, befeuerte und antrieb, war nichts Geringeres als eine Himmelsmacht: die Liebe! Gegen sie nahmen sich selbst Iffland, Beil und von Dalberg zusammen lächerlich aus! Aber diese Erkenntnis behielt Schiller mit Rücksicht auf Charlotte und die Verhältnisse, so wie sie nun einmal waren, zunächst für sich.

Durch das Bessunger Tor im Süden von Darmstadt ritt Schiller in die landgräfliche Haupt- und Residenzstadt ein. Enge, spätmittelalterliche Gassen führten zum Marktplatz mit dem angrenzenden Gebäude des zweiflügeligen Schlosses. Am Markt entdeckte er Gasthausschilder. Sein Falbe trabte durch übelriechende Pfützen, die Abwässer flossen hier durch den Rinnstein, und er schreckte immer wieder streunende Hunde auf, die Abfälle beschnüffelten. Schiller bezog Quartier – ein geräumiges Zimmer mit Ausblick auf den Markt. Die nächsten Tage wartete er auf eine Einladung vom Hofe. Am Weihnachtsabend traf diese mit einem Anschreiben der Charlotte von Wolzogen ein. *Der Herr Dichter Schiller wäre vom gnädigen Herrn Landgrafen Ludwig IX. und Seiner Durchlaucht, dem Herzog Carl August von Sachsen-Weimar, wohlwollend aufgefordert, am zweiten Weihnachtstag abends um fünf Uhr vor dem versammelten Hof aus seiner neuesten dramaturgischen Dichtung zu lesen.* Im Gasthof erregte der herrschaftlich gesiegelte Brief einiges Aufsehen und man begegnete Schiller mit großem Respekt und zahlreichen kleinen Aufmerksamkeiten. Schiller nutzte die Zeit, um mit Vortragsübungen seine wachsende Nervosität zu bekämpfen.

Der Herzog von Weimar nahm ihn nachsichtig beim Arm, nachdem Schiller die höfische Begrüßung in Anwesenheit seiner Bekannten Charlotte von Wolzogen gründlich missraten war. Der Herzog erbot sich, ihn dem Landgrafen und dem Hof höchstselbst vorzustellen. Das verkürze das Zeremonielle und vereinfache doch einiges. Wie denn die Reise bei diesen miserablen Straßen gewesen sei? Geritten sei der Dichter? Ein Mann der Tat! Wahrhaft der 'Räuber'-Dichter! Sympathisch finde er das. Dann führte der Herzog den Gast durch den angrenzenden Saal zur landgräflichen Familie. Wenig später stand Schiller, einen Fuß nach vorn gesetzt, wie zu einem Degengefecht, auf dem Parkett des Erbprinzlichen Palais zu Darmstadt und spürte, wie alle Augen auf ihn gerichtet waren. Sein Blick streifte noch einmal über die in das spiegelnde Parkett eingelassenen verschlungenen Ornamente aus unterschiedlichen Hölzern und wanderte weiter zu den Stuckreliefs der Decke mit dem großen Deckengemälde im Oval.

„Mesdames et Messieurs! Wir haben das exzellente Plaisir, die neueste dramatische Dichtung des Herrn Schiller vom Autor selbst deklamiert zu hören." Stühle wurden gerückt und die Gesellschaft von fünfundzwanzig Personen nahm im großen Halbrund um ein Tischchen in der Mitte des Raumes Platz. Einige der Herren standen auf die Lehnen gestützt hinter den Stühlen der Damen. Carl August, der Herzog von Weimar, nickte Schiller aufmunternd zu.

Dieser hielt gestreckt den rechten Arm in die Luft. Zwar hatte er das Manuskript noch in der Linken, aber das benötigte er nicht, denn er hatte den ersten Akt im Kopf. *„Die schönen Tage in Aranjuez/ sind nun zu Ende ..."* Es war still im Saal. Schiller hörte seine Stimme merkwürdig fremd, wie entrückt. Er erinnerte sich an Charlotte von Kalbs Anweisungen, bezähmte seine Gesten und wechselte die Stimmlage, ohne dabei allzu sehr ins Schwäbische zu verfallen. Das enge Korsett der Verse leistete sein Übriges. Mal war er mit tiefer, ruhiger Stimme der Berichterstatter Domingo, mal der Kronprinz Don Carlos. Das Gespräch zwischen beiden spitzte sich zu. Trauer, Zorn und Hass erntete der ahnungslose Domingo, denn ihm, dem Kronprinzen, war die junge, schöne Elisabeth von Valois versprochen, die jetzt seines Vaters Frau geworden war. Die Granddamen griffen nach ihren Spitzentüchern – die unerhörten Verstrickungen verfehlten ihre Wirkung nicht.

Dann, im neunten Auftritt des ersten Aktes, wagte Schiller alles; die Rebellion gegen den König, die Befreiung der Niederlande durch Verteidigung des Volksaufstandes. Mit einer selbstbewussten Kopfbewegung warf er die Haare aus der Stirn, die ihm während des lebhaften Vortrags nach vorn fielen. Mit flammendem Blick deklamierte er – mit tönender Schärfe rief er in den Saal, dass es von den Wänden widerhallte:

„Erhabene Vorsicht! – Die Vernunft der Weisen.
Sprach deine Allmacht dieses Wunder ab.
Beschäme sie und mache wahr und wirklich,
Was nimmer sein wird, nie gewesen war,

Lass dieses Bündnis dauern.
Carlos: Jetzt zum König!
Ich fürchte nichts mehr – Arm in Arm mit dir!
So fordere ich mein Jahrhundert in die Schranken!"

Applaus brandete auf, Jubelrufe. Schiller verneigte sich tief. Für einen Moment hatte ihn sein Text wieder einmal entflammt und er sich vergessen. Aber da war es wieder, das Gefühl der Bestimmung, dieses Gefühl, das er in Mannheim so lange vermisst hatte! Die Manuskriptblätter fielen ihm aus den zittrigen Händen. Noch bevor ihn Herzog und Landgraf zum Drama beglückwünschen konnten, sprang die Erzprinzessin mit roten Wangen vor, überreichte ihm einen Blumenstrauß und sammelte voller Verehrung die Blätter auf. „Spannend, ergreifend geschrieben und kraftvoll vorgetragen", lobte der Landgraf von Hessen-Darmstadt und reichte Schiller die Hand zum Kuss. Nie mehr würde er Rockschöße küssen müssen wie einst in der Akademie, Schiller konnte nicht anders, er musste daran denken. Am Ende des Empfangs nahm ihn Carl August von Weimar zur Seite, schlug ihm fast freundschaftlich auf die Schulter und bat ihn um Verzeihung, denn er habe ihn tatsächlich für einen Haudegen gehalten, der der Moderne hinterherlaufe und von den ewigen Dingen der Kunst wenig verstehe. Aber wie er mit Versmaß hantiere und wahrhaft klassische Themen meistere, zeige ihm, dass Deutschland in Friedrich Schiller doch einen großen Dichter gewonnen habe.

Dankbar blickte Schiller zu dem Herzog auf, der aus dem kleinen Weimar die Kulturresidenz von Europa zu gestaltet hatte. Dieses Urteil würde ihn ein gutes Stück näher an Weimar heranrücken lassen und Wieland und Goethe nötigen, noch einmal auf seine Werke zu schauen, dachte Schiller und war Charlotte für ihre Initiative unendlich dankbar. „Ja, auf die ‚Räuber' stürzen sich viele und es ist nicht immer einfach für mich, an diesem einen Erfolg gemessen und nicht selten für einen barbarischen Wilden gehalten zu werden."

Der Herzog verstärkte sein Lob und betonte, er würde gern bald das ganze Drama lesen. Dann die Frage nach Goethe. „Ich verehre ihn zutiefst", bekannte Schiller. – „Er ist der größte Mann, den ich kenne!", bestätigte Carl August freudig. „Ein wahrer Freund, pflichtbewusst dazu und ein Mensch mit großer Bildung und Weitsicht. Ohne ihn wäre Weimar nicht das, was es ist." – „Mein Verleger Schwan erfuhr durch Herrn Hofrat Wieland, dass es Herrn von Goethe nach Italien zieht?" – „Auch große Männer sind gegen Moden nicht gefeit. Er hat den italienischen Koller." Der Herzog nickte ernst. „Dabei verstehe ich ihn ja. Seine Pflichten ... Er ist Minister, Theaterdichter, Architekt, Bergwerker, Bauer, Rekrutenausheber und vieles mehr. Schlichtweg unentbehrlich! Wie soll er da noch Großes schreiben? Auch wenn ich ihn nicht gern ziehen lasse, der Mann muss seinen Kopf freibekommen. Denn ich zähle weiterhin auf ihn, er ist mein ‚Marquis Posa'!"

Müde, ausgelaugt saß Schiller auf seiner Kammer im Gasthof und sog an seiner längst ausgebrannten, langen Tonpfeife. Immer wieder ging ihm das Gespräch mit dem Herzog durch den Kopf. Draußen schneite es seit einer Stunde. Aufrichtig hatte er seine Situation geschildert, seine Desertion aus Württemberg, seine Schulden. Dann hatte er mutig seine Bitte vorgetragen und um eine Verbindung zum Hofe gebeten. Schiller riss das Fenster auf und spie den Tabaksaft angewidert auf die dünne Schneedecke und sog die Nachtluft ein. Carl August hatte ihm die Hand geschüttelt und gesagt, er verneige sich vor so viel Ehrlichkeit. Jetzt hatte Schiller einen ‚Charakter', einen Titel, zwar ohne Geld, aber wer wusste schon zu sagen, welche Türen ihm der Titel öffnen würde? Schiller galt jetzt etwas. Er schloss das Fenster, nahm noch einmal das Schreiben vom Tisch:

„Mit vielem Vergnügen, mein lieber Herr Doktor Schiller ertheile ich Ihnen den Charakter als Rath in meinen Diensten, und ich wünsche Ihnen dadurch ein Zeichen meiner Achtung geben zu können.
Leben Sie wohl
Carl August, Herzog zu Sachsen-Weimar."

Ein Degen musste her! Als Adeliger würde er einen solchen tragen, wenn er in Mannheim einritt. Ein Weihnachtsgeschenk, dieser Titel. Doch dann besann sich Schiller wieder, hockte auf der Bettkante. Nach allem, was vorgefallen war, würde man ihm wegen des Titels allein keine Rosen streuen. Er brauchte einen Neuanfang.

Streicher und Schiller saßen abseits in der Gastwirtschaft. Ihre vom Aprilregen durchnässten Mäntel und Hüte hingen am Haken hinter ihnen an der Wand. Der Abschiedsschmerz schnürte ihnen wieder einmal den Magen zu, sodass sie nur zwei Krüge Bier bestellten. In den letzten Monaten hatte Schiller wie ein Eremit gearbeitet, den ‚Don Carlos' vorangebracht, eine Probenummer seiner literarischen Zeitung ‚Thalia' herausgegeben, die er selbst finanzieren musste, weil auch in Schwan kein verlässlicher Partner dafür zu finden war, und einige Dichtungen und Besprechungen verfasst. Sogar den Stoff für ein Drama über Maria Stuart hatte er sich wieder vorgenommen und die in Bauerbach begonnenen Überlegungen fortgeschrieben. „Ich habe außer dir kaum Seele hier, keine einzige, die die Leere meines Herzens füllte, und was mir vielleicht noch teuer sein könnte, daran scheiden mich Konvenienz und Situation", begann Schiller. – „Wie hat es Frau von Kalb aufgenommen?", fragte Streicher direkt. „Du hast es ihr doch gesagt?" – „Sie liebt mich aufrichtig und hofft auf ein Wiedersehen. Ich verdanke ihr unendlich viel und werde sie niemals vergessen. Unter anderen Umständen vielleicht..., aber sie ist gebunden." Schiller stopfte seine Pfeife.

„All dieser Neid, diese Intrigen und diese miefige bürgerliche Enge, die nur auf den Geldsack schielt! Du tust recht, wenn du Mannheim entfliehst", Streicher blickte zur Seite, um seine Tränen zu verbergen.

„Kein Wort zu niemandem. Hörst du?", bat Schiller.

„Du fürchtest immer noch Verfolgung? Deine Schulden hier sind doch beglichen." – „Körner aus Leipzig ließ mir über den Verleger Göschen dreihundert Gulden zukommen, als Vorschuss für meine ‚Thalia', wie in dem Brief steht. Ich denke aber, er wollte mich durch seine Großzügigkeit nicht beschämen. In Mannheim bin ich schuldenfrei, sodass mich die Wachen passieren lassen werden." Schiller stockte einen Moment, schaute sich prüfend in der Gaststätte um. „Aber sie wissen, dass ich noch immer Schubarts Vermächtnis mit mir trage. Wenn sie sich dieses Schatzes erst versichert haben, fürchte ich um mein Leben." – „Von mir erfährt niemand das Ziel deiner Reise. Schweigen werde ich wie ein Grab", versprach Streicher mit feierlichem Ernst.

Bis Mitternacht hockten die Freunde noch zusammen, rauchten, tranken und redeten. Dann gaben sie sich das Versprechen, einander nicht zu schreiben, bis der eine Minister oder der andere Kapellmeister geworden wäre. Was sie nicht wissen konnten, aber deutlich spürten, war, dass es ein Abschied für immer sein würde.

Im Morgengrauen bestieg Friedrich Schiller, Sachsen-Weimarscher Rat, die Postkutsche nach Leipzig. Mit gemischten Gefühlen blickte er auf die Stadt zurück, die ihm den größten Erfolg als Dichter, aber auch bittere Niederlagen, andauernde gesundheitliche Probleme und zuletzt eine Liebe beschert hatte, der er keinen Raum geben durfte, da die Geliebte von Stand und verheiratet war. Jetzt gehörte er wieder zu den Abenteurern, deren Leben vom Zufall, von der Gunst anderer und notfalls auch von Taschenspielertricks und Selbstbetrug geprägt wurde. In seinem Gewerbe gab es keinen Befähigungsnachweis, keinen sicheren Karriereverlauf und schon gar keine verlässlichen Einkommensquellen. Überall lauerten große Gefahren und unzählige Fallstricke. Er musste sich auf seinen Verstand, seinen Mut, seine Umgangsformen und manchmal auch auf sein Gefühl verlassen und stets bereit zum waghalsigen Vorstoß oder rechtzeitigen Rückzug sein. Schiller dachte an General Augé, der ihm wahrscheinlich ‚Courage und Fortune' zugerufen hätte und musste schmunzeln. Den einen Tag würde er an der Tafel der Mächtigen speisen und seine Eitelkeiten im Silber der Kronleuchter spiegeln können, am nächsten saß er vielleicht schon ehrlos bei Wasser und Brot in der Gesellschaft von Ratten im Schuldturm. So oder so, dachte er, still vor sich hin lächelnd, in der Gesellschaft von Hunden und Schafen und räudigen Ratten bin ich ohnehin die meiste Zeit! Noch ein letzter Blick auf Mannheims Kirchtürme, ein schmerzlicher Gedanke an seinen Freund und die Geliebte. Ade! Je enger der Käfig, desto schöner die Freiheit!

Mit der linken Hand fuhr er sich unter den Rock und spürte das wohl verschnürte, schmale Manuskript Schubarts eng auf seiner Brust. Dann griff er zu Papier und Stift und schrieb in großen Buchstaben:

> ‚Ich habe in einem langen schweren Traum gelegen,
> Ich liebte – jetzt bin ich erwacht. Vergessen
> Sei das Vergangene. Endlich seh ich ein …
> Ich bin erwacht, ich fühle mich …'

Kapitel 16
Eines Freundes Freund zu sein
– Leipzig, April 1785

> Liebe Freunde, es gab schönre Zeiten,
> Als die unsern' – das ist nicht zu streiten!
> Und ein edler Volk hat einst gelebt,
> Könnte die Geschichte davon schweigen,
> Tausend Steine würden redend zeugen,
> Die man aus dem Schoß der Erde gräbt.
> Doch es ist dahin, es ist verschwunden,
> Dieses hochbegünstigte Geschlecht.
> Wir, wir leben! Unser sind die Stunden,
> Und der Lebende hat Recht.
> *Friedrich Schiller, aus: An die Freunde*

Nach acht Tagen elender Rüttelei in der Postkutsche erreichte Schiller am Sonntag, den 17. April 1785, Leipzig. Als ob er die Bürger beeindrucken müsste, trieb der Kutscher die vier Pferde bei der

Stadteinfahrt noch einmal an. Mit Hornsignal ratterten sie durch das Ranstädter Tor, dass die Passanten und Posten zur Seite sprangen. Gemeingefährlich und ohne das Tempo zu drosseln, jagte der Postillion die Hainstraße hoch, dass es die Fahrgäste drinnen bei den Unebenheiten des Pflasters und den Löchern auf der Straße nur so hochwarf und wahlweise an die linke und rechte Seitenwand drückte. Der Teufel sollte diesen Kutscher holen! Hatte die Höllenfahrt bis jetzt ohnehin zwei Tage länger als vorgesehen gedauert, sodass es dieses Auftrittes kaum bedurft hätte!

Bei der Ankunft suchte der Wirt des ‚Blauen Engel' in Begleitung von Ludwig Huber den Weimarer Rat auf der rechten Seite, während Schiller ungeduldig den linken Verschlag aufgerissen hatte und seine langen Knochen erleichtert auf der Straße streckte. Doch sie fanden zueinander. „Auf den Dichter der Nation!", schrie ein langer Mensch im fein bestickten, französischen Frack und in hochgeschlossener Atlasweste, der sich als Huber vorstellte, Schiller als Willkommensgruß entgegen und hielt bereits eine Champagnerflasche unter dem Arm, die, kaum auf dem geräumigen und luftigen Zimmer angekommen, geköpft wurde. „Was soll das schlechte Leben! Prost! Hier herrschen die Dichter- und die Krämerseelen! Jedenfalls keine württembergischen Sklaventreiber! Also entspann dich, Schiller!" Der Huber schien ihm eine Frohnatur zu sein.

Für den nächsten Tag lag Schiller eine Einladung zu Minna und Dora Stock in das Haus des verstorbenen Kupferstechers ‚Zum Silbernen Bären' vor. Huber hatte ihn grinsend gewarnt, die jungen Damen könnten die ‚Räuber' auswendig zitieren und erwarteten einen Hünen mit pechschwarzem Bart, Stulpenstiefeln und riesigem Säbel. Er solle sich anstrengen, um niemanden zu enttäuschen …

Als Schiller Punkt zehn in der Früh die Wohnstube betrat und sich mit einer galanten Verbeugung vorstellte, fauchte ihn Minna Stock an, er solle keinen Schabernack treiben. Ein Herr Rat Schiller sei bereits da gewesen und habe flegelhaft eine Flasche Likör geleert, um seine Muse zu wecken. Auch habe dieser Herr Schiller mit wildem Haarwuchs, in Kanonenstiefeln, mit Pferdesporen und haarsträubenden Gebärden durchaus dem Räuberdichter ähnlicher gesehen. Für heute habe man genug von Dichtern, und wenn sich noch zehn andere Schiller vorzustellen gedächten. Schillers Blick wanderte von einer der jungen Frauen zur anderen. Er konnte sich keinen Reim auf die schroffe Begrüßung machen. Dora nahm den Vorfall leichter und kicherte hinter ihrem hochgehaltenen Fächer. „Eine so große Familie Schiller gibt es derzeit zu Leipzig. Da müssen wir aufpassen, liebe Schwester, dass es nicht andauernd zu Verwechselungen kommt." Doch Minna wollte sich nicht beruhigen und Schiller, rot vor Verlegenheit, suchte das Weite, um vor der Haustür auf Huber und dessen Freund aus der Reineck'schen Theatergruppe zu stoßen, die sich vor Lachen über den geglückten Streich die Tränen aus den Augen wischten. Sie zerrten Schiller wieder hinein zu den Damen.

Die Stadt Leipzig erlebte Schiller in hektischer Aufregung. Kaum eine Stunde blieb ihm vom Tag, ohne dass sich Besuch vorstellte oder er von Huber zu diversen gesellschaftlichen Verpflichtungen geschleppt wurde. Das *geistige Zentrum* der Stadt befand sich nach Hubers Ansicht nicht in der Universität, sondern in ‚Richters Kaffeehaus', wo sich echte Dichter mit Scheinliteraten, Philosophen mit Lebenskünstlern, Malern und Musikern, mit Tagträumern und Besserwissern zur Schau stellten und die Studentenschaft einen Großteil ihres Tages verbummelte. Dort dirigierte man Schiller durch die qualmende, debattierende und lärmende Menschenmenge. Irgendjemand rief ihm etwas von *großer Politik* zu, ein anderer äußerte sich zur Bauweise des Gebäudes und ein Dritter wusste etwas über ein Gemälde an der Wand zu berichten, während Huber ihn auf die Stadtschönheiten hinwies, die sich zum Nachmittagskaffee eingefunden hatten. Alles rauschte laut mit grellen Tönen an Schiller vorbei, der nur atemlos nicken und freundlich lächeln konnte. Er kam sich unwissend und unbeholfen vor wie ein Bauer, den man in einen teuren Frack gezwängt hatte. Große, gusseisern gerahmte Glastüren und zahlreiche deckenhohe Wandspiegel gaben den Räumlichkeiten eine weitläufige Tiefe und helle Freundlichkeit. Hier herrschte ein aufgeklärtes, selbstbewusstes Bürgertum, das keines Schlossparks und keiner höfischen Etikette mehr bedurfte. Neugierig schauten ihm Kaffeehausbesucher hinterher und steckten die Köpfe zusammen. Ein unbekanntes Gesicht, ein Dichter aus Mannheim? Der Räuberdichter! Neben einem großflächigen Bild des Kurfürsten im großen Hauptraum des Cafés hatte man dicke pausbäckige Engel auf den Putz gemalt, die dem Herrscher ihre Posaunen in die Ohren bliesen. Händler mit Bauchläden boten Waren an und Schiller entdeckte erfreut seinen geliebten Marokko-Schnupftabak. Schon ließ er sich übermütig treiben, schon lärmte und lachte er mit. Die Odyssee fand ein Ende. Huber wies auf einen bequemen, gepolsterten Lehnsessel in einem etwas ruhigeren Nachbarraum, über dem man Lorbeergirlanden angebracht hatte. „Dein künftiger Stammplatz!"

Der Wirt persönlich machte Schiller seine Aufwartung: „Es ist mir eine Ehre, Sie zum Gast zu haben. Hier haben wir genug von solchen, die mehr scheinen als sie sind. Da ist es eine Freude, jemanden begrüßen zu dürfen, der sich auf wahre Kunst versteht und mit seinem Werk in die Zukunft weist." Der rundliche Wirt mit Knollennase reichte Schiller die Hand und schaute ihm geradewegs in die Augen. Keine Verbeugung, keine liebedienerischen Gunstbezeugungen, sondern ein offener und ehrlicher Blick. Die Menschen in Leipzig schienen sich ihres Wertes bewusst. Vielleicht lag es daran, dass die Welt mit ihrem Handel bei ihnen zu Gast war.

Kaum hatte sich der Wirt entfernt, trat ein schwarz befrackter, kahlköpfiger Herr mittleren Alters an den Tisch. „Herr Schiller, wenn Sie einen Moment für mich hätten …"

Schiller und Huber blickten überrascht auf. Nein, den Mann kannten sie nicht. Er sah aus wie ein Kaufmann und für Geschäftliches stand Schiller jetzt nicht der Sinn. „Sie sehen doch, ich bin in Gesellschaft. Geht es nicht später?", gab er barsch zur Antwort. – „Die Gelegenheit erschien mir günstig und ich denke, es dürfte Herrn Schiller interessieren, was ich zu sagen habe." – „Ist er Verleger? Spekuliert er auf ein neues Drama?", rief Huber. „Dann zahle er gleich die nächste Runde, damit wir uns von seinen

Verhältnissen überzeugen können!" Mit einem Wink orderte Huber die Bedienung heran. – „Nein, wenngleich ich in gewissen Kreisen als nicht unvermögend gelte ..." – „Habt ihr's gehört, wir haben einen Gönner!", rief einer der Schauspieler, die jetzt ebenfalls am Tisch Platz genommen hatten. – „Herr Schiller", versuchte sich der Mann, noch einmal Gehör zu verschaffen, „wenn Sie vielleicht die Güte hätten, mir Ihre Aufmerksamkeit zu schenken." Dabei zupfte er Schiller aufdringlich am Ärmel. – „Lass er das! Ich bin nicht dazu aufgelegt!", wehrte Schiller verärgert ab. Bevor der Mann noch einmal insistieren konnte, wurde er von einer Gruppe lärmender Studenten abgedrängt, die Schiller kurzerhand aus dem Sessel hoben, ihn an Armen, Beinen und Oberkörper fassten und Richtung Decke warfen. Anschließend trugen sie ihn auf ihren Schultern und veranstalteten einen kleinen Umzug durch den Raum, der mit einem dreifachen donnernden „Vivat!" gekrönt wurde. Am Ende hob man Schiller quer über die dicht besetzten Tische, reichte ihn von einer Gruppe zur nächsten weiter und platzierte ihn wieder auf seinen Dichterthron. Schiller wurde mitgerissen von der Begeisterung der Leute. Damit hatte er nie im Leben gerechnet, vor allem, da ihm bekannt war, dass man sich in Leipzig seit Langem der französischen Dichtung verbunden fühlte und neuere literarische Strömungen, die sich an der *Unregelmäßigkeit* der englischen Literatur, insbesondere Shakespeare, orientierten, geflissentlich nicht beachtete. Zudem – wenn er sich im Café umschaute, gab es genug von der Sorte, die sich wegen einiger mit Bonmots vollgekleckster Bogen bereits für Dichter hielten. Aber alle feierten ihn! Unglaublich! War es sein Freigeist, der die Leute derart begeisterte? Oder einfach Hubers Anwesenheit und Fürsprache? Schiller genoss das Gefühl! Mitten im Gedränge versuchte er, seine Kleidung zu ordnen, das Hemd in die Hose zu stopfen und seine Schnallenschuhe, die verloren gegangen waren, wieder anzuziehen. Ihn schwindelte. „Huber, um Gottes willen, besorg mir einen Kaffee und hilf mir, dass ich Luft bekomme!" Es war abzusehen, dass Kaffeehausbesuche wie dieser sich stets bis in den Abend hinein ausdehnen würden.

Als Schillers finanzielle Mittel sich wieder dem Ende zuneigten, besorgte ihm Huber ein preiswertes Zimmer in der Hainstraße im kleinen Joachimstal. Inzwischen hatte Schiller Leipzig auch als grüne Stadt mit vielen Parks und Plätzen, Alleen und Promenaden schätzen gelernt. Die Stadtgärten erschienen ihm so prächtig, dass er nach wenigen Tagen überzeugt äußerte, er sei in den elysischen Gefilden gelandet. Doch auch in der Hainstraße kehrte keine Ruhe ein. Zu Schillers Überraschung traf er im Haus auf die Schauspielerin Sophie Albrecht und ihren Mann, für die er in Frankfurt und Mannheim so unglücklich geschwärmt hatte. Gern hätte er sie zur Rede gestellt, was ihr damals durch ihren hübschen kleinen Kopf gegangen sei, ihn im Ifflandschen Kreis mit ihren Indiskretionen derartig bloßzustellen. Aber er fand keine Gelegenheit dazu, denn kaum standen sie sich verblüfft über das unerwartete Zusammentreffen gegenüber, machten ihm bereits die Schauspieler der Rheineck'schen Truppe ihre Aufwartung, um sich nach einem neuen Stück zu erkundigen und den berühmten Theaterdichter zu bestaunen. Anschließend bezog er aus dieser Situation so viel Genugtuung, dass er die alten Geschichten, die zwischen ihnen standen, nicht mehr ansprechen mochte und mit Huber und den Schauspielern noch weitere Abende bei Albrechts zu Gast war.

Schiller schrieb Briefe, versuchte sich an Dichtungen, besorgte sich Bücher, noch unentschlossen, ob er nicht vielleicht doch seine medizinischen oder juristischen Studien aufnehmen sollte, um dem Wunsch seines Vaters entsprechend in einem bürgerlichen Beruf zu geordneten Verhältnissen zu kommen. Mochten sie ihn in Leipzig auch feiern, Geld verdiente er nicht damit. Im Gegenteil – er war mal wieder pleite und das Reisegeld, das er von Körner großzügig erhalten hatte, längst aufgebraucht. Es konnte nichts Schlechtes darin liegen, einem Beruf nachzugehen, für den man entlohnt wurde, sesshaft zu werden, zu heiraten und im Kreis der Familie endlich Ruhe zu finden. Diese Verehrung, die sie ihm entgegenbrachten, würde am Ende nur hohles Getöse sein, das verhallte. Eines Nachts bei Kerzenschein wanderten Schillers Gedanken zurück nach Mannheim und er griff zum Briefpapier und Federkiel und überdachte die Situation noch einmal, bevor er schrieb. Sicher, er war nach Leipzig aufgebrochen, ohne sich Schwan als künftigen Schwiegervater oder gar seiner Braut in spé gegenüber, wegen seiner Heiratsabsichten erklärt zu haben. Eine für ihn schwierige Situation ... Er würde in Schwan an einen Brautvater schreiben, der um seine Finanzen als sein Verleger bestens informiert war und dem er nichts vormachen könnte. Kurzum: Was er in Persona anzupreisen hatte, schien keineswegs von erster Güte, allenfalls eine vage Option auf die Zukunft. Reichte das für eine bürgerlich eingerichteten und kaufmännisch kühl kalkulierenden Verleger vom Schlage Schwan? Und dann Margarete, die Braut, Liebreiz in Person, umschwärmt von der Männerwelt, mit Manieren, Mode, Geist und Schönheit gesegnet. Reichten da Freundschaft, Seelenverwandtschaft, Literaturbegeisterung, sein Genie, damit sie ihm für den Rest seines Lebens in die Arme sank? Schwierig, schwierig ... Schiller setzte die Feder an, wählte den Weg des Schriftstellers und ahnte bereits von Anfang an, wie die Sache ausgehen würde:

‚Jetzt oder nie muss gesagt sein. Nur eine Entfernung von Ihnen gibt mir den Mut, den Wunsch meines Herzens zu bestehen. Oft genug, da ich noch so glücklich war, um Sie zu sein, oft genug trat dies Geständnis auf meine Zunge; aber immer verließ mich meine Ernsthaftigkeit, es heraus zu sagen. Bester Freund, Ihre Güte, Ihre Teilnahme, Ihr vortreffliches Herz haben meine Hoffnung in mir begünstigt, die ich durch nichts als Ihre Nachsicht und Freundschaft zu rechtfertigen weiß. Mein freier, zwangloser Zutritt in Ihrem Hause gab mir Gelegenheit, Ihre liebenswürdige Tochter ganz kennenzulernen, und die freimütige, gütige Behandlung, derer sie beide mich würdigen, verführte mein Herz zu dem kühnen Wunsch, Ihr Sohn sein zu dürfen. Meine Aussichten sind bis jetzt unbestimmt und dunkel geblieben; nunmehr fangen sie an, sich zu meinem Vorteile zu verändern ...‘ Er schloss: ‚Ich setze die Versicherung hinzu, dass vielleicht hunderte andere Ihrer Tochter ein glänzenderes Schicksal verschaffen können, als ich in diesem Augenblick ihr versprechen kann; von Ihrer Entscheidung, der ich mit Ungeduld und Furcht, Erwartung entgegensehe, hängt es ab, ob ich es wagen darf, selbst Ihrer Tochter zu schreiben."

Die Antwort blieb der Herr Verleger Schwan schuldig und auch von Margarete erhielt Schiller keine Nachricht. Er haderte mit sich, dass er sich vielleicht nicht genügend um die treffende Wortwahl bemüht und zu unsicher gewirkt haben könnte. Auch die Geschäftsverbindungen zu Schwan brachen ab. Wochen später wurden Schiller Briefe mit Nachrichten aus Mannheim zu Gehör gebracht, nach denen eine Verlobung Margaretes bevorstünde. Schiller schlug sich diese Liebschaft endgültig aus dem Kopf, feierte ausgelassen mit Freund Huber dessen Verlobung mit Dora und verfasste für Minnas Hochzeit mit seinem Freund und Gönner Körner nach mehreren ausgelassenen nächtlichen Umzügen in Leipzig ein rasch hingeworfenes Hochzeitsgedicht.

> *‚… Glücklich macht die Gattin nur*
> *Die für dich nur lebet*
> *Und mit herzlicher Natur*
> *Liebend an dir klebet…'*

Wahrlich kein großer Wurf! Eines Schillers nicht würdig – und er selbst war sich bewusst, dass ihm seine Charlotte in Mannheim Machwerke dieser Art gnadenlos um die Ohren geschlagen hätte. Doch die Tage in Leipzig vergingen wie im Rausch und zehrten an seiner Schaffenskraft.

Wieder richtete er seine Pläne an der Literatur aus und schmiedete mit dem jungen Göschen, seinem neuen Verleger, Pläne für die künftige Zusammenarbeit. Aber weder mit seiner Arbeit an den Projekten, wie dem ‚Don Carlos' und der zweiten Ausgabe seiner Zeitschrift ‚Thalia', noch mit seinen Studien kam er voran. Er erwies sich einfach als zu schwach, um den Ablenkungen der Stadt zu widerstehen. Und der schriftstellernde, lebenslustige Huber, der flugs aus dem Französischen übersetzte und so mühelos Literatur unter das Volk warf, erwies sich auch nicht als der geeignete Freund, ihm ins Gewissen zu reden.

Wenige Wochen später zog Schiller aufs Land. Er erinnerte sich an seine Schaffensperiode in Bauerbach. Huber und Göschen besorgten

Unterkünfte in Gohlis. Endlich fand sich auch ein Termin für ein erstes Zusammentreffen mit dem Freund und Gönner Körner, der aus Dresden anreiste.

Eher beiläufig hatte Huber seinen Freund Schiller mit dem Geldverleiher Beit bekannt gemacht. Huber kannte allerlei nützliche Leute in Leipzig. Beits Wohnung mit Geschäftsraum lag in einem der Durchgangshöfe von der Katharinen- zur Hainstraße im zweiten Stock. Klingelzug und Messingtürklopfer, Schiller hatte inzwischen einige Praxis in solchen Geschäften. Er kannte das bereits: Den Schreibtisch am anderen Ende des Raumes, dem sich der Bittsteller mit jedem Schritt kleiner werdend nähern musste. Der ausladende Sessel dahinter, die imposanten Regale mit den Geschäftsunterlagen und der einfache Holzstuhl davor. Je schuldbewusster und zerknirschter der Blick ausfiel, desto höher die Zinsforderung, desto knapper das Geld und die Rückzahlungskonditionen. Dieses elende Ritual war im Grunde dem fürstlichen Umgang mit seinen Untertanen abgeschaut und fragte nicht nach Ursachen, nach Fähigkeiten und dem Menschen, der hier um materielle Hilfe vorsprach. Es erwies sich als die Fortsetzung des ewigen Machtspiels.

Doch zunächst schien Schiller von der Figur des Geldverleihers Beit angenehm überrascht. Ein hagerer, groß gewachsener Mann, ansprechend gekleidet, aber keineswegs aufschneiderisch, mit dem Gesicht eines Intellektuellen. So hatte er ihn nicht aus Richters Kaffeehaus in Erinnerung gehabt. Forschen Schrittes trat Schiller vor den Schreibtisch. „Sie erinnern sich? Rat in weimarischen Diensten, Friedrich Schiller." Eine knappe Verbeugung, stramme Haltung, fast fordernder Blick. Beit gab sich geschäftig, bot mit der linken Hand den Stuhl an. „Angenehm. Habe ihn in Begleitung von Huber kennengelernt, wenn ich mich nicht täusche? Was kann ich für ihn tun?" – „Schiller. Weimarer Rat." – „Ja, ja. Wie er schon gesagt hat. Hier gehen viele Räte, sogar Grafen und Konsuln ein und aus. Allen fehlt zum Titel das Geld", Beit lächelte unverhohlen und legte die Feder beiseite, um die Hände erwartungsvoll zu verschränken. „Ein Kredit, nehme ich an, wünscht der Herr Rat? Hat er Sicherheiten?" – „Ich bin Schriftsteller und meine Bücher werden bei Göschen verlegt. Derzeit sind zwei Theaterstücke in Hamburg und Berlin in Aufführung, und ich habe vom Verleger Schwan zu Mannheim für meine letzten Werke noch Geld zu bekommen." – „Schriftsteller, herrje! Er ist kein Bürger zu Leipzig?" – „Ich bin ein Mann von Ehre und zahle zurück." – „Das versteht sich. Göschen ist noch jung und neu im Geschäft. Ich habe nichts zu verschenken.", Beit schüttelte missbilligend den Kopf, dass seine Haare nur so hin und her flogen. – „So tief ist ein Rat Schiller nicht gesunken, dass er zu Kreuze kriechen muss", entgegnete Schiller verärgert und wandte sich zum Gehen. Doch auch dann musste eine Lösung her. Er verfügte über keine Barmittel mehr und es standen Umzug und Reise zu Körner auf dem Programm. Außerdem hatte er das anständige Hochzeitsgeschenk für seinen Freund bereits auf kurzfristigen Kredit gekauft und stand in der Pflicht, die nächsten Wochen, den Kaufpreis zu entrichten. Zögerlich ging er weiter. – „Einen Moment!", rief ihm Beit nach. „Hat er denn keine Sicherheiten? Kennt er jemanden in der Stadt, der für ihn einsteht, wenn er in Schwierigkeiten kommt? Dann will ich ihm Kredit gewähren, zu den landesüblichen Zinsen. Also?"

Schiller überlegte einen Moment, betrachtete den schweren eichenen Schreibtisch, die Öllampe mit fein geschliffenem Glas darauf, musterte das freundlich lächelnde Gesicht Beits und antwortete schließlich mit Widerwillen: „Körner ist mein Freund …" – „Gottfried Körner, der Sohn des kürzlich verstorbenen Theologieprofessors? Warum hat er das nicht gleich gesagt! Ein ansehnliches Vermögen soll ihm zugefallen sein!", Beit wurde geschäftig, lebendig geradezu.

Schiller senkte den Kopf und murmelte vor sich hin: „Weil jeder Mensch doch einen Wert an sich hat." Schon war ein vorbereitetes Schriftstück zur Hand, auf dem Beit Namen und Einzelheiten kritzelte. „Einen günstigen Zinssatz offeriere ich ihm. Was darf ich einsetzen? Einhundert, zweihundert Taler? Oder gar mehr? Hier bitte den Namen drunter setzen. Es war mir eine Ehre, Herr Rat

Schiller, mit Ihnen Geschäfte zu machen. Beehren Sie mich doch wieder."

Als kleine Reisegesellschaft kam Schiller mit seinen Bekannten und Freunden in dem beliebten Naherholungsort Gohlis an. Er selbst mietete sich bei dem Gutsbesitzer Schneider auf einem kleinen Dachstübchen im ersten Stock ein. Ein schräges Zimmer, dessen Decke mit Querbalken auf seinen Scheitel drückte, daneben ein Schlafstübchen, für seine Körperlänge zu kurz und zu eng, um seine Glieder auszustrecken. Er hatte alles genau berechnet, die Ausgaben hielten sich im Rahmen und mit den ersten Erlösen aus den Verkäufen einer neuen Ausgabe der ‚Thalia' würde er übers Jahr kommen. Seine Behausung teilte er zudem gelegentlich mit Göschen, seinem Verleger, wenn sich dieser von Leipzig frei machte und herüberkam.

„Eine ‚Fiesko'-Bearbeitung für die Leipziger Bühne! Es geht voran und das bei der Vorliebe meiner Leipziger fürs Französische! Schiller, die Leute mögen dich!", Göschen umarmte seinen Freund herzlich zur Begrüßung. Gemeinsam stiegen sie die Holzstufen zur Dachkammer hinauf. – „Bringt mir kaum das Salz in die Suppe", stöhnte Schiller. – „Du gibst den Leuten Ideale, sie finden die Worte, um Missstände zu benennen. Das treibt das Jahrhundert voran", beschwor Göschen ihn.

„Gier und Hatz nach Gewinn, das treibt die Leute. Unser Krämer-Jahrhundert prägt sie, die Tyrannei meinetwegen auch, aber nicht die Ideale", Schiller hob anklagend die Hände zur Decke. – „Du hast schon Recht. Vielleicht solltest du dich etwas leichter zugänglich zeigen, die Leute verführen, ohne deine Ideale zu verraten. Unterhalte sie und schmuggle ihnen die Ideale unter die Weste. Ich versuche, gute Bücher zu machen. Teures Papier, gute Einbände, solides Handwerk. Aber ich denke auch an die Käufer. Ohne Zugeständnisse erreichst du nur ein paar gebildete Feingeister."

Schiller blickte Göschen nachdenklich an: „Zugeständnisse sind nicht meine Stärke. Ich begebe mich nicht auf die Stufe der

Komödienschreiber! Dabei hast du Recht, ich spüre, dass ich an einer Grenze angelangt bin."

„Der ‚Don Carlos', du kommst nicht mehr voran." – „Ja, an dieser Arbeit spüre ich es vor allem. Natürlich haben mich die Zerstreuungen in Leipzig abgehalten, aber ich spüre auch, dass ich immer noch zu wenig weiß von der Historie. Die Grenze liegt in mir, in meiner Bildung. Bei jedem Drama, bei jedem Buch kommt der Moment, in dem man auf seinen wirklichen Gegner stößt und erkennt, dass man selbst dieser Gegner ist." – „Dann leg ihn weg, verbeiße dich nicht", schlug Göschen vor, „schreibe etwas Leichtes oder wühle dich in die Geschichte des alten Spanien. Dann fließen dir Zeilen und Dialoge wieder aus der Feder. Du kannst nichts zwingen." – „Etwas Leichtes soll ich schreiben? Mich dem Pöbel verkaufen? Für die Bretterbuden auf dem Jahrmarkt?", Schiller lachte bitter. – „Ein begnadeter Dichter ist immer besser als der Durchschnitt, selbst wenn er sich in die Niederungen der Unterhaltung begibt. Ein Traktat hier zur Historie, etwas Romanhaftes dort. Zähle auf mich, ich drucke es." Göschen zog seine vergoldete Taschenuhr aus der Weste. „Mein Freund, bedenke es. Ich schicke dir Bücher von Leipzig aus, damit du hier in der Sommerfrische studieren kannst. Ich muss zurück in die Stadt." Er stand auf, griff sich Überrock und Hut und schon knarrten die Holzstiegen, als er nach unten eilte.

Schiller fand in Gohlis zu geregelter, fruchtbarer Arbeit zurück. Schon bei Sonnenaufgang gegen vier Uhr in der Früh stand er auf. Nur leicht bekleidet sah man ihn gedankenvoll stundenlang in den Feldern der Gegend umherwandern. Manchmal schickte der Gastwirt des Ortes seinen kleinen Sohn mit einem Krug, gefüllt mit kühlem Wasser, und einem Tonbecher hinterher. Zwischen sechs und sieben Uhr kam Schiller zurück, diskutierte seine Ideen mit Huber, den er aus dem Bett warf, oder mit Göschen, wenn dieser aus Leipzig zu Gast war. Den Rest des Morgens verbrachte er in der Holunderlaube des Ortsrichters Möbius, wo er niederschrieb, worüber er nachgedacht hatte. Am Nachmittag sah man ihn wieder auf Spaziergängen, die ihn über die Felder hinter dem Dorf bis zur Hallischen Straße, dann durch die Brandt'schen Wiesen ins Gohliser Bauernholz und zurück am Pleißenufer oder über die beschaulichen Pfade des Rosentals zur ‚Wasserschenke' führten, in die er häufig einkehrte. Der Abend gehörte mit Diskussionen, Kartenspiel und Kegeln der Geselligkeit.

Im Treppenhaus hörte Schiller die Magd, die ihm gerade nach seinem morgendlichen Spaziergang Kaffee, Schinken und Brot in die Dachstube gebracht hatte, aufkreischen und lauthals schimpfen. Dann ein lautes Poltern und Gelächter. Schließlich knallten Stiefel auf den Holzstiegen. Dann nahm jemand zwei, drei Stufen auf einmal. Schiller schreckte hoch. Es war ausgeschlossen, hierhin verfolgten ihn die Württemberger nicht! Die Kammertür flog auf und Huber, etwas derangiert, aber bester Laune, stürmte herein und warf sich auf den erstbesten Stuhl. „Ein süßes Geschöpf!", rief er aus und schnalzte anerkennend mit der Zunge. „Ist dir das schon aufgefallen?"

„Huber, ich bitte dich! Bist du aus dem Bett gefallen heute Morgen? Lass mir meine Magd in Ruhe! Du bist vergeben …", Schillers Stimme ließ es nicht an missbilligender Schärfe fehlen. „… aber noch lebendig! Wer weiß, wann wir wieder einen solch schönen Frühsommer bekommen, in dem einen der Hafer sticht, schon wenn man nur an der Bettdecke lupft! Überhaupt, hier riecht es nur nach Tintenklecksen und staubigem Papier! Und Blasen hast du dir heute Morgen wahrscheinlich auch bereits gelaufen. Bei so einem Lebenswandel kann man keinen Blick für zwei apfelrunde Pobacken bekommen!", Huber lächelte Schiller an.

„Jetzt lass es gut sein", bat Schiller und wandte sich seinem Frühstück zu. „Du hast mich mit deinem Überfall nett erschreckt. Immer noch sitzen mir die Württemberger im Hinterkopf." – „Womit wir beim Thema wären", jetzt wurde auch Huber ernst. „Du erinnerst dich doch noch an diesen Menschen, der mit dir am ersten Abend in ‚Richters Kaffeehaus' sprechen wollte? Der nicht unvermögende Geheimnistuer?" – „Ja, sicherlich. So ein schwarz befrackter, kahlköpfiger, untersetzter Mensch." – „Ich habe ihn gestern Nachmittag hier in Gohlis gesehen." – Schiller blickte überrascht auf: „Das kann kein Zufall sein." – „Genau, das dachte ich mir auch und bin ihm heimlich gefolgt. Er hat einem Boten für die Postmeisterei Leipzig einen Brief anvertraut. Gegen ein paar Gulden machte der Bote wenig Aufhebens, mir den Brief zu überlassen. Moritz heißt der Kerl mit Nachnamen. Er soll Kaufmann sein und Geschäfte über die Landesgrenzen hinweg im Papierhandel tätigen. Aber jetzt kommt's! Die Briefe sind samt und sonders nach Württemberg adressiert. Hier ist das teuer erkaufte Einzelexemplar für Herrn Trautwein, andere Adressen sollen Reuss, Thaler und Elwert lauten." Huber reichte Schiller das Schreiben, das er diesem sofort aus der Hand riss und zu lesen begann. Moritz lieferte in dem Schreiben – gegen Bezahlung – einen Bericht über die Aktivitäten Schillers und seinen neuen Aufenthalt ab. Er beschrieb dessen Umgang, seine Kontaktpersonen und seinen Lebenswandel. Schiller wurde aschfahl vor Wut und Erschrecken, zerknüllte den Brief und warf ihn mit Abscheu quer durch das Zimmer. – „Ganz schön hartnäckig, deine Württemberger. Ist schon ein anderes Leben hier. Für meine Schulden hat mir noch nie jemand so zugesetzt", meinte Huber kopfschüttelnd. – „Du hast keine Ahnung!", presste Schiller zwischen den Zähnen hervor. „Es sind nicht nur Geldeintreiber. Das sind die Württemberger Jesuiten. Ich besitze etwas, das sie am liebsten vernichtet sehen möchten." Weiter erklärte sich Schiller seinem Freund Huber gegenüber nicht, aber er gab das verschnürte Paket mit Schubarts Schriften heimlich an Minna Stock zur Verwahrung. Zu ihrer ernsthaften und gewissenhaften Art hatte er das größte Vertrauen gefasst.

Kapitel 17
Feuertrunken vor Glück
– Dresden/Loschwitz im Herbst 1785 bis 1786

> Dumm ist mein Kopf und schwer wie Blei,
> die Tabaksdose ledig,
> mein Magen leer – der Himmel sei
> dem Trauerspiele gnädig (...)
>
> Die Wäsche klatscht vor meiner Tür,
> es scharrt die Küchenzofe –
> und mich – mich ruft das Flügeltier
> nach König Philipps Hofe.
>
> Ich eile durch die Galerie
> und – siehe da! – belausche
> die junge Fürstin Eboli
> in süßem Liebesrausche (...)
>
> Schon ruft das schöne Weib Triumph!
> Schon hör ich – Tod und Hölle!
> Was hör ich? – einen nassen Strumpf,
> geworfen in die Welle.
>
> Und weg ist Traum und Feerei!
> Prinzessin, Gott befohlen!
> Der Teufel soll die Dichterei
> beim Hemderwaschen holen!
> *Friedrich Schiller, Haus- und Wirtschaftsdichter in*
> *seinem jammervollen Lager unweit des Kellers ...*

Das gelbe Getreide wogte in der grellen Julisonne zu beiden Seiten der alten Poststraße. Schiller freute sich, endlich Körner zu treffen, und fühlte sich eins mit der Natur. Es ging ihm gut, wie bisher nur selten in seinem Leben. Sie saßen dicht gedrängt in der Postkutsche. Zwei Stunden bis Kahnsdorf. Minna, ganz mit ihren Heiratsvorbereitungen beschäftigt, zeigte ihrer Schwester Dora Skizzen von Brautkleidern und ging mit ihr die Liste der Hochzeitsgäste durch. Die Vorfreude zeichnete ein hübsches Rot auf ihre Wangen. Nur Huber gab sich gelangweilt, klammerte sich an einen Tonkrug mit Bier, um die Hitze zu bekämpfen und hielt den Kopf immer wieder in den Fahrtwind. Als die Kutsche eine scharfe Rechtskurve fuhr, gewannen sie einen weiten Ausblick über die Landschaft und auf den zurückgelegten Weg. Plötzlich deutete Huber mit ausgestrecktem Arm nach hinten und machte Schiller auf einen Reiter aufmerksam, der offenbar der Kutsche bereits seit Gohlis in gebührendem Abstand gefolgt war. Längst hätte er sie überholen müssen, aber er ließ sich Zeit. „Der will nicht gesehen werden. Jede Wette, dass das unser Herr Moritz ist", erklärte Huber.

Sie kamen rasch voran. Huber rief dem Kutscher zu, er möge noch einmal eine Rast einlegen, bevor sie nach Kahnsdorf einführen. So hielten sie bei dem nächsten Gehöft, das gleichzeitig eine Poststation war. Der Kutscher stieg vom Bock und schöpfte aus dem Brunnen Wasser für seine Pferde. Auch die Reisegesellschaft erfrischte sich mit dem kühlen Nass. Und tatsächlich, der Reiter stieg ebenfalls ab, um sein Pferd an einen Bach in der Nähe zu führen.

„Das haben wir gleich!", rief Schiller verärgert aus. Er schlich sich mit Huber an den Reiter heran. Schiller überraschte Moritz, stellte ihn zur Rede. Beide diskutierten laut und heftig auf der Landstraße. Währenddessen machte sich Huber unbemerkt am Pferd des Verfolgers zu schaffen. Kurze Zeit später saßen Schiller und Huber wieder bei den jungen Damen in der Postkutsche. „Was habt ihr gemacht?", wollte Minna wissen.

Dora spähte nach draußen. „Der Reiter ist ja weg." – „Irgendjemand hat ihm den Sattelgurt durchgeschnitten. Jetzt steckt der Arme in der Wildnis fest, und das bei dieser Hitze", lachte Huber vergnügt und sprach wieder dem Bier zu. „Trink nicht so viel – und schon am Morgen", mahnte ihn seine Verlobte Dora. Doch Huber bot ihr nun gut gelaunt ebenfalls einen Schluck an. Schiller wurde immer schweigsamer. Ihn beschäftigten diese Verfolgung und die Berichte mehr, als er zugeben wollte.

Auf einem Hügel inmitten von Obstwiesen und Kornfeldern tauchte Kahnsdorf auf. Die Postkutsche schaukelte über die Dorfstraße. Die großen Höfe mit mehrstöckigen Wohn- und Wirtschaftsgebäuden unterschieden sich deutlich von den ärmlichen Bauerndörfern in Württemberg und zeugten von Wohlstand und guten Bodenverhältnissen. Bauern zogen ihre Hüte und grüßten, Kinder liefen schreiend neben der Kutsche her oder vertrieben das Viehzeug von der Straße. Das Gut der Familie Ernesti, den Verwandten Körners, lag am Ende der Dorfstraße. Repräsentative Gebäude, massiv gemauert, eine steinerne Brücke, die über einen Bach führte. Für Generationen geplant und gebaut, dachte Schiller.

Kaum, dass die Postkutsche hielt, trat schon ein junger Mann mit hochgekrempelten Hemdsärmeln und offener Weste aus der Tür und lief ihnen entgegen. Die jungen Frauen waren die Ersten, die aus der Postkutsche sprangen, um, ohne auf jede Etikette zu achten, schnatternd wie die Gänse dem Jüngling um den Hals zu fallen. Dieser griff nach seiner Minna, küsste sie auf den Mund, hob sie dabei ein Stückchen von der Erde und wirbelte sie umher, dass sie kreischte. Dann standen sich Schiller und Körner gegenüber und reichten sich die Hand, lange und wortlos. Schiller kannte ihn bislang nur von Doras Zeichnungen und musste zugeben, dass sie ihn gut getroffen hatte. Die klugen, aufmerksamen Augen, den weichen Gesichtszug des Intellektuellen, die senkrechte Stirnfalte, der vergnügte, heitere Zug um die Mundwinkel, dieselbe beeindruckende, fast staatsmännische Haltung, die jetzt, wo sie sich gegenüberstanden, in einem Gegensatz zu seinem noch jugendlichen Alter stand. Aber erst am Abend konnten sie ungestört unter vier Augen reden.

„Hast du dich in Sachsen eingelebt?", fragte Körner und führte seinen Freund auf einem schmalen Pfad über die Dorfwiesen, an einem kleinen Bachlauf entlang.

„Ich bin ein freier Mensch, ohne herrschaftliche Bedrängnis. In Mannheim war zuletzt meines Bleibens nicht mehr. Intrigen, Bespitzelungen, keine Aussicht auf ein Fortkommen und eine unglückliche Beziehung. Aber hier! Ich bin dir sehr dankbar", bekannte Schiller aufrichtig. – „Und, geht es voran? Was macht der ‚*Carlos*'? Göschen hat mir von den Fortschritten bei der ‚*Thalia*' geschrieben."

„Ich musste aus Leipzig fort. Zu viele Zerstreuungen, du verstehst. Ich bin nicht der Mensch, der sich einer Gesellschaft entzieht und sich wehrhaft abriegelt, um sich der Arbeit zuzuwenden. Aber seit *Gohlis* mache ich Fortschritte", Schiller stockte einen Moment, schaute Körner unsicher von der Seite an. Dieser forderte ihn auf: „Nun, frei heraus, mein lieber Schiller, wo wir doch aufrichtig miteinander umgehen."

„Manchmal denke ich an einen Beruf, der mich ernährt. Vielleicht sollte ich mein Studium der Medizin wieder aufnehmen."

„Du musst schreiben! Punktum! Die wirklichen Dichter sind rar geworden!", Körner bedrängte ihn mit Feuereifer.

„Du hast gut reden, dich ernährt dein Beruf und du hast mit Minna bald eine beneidenswert hübsche Frau an deiner Seite", gab Schiller zu bedenken.

„Mich ernährt mein väterliches Erbe und ich bin ein Dilettant in der Kunst, froh, wenigstens den Schund und Tand vom Gold der Dichterworte unterscheiden zu können, und daher glücklich, dich, Friedrich, zum Freund zu haben." Körner überreichte ihm einen Brief: „Hier, lies das, wenn du auf der Rückreise bist, und versprich mir, mit Minna nach Dresden zu kommen und die Sommermonate bis in den Herbst kostenfrei in unserem Haus in den Weinbergen in Loschwitz zu verbringen. Du wirst sehen, dass du weder die Juristerei noch die Medizin vermissen wirst. Und bitte: Habe nicht weitere Bedenken, mir deine Bedürfnisse mitzuteilen."

Dankbar und überwältigt schloss Schiller seinen Förderer und Freund in die Arme: „Womit habe ich das alles verdient?" Selbst diese Antwort blieb ihm Körner auf dem Weg zurück zum Gut nicht schuldig.

Kaum verließ die Kutsche Kahnsdorf, zerriss Schiller das Siegel und las den Brief. Er murmelte leise vor sich hin: „Dabei habe ich ihm nur Andeutungen gemacht, dass ich auf den Druck einiger Schriften bei Göschen hoffe …" Huber bedrängte ihn und er las laut vor, stockend vor Ergriffenheit:

„Warum schriebest du mir nicht gleich, wie viel du brauchst? Kommt es bloß darauf an, einige laufende Ausgaben zu bestreiten, so ist vielleicht das hinreichend, was ich beilege. Ich würde dir gleich mehr schicken, wenn ich hier nicht noch allerlei Handwerksleute zu bezahlen und erst in Leipzig Geld zu empfangen hätte. Aber Rat kann ich allemal schaffen. Wenn ich noch so reich wäre und du ganz überzeugt sein könntest, welch ein geringes Objekt es für mich wäre, dich aller Nahrungssorgen auf dein ganzes Leben zu überheben, so würde ich es doch nicht wagen, dir eine solche Anerbietung zu machen. Aber ein Jahr wenigstens lass mir die Freude, dich aus der Notwendigkeit des Brotverdienens zu setzen. Auch kannst du mir meinethalben nach ein paar Jahren alles wieder zurückgeben, wenn du im Überfluss bist. Also, schreibe mit der ersten Post und bestimme die Summe …"

Minna strahlte ihn an und Schiller wusste, dass es auch ihr Verdienst war, dass sich Körner ihm gegenüber so großzügig erweisen konnte. Er kniete vor ihr und küsste im Überschwang der Gefühle ihre Hände, was sie ganz verlegen machte. „Und du, Huber, besorgst mir gleich einen Brief auf die Post nach Leipzig. Ich will ihm sofort danken und zurückschreiben."

An Christophine Reinwald
Ich hoffe doch nun sehr; dass du dich trotz meiner Bedenken in das Eheleben eingefunden und in Meiningen eingelebt hast. Wenn auch mein Phinele Besseres verdient hätte, aber das Leben schreibt uns manchmal seine eigenen Kapitel. Ich finde derweil in Loschwitz die himmlischste Gegend vor. Am Fuße des Berges liegt das Wohnhaus. Am Haus ist ein niedlicher kleiner Garten, und oben auf der Höhe des Weinberges steht noch ein artiges Gartenhäuschen. Die Aussicht von diesem und der Untergang der Sonne sollen ganz zum Entzücken sein. Alles hier herum wimmelt von Weinbergen, Landhäuschen und Gütern. Ich richte mich auf einen mehrwöchigen Arbeitsaufenthalt ein.

Während heute Dorchen und Minna auspackten und im Hause sich beschäftigten, hatten Körner und ich philosophische Gespräche. Das Wohnhaus selbst liegt an einem Hang und hat im oberen Stock zu ebener Erde nur zwei kleine Stübchen und zwei Kämmerchen. Für mich hat Minna im ersten Stock zu ebener Erde die Presskammer als Wohnstube mit grünseidenen Vorhängen, einem Schreibtisch, einem Großvaterstuhle und einem Bett eingerichtet. Nur ein schmaler Gang trennt mein Zimmer von der Waschküche, dem Winzerstübchen und dem Kuhstalle, in welchem zwei Kühe stehen. Dieses sind die einzigen Ablenkungen, denen ich trotzen muss für meine Schriften und Studien. Ich sehe rückwärts in meinem Leben und bin fröhlich, liebe Schwester, voll Mut für die Zukunft. Möge es dir auch so ergehen!

Dein Fritz

Er hatte sich für die Nacht ein paar Stühle im Gartenhäuschen zusammengeschoben und sich mit einer einfachen, wollenen Decke gewärmt. An jenem Morgen sprang er vergnügt von seiner improvisierten Bettstatt und setzte seine Füße selbstbewusst auf den Boden, bereit, sich die Erde untertan zu machen. Er platzte fast vor Selbstzufriedenheit, die neue Hose saß stramm und die angepasste Weste wurde das erste Mal in seinem Leben vom Körper ausgefüllt. Er war randvoll vom guten Leben der letzten Wochen – und wenn es hier und jetzt und heute Menschen gab, die die Last des Lebens schwer auf ihren Schultern fühlten, so gehörte Schiller gewiss nicht zu ihnen. Das erste Mal in seinem Leben – wahrlich nicht! Mit einer Hand fuhr er sich kurz durch die struppigen Haare, die andere Hand griff bereits wieder nach der Feder, tunkte diese ins Tintenfass und noch fast im Unbewussten warf diese Hand noch ein paar Verskorrekturen und Reime aufs Papier.

„Schiller! Fritz! Komm endlich! Frühstück ist angerichtet!", rief Minna Richtung Gartenhäuschen, das jetzt oben am Hang fast vollständig vom satten Grün des Weinlaubes und den roten Trauben verdeckt lag.

„Nicht so grob!", mahnte Huber, der sich beeilte an der Morgentafel Platz zu nehmen und nach Essbarem Ausschau hielt. „Eine zarte Künstlerseele reagiert auf Himmelstöne." – „Du gerade, zarte Künstlerseele, dass ich nicht lache! Fritz, lass den Kaffee nicht kalt werden!"

„Ich gehe ihn jetzt holen", entschied Dora, die aus dem Haus trat und Brot und Kuchen auf den Tisch stellte.

„Nichts da, hier geblieben!", Huber fasste sie am Handgelenk. „So weit kommt es noch, dass meine Braut anderen Männern in den Weinbergen nachsteigt. Die süßen Früchte pflückt mein Liebchen gefälligst an meiner Seite!" – „Ach du! Was du so immer daherredest!" Es kam zu einem kleinen Handgemenge, an dessen Ende Huber nur augenzwinkernd erklärte: „Jetzt trete ich den Beweis an." Er griff nach seiner Mandoline, begann zu spielen, und tatsächlich sah man Schiller den steilen, gewundenen Pfad zwischen den Weinstöcken hinabkommen. Dora und Minna hatten den Tisch auf das Gemütlichste unter dem Pfirsichbäumchen gedeckt, in dessen Blättern der Wind wie in einer Harfe spielte. Dora drapierte für ‚ihren Dichter' den in der Frühe gepflückten Blumenstrauß in einer Vase, während Huber jetzt versuchte, ihr Strumpfband zu ergattern und sie so um den Tisch trieb. Schiller lachte, als er das Treiben von oben beobachtete, ging dann aber nicht direkt zur Terrasse, die auf der rechten Seite des Hauses vor seinem Wohnstübchen lag, sondern auf den Hinterausgang des Hauses zu.

„Fritz, wo willst du jetzt schon wieder hin? Ich werde noch verrückt hier!", Minna nahm protestierend Platz und legte die Hände in den Schoß. Schiller eilte seinem Freund Körner entgegen, nahm diesem die große Kaffeekanne aus der Hand: „Lass mich das machen, mein Freund. Von poetischer Hand kredenzt, entfaltet dieses Göttergetränk erst seine wahre Wirkung."

Körner willigte lachend ein und nahm an der Seite von Minna Platz, die er mit zärtlichen Wangenküssen begrüßte. Noch einen Schritt auf die Hausschwelle zu und Schiller hatte Glück, den Hausdiener Gottfried zu erwischen und ihm zuzuraunen, er möge eine Flasche Champagner aus den Tiefen des Kellers holen und Gläser bereithalten, denn es gäbe etwas zu feiern. Dann eilte Schiller zu seinen Freunden, schenkte Kaffee aus und begutachtete die Kaffeetafel. „Genug für deinen Löwenhunger, Schiller?", erkundigte sich Dora und machte ihm schöne Augen.

„Du weißt, ich bin ein eher bescheidener Mensch. Da muss es nicht wenig sein, Hauptsache gut!", scherzte Schiller und langte kräftig zu. – „Du warst die ganze Nacht dort oben im Gartenhäuschen", begann Dora. – „Hm, ja. Eine wunderschöne laue Sommernacht", antwortete Schiller.

„Du solltest nicht so leichtsinnig sein, die Nächte werden auch bei guter Witterung Ende September schon recht kühl", mahnte ihn Minna.

„Erfroren bin ich nicht, aber fast verhungert dort auf meinem Dichterhügel", beschwerte sich Schiller im Scherz.

„Nun hört euch diesen Tagträumer an! Da rufe ich mir die Stimme aus dem Leib und der Herr Dichter hockt auf seinen Ohren, bereit, mich als knauserig zu beschimpfen", gab Minna schlagfertig zurück.

„Viel entscheidender, meine Freunde, ist die Frage, ob und was er dort oben geschrieben hat", erkundigte sich jetzt Körner und genoss den heißen Kaffee. – „Na, welche Muse hat dich geküsst? Ich habe auf mein Dorchen die ganze Nacht Acht gegeben", lachte Huber und kaute genüsslich, während Dora, die ewige Verlobte, rot wurde vor Verlegenheit.

„Endlich, ich fürchtete schon ernsthaft, ihr würdet mich überhaupt nicht mehr fragen! Dabei platze ich vor Mitteilungsdrang! Bei Sonnenuntergang habe ich ein Lied begonnen und heute Morgen die letzten Verse gedichtet." Schiller schaute überglücklich in die Runde und zog die Blätter schüchtern aus der Tasche. Schon war Dora zur Stelle und las: *„An die Freude."* Still bewegte sie ihre Lippen beim Studium der Verse. Schiller begann seine Pfeife zu stopfen und beobachtete jetzt seine Freunde, bei denen die Blätter die Runde machten. *„Freude schöner Götterfunken/ Tochter aus Elysium ..."*, las Körner jetzt laut vor. „Unserem Dichter geht es richtig gut! Man muss ihn nur lassen, da verfliegen die düsteren Zeilen und seine Kunst strahlt hell empor." – „Wie der Sommermorgen", pflichtete

Huber bei. „Gefällt mir, altes Haus!" – „Das ist *wunderschön*", Dora drückte Schiller einen Kuss auf die Wange, „es gefällt mir so gut, dass du einen Wunsch bei mir frei hast." – „Wenn ich mir wirklich etwas wünschen dürfte ...", sagte Schiller gedehnt. – Doch Minna hob schon den Zeigefinger: „Dora, man sollte nie etwas versprechen, das man nicht halten kann." – „Und man sollte nie etwas wünschen, was einem anderen unmöglich ist", ergänzte Schiller und erntete von Huber einen schrägen Blick. „Die Freude sollte unsere treibende Kraft sein in diesen Zeiten und der Glaube daran, dass unser Jahrhundert an Menschlichkeit gewinnen wird."

„Unser Jahrhundert wird so gut und so schlecht sein, wie wir es machen. Darum lasst uns auf der Menschheit Straße kräftig voranschreiten!", rief Körner aus. „Darauf müssen wir anstoßen!"

Auf einen Wink trat Gottfried mit dem Champagner aus dem Hauseingang. Schiller sprang auf und fuhr mit dem Glas über den Tisch. Doras Glas klirrte und sie hielt nur noch den Stil in der Hand. „Fritz, musst du immer so ungestüm sein!", ärgerte sich Minna. – „Jammere nicht, Scherben bringen Glück", entgegnete Körner und stieß an. Alle standen sie jetzt und prosteten sich mit dem übermütigen Zuruf: *„Freude schöner Götterfunken!"* zu. Schiller warf anschließend sein Kristallglas mit großer Geste über den Zaun nach unten auf die Straße, wo es klirrend zerschellte. Die anderen standen ihm in nichts nach. Schon forderte Schiller neue Trinkgefäße und Minna lief, um vier kleine versilberte Trinkbecher zu holen, damit nicht ihr restliches Kristall weiter Schaden nähme. Schiller rief: *„Eine Libation für die Götter! Gießen wir unsere Becher aus!"* Und sie wandelten ihren Ruf in: *„Freiheit schönster Götterfunken!"* Und schütteten mit einem Schwall den Champagner in dieselbe Richtung, in die zuvor die Gläser geflogen waren. Jetzt ertönten Protestrufe von der Straße. Offenbar hatten sie einen vorbeispazierenden oder vielleicht auch neugierigen Dörfler getauft. Worauf Schiller sein Lachen unterdrückte, um den armen Tropf auf der Straße nicht weiter zu provozieren. Aber seinen Kommentar: „Manche bekommen halt Angst, wenn sie die Freiheit überfällt ...", konnte er sich nicht verkneifen. Worauf Körner eine ernste Miene aufsetzte, ein wenig nachdenklich entgegnete: „Lieber Fritz, da hast du einmal wieder leichthin etwas gesagt, das bedacht zu werden verdient, denn es steckt viel Wahrheit drin." Schiller blickte ihn überrascht an: „Ja doch, die Freiheit ist ein wildes Tier!"

Aber wer zum Frühstück Champagner auf seiner Zunge tänzeln ließ, taugte nicht zum Philosophieren! Sie tranken weiter, scherzten und schlossen beim Rest der Flasche mit dem Ausruf: *„Keine Trennung! Keiner allein! Sei uns ein gemeinsamer Untergang beschieden!"* Huber griff sogleich nach der Mandoline. „Freunde, das Lied braucht eine Melodie!"

> *„(...) Seid umschlungen Millionen!*
> *Diesen Kuß der ganzen Welt!*
> *Brüder – überm Sternenzelt*
> *Muß ein lieber Vater wohnen.*
>
> *Wem der große Wurf gelungen,*
> *Eines Freundes Freund zu sein,*
> *Wer ein holdes Weib errungen,*
> *Mische seinen Jubel ein!*
> *Ja – wer auch nur eine Seele*
> *Sein nennt auf dem Erdenrund!*
> *Und wer's nie gekonnt, der stehle*
> *Weinend sich aus diesem Bund! (...)*

Sie probten noch, bis die Gesellschaft wieder nach Dresden aufbrach und Schiller allein in seinem Weinberg mit seinem ‚Don Carlos', seiner ‚Thalia', einem Romanprojekt, den ‚Geistersehern', den Versen und Studien zurückließ. Auf Körner wartete sein Konsistorium mit Regierungsgeschäften, denn das Geld für das Haushaltsgeschirr, das geniale Dichter nach geglückter Arbeit gewöhnlich zu zerschmettern pflegten, wollte verdient sein!

Die Zeit in den Weinbergen von Loschwitz wurde für Schiller zu der sorgenfreiesten und produktivsten seines Lebens. In den Monaten danach lebte er sich vor allem an der Seite von Körner und

Minna in Dresden ein. Befreit von finanziellen Sorgen wurde aus ihm sogar ein Städter mit Esprit für gesellschaftliche Themen; er lernte in Umgangsformen und Mode dazu und war binnen weniger Wochen kaum mehr mit jener leidenden Dichterexistenz aus Mannheimer Tagen vergleichbar. Mit mehreren jungen Intellektuellen in Dresden trug er demonstrativ zu offiziellen Anlässen einen offenen, breit über dem Jackenkragen reichenden Hemdkragen, vorn nicht selten mit Rüschen ausgearbeitet. Dieser lässige, offene Hemdkragen, in dem er sich sogar nach Vermittlung durch Körner für ein Portrait des bekannten Malers Graff präsentierte, stand in Kontrast zur engen Halsbinde, wie sie von den Angehörigen des Adels getragen wurde. Mode als Demonstration des Protestes, so etwas wäre einem Schiller in Mannheim noch nicht eingefallen! Dank des Graff Portraits wurde Schillers ‚Kragenprotest' bald so populär, dass man überall vom *Schiller-Kragen* sprach. Manchmal staunte Schiller über sich selbst und die Wirkung, die er neuerdings in seinem neuen Leben bereits mit einfachen Dingen erzielte.

Die Freunde lebten unbeschwerter und Körner ermutigte Schiller immer wieder, es ihm in diesem Sinne gleichzutun und sich nur noch auf sein Werk und sein Wohlergehen zu konzentrieren. So lag schließlich ein frohes Dresdner Jahr hinter Schiller. Ein Jahr sorglosen Lebens und Arbeitens, indem ihm zudem viel Anerkennung und Lob zuteil geworden war.

Allerdings auch einmal wieder eine Zeit, die getrübt wurde von einer unglücklichen Liebe zu Henriette von Arnim, mit der er eher zufällig auf der Straße bekannt geworden war und die binnen kürzester Frist seine Leidenschaft entfacht hatte. Schiller stürzte sich in Unkosten, kaufte neue Kleidung, frisierte und parfümierte sich, dass Dora schon über ihn zu witzeln begann und die gestrenge Minna sich weigerte, weiterhin seiner Verschwendungssucht und seinem bohemehaften Lebenswandel zuzuschauen. Er gab Unsummen für Blumen und Einladungen aus und musste letzten Endes erfahren, dass er keinesfalls der einzige Günstling jener höchst attraktiven jungen Dame war und dass es ihrer Mutter vor allem um eine gute Partie ging. Schiller stellte Henriette von Arnim in seiner ungestümen Art zur Rede, machte ihr Vorhaltungen, man stritt sich, entzweite sich sogar. Dies führte jedoch nur dazu, dass er tagelang keine Zeile mehr zuwege brachte und Löcher in die Luft stierte. Schließlich, nachdem sie ihm schrieb und um ein Treffen bat, drohte Schiller erneut schwach zu werden. Huber, der sich auf nüchtern erotische Art dem weiblichen Geschlecht und den Dingen der Liebe näherte, redete ihm ins Gewissen. Er schlug vor, der Dame nachzuspionieren, damit Schiller endlich klarsehe. So standen sie an einem Abend, an dem Mademoiselle von Arnim angeblich verhindert war, im schützenden Schatten einer Hauswand, beobachteten das Arnim'sche Haus und warteten. Das hell erleuchtete Fenster in der ersten Etage gehörte zu ihrer Wohnung.

„Sie ist zu Haus. Ich will es wissen!", seufzte Schiller und drückte Huber sein Antwortschreiben in die Hand, um ihn als Boten und Kundschafter ins Haus zu schicken. Auch wenn sich Schiller in letzter Zeit immer mehr von Huber wegen dessen Oberflächlichkeit, seinen ewigen Weibergeschichten und vor allem der Art und Weise, wie er die treue Dora hinterging, entfremdet hatte, für derlei Mission war er wie geschaffen. Es dauerte nicht lang, da sah Schiller ihn wieder aus dem Hauseingang und der Toreinfahrt kommen. Schnell lief er ihm entgegen: „Und?" – „Willst du es wirklich wissen?" – „Warum frage ich sonst! Red' schon!", flüsterte Schiller mit zitternder Stimme. – „Sie saß drinnen beim Kartenspiel. Der dicke Bankier Eppsteiner machte ihr in Anwesenheit des galanten Grafen Waldstein den Hof." Huber wirkte ein wenig verlegen. – „Danke, für diesen Freundschaftsdienst", Schiller lief allein nach Hause.

Doch damit war die Angelegenheit nicht ausgestanden. Anderntags lauerte ihm der Bankier Eppsteiner auf, drängte ihn in ein Café und eröffnete Schiller unverblümt, dass er von ihm fordere, den Umgang mit der jungen von Arnim einzustellen. Er empfehle ihm, am besten sogleich die Stadt zu verlassen. Schiller sprang auf, rot vor Empörung: „Es lag nicht in meiner Absicht, den Kontakt zu Mademoiselle von Arnim zu vertiefen oder gar *fortzuführen*, aber das ist doch wohl ganz und gar meine Privatangelegenheit, die den Bankier – unbekannterweise – nichts, *aber auch überhaupt nichts* angeht! Noch weniger dürfte es Sie interessieren, wo ich zu leben gedenke."

Der Bankier wurde deutlicher. Er habe Schuldscheine und Wechsel aus Leipzig und Meiningen erworben. Es lägen ihm Anzeigen und Schreiben aus Württemberg vor und er habe Kontakte zu einem Fronboten mit Namen Reuss, der Herrn Schiller nicht unbekannt sein dürfte. Es ginge das Gerücht, er habe einem in Württemberg einsitzenden Kriminellen zur Flucht verhelfen wollen, zumindest aber verbotene Gegenstände aus der Festung geschmuggelt. Gewisse Kreise dort wären an einer genauen Untersuchung und Überstellung des Herrn Schiller interessiert.

Schiller setzte sich nicht wieder, schüttelte nur drohend die Fäuste. Er sei weimarischer Rat und besitze über seinen Freund Körner die Protektion der sächsischen Regierung! Er lasse sich nicht drohen.

„Auch die Regierung hat Kredite bei meiner Bank ...", grinste ihn der dicke Eppsteiner frech an. Schiller stürmte davon. „Ich sehe, wir haben uns verstanden!", rief ihm der Bankier noch nach. Wieder streckten sie ihre Tentakel nach ihm aus. Dieser ekelhafte Krake schnitt an jedem Ort neue Fratzen! Das Gift der Verfolgungsangst raste ein weiteres Mal durch seine Gedanken. Auf keinen Fall durfte er Körner in diese Sache mit hineinziehen.

Näher hielt Schiller die Handschrift an das Licht der Öllampe, um seinen entzündeten, übermüdeten Augen, die keinen Schlaf fanden, Entlastung zu verschaffen. Fasziniert und aufgeregt las er halblaut die Verse:

> *„ Weh! Steck ich in dem Kerker noch?*
> *Verfluchtes, dumpfes Mauerloch!*
> *Wo selbst das liebe Himmelslicht*
> *Trüb durch gemalte Scheiben bricht ..."*

Wie machte dieser Goethe das bloß? Alles wirkte wie mit leichter Hand hingeworfen. Wie konnte sein ‚Don Carlos' daneben bestehen? Viel lag ihm daran, Goethes Anerkennung zu gewinnen. Dora und Minna, die er regelmäßig aufgesucht hatte, wenn er in Dresden oder Leipzig weilte, hielten Goethe für hochmütig und unnahbar. Wie war das möglich, bei einer solch klaren, einfachen Sprache? Schiller quälten Selbstzweifel, noch immer fehlte ihm die Gewissheit, wo er mit seinem Können stand. Er müsste sich an den großen Geistern der Zeit erproben, um zu wissen, was ihm fehlte. Noch weilte Goethe in Italien – wäre da nicht Weimar zum jetzigen Zeitpunkt ein ungefährliches und lohnendes Ziel? Charlotte von Kalb war nach Weimar übergesiedelt und hatte ihn eingeladen. Sie würde ihm Zugang zu Wieland, Herder und von Knebel verschaffen und seine Beziehungen zum Hofe erneuern. Oder erwiesen sich diese Gedanken in Wahrheit nur als Fantasien?

Im Schlafrock trat Körner ein, setzte sich in den Sessel schräg hinter ihn, nippte an einem Kaffee, den er mitgebracht hatte, stellte die Tasse schließlich weg. „Du rezitierst aus dem ‚Faust'-Fragment?" Schiller nickte stumm. „Das könnte ein großes Werk werden, wenn er es vollendet. Aber wer weiß, ob er jemals die Fäden wieder aufnehmen wird, die er mit seiner Abreise nach Italien hier liegen gelassen hat." – „Er wird es vollenden. Ein Mensch wie er ist sich seiner Fähigkeiten sicher, da spielt es keine Rolle, ob er den Faden ein paar Jahre früher oder später weiterspinnt. Ich dagegen –", Schiller legte das Manuskript zur Seite, „ich weiß auch nicht ... Es gärt in mir!"

„Dein ‚Don Carlos' liegt verschnürt und versiegelt vor dir, bereit zum Druck bei Göschen. Vier Jahre Arbeit und Studien sind beendet, mein Freund. Jetzt deine geschichtlichen Forschungen. Du machst große Fortschritte. Deine ‚Geisterseher' haben dir die Leute förmlich aus der Hand gerissen und Göschen zum Verleger mit glücklicher Hand gemacht. Willst du jetzt nicht die ‚Geschichte des niederländischen Abfalls von Spanien' zu Ende schreiben?" Körner spürte deutlich, wie sehr Schiller Zuspruch benötigte, denn die heitere Stimmung der Loschwitzer Tage verflog immer mehr. Schiller zog sich seit einigen Wochen zurück, wurde wieder wie früher eigenbrötlerisch und nahm nicht mehr am gesellschaftlichen Leben Dresdens teil.

„Frag mich nicht nach den Plänen für meine Arbeit, fehlen mir doch bereits die Pläne zum Leben! Ich bin mürrisch, einfach unzufrieden – und das hast du nicht verdient, mein Freund. Kein Pulsschlag der Begeisterung noch in mir, die mich noch in Loschwitz so glücklich beflügelt hat", Schillers Blick glitt ins Leere. „Mein Herz ist zusammengezogen, und die Lichter meiner Fantasie sind ausgelöscht. Ich könnte sogar des Lebens müde sein, wenn es der Mühe wert wäre, jetzt und in solcher Stimmung zu sterben." Er hob beschwichtigend die Hände: „Erschrecke nicht, mein Freund, wahrscheinlich bedarf ich einer Krise – es ist die Art der Natur, etwas zu zerstören, um Neues zu gebären."

Bedrückt sah Körner auf: „Gönne deinem Kopf mehr Ruhe. Die viele Nachtarbeit bedrückt dein Gemüt." – „Mein Wille zwingt meinen Geist und treibt meinen Körper, solange er vorhanden ist." Schiller nahm das geschnürte Manuskriptpaket und wog es bedächtig in den Händen. „Goethe schickt dir, Körner, Manuskriptblätter. Obwohl er weiß, dass ich bei dir lebe, erwähnt er mich mit keinem Wort. Obwohl er davon ausgehen muss, dass auch ich sie lese, will er von meiner Meinung dazu nichts wissen." – „Worum geht es dir wirklich? Frei heraus und ehrlich, wie wir es uns versprochen haben!", forderte Körner. – „Gottfried, ich muss wieder raus in die Welt. Ich muss fort von dir. Hier bin ich wenig oder nichts. Unter euch glücklichen Paaren hier fühle ich mich einsam und habe doch nicht die Mittel, selbst eine Familie zu gründen. Du bietest mir Unabhängigkeit und Freundschaft seit zwei Jahren. Auch wenn ich dir das nie vergessen werde, ist doch das Geben und Nehmen ungleichgewichtig. Ich muss es schaffen, über mein Leben selbst zu bestimmen." Es wurden mehr Sätze der Erläuterung und Rechtfertigung, als Schiller beabsichtigt hatte, denn er wollte den Freund, der jetzt konzentriert in seinen erkalteten Kaffee blies, nicht verletzen. Geständnisse dieser Art, lange aufgeschoben, kosteten Schiller viel Kraft. Dann stand er auf und schritt wie gewöhnlich, die Hände auf dem Rücken verschränkt, im Zimmer auf und ab.

„Ich kann dich nicht halten und ich verstehe dich. Ich bin kein Künstler, an dem sich dein Geist messen kann, eben nur ein Nachäffer. Aber versprich mir, dass du dich und deine Entscheidung noch einmal ernsthaft prüfen wirst. Goethe kannst du auch bei uns treffen", Körners Stimme wurde brüchig vor Trauer.

Schiller trat vor ihn und legte ihm die Hände in einer freundschaftlichen Geste auf die Schultern. „Das hat nichts mit dir zu tun. Du bist mir der aufrichtigste und wertvollste Freund, der verlässlichste Ratgeber und ein anregender Gesprächspartner. Verstehe doch, ich muss fort! Es ist entschieden. Unsere Freundschaft wird auch die Trennung überdauern." – „Wohin willst du gehen?" – „Nach Weimar – ich muss es endlich wagen. Es war ein langer Weg bis dahin. Vielleicht später auch nach Hamburg. Dort will Schröder den ‚Don Carlos' uraufführen."

„Charlotte von Kalb ist nach Weimar gezogen. Du bist diesem Verhältnis schon einmal entflohen", warnte Körner.

„Der große Wieland ist in Weimar, Herder, von Knebel. Gestern las ich, Lavater ist auf der Reise dorthin, Goethe wird auch zurückerwartet. Und wahrscheinlich werde ich nur ein paar Wochen bleiben, bis ich weiterreise. Kein Grund zur Besorgnis, lieber Körner", antwortete Schiller. – „Ich sehe, es macht keinen Sinn, dir Bedenken in den Weg zu streuen. Versprich mir nur, dass du deine Schreiberei nicht aufgeben wirst. Denn im Unterschied zu vielen Dichtern steckt in deinen Zeilen Aufrichtigkeit, Anteilnahme und kein kunstvolles Wortgeklingel. Du hast eine Gabe, an der du schwer tragen magst, aber es ist eine Gabe, um die dich noch viele Große beneiden werden", bewegt schloss Körner den Freund in die Arme. – „Verweilen kann ich hier nicht länger, auch wenn es mir das Herz bricht. Ich habe nie das Meer gesehen, Körner, darum weiß ich nichts von den Gezeiten und wie der Lauf der Sterne die Fahrt der Boote lenkt. Von zu vielen Dingen weiß ich nichts, um sie in Betracht zu ziehen. Doch manchmal taucht eine Unwissenheit auf, die mich süchtig macht. Ich bin bereit, diesen Horizont zu überschreiten."

Kapitel 18

Treffpunkt Weimar/Ein Zwischenspiel – Weimar, Juli 1787 – 1788

Die Residenzstadt ist ein mittelmäßiger Ort. Die Gassen kommen weder an Reinlichkeit noch an Anlage dem heiteren Jena gleich, das von seinen Studenten lebt. Die Häuser sind meist dürftig gebaut, alles lebt vom Luxus des Hofes, dessen geringer Adel arm ist. Die Wege sind in einem traurigen Zustand. Das Pflaster ist schlecht, Beleuchtung nicht vorhanden. Die Tage der Bewohner verlaufen übersichtlich. Einer kennt den anderen, behält ihn im Auge und weiß sich von ihm beobachtet. Die öffentliche Meinung, die sich von Tür zu Tür, von einem Fenster zum anderen fortsetzt, hält auf Ordnung und lauert auf Sensatiönchen, die Gesprächsstoff in die Eintönigkeit des Alltags bringen, denn Zeitungen kommen in die Bürgerkreise nicht. Der junge Herzog und Dr. Goethe umgeben sich mit Freunden, die so fühlen wie sie. Alle tragen die Werthertracht – blauer Frack, gelbe Weste und Hose, runder, grauer Hut –, die Dr. Goethe angelegt hatte, als er am 7. November 1775 in aller Frühe in Weimar eingetroffen war. Die Kleidung setzt Zeichen. Die jungen Herren nennen sich Genies ....

August von Kotzebue (Brief), zitiert nach: Auch ein deutsches Dichterleben

Gegen Abend hatte ihn die Postkutsche auf dem Weimarer Marktplatz abgesetzt und Schiller nahm sich nur Zeit für die ersten notwendigen Verrichtungen im vornehmen Hotel ‚Zum Erbprinzen', wo er für die nächsten Tage Quartier beziehen wollte. Dann eilte er, kaum dass eine Stunde vergangen war, ohne die Residenzstadt in näheren Augenschein zu nehmen und vor allem, ohne auch nur im Geringsten auf Etikette zu achten, zu Charlotte von Kalb.

„Melden Sie Madame von Kalb, der Räuberhauptmann aus Mannheim begehrt Einlass!", schnarrte Schiller und rasselte mit dem

Galanteriedegen an der Seite. Die Hausjungfer warf verschreckt die Tür zu und lief zur Herrschaft. Kurze Zeit später erschien Charlotte von Kalb an der Tür, schüttete sich aus vor Lachen, schloss ihren Friedrich ohne Umschweife in die Arme und führte ihn ohne viele Worte in ihr Schlafgemach. Ihr Sohn war kränklich, aber die Kinderfrau verlässlich und verschwiegen. Charlotte war fraulicher geworden, was Schillers Sinnlichkeit entfachte. Er warf Rock und Hemd auf den Boden, ließ sich vor ihrem Bett zu Boden sinken und legte den Kopf auf ihren nackten Bauch. Charlotte lächelte, setzte sich im Bett auf und neigte ihren Kopf kokett nach links. Mit einer kleinen Handbewegung löste sie die blonden Haare, die in Locken über ihre Schultern fielen. Schiller spürte, wie sein Herz rascher schlug. Ihr Blick voller Begehren jagte ihm einen Schauder über den Rücken. Sie sagte nur: „Wie lange habe ich auf dich gewartet. Komm zu mir, Liebster. Ich will dein Kissen sein." Draußen schien die Sonne, aber im Schlafgemach hatten sie alle Vorhänge zugezogen. Die Sonnenstrahlen zwängten sich vereinzelt durch die schweren Stoffe und wenigen Ritze und zeichneten die Konturen weich. Schiller blies bis auf zwei Leuchter, die auf dem Nachttisch neben dem Bett standen, alle Kerzen aus und fiel ihr in die Arme.

Er bemerkte, jeder zerrissene Faden des Umgangs knüpfte sich schnell wieder an und es wurde ein Arrangement wie zuvor in Mannheim. Der Herr Major von Kalb hoch zu Ross, ein seltener Gast bei seiner jungen Frau, störte dabei wenig. Auch wenn Schiller beschönigend an Körner schrieb: *„Lange Einsamkeit und ein eigensinniger Hang ihres Wesens haben mein Bild in ihrer Seele tiefer und fester gegründet, als bei mir der Fall sein konnte mit dem ihrigen ..."*, die leidenschaftliche Wirklichkeit sah anders aus.

Den nächsten Morgen verschlief Schiller in seinem Bett im ‚Erbprinzen'. Die Fenster standen auf, und die milde Morgenluft wehte mit den Geräuschen des auflebenden Markttreibens zu ihm herein. Verflogen schien ihm die letzte lähmende Verstimmung, die ihn in Dresden noch gequält hatte. Er würde dieses Residenzstädtchen erobern, sich einen Namen machen, sein Auskommen sichern! Deshalb residierte er wenigstens für die ersten Tage in einem der teuersten Hotels am Ort. Mit halb geschlossenen Augen blinzelte er in das Sonnenlicht, das schwach durch die zugezogenen Vorhänge schien.

Ob er Charlotte liebte? Er wusste es nicht. Sie entfachte nie gekannte Leidenschaft und Lust in ihm. Es schien ihm ein Begehren, einer Sucht vergleichbar. Sie war klug, weiblich, eine Persönlichkeit, deren Nähe ihm guttat. Aber ihm fehlte diese unstillbare Sehnsucht des Liebesgefühls, dieses Herzklopfen, das alle Opfer forderte und zuließ. Eine heiße Begierde trieb ihn zu ihr, der Kitzel des Verbotenen. Auch den Vorzug, sich selbst in ihren Worten spiegeln zu können, von ihrer Lebensklugheit, ihrer Abgeklärtheit zu lernen, mochte er nicht missen. Sie hatte Zugang zu den höchsten Kreisen bei Hofe … Sollte, konnte er in diesem Zusammenhang von Liebe sprechen? Er wusste nicht, ob er überhaupt lieben konnte. Er suchte nach Lust, nach Belehrung. Alles in seinem Verhalten mochte jemand, der davon Kenntnis erhielte, als Liebe deuten, doch Schiller wusste es bereits besser. Manchmal, wenn er in der Nacht von ihr kam, hockte er noch bei Kerzenlicht über seinen Manuskripten und grübelte über dieses Verhältnis. Doch Klarheit über Gefühle und über ihre Tragfähigkeit besaßen wohl nur die guten, gesicherten Menschen mit ihrem festen Platz in der Gesellschaft, die an die Konsequenz ihres Lebens glaubten und keinen Schritt unternahmen, den sie nicht auch übermorgen würden billigen können. Schiller hatte nicht das Glück, sich zu ihnen zählen zu dürfen.

Charlotte von Kalb ging dieses Verhältnis offensiv an. Schiller hörte sie seinen Geschmack für Mode loben, bemerkte, wie sie zu ihm aufschaute, wenn er an ihrer Seite das Haus verließ. Er war selbstsicherer geworden, seine Umgangsformen in Gesellschaft, seine Fähigkeit zu parlieren, Geistreiches, sogar Witziges einzuflechten, wiesen ihn als Intellektuellen aus. Er wusste, dass er seit Dresden eine erstaunliche Entwicklung gemacht hatte und es machte ihn auf eine Art stolz, dass sie ihn für geeignet befunden hatte, es mit den Weimarer Klatschmäulern aufzunehmen. Anders als in

Mannheim machte sie aus ihrer Liebschaft kein Geheimnis. Sie bewegten sich als Paar ungezwungen in der Gesellschaft, vermieden dabei nur jeden öffentlichen Skandal. Arrangements dieser Art gab es zahlreiche, wie Schiller bald staunend feststellen konnte und seinem Freund Körner nach Dresden schrieb: ‚*Es ist sehr leicht in Weimar in Angelegenheiten des Herzens verstrickt zu werden.*' Die Weimarer zeigten Contenance und bewiesen Diskretion, wenn man vermutete, dass das junge Paar nicht gestört zu werden wünschte. Aber hinter der Fassade zerfetzten sie sich die Mäuler, waren sie selig, all die Honoratioren, die Hofschranzen, die ganze Residenz- und Musengesellschaft, nachdem das Verhältnis von Goethe mit Charlotte von Stein kein Thema mehr war, wenn sie nur endlich wieder handfeste Skandale wittern und auf der Lauer liegen konnten. Ein Dichter, ein Rebell, wie zu lesen war, ein ‚selbst ernannter *Weltenbürger*', und eine junge lüsterne Adlige aus bestem Hause mit ausgezeichneten Beziehungen zum Hofe! Das roch nach mehr! Nach Ehedramen, nach Scheidung oder gar nach einem Duell! Warum nicht ein melodramatisches Ende wie in Goethes Werther-Roman – der Tod von eigener Hand? Wie gern hätte man Anteil genommen!

Bereits wenige Tage nach seiner Ankunft in Weimar musste Schiller in Gesprächen feststellen, dass sein Verhältnis mit Charlotte längst zum Gesprächsstoff geworden war. Aber warum sollte ihn das stören? Hatte sich doch selbst der Geheime Hofrat Goethe keine Rücksicht auf diesen Tratsch und diese Kleingeisterei auferlegt. Nur wunderte er sich über die unverändert freundliche Beziehung zu Major von Kalb, der offenbar seine Frau auf seine Art liebte und dem Schillers Verhältnis mit ihr notwendigerweise nicht verborgen bleiben konnte. Zum Teil machten sie es ihm möglich, seinen Langmut und Großzügigkeit zu beweisen, indem man ihn nicht bloßstellte und dafür sorgte, dass man in Weimar das Verhältnis mit gebotener Achtung und Diskretion für alle Beteiligen behandelte. Das jedenfalls mutmaßte Schiller treuherzig und weltfremd. Schiller fühlte sich Major von Kalb gegenüber jedoch auf Dauer unbehaglich und nahm sich vor, ihm offen eine Menage à trois vorzuschlagen. Zu seiner Überraschung ging dieses Gespräch in angenehmer Atmosphäre zwischen den Herren ohne Zerwürfnis über die Bühne und kostete Schiller lediglich einen Abend bei Kartenspiel und Weißwein und sein Versprechen, einen öffentlichen Skandal um jeden Fall zu vermeiden.

Charlotte von Kalb musste von Schiller nicht lange gebeten werden, denn von sich aus machte sie ihm klar, dass er als ihr Geliebter in Weimar, in der Welt des Adels und der Literaten, rasch etabliert gehörte. Binnen weniger Tage arrangierte sie die notwendigen *Zeremonienbesuche*. Charlotte diktierte ihrem Liebhaber auf der Bettkante das Billett, mit dem Schiller um einen Empfang bei Wieland nachsuchte. Wieland, der älteste unter den Musengöttern und neben Goethe jemand, dessen Wort bei Hofe, aber auch in ganz Deutschland Gewicht hatte, lud Schiller zwei Tage später ein. Schiller, der diesen bedeutenden Mann bereits als Übersetzer von Shakespeare in seinen Akademietagen bewundern gelernt hatte, fühlte sich vor dieser ersten Begegnung durchaus ein wenig befangen. Aber er nahm sich vor, selbstbewusst aufzutreten, denn immerhin galt auch er inzwischen etwas im literarischen Deutschland und hatte bis hierhin nach Weimar einen langen beschwerlichen Weg zurückgelegt. Deshalb würden Wieland oder Herder ihn noch lange nicht als Gleicher unter Gleichen begrüßen. Dass er mit den ‚Räubern‘ und dem ‚Fiesko‘ den konservativen Herausgeber der bedeutendsten deutschen Literaturzeitschrift, dem ‚Deutschen Merkur‘, kaum beeindrucken konnte, war ihm bewusst. Wenigstens die ersten Ausgaben seiner eigenen Literaturzeitung ‚Thalia‘ konnten ihn als vielseitigen Literaten, Essayisten und Sachverständigen ausweisen. Vornehme Zurückhaltung, das war es, was ihm Charlotte empfahl.

Schiller war nervös vor diesem Treffen, legte sich Gesprächsthemen zurecht, besorgte sich die neueste Ausgabe des ‚Deutschen Merkur‘ und vertiefte sich vor allem in Wielands eigene Beiträge. Respekt vor Alter und Erfahrung war angesagt. Charlotte gab ihm Hinweise zu den Eigenarten dieses Familienmenschen Wieland mit seiner hausbackenen Ehefrau Dorothea und seiner Kinderschar. Waren es inzwischen vierzehn? Auch Charlotte kannte sich nicht mehr so genau aus, warnte aber Schiller, dass er stets versuche, seine ältesten Töchter, die noch keine zwanzig zählten, zu verkuppeln. Der gute Wieland sei ebenso vermögend wie sparsam, poetisch wie realitätsbezogen und von eiserner Disziplin. In Person, der Fall eines amtierenden Weimarer Dichters, der sich strikt an seine Bürostunden halte, in denen er die Feder spitze und keine Unterbrechung gelten lasse. Er habe daher wenig Sinn für Künstlerseelen, die dem Kuss der Muse träumend entgegenstrebten.

Mit der höflichen Rückantwort auf sein Billett in Händen stand Schiller, in schlichtes graues Tuch gekleidet und ohne Galanteriedegen, vor Wielands Tür. Um seine Beine tobte eine lärmende Kinderschar. Eine wohl siebzehnjährige Tochter des Hauses öffnete die Tür. Schiller reichte ihr Wielands Einladung, musste aber seine Stimme erheben, um das Toben der Kinder zu übertönen: „Ist Herr Hofrat Wieland bereit, mich zu empfangen?" Das junge Mädchen nickte nur freundlich, bat zu warten und verschwand im Inneren des Wieland'schen Quartiers. Die Kinderschar belagerte Schillers Hosenbeine und Rockschöße. Bewundernde Blicke starrten ihm von unten entgegen – war er doch mit Abstand der längste Mann, dem man derzeit in Weimar begegnen konnte. Schiller vertrieb sich die Zeit, schnitt Grimassen und begann, die Kinderchen zu zählen. Ohne Frage gab es dem Augenschein nach mehrere Gebiete auf denen der Hofrat mit großem Fleiß und eiserner Disziplin wirkte.

Ehefrau Dorothea, eine vorzeitig verblühte Frau, geleitete Schiller in das Allerheiligste. Hier traf er den Dichter in seinem gepolsterten Lehnstuhl vertieft in seine Arbeit an. Nichts und niemand schien ihn zu stören, schon gar nicht der Kinderlärm! Frau Dorothea und Schiller standen etwas unschlüssig im Zimmer. Wieland schaute nicht auf, ignorierte ihre Anwesenheit. Seine Frau wurde nervös. Schiller bemerkte ein leichtes Zucken um ihre faltigen Mundwinkel. Dann, immer noch, ohne den Blick zu heben, seine mürrische Stimme: „Wer beliebt mich zu stören, Dorothea?"

„Der Herr Rat Schiller ... Ich kann nichts dafür, aber er hat eine Einladung."

Schiller beobachtete mit Befremden diese seltsame Zeremonie. Ihm wurde zusehends unwohl bei dem Gedanken an das bevorstehende Gespräch. Wieland schaute auf, seine grauen Augen lagen prüfend auf ihm. Schiller versuchte, die Gedanken seines berühmten Gegenübers zu ergründen. Er vermutete, dass auch Wieland seine gänzlich andere durch die ‚Räuber' geprägte Erwartungshaltung bemühen würde. Etwa in der Art: ‚Das also ist dieser Wüstling, dieser literarische Stürmer? Der macht mir doch eher den Eindruck eines wohlerzogenen Schwiegersohnes!'

Wieland trat Schiller in Stiefeln, langem Mantel, breitem roten Gürtel entgegen – eine imposante Mischung aus rüstigem Bauern und kraftstrotzendem, edlem Poeten und reichte ihm zur Begrüßung die Hand.

Schiller ergriff die Initiative: „Es ist mir eine Ehre, Herr Hofrat, Sie persönlich kennenlernen zu dürfen. Ihre Shakespeare'schen Übersetzungen waren die Nahrung meiner Jugendjahre an der Akademie, mein Stern in oftmals finsterer Nacht. Ich weiß nicht, was aus mir ohne Ihre Arbeit geworden wäre."

„Na, nun übertreiben Sie mal nicht, Herr Rat. Und setzen Sie sich lieber – ich sorge mich, dass Sie sich ansonsten noch den Kopf stoßen. Den brauchen wir Dichter doch zu wichtigeren Zwecken", lächelte Wieland geschmeichelt. Das Gespräch kam rasch in Fluss und kreiste bald um die literarische Zeitung Wielands, den ‚Deutschen Merkur'. Es sei stets eines seiner Ziele gewesen, als Gelehrter und Schriftsteller, in seiner Zeitung auf Talente aufmerksam zu machen, die Förderung verdienten und Hilfe beim Gelderwerb benötigten. Schiller bestätigte dankbar, dass ihm manche Veröffentlichung geholfen habe. Wieland schenkte seinem Gast einige Ausgaben. Je länger das Gespräch dauerte, je behaglicher sich Wieland gab, desto deutlicher standen die ausgesparten Themen im Raum. Kein Wort über Goethe, kein Wort über Schillers Werke, insbesondere nichts zu seinem ‚Don Carlos'. Schiller fasste Mut und fragte, wann man Geheimrat von Goethe zurückerwarte. Er würde ihn gern ebenfalls persönlich treffen. Wieland warf ihm einen bedenklichen Blick zu: „Auch wenn Herr Geheimrat von Goethe in ein paar Wochen zurückkehrt, sollten Sie Ihre Erwartungen nicht zu hoch spannen. Er empfängt niemanden. Entweder Sie werden eingeladen oder Sie müssen auf eine spätere, günstigere Gelegenheit hoffen."

Dorothea Wieland reichte Kaffee und Gebäck. Wieland musterte seinen Gast. Schiller konnte ihm nicht verbergen, wie sehr ihn diese Auskunft schmerzte. „Ich bedaure, aber da kann ich nichts für Sie tun. Gehen Sie lieber zu Herder." – „Vielen Dank für Ihre Offenheit. Ich hatte die Absicht, den Herrn Hofprediger aufzusuchen." – Dann sprach man angeregt zwei Stunden lang über Religion und Philosophie, über Berlin und Wien, über die Literatur und ihren gesellschaftlichen Wert, natürlich auch immer wieder über Goethe, der zwar in Italien weilte, aber doch allgegenwärtig schien, über Horaz und Lukian, nur nicht über den ‚Don Carlos' und Schillers Werke. Schiller übte sich, wie empfohlen, in einer neutralen Weltoffenheit, zeigte Geduld und Manieren und drängte sich nicht auf. Dann wanderte Wielands Blick zur Standuhr, die zur vollen Stunde schlug und Schiller war klar, dass jetzt im abgezirkelten Terminkalender des großen Amtsdichters ein neuer Punkt seiner Erledigung und Anteilnahme harrte. „Bleiben Sie länger, Herr Rat?", fragte Wieland.

„Ich bin auf Studienreise und werde nicht sogleich wieder abfahren. Noch ist mir zudem unklar, wo ich mich niederlassen werde", antwortete Schiller diplomatisch und hoffte: ‚Vielleicht vermittelt er mir ein Angebot zu bleiben.'

Wieland stand auf, legte Schiller beschwichtigend die Hand auf den Arm: „Wissen Sie, ich tue mich schwer mit Ihren Dramen. Ihre Art, ein Thema anzugehen, hat wenig von klassischer Größe und Eleganz. Sie setzen auf Dramatik, Aufruhr, starke Charaktere und teilweise drastische Aussagen. Nicht ohne Effekt, das gestehe ich durchaus! Aber, wie gesagt, ich bevorzuge die Reinheit, die

Erhabenheit von Sprache und Stil und fühle mich da eher den Griechen und Römern verbunden."

Schiller wurde blass. Ein wenig meinte er, den Boden unter seinen Füßen schwanken zu fühlen. „Wir sind eben doch verschiedene Naturen, vielleicht auch unterschiedliche Generationen. Vieles in der heutigen Zeit ist in Aufruhr und Aufbruch." – „… und in Unordnung, das ist wohl wahr", ergänzte Wieland und lächelte freundlich. „Goethe denkt übrigens ähnlich wie ich. Sie sollten nicht leichtfertig einreißen, was wir hier schwer ringend aufbauen und pflegen." – „Vielleicht haben Sie meine aktuelle Entwicklung nicht gänzlich vor Augen. Ich bin gewiss, dass sich unsere Standpunkte noch annähern werden", Schiller deutete eine Verbeugung an, die Wieland mit Genugtuung registrierte. „Wie alt sind Sie?" – „Achtundzwanzig Jahre." – Jetzt klopfte ihm Wieland auf die Schulter. „Mein Gott, wie jung! Sechsundzwanzig Jahre bin ich länger auf der Welt als Sie. Ein gutes Stück Zeit, in denen ich Gelegenheit hatte, mir meine allzu idealistischen Hörner abzustoßen. Das ist das Vorrecht der Jugend!"

Schiller stand kerzengrade. Die väterliche Attitüde gefiel ihm nicht, wollte er doch das Gespräch auf Kollegenebene führen. Er mochte nicht länger die Zeit des viel beschäftigten Herrn Hofrat in Anspruch nehmen. – „Wie, Sie wollen bereits gehen? Sie sollten meine Töchter kennenlernen. Reizende Geschöpfe – gerade eins zum Aussuchen. Wie ich hörte, sind Sie noch unverheiratet." – Schiller wand sich vor Verlegenheit, was Wieland prächtig amüsierte. „Schicken Sie mir mal wieder kürzere Texte für den ‚Merkur'. Sie arbeiten an geschichtlichen Stoffen? Gut so! Ein solider Boden! Ich würde gern wieder mit Ihnen zusammenarbeiten, mein Musenfreund. Im Übrigen wollen wir uns Zeit nehmen, einander etwas zu werden; wir wollen aufeinander wirken." Noch beim Abschied erbot sich Wieland, sich für Schiller bei der herzoglichen Dame für einen Besuch zu verwenden und Schiller freien Zugang zur herzoglichen Bibliothek zu verschaffen, die in Deutschland dank Anna Amalia ihresgleichen suche.

Nicht nur, dass Herders Wohnung im düsteren Schatten des Turms der Stadtkirche lag, in der er zu predigen berufen war, auch sein Gemüt schien Schiller freudlos. Seine großen, dunklen Augen prüften den jungen Poeten, dessen Skandalgeschichten natürlich längst bis zu seiner Kanzel vorgedrungen waren. Voller Misstrauen fragte er ihn nach seinen Gedanken und Glaubenssätzen, nach den Zielen seiner Schriften. Eine Verständigung zwischen der Schiller'schen und Herder'schen Welt gestaltete sich vor allem schon deshalb schwierig, da der Herr Generalsuperintendent und Hofprediger sich von der Welt entfremdet hatte und nur zu sagen wusste, dass Schiller offenbar für etwas gehalten werde. Keine Zeile hatte er von dem jungen Dichter gelesen. Rasch einig wurden sie sich jedoch bei der Einforderung von Menschenrechten und ihrem Tyrannenhass. Hier konnte es Schiller sogar wagen, temperamentvoll ein Plädoyer zu halten und aus seinen Werken zu zitieren. Seine Literatur hielte die Unzufriedenheit mit den gegenwärtigen Zuständen aufrecht und füttere die Menschen mit Ideen, wogegen zu rebellieren und wofür zu kämpfen es sich auch künftig lohne. Solchen Argumenten folgte Herder mit einem müden Lächeln, wandte aber auch ein: „Es ist schön, wenn man noch so klar umrissene Ziele vor Augen zu haben glaubt …" Ja, das könnten auch seine Gedanken sein, wenn er schreibe oder auf die Kanzel steige. Doch an die Erlösung im Sinne einer Herder'schen Predigt, an den idealen Weg mochte Schiller hingegen nicht mehr glauben. Wann immer Menschen das Paradies gesucht hätten, argumentierte er, hätten sie die Hölle gefunden. Er sei bereit, von einer Welt zu träumen, in der Menschen um der Erlösung willen eine Koexistenz in Frieden leben würden. Doch die Realität zeige, wie verletzlich ein jeder Traum sei. Das, so entgegnete Herder entschlossen, sei auch der Grund, warum er glaube und nicht träume.

„Ich sehe sehr wohl, warum manche Kreise Großes von Ihnen erwarten. Doch mein Urteil in solchen Dingen ist nicht maßgeblich", sagte Herder schließlich und empfahl: „Versprechen Sie sich nicht zu viel von Weimar. Haben Sie sich schon in der Stadt umgesehen? Nein? Tun Sie es, mein Lieber. Hier ist alles klein, schäbig und auf Bewunderung ausgerichtet. Entweder man gehört zur Goethe-Gemeinde oder man darbt mehr schlecht als recht. Glauben Sie mir, meine Schriften wären anders geraten, freundlicher, genialischer, bei milderer Luft und sodann mit besserem Auskommen. Nichts gegen den Geheimen Hofrat Goethe, auch für mich war er ein Segen und Inspiration zugleich. Aber er sieht zuweilen nur sich selbst und raubt allem, was ihm zu nah kommt, die Luft zum Atmen." Tatsächlich gewann Schiller den Eindruck einer drückenden Bescheidenheit bei den Herder'schen Verhältnissen. Für seinen Geschmack predigte ihm der Geistliche mit dem großen Ruf auch ein wenig zu sehr das Glück der Entsagung. Jedenfalls schieden beide noch im angeregten Gespräch und Schiller schrieb an Körner: *„Ich glaube, ich habe ihm gefallen."*

Zurück im Hotel ‚Erbprinzen' klopfte es an seiner Tür. Schiller saß am Schreibsekretär und notierte seine Außenstände und Einnahmen in langen Zahlenreihen. Erschrocken blickte er auf, fürchtete einmal wieder seine Verfolger, sah sich dann jedoch völlig unerwartet einem Verehrer gegenüber. Ein Mann in weißem Frack, recht auffällig gekleidet, klein, dürr und gebückt, entschuldigte sich devot für die Störung. Schiller fehlten zunächst die Worte. Er machte nur eine einladende Geste. „Habe ich das außerordentliche Glück, mit dem Herrn Rat Schiller zu sprechen?", fragte das Männchen mit hoher Stimme. Schiller räusperte sich, senkte die Stimme: „In der Tat, der bin ich." – „Verzeihen Sie nochmals meine Aufdringlichkeit, ich konnte nicht widerstehen. Ich habe gehört, dass Sie im ‚Erbprinzen' logieren, und musste einfach den Autor des ‚Don Carlos', des Stückes, das mir die letzten Tage den Schlaf raubte, kennenlernen."

„Ich bitte Sie, mein Bester, stets zu Diensten. Und mit wem habe ich die Ehre?", erkundigte sich Schiller, ernsthaft neugierig geworden.

„Ich bin ein Niemand neben Ihnen, einer der vielen Weimarer Bürger, die zur Feder greifen und es doch nicht zu Ihrer Meisterschaft bringen. Vulpius ist mein Name." Wieder verbeugte sich der Überraschungsgast, legte, zur reinen Zerstreuung, wie er betonte, einen Roman auf den Stuhl neben der Tür, denn er wage es nicht, ein solches Machwerk dem Meister persönlich in die Hand zu geben, und wandte sich zum Gehen. Schiller nahm das Buch zur Hand. Ein Räuberroman, ‚Ronaldo Rinaldini'. Er blätterte kurz und fand, dass der Schreiber durchaus zu unterhalten verstand und sicher Abnehmer für den Roman finden würde. „Halt, so warten Sie doch!" Schiller eilte dem sonderbaren Menschen hinterher, der bereits das Hotel verlassen hatte und auf der Straße stand. „Sie sind hier zu Haus und sozusagen ein Kollege." – „Ein glühender Verehrer Ihrer Kunst", Vulpius zog den Hut. – „Umso besser! Dann machen Sie mich mit der Stadt bekannt, denn außer einigen Persönlichkeiten habe ich noch nicht viel gesehen und erlebt."

Weimar präsentierte sich im Vergleich zu Stuttgart, Mannheim, Frankfurt, Leipzig und Dresden als ein Mittelding zwischen Hofstadt und Dorf. Nur sechstausendfünfhundert Menschen lebten hier, von denen jeder Dritte der Poesie verfallen schien und dichtete. Vulpius kannte sich aus, empfahl hier einen der sechsunddreißig ansässigen Metzger, stellte Schiller dort seinem Bäcker vor und riet dringend davon ab, einen anderen der neunzehn Stadtbäcker in Anspruch zu nehmen, wusste über die sechzig örtlichen Schuhmacher Geschichten zu erzählen und einen Buchhändler am Marktplatz zu empfehlen, der einige von Schillers Schriften führte. Kaum, dass er Schiller den Vorzug eines eigenen Redebeitrages gewährte, machte er darauf aufmerksam, dass die stattliche Zahl der Tuchmacher und Strumpfwirker der übermächtigen Konkurrenz von außen nicht standgehalten habe. Doch das alles interessierte Schiller nicht vorrangig. Er bemerkte vielmehr den augenfälligen Gegensatz zwischen dem Anspruch einer kulturellen Residenz Europas und der elenden Mittelmäßigkeit des Stadtbildes. Die Stadt hatte bis auf wenige repräsentable Straßen mit neueren Gebäuden kaum baulich Sehenswertes zu bieten. Schiller sah die Reste des 1774 abgebrannten Schlosses, dessen Neubau zwar vom Herzog geplant war, aber mangels Finanzen noch ruhte. Er schlenderte vorbei an niedrigen, schindelgedeckten Häusern, durch krumme, schmutzige Gassen und schaute von einer kleinen Anhöhe auf den nach Goethes Plänen neu angelegten Park an der Ilm. Dem Fingerzeig des Herrn Vulpius folgend, entdeckte er in der Ferne Goethes Gartenhaus. Zweigeschossig, großzügig geplant, idyllisch gelegen, von Rosen berankt, wusste sein Stadtführer zu berichten. Einen halbwegs erfreulichen Anblick machte auf ihn die neu angelegte ‚Esplanade', eine großzügige Promenierstraße mit einigen respektablen Stadthäusern. Schließlich standen sie vor dem ersten Stadttor Weimars, dem ‚Frauentor', und Schiller begutachtete Goethes verwaistes Haus ‚am Frauenplan' und das in der Nähe liegende ‚Bernstorff'sche Palais' in der ‚Teinertgasse'. Vulpius berichtete, dass die dort ansässige Gräfin von Bernstorff, die Witwe eines dänischen Ministers mit besten Beziehungen zum Hofe, ein offenes Haus führe und für ihre Gesellschaften sogar ein eigenes Kammerorchester beschäftige. Für den Fall, dass Schiller dort als Gast erscheine, empfahl er ihm, Bekanntschaft mit dem Verwalter des Anwesens, Herrn Bode, zu schließen. Johann Joachim Christoph Bode sei ein Freund Klopstocks und ein zeitweiliger Mitarbeiter Lessings gewesen. Sicherlich für Schiller ein interessanter Gesprächspartner. Schiller bedankte sich und beschloss, hier in der Nähe des ‚Frauenplans', mit Blick auf das Haus, das Goethe vom Herzog zur Verfügung gestellt bekommen hatte, eine Wohnung zu beziehen. ‚Jeder Mensch braucht ein Ziel vor Augen', dachte er und lächelte. ‚Dies ist mein erstes bescheidenes Ziel, um in Weimar richtig anzukommen.' Gleich am Abend sprach er Charlotte darauf an.

Doch zunächst musste er mit zwei Zimmern und einer Kammer für einen Mietpreis von siebzehn Talern im Dachgeschoss des Hauses von Luise von Imhoff in unmittelbarer Nähe des Wittumspalais an der ‚Esplanade 18' vorliebnehmen. Erst nach weiteren drei Monaten fand er zu einem etwas geringeren Preis am ‚Frauentor' neben dem Gasthof ‚Zum weißen Schwan' eine Wohnung mit Blick auf Goethes Haus.

Inzwischen wurde der schwäbische Räuber-Dichter bei Gesellschaften herumgereicht. Man hatte in Abwesenheit des Genius am 28. August in dessen Gartenhaus im Ilmpark auf Einladung von Knebel Goethes Geburtstag gefeiert und auf seine gesunde, baldige Rückkehr getrunken. Von Knebel erwies sich als geistreicher Gesprächspartner, der sogar durchaus hörenswerte Ansicht zu moderner Literatur vertrat. Längst wurde Schiller auch von anderen Damen der Weimarer Gesellschaft umschwärmt. Er galt zwar nicht als Schönling, dafür aber mit seinen ein Meter vierundachtzig als der größte Mann in Weimar, und seine Lebensführung hatte als freier Schriftsteller und Liebhaber der Charlotte von Kalb durchaus etwas Verwegenes. Kurzum, bei den Hofschranzen und Amtsdichtern, die in Weimar den Ton angaben, weckte er Interesse. Sein Temperament und seine Direktheit waren gefürchtet und machten zugleich Eindruck. Mit der Schauspielerin Corona Schröter befand er sich auf charmantestem Fuß. Man spielte Whist, ein Kartenspiel, und neckte sich. Frau von Schardt, durchaus auch erotischen Abenteuern nicht abgeneigt, machte Avancen. Wieland bot weiterhin seine älteste Tochter zur familiären Verbindung an. Überhaupt: Unter den empfindsamen Frauen der Gesellschaft gab es eine Art Religion der Liebe, in der jedes echte Gefühl als heilig angesehen wurde, gegen das jedweder Einspruch unberechtigt erschien. Was konnte da mehr romantische Gefühle provozieren, als der Umgang mit einem echten Räuber-Dichter, der, fahnenflüchtig aus seinem Heimatland, entschlossen schien, auch Konventionen zu sprengen? Schiller schrieb seinem Freund Körner, dass beinahe keine der Damen nicht eine *Geschichte* hätte oder gehabt hätte. Erobern mochten sie alle gern. Man konnte hier in Weimar sehr leicht zu einer Angelegenheit des Herzens kommen. Aber nichts schien – wenn man einmal von der Vorherrschaft des Hofes absah – wirklich von Bestand.

Auf Empfehlung von Wieland lernte Schiller einen Mann mit zahlreichen Fähigkeiten kennen, die ihn zu einer bedeutenden Figur im kulturellen und wirtschaftlichen Leben von Weimar gemacht hatten, Friedrich Justin Bertuch. Er war Teilhaber am Wieland'schen ‚Deutschen Merkur', plante derzeit die Herausgabe der Allgemeinen Literaturzeitung und eines Modejournals für ganz Deutschland. Stolz führte er Schiller und Charlotte von Kalb in seine erste Fabrik für Papier- und Seidenblumen. Hier arbeiteten zwanzig Mädchen unter der Aufsicht von seiner Schwägerin für ihn und verdienten sich ihren Unterhalt. Die Blumen fanden guten Absatz und der Handel mit ihnen gedieh bereits bis nach Russland. Schiller, ein wenig fassungslos über diese Art von Gewerbe: „Ja, mit Papierblumen, künstlicher Natur, lässt sich gutes Geld verdienen. Unglaublich! Für was die Menschheit Geld ausgibt! Da plagt man sich und füllt ganze Buchseiten …" Den Rest ließ er in Anwesenheit des stolzen Fabrikanten ungesagt. Charlotte, um die Situation bemüht, suchte den Kontakt zu einigen der dort arbeitenden Mädchen. Sie stellte Schiller eine Christiane Vulpius vor, die dort für ihren verarmten Vater und ihre Geschwister etwas zum Lebensunterhalt dazu verdiente. Sicherlich, der Erfolg eines Herrn Bertuch, aller Ehren wert, schaffte auch einen sozialen Fortschritt. Dies ließ sich nicht leugnen. Noch einmal kehrte Schiller zu den Arbeitsplätzen der jungen Frauen zurück und sprach jene hübsche Christiane an: „Vulpius? Entschuldigen Sie, ich habe erst kürzlich mit einem Schriftsteller Vulpius Bekanntschaft geschlossen …" Ein apfelrundes, frisches Gesicht, aus dem ihn ein paar brennend schwarze Augen anblickten, wandte sich ihm mit einem Lachen zu: „Der ist mein Bruder, dieser kreuzfidele Bursche. Der einzige von uns Geschwistern, der was gelernt hat. Ich hoffe, er hat sich anständig aufgeführt, mein Herr?" „Na, so was. Sicherlich", ihre offene Art verwirrte Schiller, der spürte, man wurde direkt von ihr eingenommen. Aber schon war Charlotte an seiner Seite und zog ihn fort, man könne den Herrn Bertuch doch nicht so stehen lassen … Trotz des wirtschaftlichen Erfolges von Papierblumen, der ihn geärgert hatte, verließ Schiller an der Seite des Fabrikanten nunmehr milde gestimmt den Ort. Es war Abend, als sie sich von Bertuch verabschieden wollten, dieser aber als Maître de Plaisir seinen Hausbedienten spontan den Befehl gab, dass der Küchenwagen gerüstet werden solle, weil es in den frühen Morgenstunden in den Wald ginge. Gemeinsam suchten sie sich ein Ziel für ihren Ausflug in der Nähe. Er meinte, ein paar Küchenesel reichten für den Transport aus. Charlotte und Schiller verabschiedeten sich mit der Zusicherung rechtzeitig am Morgen einzutreffen und konnten noch beobachten, wie in der herrschaftlichen Küche nun ein Kochen, ein Sieden, ein Braten und ein Halsabschneiden von Kapaunen, Truthähnen, Tauben und anderen Geflügel begann. Eine Gesellschaft von Herren, Damen, fröhlich untereinander gemischt, machte sich vor Sonnenaufgang auf den Weg. Die Bäume, die sonst nur gleichgültige Geier an sich vorüberziehen sahen, standen noch schwarz in tiefster Einsamkeit und wunderten sich wohl über den singenden, fröhlichen Zug. Man könnte sagen, dass ihnen diese Gesellschaft wohl bekam, da sie einer heiteren, dichterisch gestimmten Jugend ihre Schatten bereiteten und den Rausch des Genusses und der Dichtung durch ein allgemeines Rauschen ihres grünen Blattwerks vermehren halfen. Eine sorglos sich selbst und den Tag feiernde feuchtfröhliche Gesellschaft, in deren Mitte sich Schiller pudelwohl fühlte, kehrte erst am Abend müde, berauscht und gesättigt von diesem Ausflug zurück. Mit lautem Hallo verabschiedete man sich vor Bertuchs neu erbauten Haus auf ein nächstes Mal. Das Haus, eigentlich nur ein Gartenhaus, aber unter Bertuchs Hand wurde ein Palast der Natur im modernsten Geschmack daraus, mit einem nach seinem Plan angelegten großen Garten gleich dahinter. Sehr beeindruckt von der Schaffenskraft und Lebensfreude eines Bertuch, wankte Schiller seinem Quartier zu, um die Erkenntnis reicher, dass ihm dessen, wie ihm schien, angeborenen Talente im kaufmännischen wie in der Lebenskunst zwar erstrebenswert, aber bis auf Weiteres nicht erreichbar schienen. Ein weiterer Tag, lehrreich, fröhlich, der wie im Rausch verflog. In diesem Sinne erschien Schiller sein Aufenthalt in Weimar auch ohne Goethe bereits ein Gewinn.

Zusammen mit Hofrat Wieland und in Begleitung von Charlotte von Kalb wurde Schiller nach Tiefurt gebeten, wo die Herzoginmutter

Anna Amalia ihre Sommermonate verbrachte. Sie fanden sich dort zu Konzert, Souper, Tee, Gebäck und Geplauder ein. Auch wenn Wieland inzwischen eine freundliche, aber zurückhaltende Rezension des ‚Don Carlos' veröffentlicht und ihm eine ständige Mitarbeit am ‚Deutschen Merkur' angeboten hatte, Schiller hatte es noch nicht zu mehr als zu einem Gaststatus als Dichter in Weimar gebracht. Einem Großteil der adligen Vertreter der Gesellschaft behagten die Schiller'schen Dramen nicht. Er vermisste den kunstverständigen Herzog, der sich auf Reisen befand, und er machte selbstbewusst aus seiner Enttäuschung und seinem Unverständnis über die nonchalant vorgetragene Ablehnung seiner mit Herzblut erdichteten Zeilen keinen Hehl. Die aufgeblasene Hofgesellschaft tratschte ihm zu viel schales Zeug. Auch wenn er Anna Amalias Verdienste durchaus anerkannte und sich an ihrer Bibliothek begeisterte, als Person lehnte er die Herzoginmutter ab. Er hielt ihren Geist für borniert. Sie schien sich vornehmlich nur für Malerei und Musik zu erwärmen. Charlotte versicherte ihm auf dem Heimweg, er habe nicht übertrieben und so viel Manieren gezeigt in diesen Kreisen, wie man von ihm habe erwarten dürfen. Doch eine weitere Einladung bei Hofe erhielt Herr Rat Schiller nicht mehr. Dies erschien ihm zwar insoweit bedauernswert, da er auf jede Möglichkeit der Verbesserung seiner inzwischen wieder prekären finanziellen Situation Acht zu geben hatte. Andererseits erklärte er küssend und scherzend seiner Geliebten in der Kutsche, er sei nicht gemacht für diese Welt der speichelleckenden Hofschranzen. Er besitze nicht die nötige Garderobe und er gedenke auch nicht, sich dafür weiter in Unkosten zu stürzen. Auf Charlottes Einwand hin, das ließe sich doch alles finden, erklärte er mit großer Bestimmtheit: „Als unbedeutender, bürgerlicher Mensch müsste ich unter dem Adel dort doch eine sehr prekäre Rolle spielen, die meinen Stolz ständig verletzen würde." Die Menschen vergaßen zu leicht: Schiller hatte seine Lektion im Umgang mit Herrschern und dem Adel bereits zu Stuttgarter Zeiten gelernt.

Schiller wollte die Anerkennung der Weimarer Größen – zu diesem Zweck hielt er sich hier auf. Wenn seine Dramen ihnen nicht gut genug waren und wenn er deshalb zu zweifeln beginnen würde, müsste er es zwingen! Sein Geist, stark und wach wie nie, würde ihn befähigen, sie auf ihren eigenen Gebieten, wie der klassischen Dichtung, zu schlagen. Tagelang schloss er sich ein und arbeitete verbissen. Geschichtswerke, ein Roman und klassische Dichtung standen auf seinem Arbeitsprogramm. Wielands Anregungen sollten wenigstens für einige Zeit seine Richtschnur sein. Was sprach dagegen, auf den Rat und die Kritik von einem der angesehensten deutschen Literaten zu hören? Einsam kratzte Schillers Federkiel über leere Seiten, und sein Blick schweifte immer wieder zum Haus am Frauenplan. Goethe war immer noch nicht zurück. Er musste es sich beweisen, um Goethes Anerkennung zu verdienen – und er würde es schaffen!

Der Beruf des phlegmatischen Einsiedlers erwies sich neben dem des Misanthropen, als sicherlich einer der schwierigsten und anspruchsvollsten Berufe der Menschheitsgeschichte. Schiller brachte es langsam zu einer gewissen Meisterschaft in dieser Geisteshaltung. Zweifellos begab er sich damit in eine Reihe bedeutender Sonderlinge in Weimar und befand sich in bester Gesellschaft. Es störte ihn nicht, denn er hatte ein Ziel vor Augen. Unwirsch reagierte er auf Störungen. Auch wenn er sich nach Tagen seiner Einsiedelei wieder der Welt öffnete, sich wie besessen in Liebesabenteuer und gesellschaftliche Ereignisse stürzte, Charlotte von Kalb fühlte sich bald zurückgesetzt, vernachlässigt, reagierte launisch und eifersüchtig. Ohne sich dessen bewusst zu werden, suchte Schiller verstärkt seinen eigenen Weg. Erste Erfolge stellten sich ein. Die Fortsetzung der ‚Geisterseher'-Geschichte fand reißenden Absatz, Wieland veröffentlichte den Vorabdruck der ‚Geschichte des Abfalls der vereinigten Niederlande von der spanischen Regierung' und auch Schillers Meisterwerke klassischer Dichtung ‚Die Götter Griechenlands' und ‚Die Künstler'. Es fand sich ein Verlag für das Geschichtswerk vom ‚Abfall der Niederlande', der sogar mehrere Bände plante und Vorschuss zahlte. Die Lebenshaltungskosten für die nächsten Monate schienen gesichert, Zinsen für die

Außenstände konnten beglichen werden und tatsächlich begann Schillers Stern mit seiner literarischen Neuorientierung zu steigen.

Kapitel 19
Charlotte & Karoline, Lotte & Line / Eine Dreiecksliebe Schillers – Weimar, Rudolstadt 1788/1789

> Worte schildern diese zarten Beziehungen nicht, aber fein und scharf empfindet sie die Seele.
> *Friedrich Schiller, Brief an Charlotte von Lengefeld*

Schiller saß im Bett, frühstückte Brot, Käse und eine scharf gewürzte Rindswurst, als ein Hausdiener hereinkam, um ihm einen Eilpostbrief zu überreichen. Er begutachtete den versiegelten Umschlag von allen Seiten. Der Absender: Ludwig Schubart aus Potsdam! Er stellte das Frühstück zur Seite, stand auf, trat ans Fenster und blickte auf die Straße, den Umschlag immer noch unschlüssig in den Händen haltend. Schubarts Sohn schrieb ihm mit Eilpost! Was mochte das bedeuten? Schiller befürchtete das Schlimmste. Hatten es die Peiniger Daniel Schubarts geschafft und ihm auf dem Hohenasperg ein Ende bereitet? Das Bild des gebrochenen Dichters in seiner engen Zelle, die Verzweiflung und die Müdigkeit in dessen Augen, Schiller erinnerte sich lebhaft an viele Details. Auch daran, dass er eine kleine Ewigkeit nichts mehr von seinem Freund Hoven gehört hatte. Die Stuttgarter Zeiten lagen weit zurück, Erinnerungen wie aus einem fremden Leben. Schiller hasste Sentimentalität. Entschlossen zerbrach er das Siegel, riss den Umschlag auf.

Dann die Nachricht, die ihn mit diesem Schreiben mit erheblicher Verspätung erreichte: Schubart war schon seit Monaten ein freier Mann! Nicht mehr in Ketten, todgesprochen, sondern frei an der Seite seiner Frau Helene. Den Dingen des Lebens wieder zugetan und Gott sei Dank gesund, wie man noch Kraft und Zuversicht von einem Mann erwarten durfte nach jahrelanger zu Unrecht erlittener Kerkerhaft. Schiller rückte sich einen Stuhl zurecht und setzte sich. Er spürte Freudentränen aufsteigen.

Ludwig, der jetzt in Diensten Friedrichs von Preußen stand, berichtete, dass zuletzt ein Gnadengesuch des preußischen Königs und die beständige Fürsprache Franziska von Hohenheims den Ausschlag gegeben hätten. Das Fränzel, dachte Schiller und schmunzelte, als er sich an die Mätresse des Herzogs erinnerte, die über viele Jahre seines Lebens das einzige weibliche Wesen in seiner Umgebung gewesen war. Natürlich hatte Karl Eugen seinen prominenten Häftling nicht ziehen lassen und ihn in Stuttgart bei geringem Einkommen für Schauspiel und Oper verpflichtet. Schubarts Schriften seien zwar der Zensur unterworfen, aber man ließe ihn gewähren. Das dauerhafte Wirken falle Daniel Schubart schwer, sein Herz sei nicht mehr das alte, sein Atem fahre ihm häufig stechend in die Brust. Nicht selten jammere er über die verlorenen Jahre und die zerstörte Kraft. Doch es sei ein Segen, dass nach dieser schicksalhaften Situation dem Vater die Freiheit seines Denkens wieder gegeben worden sei, schrieb Ludwig Schubart. Von Herzen grüße er den Freund aus Schultagen, aus dem ja etwas geworden sei und bitte ihn herzlich, von den Schriften des Vaters, die er noch Besitze, keinen Gebrauch zu machen, um das Wohlergehen des Vaters nicht erneut zu gefährden. Der Vater vertraue darauf, dass sie bei Schiller in besten Händen seien.

Schubart frei! Sein Schulfreund Ludwig im liberalen und freieren Preußen! Dieses Schreiben war ein Anlass zu feiern!

Es schneite und regnete fast gleichzeitig. Der Wind trieb die kalte Nässe fast waagerecht durch die Straßen. Beck, der Schauspieler und Freund aus Mannheim, bemühte sich, Schritt zu halten neben Schiller, der unruhig ein ums andere Mal den Weg vom Markt- zum Exerzierplatz und zurück durcheilte. Der beladene Himmel verdunkelte das Tageslicht, wie auch die Gespräche der beiden Freunde nicht so richtig an der alten Vertrautheit anknüpfen konnten. Beck zog sich den Hut schützend tiefer ins Gesicht und schlug mit den Armen über die Brust, um sich zu erwärmen. Schiller bedachte ihn mit einem spöttischen Blick.

„Jetzt mache dich nicht auch noch lustig über mich", klagte Beck, „wenn ich mich erkälte, ist es nichts mit meinem Gastspiel hier in Weimar." – „Theater! Mein Freund, das nehme ich längst nicht mehr so ernst", Schiller schüttelte missbilligend den Kopf. – „Wie kannst du das sagen, wo du dem Theater so viel zu verdanken hast!", protestierte Beck. – „Es ist ein launisches Gewerbe. Mich interessiert es nur noch wenig. Hätte mir nicht Ludwig Schubart von dem Misserfolg meines ‚Don Carlos' in Berlin geschrieben, ich hätte nicht einmal gewusst, dass man das Stück irgendwo spielt. Frönt ihr der Kunst und huldigt dem zurückgekehrten Goethe mit seiner ‚Iphigenie' heute Abend. Ich stürze mich in das Treiben des Karnevals und halte nach einem hübschen Mieder Ausschau! Das scheint mir lebenswerter zu sein!" Schiller riss sich den Dreispitz vom Kopf. Der Sturm fuhr ihm in seine roten Haare, die ihm in kürzester Zeit nass am Kopf klebten. Schiller lachte und beklatschte das Toben der Natur. – „Herr Hofrat, Sie werden sich wieder Ihr Fieber zuziehen ...", warnte Beck und siezte ihn spöttisch dabei.

Eine kleine Reisekutsche mit Schellen am Kutschbock rumpelte auf dem Weg vom Park in die Innenstadt an ihnen vorbei. Jetzt riss sich Beck den Hut vom Kopf und machte eine tiefe Verbeugung. Schiller stand unbeweglich und schaute dem Fahrzeug hinterher. „Mein lieber Beck, warum fürchtest du jetzt keine Erkältung und setzt dein edles Haupt so plötzlich ungeschützt Frost und Nässe aus?", spottete Schiller. – „Bedenke doch, das war Goethe!", Beck schien in Ehrfurcht erstarrt. – „Ach ja, jetzt, wo du es sagst ...", entgegnete Schiller, rückte sich seinen Dreispitz zurecht und begann, in seinen kniehohen Reitstiefeln loszustaksen. „Viel Erfolg, mein Freund. Ab mit dir auf dein warmes Zimmer, damit du heute Abend bei guter Gesundheit bist." Schiller gab ihm die Hand, nickte ihm freundlich zu und ließ seinen Freund am Marktplatz stehen.

Das Redoutenhaus wurde durch Hunderte von Wachskerzen erhellt. Draußen leuchteten Fackeln in der nasskalten Samstagnacht, des 2. Februar 1788 und wiesen den Gästen den Weg. Während Schiller noch die Stufen zum Saal nahm, drangen aus den hell in die Nacht scheinenden Rechtecken der Fenster die Klänge eines kleinen, chorisch besetzten Orchesters. Unwillkürlich machte er größere Schritte, nahm zwei Stufen auf einmal, Neugier und Vorfreude trieben ihn an. Das Karnevalstreiben im Saal, bereits im Gang, war gut besucht. Staatskleid, Pierrot, Schäferin und Schäfer, Pirat und Mönch, farbige Fantasieuniformen und bunte Leinenroben beherrschten die Szenerie. Die Menschen standen so dicht beisammen, dass es den Bedienten schwerfiel, Erfrischungen an den Mann zu bringen. Es gab kaum ein Durchkommen. Vor dem kleinen Orchester versuchte sich ein Tanzmeister in schwarzem Frack mit lebhafter Gestik und lauter Stimme, Gehör zu verschaffen. Nachdem er lange Zeit eher hilflos wie ein in Spinnfäden zappelndes Insekt gewirkt hatte, begann sich die Menge doch zu ordnen. Schon fand sich auch ein Mädchen an Schillers Seite. Den Fuß vorgestellt, eine kurze höfliche Verbeugung des Kavaliers, ein Knicks der Tanzpartnerin und man bewegte sich gelassen vornehm zum Menuett. Doch das Blut der jungen, tanzenden Leute rauschte heftiger an solchen Tagen. Es war Karneval, da musste die strenge Etikette das Nachsehen haben, da sollte es auch ausgelassener, ungezwungener zugehen, da wollte man dem Zufallspartner in den Armen liegen, erhitzt und von romantischen Gefühlen überwältigt nach Atem ringen. Daher wechselte das Orchester unter starkem Applaus rasch zu Dreh- und Gleittänzen. Der Ländler wurde zum ausgelassenen Lieblingstanz an diesem Abend.

Schiller geleitete seine Tanzpartnerin zurück zu ihrer wartenden Freundin und erst da schien sie es wirklich zu wagen, in seine lachenden Augen zu schauen. Hinzu trat eine alte Bekannte, die Schauspielerin Corona Schulte. Man macht sich bekannt. Charlotte von Lengefeld hieß das schüchterne, junge Mädchen an Schillers Seite. Man plauderte und plauderte. Als er hörte, dass Charlotte hier zu Besuch sei und bei Frau von Imhoff wohne, erzählte Schiller, dass er dort, nach seinem Eintreffen in Weimar im Sommer letzten Jahres, auch ein paar Monate logiert habe. Schon wieder ein Ländler! Charlotte von Lengefeld reichte ihren Fächer der Freundin und stürzte sich mit ihm in das wilde Treiben auf der Tanzfläche, dass sich ihre Haarschleifen lösten und die Haare lose zu wehen begannen. Man lachte und war vergnügt. Diese Nacht verging wie im Flug. Ob man sich zu einem Wiedersehen verabreden könne? Man versprach sich, in Kontakt zu bleiben.

 Charlotte von Lengefeld war in Weimar zur Ballsaison, um sich in der Gesellschaft vorzustellen. Das wohlberechnete Ziel ihrer Mutter, der ‚Chère mère‘, wie sie liebevoll von ihren Töchtern genannt wurde, war, dass Charlotte als Hofdame am Hofe reüssieren und dort eine gute Partie heiraten sollte. Daher konnte man es auch nicht dem Zufall zuschreiben, dass Charlotte von Kalb, die bei Hofe einen ausgezeichneten Ruf und verwandtschaftliche Beziehungen besaß, ebenfalls die Bekanntschaft dieses Mädchens machte. Man fand Gefallen aneinander und seltsamerweise traf Schiller daher seine Schäferin aus Karnevalstagen später bei seiner Geliebten wieder. Kurze Zeit danach reiste Charlotte von Kalb mit ihrem Mann während dessen Dienstferien für mehrere Monate nach Kalbsried. Die Gespräche zwischen Schiller und dem Major verliefen in freundlich friedlicher Atmosphäre, doch so recht wollte der Zukunftsplan eines gemeinsamen Lebens zu dritt keine konkrete Gestalt annehmen. Vielleicht lag es daran, dass sich Schiller längst ein bürgerlich geordnetes Familienleben ersehnte. Das Feuer der Leidenschaft für seine Charlotte von Kalb verzehrte ihn nicht mehr so sehr, als dass er nicht auch Alternativen in seine Überlegung einbezog.

 Zu seiner neuen, kleinen Freundin, Charlotte von Lengefeld, konnte er nicht einfach auf Freiers Füßen gehen. Dies hätte zumindest in Weimar ihren Ruf bei Hofe beeinträchtigt. Man schrieb sich daher Briefchen, in deren Folge man sich schließlich – wie zufällig – auch einige Mal bei Tee und Kaffee bei Frau von Imhoff traf. Die sonst so schüchterne, siebzehnjährige Charlotte fasste sich ein Herz, weihte ihre Schwester Karoline von Beulwitz in Rudolstadt ein. Die ältere Schwester, ebenfalls neugierig auf den Mann, in den sich ihre Schwester da verguckt hatte, wusste sich zu helfen. Schiller erhielt noch vor Charlotte von Lengefelds Abreise aus Weimar eine Einladung, sie in ihrer Heimat zu besuchen. Auch wenn sie ihn wegen ihrer Chère mère nicht offiziell einladen könne, würden ihre Schwester und sie für ihn alles auf das Behaglichste arrangieren, damit er bei seiner Arbeit dort nicht gestört würde. Eine Fortsetzung des Gedankenaustausches bedeute ihr viel und auch ihre Schwester würde bereits einem Treffen freudig entgegensehen. Dabei errötete sie vor Verlegenheit und senkte ihren Blick. Schiller versprach zu kommen und wunderte sich später ein wenig über sich selbst. Doch dieses freundlich zurückhaltende Mädchen, das sich seiner selbst keineswegs sicher schien, übte eine starke Anziehungskraft aus. Dieses Mal trieb ihn keine blinde Leidenschaft, kein stürmisches Verlangen. Sie gewann ihn für sich mit ihrem warmen Wesen und ihrer jugendlichen Offenheit. Schiller entschloss sich, das Abenteuer eines Wiedersehens in Rudolstadt anzugehen und dafür notfalls seine Beziehung zu Charlotte von Kalb aufs Spiel zu setzen.

Karoline von Beulwitz, eine üppige, geistreiche Schönheit, fand, seit ihre kleine Schwester Charlotte Schiller begegnet war und für diesen Kontakt die Brücke nach Rudolstadt schlug, reichlich Anlass über ihre Ehe nachzudenken. Dabei war Karoline eine Heirat eingegangen, um die sie manche Frau in der kleinen Residenzstadt beneidete. Ihr Gatte, Herr von Beulwitz, hatte bereits mit dreiunddreißig Jahren das Amt des Vizekanzlers inne, ein fachlich fähiger Kopf in der Regierung. Privat galt er als gutmütig und großzügig, wenn es darum ging, ihr Wünsche zu erfüllen. Doch von Beulwitz liebte keine Aufregungen oder Abwechslungen. Leidenschaften jeglicher Art blieben ihm fremd; er schätzte zufriedene Menschen um sich. Ein Mann, der Karoline ebenso langweilig erschien wie diese winzige verschlafene Residenz Rudolstadt, ein thüringisches Ackerstädtchen mit viertausend Einwohnern, einer Stadtmauer für den beschränkten Blick, fünf Toren für das Kommen und Gehen. Einer Stadt, in der die Fürsten von Schwarzberg-Rudolstadt herrschten, in der jeder jeden kannte und in der sich nichts ereignete und alles seinen festen Platz hatte. Nicht einmal eine befestigte Fahrstraße gab es durch das Saaletal. Selbst in der Residenz fanden sich nur an wenigen Stellen gepflasterte Wege.

Für den Rest seines Lebens schien Herr Vizekanzler von Beulwitz gewillt, sich nicht von Emotionen und neuen Einsichten beunruhigen zu lassen. Kam er des Abends aus dem Amt, drückte er seiner Angetrauten einen Kuss auf die Stirn und begehrte nur noch eins: in Ruhe in seinem Fauteuil zu sitzen, nichts mehr zu bereden, schweigend und ungestört das „Wochenblatt" zu lesen. Diese Gleichförmigkeit und Teilnahmslosigkeit ihres Gatten ließen Karoline ernsthaft über ihre Ehe und die Andersartigkeit eines Mannes wie Schiller nachdenken, gegen den sich ihr Gatte wie eine Gipsbüste ausnahm. Wie sprühte dieser Schiller vor Geist und Worten! Dabei nahmen seine guten Manieren und sein bescheidener Ton sogar Chère mère für ihn ein, die natürlich nichts davon wissen durfte, dass dieser Aufenthalt von Schiller in Rudolstadt von ihren Töchtern arrangiert und längst zu einer Angelegenheit der Herzen geworden war.

Die beiden hatten ihm ein Quartier beim Kantor Unbehauen in Volkstädt besorgt und suchten ihren Räuberdichter dort mit klopfendem Herzen auf. Dem überrascht dreinblickenden Unbehauen erklärten sie nur der Schicklichkeit wegen, das verstand sich von selbst: „Wir sind vom Hofe gebeten worden, zu sehen, ob es dem berühmten Gast auch an nichts fehlt. Wenn er längere Zeit hier logiert, hat sich auch Herr Geheimrat von Goethe angekündigt." Vor allem Karoline kleckerte nicht, sondern sie klotzte bei ihrer Darbietung und zwar mit Erfolg! Unbehauen lief sogleich, um Kaffee und Kuchen zu kredenzen. Karoline und Charlotte wechselten überraschte Blicke, denn außer der Tatsache, dass Schiller das Bett benutzt hatte und auf dem Tisch in der Nähe des Fensters Rezensionsexemplare, Manuskriptseiten und sein Schreibzeug lagen, hatte er nichts verändert. Dieser Mensch brauchte keine Kiste, keine Koffer, kein großes Gepäck. In einem kleinen Dachsranzen transportierte er Proviant, wenig Kleidung und Gegenstände für das tägliche Leben. Er konnte offenbar auf vieles verzichten, was anderen Menschen aus ihrer Umgebung als unentbehrlich erschien. Charlotte dachte unwillkürlich an Chère mère, die ihn abfällig als Hungerleider betitelt und ihn ob seiner brotlosen Kunst, von der sie nichts verstand, milde belächelt hätte. Gut, dass sie von diesen Verhältnissen nichts mitbekam!

Schillers Reichtum lag woanders. Nachdem die letzten Neuigkeiten aus Weimar zwischen Charlotte und ihm ausgetauscht waren, entflammten sogleich Gespräche und Diskussionen von hohem Anspruch über das Wesen des Menschen schlechthin und seine Bedeutung. Freiheit gegen Dummheit! Schiller setzte seine Ideale und die Bestimmung des Menschen gegen das Geschmeiß und Gesocks, das uns umgarnt. Nicht blenden lassen wollte er sich von dem strahlenden Reichtum der Tyrannen, sich nicht auf das Gemeine hinabdrücken lassen und vielmehr Geist und Willen bemühen, um zu gestalten. Vor allem Karoline sprach er aus der Seele, die die Initiative beim lebhaften Gedankenaustausch sofort an sich riss und ihrer Schwester bald die Rolle der bewundernden Verehrerin überließ. Wie unterschied sich dieser Dichter von den trüben Tassen, die um ihren Mann herumscharwenzelten, wohlklingende Titel und Pfründe anstrebten und keine Gedanken an ihre Fähigkeiten und ihre Bestimmung verschwendeten. Hohlköpfe allesamt, dazu verdammt, gestelzt nachzuplappern, was en mode und opportun erschien!

„Der Mensch besitzt die Möglichkeit, frei zu handeln", erklärte Schiller mit freundlichem Nachdruck. „Weder äußere Umstände noch innere Zwänge legen das menschliche Tun und Denken von vornherein fest. Weder materielle Armut noch die menschlichen Anlagen bei Geburt. In jeder schicksalhaften Situation bleibt dem bewussten Kulturwesen Mensch die Freiheit seiner Entscheidung." Dabei war sein Lächeln beinahe kindlich unschuldig und zuweilen blitzte in seinen Sätzen etwas Schalkhaftes auf, denn ihm waren die höfischen, rückständigen Verhältnisse in Orten wie Rudolstadt durchaus vertraut. Schiller lebte und redete fernab vom gleichförmigen, schalen Lebensgeklimper und übertraf alle Erwartungen, die Karoline in diesen Gast gesetzt hatte. Hut ab vor ihrer Schwester, die diesen Mann aufgetan und offenbar für sich gewonnen hatte!

Seit dieser ersten Kurzvisite wechselten Briefe zwischen Volkstädt und Rudolstadt hin und her. Doch bevor es zu weiteren Treffen kam, fesselte Schiller das kalte Fieber, verbunden mit Hals- und Kopfschmerzen, für zwei Wochen ans Bett. Charlotte schrieb ihm, dass sie jetzt zutiefst bedauerte, dass er nicht näher bei ihnen wohne, da ihre Gesellschaft ihn ein bisschen aufheitern könnte. ‚*Glauben Sie nur, dass wir Sie gern sehen und es uns herzlich leid ist …*, Sie krank und allein zu wissen.'

Von Beulwitz, ebenfalls vom prominenten Gast in der Residenz angetan, schickte nach einem Arzt, ließ sich über Schillers Befinden berichten, nahm Anteil und ließ ihm mehrfach kräftigende Speisen und Obst zukommen. Karoline registrierte erfreut und überrascht, dass er den bürgerlichen Schiller den Standesunterschied niemals merken ließ und sich damit über die üblichen gesellschaftlichen Regeln hinwegsetzte. Diese Offenheit ihres Mannes erlaubte ihr, ohne Furcht vor weiteren Komplikationen, mit Schiller den vertrauten Umgang zu suchen. Erst Mitte Juni war Schiller wieder gesund, sodass Verabredungen für Spaziergänge am Nachmittag und Begegnungen am Abend getroffen werden konnten. Den unkenden Klatschmäulern in der Residenz begegneten die Schwestern, indem sie sich stets zu zweit bei den Treffen einfanden. Charlotte überraschte Schiller, indem sie ihm eine neue Pfeife schenkte und seinen Marokko-Schnupftabak besorgte. Karoline ließ einen Picknickkorb packen und erleichterte ihren Göttergatten mehrfach um eine Flasche besten Burgunders. Am Saaleufer, auf halber Strecke zwischen beiden Orten, breiteten sie die Picknickdecke aus, ließen sich nieder und redeten von Gott, der Welt, dem Geist des Weines und dem Einfluss des Schnupftabaks auf die Klarheit der Gedanken. Kein Wort mehr über seine Krankheit, seine Unpässlichkeit. Auch wenn Schiller noch angegriffen aussah, gab er sich bestens gelaunt, scherzte, machte Komplimente und unterhielt die jungen Damen geistreich. Bei ungünstigen Witterungsbedingungen ersetzten Wanderungen am späten Nachmittag oder am Abend das Picknick. Ein Waldbach, der sich in die Saale ergoss und über den eine schmale Brücke führte, war das Ziel, wo die Schwestern ihn erwarteten.

Bald schon spürte Karoline, wie viel Wert Schiller auf ihre Meinung legte, wie er sie herausforderte und mit ihr den gedanklichen Wettstreit suchte. Immer häufiger schien es, wenn die drei über schmale Uferpfade und dunkle Waldwege einem Rastplatz oder Kaffeegarten zustrebten, als gäbe es nur zwei Gesprächspartner. Karoline, zumeist heftig gestikulierend, selbstvergessen und aufgeregt ins Gespräch mit dem sie um zwei Kopflängen überragenden Schiller vertieft – dann hinterherhängend, oft gedankenverloren, Charlotte, die scheinbar mehr die Natur betrachtete und die aufmerksam schweigende Zuhörerin abgab. Über lange Wanderstrecken blieb sie stumm, als habe sie nichts zu sagen. Dabei beobachtete sie erstaunt, wie sich ihre Schwester in Schillers Gegenwart veränderte und zu Haus bei ihrem Ehemann umso mürrischer und leidlicher wurde. Nicht nur, dass Diskussionen und Gespräche von hohem Anspruch über die Bestimmung des Menschen, seine Freiheit, den Anteil der Seele, über seine Möglichkeiten, Anlagen, seine Herkunft einbeziehend, mit Beulwitz wohl kaum möglich wären. Nein, nie hatte sie ihre träge Schwester so lebhaft, so außer sich erlebt. Für Schiller gab es nichts, was ihn so stark zum Umgang mit bestimmten Menschen zwang, als ihr Wunsch und ihre Fähigkeit, ihm zuzuhören. Der Wunsch war bei Karoline Passion. Dafür liebte er sie und Charlotte, die Lollo, wie sie von ihrer Schwester gerufen wurde, war ihm die willkommene Zugabe. Eine unerfahrene Frau, liebreizend, ohne hübsch zu sein – das genaue Gegenteil ihrer Schwester. Sie umgarnte ihn, der sich gern männlich gab, aber oft unter seinen gesundheitlichen Rückschlägen zu leiden hatte, mit Fürsorge und Anteilnahme, die er so noch nie erfahren hatte. Längst kannte sie seine Vorlieben und Schwächen. Er spürte dieses liebevolle Bemühen. Voller Dankbarkeit schrieb er ihr: *„Ich möchte*

Ihnen oft so viel sagen, wenn ich von Ihnen gehe, habe ich nichts gesagt. Bin ich bei Ihnen, so fühle ich nur, dass mir wohl ist, und ich genieße es mehr still, als dass ich es mitteilen könnte ..." Natürlich erhoffte sich seine Lollo mehr von Schiller – und soweit es schicklich ist, wird sie zumindest in ihren Briefchen ziemlich direkt: *„Mein Stübchen erwartet Sie, und mein Schreibtisch; es ist mir lieb, dass Sie auch in meinem Eigentum einmal leben, es wird mir eine freundliche Erinnerung geben, wenn wir nicht mehr zusammen sind! Es ist ein böser Gedanke, der sich da einmischt, und ich entferne ihn gern ..."* Doch wohin würde das führen? Beide Frauen verursachten ein Hochgefühl in Schiller und er sprühte vor Arbeitsfreude. Nur auf dem fast täglichen Weg zu ihrem Treffen überkam ihn der noch unbestimmte Gedanke an eine gemeinsame Zukunft, von der er nicht wusste, wie sie aussehen könnte. Karoline, zwar gesellschaftlich und finanziell gut gestellt, war verheiratet und gehörte zu höchsten gesellschaftlichen Kreisen in Rudolstadt, zu denen er, Schiller, keinen Zugang hatte. Die Chère mère, früh verwitwet, daher kaum vermögend und eher in bescheidenen Verhältnissen lebend, könnte ihrer Tochter Charlotte keine größere Aussteuer und finanzielle Ausstattung ins Leben mitgeben und hoffte auf eine gute Partie, die er, Schiller, keineswegs abgab. Eine solche Konstellation mit einer anderen Charlotte hatte er in Bauerbach bereits schmerzhaft hinter sich lassen müssen. Keine Illusionen, schwor sich Schiller und erinnerte sich schmerzhaft daran, dass der Alte von Knebel und ein Kammerjunker aus bester Familie, ein Herr von Kettelholdt, alles Lieblinge der Madame von Lengefeld, seiner Charlotte Avancen machten. Außerdem: War er nicht mit Körner übereingekommen, dass auch ihn nur eine gute Partie aus seinen finanziellen Bedrängnissen erlösen und ihn für seine literarische Arbeit freimachen könnte? Keinesfalls durfte er Körner eine Zeile über seine wachsenden Gefühle für die Schwestern schreiben, denn, bei Licht betrachtet: Da konnte für Schillers Zukunft kein Segen drauf ruhen.

Gegen Mitte August zog Schiller, auch wegen des wechselhaften Sommerwetters und der damit verbundenen Unannehmlichkeiten bei seinen täglichen Rendezvous, vollständig nach Rudolstadt. Die Schwestern achteten darauf, ihn nicht von seiner Arbeit abzuhalten und überließen es fast gänzlich ihm allein, Zeit und Ort für Verabredungen zu treffen. Bald schon fasste Schiller so viel Vertrauen, dass er den beiden Frauen vorlas, was er am Tag zuvor geschrieben hatte oder sie gingen gemeinsam eintreffende Druckfahnen durch. Karoline kam aus dem Staunen nicht heraus, was ihm in kürzester Zeit so alles gelang, und Charlotte bemerkte beeindruckt, wie wörtlich ihr Sommergast seinen beabsichtigten „Arbeitsaufenthalt" in Rudolstadt nahm. Beiden erschien es unglaublich, mit welcher Geschwindigkeit Schiller schreiben konnte und dennoch nirgendwo der Eindruck entstand, irgendetwas könnte unfertig oder nur ein erster Entwurf sein. Seine Texte wirkten wie aus einem Guss, benötigten kaum einmal ein zweites, drittes Umschreiben. Karoline versuchte, hinter sein Geheimnis zu kommen, arbeitete sie doch ebenfalls an einem Roman und wusste nur zu gut, wie schwer ihr das tägliche Schreiben fiel. Aber es gab kein Geheimnis, keinen Trick. Schiller war nicht nur bienenfleißig, sondern in gleichem Maße ein riesiges Talent. Anscheinend bemerkten dies auch andere, denn immer häufiger reiste er für ein, zwei Tage nach Weimar, um bei Wieland, Herder, bei Bertuch und Bode Gast zu sein. Der Dichter Gleim wählte den Zeitpunkt seines Aufenthaltes eigens so, dass er Schiller treffen konnte. Und getreu seinem Motto: *„Am Ende würden wir uns schämen, uns nachsagen zu lassen, dass die Dinge uns formten und nicht wir die Dinge"*, schien Schiller stets entschlossen, das Unmögliche möglich zu machen. Er bat Charlotte, die freundschaftlichen und verwandtschaftlichen Beziehungen zu Charlotte von Stein dazu zu nutzen, um ein Treffen mit Goethe zu arrangieren, der ihm immer noch aus dem Weg ging.

Doch Chère mère, der inzwischen die Intensität des Umgangs mit diesem Habenichts von einem Dichter zunehmend missfiel, schickte Charlotte des Öfteren nach Weimar, damit sie ihre in Aussicht genommene Laufbahn bei Hofe weiter befördere. Als Charlotte dort auf einer Redoute gerade ihren Tanz beendete und von ihrem Kavalier zu Tisch geleitet wurde, setzte sich Frau von Kalb zu ihr. Nach ein paar belanglosen Floskeln über die Musik und das Wetter fragte diese gereizt und ziemlich aggressiv nach Schillers Befinden und wie lange sie und ihre Schwester noch gedächten, ihn von ihr fern zu halten. Sie habe doch die älteren Rechte auf ihn, und er, der sonst die Zuverlässigkeit in Person gewesen wäre, würde ihr nicht mehr schreiben, hielte seine Verabredungen nicht ein und vernachlässige auch seine Weimarer Kontakte. Es sei absolut egoistisch und degoutable, Schiller derart in Beschlag zu nehmen. Fräulein von Lengefeld solle ihr doch einmal diese Wandlung Schillers erklären und sich selbst die Frage beantworten, was einen Schiller in Rudolstadt, der tiefsten kulturellen Provinz voranbringen könne! Charlotte lief rot an vor Verlegenheit und Ärger. Wenigstens wusste sie bereits vorher von dem Verhältnis dieser verheirateten Frau zu Schiller. Sie gab sich pikiert, verbat sich die Unterstellungen und Vorhaltungen. Schiller sei erwachsen genug, zu entscheiden, was für ihn gut sei, und er läge keineswegs in Ketten. Frau von Kalb änderte daraufhin ihre Taktik. Sie fragte nach Gesprächen, die sie führten, nach den Stücken, an denen er arbeite und nach den Details seiner jetzigen Lebensumstände. Charlotte stand auf, verneigte sich: „Entschuldigen Sie, werte Frau von Kalb, es ist doch stets das Beste nicht über drei Ecken von jemandem zu sprechen und Auskunft zu geben. Dabei bietet es sich doch bei Ihrer Beziehung zu Schiller geradezu an, dass Sie Schiller jederzeit selbst befragen. Ich bin überzeugt, dass er Ihnen gern Rede und Antwort stehen wird. Ich jedoch sehe keinen Anlass über die Beziehung meiner Schwester oder meine Beziehung zu Schiller Auskunft zu geben. Und, liebe Frau Charlotte von Kalb, richten Sie bitte dem Kammerpräsidenten Major von Kalb und Ihrem Ehegatten Major von Kalb, dem jüngeren Bruder, beste Grüße aus." Karoline war begeistert, so viel Courage hatte sie ihrer kleinen Schwester nicht zugetraut, aber wenn es um Schiller ging, konnte die schüchterne Charlotte zur Löwin werden. Schiller und ihrer Mutter gegenüber blieb der Vorfall unerwähnt. Gemeinsam entwarfen die Schwestern einen

Schlachtplan, wie sie Goethe für ein Treffen mit Schiller nach Rudolstadt locken könnten.

An einem herrlichen Herbstsonntag mit blauem Himmel und sommerlicher Schwüle war es endlich so weit. Aus Kochberg kommend, fuhr die Gesellschaft in der Stein'schen Chaise vor. Dem Wagen entstiegen die Damen Herder, Stein, Hardt, der Geheimrat Goethe und sein Schüler, der Filius Fritz von Stein. Kurze Zeit später traf auch Schiller im Sonntagsstaat im Beulwitz'schen Garten ein. Karoline fiel als Hausherrin die Aufgabe zu, die beiden miteinander bekannt zu machen. Charlotte und sie hatten alles bis ins Kleinste arrangiert. Mittels Tischkarten platzierten sie Goethe zwischen von Beulwitz auf der linken und Schiller auf der rechten Seite. Es wurde das Lieblingsgericht des Dichterfürsten, Hecht in Gelee, gereicht, dazu Rheinwein, Sherry und Wasser. Der Geheimrat richtete einige freundliche Worte an Schiller. Weitere Gäste trafen ein, und noch ehe das Gespräch in Gang kommen konnte, scharten sich diese ebenfalls um den berühmten Gast. Alle wollten ihn sprechen, ihn hören, ihn für sich gewinnen. Während des Essens richtete Goethe das Wort an den Hausherrn und Vizekanzler und erörterte mit Beulwitz Projekte des Straßenbaus und seine Erfahrungen mit dem Ilmenauer Bergbau, von dessen Wiederaufnahme sich der Herzog dringend benötigte Einnahmen verspräche. Er erging sich in Details der Entlohnung, des Prinzips der verlorenen Zimmerung, das nötig war, damit die Stollen der besseren Haltbarkeit wegen nach und nach ausgemauert werden konnten. Anschließend wandelte man im herbstlich gefärbten Garten, bewunderte gepflegte Rabatten, seltene Stauden, idyllisch angeordnete Ruheplätze in der Nähe von arrangierten Baumgruppen. Goethe lebte auf und erzählte von seiner Italienreise. Er schwärmte von dem heiteren Himmel dort, flocht italienische Redewendungen in seine Schilderungen ein, äußerte sein Entzücken über die entferntesten Gegenstände und beschrieb die großen Kunstwerke der Klassik, die ihm Ansporn und Inspiration zugleich geworden seien. Er schilderte Reise und Land so plastisch, dass sich auch Schiller beeindruckt zeigte. Doch außer ein paar höflichen Freundlichkeiten gewann Schiller zunehmend das Gefühl, der Geheimrat Goethe weiche ihm in Sachen Literatur aus.

Wie zufällig, dafür aber unübersehbar, drapierte Charlotte die Märzausgabe von Wielands ‚Deutschem Merkur' auf dem Tisch im Garten. In einer Gesprächspause griff Goethe danach, blätterte ein wenig geistesabwesend und entdeckte Schillers Gedicht ‚Die Götter Griechenlands', jenes Beispiel klassischer Lyrik aus Schillers Feder, das dem Einfluss Wielands entsprang und schon vielfach Bewunderung hervorgerufen hatte. Goethe bat, das Heft für die Rückreise mitnehmen zu dürfen. Endlich registrierte der Dichterfürst Schillers Arbeiten! Die Schwestern tauschten mit Schiller einen Blick der Erleichterung.

Goethe ging mit Frau von Stein und Chère mère in die Jasminlaube, um dort seinen Kaffee zu sich zu nehmen. Man lachte und scherzte. Schiller stand ein wenig missgestimmt beiseite und philosophierte mit seiner Karoline über die persönliche Freiheit und über verpasste Chancen, denen man gestaltend nicht nachtrauern sollte. Charlotte, bei diesem Diskurs wieder einmal überflüssig, schlich sich in die Nähe der Laube. Dort stand sie auf halber Strecke zwischen Goethe und Schiller und sah immer wieder zu Goethe hinüber, damit sie den Moment nicht verpasste, da Schiller sich zu den Frauen gesellen und doch noch die Gelegenheit zu einem persönlichen Gespräch nutzen könnte. Doch dieser Moment kam nicht.

Dafür überdachte Schiller seine Goetheverehrung aus den Akademietagen kritisch und gründlich. Musste man in Goethe tatsächlich einen solch genialen Menschen mit vielfältigen Begabungen sehen? Oder erwies sich bei näherem Hinsehen auch vieles nur allzu menschlich und durchschnittlich? Zumindest gewann Schiller zunehmend den Eindruck, dass er in Sachen der gesellschaftlichen Umgangsformen nicht viel von Goethe lernen konnte. Goethe hatte den Kreis dieser Gesellschaft in Rudolstadt nach Jahren seiner Abwesenheit mit der Selbstverständlichkeit eines Mannes betreten, der nach Hause kam. Ciao, Karoline, ein Handschlag, Monsignore ..., der Mantel wurde ihm jetzt gereicht – es kühlte rasch ab zu dieser Jahreszeit, das Personal umschwärmte ihn wie die Motten das Licht. Er forderte diese Art von Gunstbezeugungen geradezu ein, gab den großen Mimen, der die Rolle seines eigenen Lebens spielte. Er spielte noch immer den Italiener, den Grandseigneur. Spielte? Es waren Rituale, keine Huldigungen. Sie klebten an seinen Lippen, folgten jeder seiner Bewegungen. Ein Patrone, der diese kleine Welt in den Mittelpunkt rückte, dessen Stimme sich plötzlich mit jenem heiseren Klang überzog, als hätte er mit einer Handvoll rostiger Nägel gegurgelt, und sogleich so leise schwang, dass man eine Schreibfeder hätte fallen hören können. Selbst der Bergbau zu Ilmenau wurde mit solch einem Stimmklang ein bedeutendes, weltbewegendes Thema.

Noch in der Nacht saß Schiller am Schreibsekretär, trieb Frustbewältigung über dieses misslungene Treffen mit Goethe und schrieb Körner nach Dresden: *'Im Ganzen genommen ist meine in der Tat große Idee von ihm nach dieser persönlichen Bekanntschaft nicht vermindert worden; aber ich zweifle, ob wir einander je sehr näher rücken werden. Vieles, was mir jetzt noch interessant ist, was ich noch zu wünschen und zu hoffen habe, hat seine Epoche bei ihm durchlebt; er ist mir (an Jahren weniger als an Lebenserfahrungen und Selbstentwicklung) so weit voraus, dass wir unterwegs nie mehr zusammenkommen werden; und sein Wesen ist schon von Anfang her anders angelegt als das meinige, seine Welt ist nicht die meinige, unsere Vorstellungen scheinen wesentlich verschieden ...'* Schiller legte die Feder beiseite und überdachte die Konsequenzen dieses Treffens. Nicht zu Unrecht befürchtete er, dass er ohne die Anerkennung von Goethe in Weimar keine Zukunft und kein Auskommen finden würde. Das war bitter, denn er spielte mit dem Gedanken, sesshaft zu werden und zu heiraten. Diese Pläne rückten einmal wieder in weite Ferne.

Auch Karoline war verstimmt. Was musste ihr Göttergatte auch über Straßenbau und Bergbau fachsimpeln! Als ob das die Menschheit allein voranbrächte! Alle hingen sie speichelleckend den beiden an den Lippen und beteten Zahlen und Fakten nach. Was ging in diesen Hohlköpfen und Gipsbüstengatten nur vor! Es schien ihr unglaublich, wie viel geistige Armut sich hinter den Titeln der besseren Gesellschaft verbarg. Vielleicht steckte ein geheimes Gesetz darin, dass all die blassen Erscheinungen auf ihrem Weg nach oben so viel Energie verbrauchten, dass sie am Ende der Stufenleiter in leitender Position blutleer und mit einem hohlen Kopf ankamen ... Armer Schiller! Was hatte er für Hoffnungen in dieses Treffen gelegt! Und wie viel geistreicher und wertvoller war dieser Schiller! Er lebte ärmlich von der Hand in den Mund. Der Titel als Hofrat, unbezahlt. War nur auf sich gestellt, von frühster Jugend an. Nicht der Versuchung erlegen, sich ein Pöstchen zu sichern, Wohlgefallen zu heucheln, um den Lohn einzustreichen, der ihn sanft durch das Leben trug. Dabei: Kein Spott über jene, die es anders machen, kein abwertendes Wort! Schiller stand da allein auf weiter Flur mit nichts als seiner unglaublichen Begabung, seinem Fleiß und seiner Entschlusskraft, etwas aus sich zu machen. Er vertraute auf den sprudelnden Quell seines Geistes, auf die Freundschaft. Er bedurfte keines Ranges, Schiller wuchs aus sich selbst. Das war revolutionär, stellte alles auf den Kopf. Ein Rebell, dessen einzige Waffe sein Geist war!

Als Karoline ihn am nächsten Tag darauf ansprach, meinte er nur schmunzelnd: „Mein Geist, die Waffe der Rebellion? Eine romantische Vorstellung ..." Dann aber wurde er ernst: „Geht man mit seiner Waffe zu Bett, schläft man mit seiner Angst." Wie konnte der große Goethe einen solchen Menschen übersehen, ihn nicht wertschätzen? Karoline fasste es nicht und erklärte sich dazu auch Schiller gegenüber, der sich nur galant verbeugte, ihr die Hand küsste und sich bedankte.

Man saß sich schweigend in der Stein'schen Chaise gegenüber. Auch noch so ein gelungener Nachmittag in entsprechender Gesellschaft täuschte nicht darüber hinweg, dass an die enge Vertrautheit, die Charlotte von Stein und Goethe verbunden hatte, nicht mehr angeknüpft werden konnte. Frau von Stein kannte ihren Goethe. Wenn er mit sich im Unreinen war, urteilte er hart und unwirsch. Noch hoffte sie darauf, dass er sich erneut in die Weimarer Verhältnisse schicken würde, wenn er erst einmal Abstand von seinen Italienfantasien gewonnen und sein neues Liebchen, diese Vulpius, mit der er seine Spätsommertage im Gartenhäuschen im Ilmpark verbrachte, zum Teufel geschickt hatte. Doch all diese Befindlichkeiten blieben unerwähnt und so schwieg man sich taktvoll an. Goethe nahm sich das Heft des ‚Deutschen Merkur' vor und las Schillers Gedicht. Doch bereits nach kurzer Zeit warf er das Heft ärgerlich in die Ecke und rief aus: „Dieser Schiller! Er ist mir zuwider – seine ganze Erscheinung – ein Wirrkopf!"

Froh, endlich ein Thema gefunden zu haben, stimmte Frau von Stein ein: „Über sein Verhältnis zu der von Kalb spricht ganz Weimar. Jetzt umgarnt er die Töchter der von Lengefeld. Er wird der Gattin des Vizekanzlers noch die Reputation und der Charlotte die Laufbahn bei Hofe kosten." – „Aber er ist durchaus gebildet und hat Manieren", räumte Frau Herder ein. „Mein Mann spricht nur Gutes über ihn." – „Nichts an ihm kann verleugnen, dass er aus einfachen Verhältnissen kommt", Frau von Stein machte eine wegwerfende Handbewegung und berichtete von Schillers Auftritt bei der Herzoginmutter Anna Amalia. „Er hält offenbar viel von sich und scheut sich keineswegs, das lautstark kundzutun." – „Auch wenn Wieland seinen Einfluss auf ihn betont und ihm seine Begabung zugutehält, einer wie Schiller passt nicht nach Weimar. In diesem Gedicht – für sich betrachtet klassisch und gelungen, sicherlich auf Wielands Einfluss zurückzuführen – tritt doch nur allzu deutlich zutage, wie Schiller nur gekonnt nachäfft, was wir zu Weimar Großes geleistet und gedacht haben. Mir ist dieser Schiller verhasst und auch Wieland und Herder stünde es gut zu Gesicht, ihm mit mehr Misstrauen zu begegnen. Da pöbelt und brüllt einer auf der Bühne seine Räuberromantik heraus, ergeht sich im Tyrannenhass, setzt stürmisch und Beifall heischend auf die billige Wirkung beim Pöbel. Schon begeistert man sich in Deutschland wie seinerzeit über meinen ‚Werther'. Sicherlich, dieser Mensch bemüht sich in letzter Zeit um sprachliche Eleganz. Aber das Mühen ist ihm anzumerken!" Goethe wurde laut und ungehalten. „Keine Gelegenheit lässt dieser Nichtsnutz aus, sich anzubiedern. Stets um die Gunst bemüht. Lebt dabei frei wie der Vogel von seinen Verbindlichkeiten. Mir sind da Dinge zu Ohren gekommen …" – „Zu Mannheim ist er gescheitert und Freunde sollen für ihn im Schuldturm gesessen haben", ergänzte Frau von Stein. – „Oh Gott, wie schrecklich!", entfuhr es Frau Herder. – „Frauen finden solche Geschichten, genau wie die von seiner Desertion aus dem Württemberger Regiment, für gewöhnlich romantisch und himmeln diese Art Vagabunden an. Ich aber frage, was hat dieser Schiller für die Gesellschaft geleistet, dass er glaubt, er sei so genial, dass alle Welt ihm huldigen und ihn durchfüttern müsste!" Noch einmal griff Goethe nach dem ‚Deutschen Merkur' und warf ihn verärgert quer durch die Kutsche, dass er fast Fritz von Stein am Kopf getroffen hätte.

„Ist es wahr, dass Schiller heimlich den Schubart in der Festungshaft aufgesucht hat?", wollte Fritz von Stein jetzt wissen. „Da haben die richtigen Wirrköpfe beisammen gesessen!", knurrte Goethe zur Antwort. „Vielleicht beeindruckt solche Verwegenheit auch die Jugend, aber wem nützt so etwas? Glaubt er, Fritz, als mein Schüler, etwa, ich bekleide meine Ämter und mühe mich um die Zukunft des Landes, weil ich ein schlechterer Dichter wäre? Nein, Verantwortung tragen in dem einen wie dem anderen, seine Fähigkeit in den Dienst einer großen Sache stellen, die Reinheit der Sprache und Gedanken pflegen, das sind Dinge, die mir wichtig sind und die Lohn tragen – für mich und für jedermann! Diese Dramen des Herrn Schiller – man kann noch so berühmt werden – erscheinen mir wirr, abstrus, in ihren philosophischen Ansätzen verkehrt und sogar gefährlich in vielem." Niemand wagte mehr, dem aufbrausenden Goethe zu widersprechen, der in Gedanken nur damit beschäftigt war, diesen Schiller, der sich in Weimar zu etablieren gedachte, wegzubeißen. Hatte sich dieser Schiller nicht auch mit Wielands Schwiegersohn, dem Reinhold, der Professor zu Jena war, angefreundet? Läge da nicht eine wunderbare

Möglichkeit, diesen dichtenden Rebell bei seiner Eitelkeit zu packen und ihn in ein Amt wegzuloben? Sollte er doch sehen, wie schwer ein Mensch arbeiten musste, um sein Auskommen zu sichern! Wie leicht waren solch einfache Naturen wie dieser Schiller auszurechnen! Ein kurzes Gespräch würde Goethe mit ihm führen müssen, dann ein Empfehlungsschreiben. Den Rest konnte er getrost seinem Stellvertreter im Amt, dem Geheimen Regierungsrat Voigt, überlassen ... Und rumpeldipumpel, weg war der Kumpel! Verstaubt und überfordert in einem Professorenamt, dem täglichen Gelderwerb verpflichtet, fernab in Jena. Der Gedanke gefiel Goethe, je länger er darüber nachdachte.

Kapitel 21
Wie Hofrat Schiller von einer Dreiecksliebe träumt, dann aber bürgerlich und glücklich Professor wird und heiratet –
Jena 1789/1790

‚..., Dass man hätte vor Staub ersticken mögen! ... Er sagte viel Gutes und es fand sich von Schiller noch mehr Schönes und Schöngesagtes. Vonseiten des Vortrags, der Deklamation hätte ich mehr von ihm erwartet. Seine Postulate sind mitunter überspannt und verfehlen dadurch den vorgesetzten Zweck. Morgen zur nämlichen Stunde wird er fortfahren, uns vollends zu beweisen: dass man ohne gründliches Studium der Universalgeschichte nicht selig werden könne...'
Unbekannter Student, Brief, vom 27. Mai 1789,
über die Antrittsvorlesung

Fast wurde Schiller von der Menschenmenge fortgerissen. Er fand sich mitten im Pulk von bereits Hunderten von Studenten wieder, wurde geschoben und gestoßen und klammerte sich fest an seine Aufzeichnungen für seine Antrittsvorlesung. Mit solch einem riesigen Interesse hatte keiner rechnen können! Im Reinhold'schen Haus hatte er für abends sechs Uhr den Hörsaal belegt, der rund hundert Sitzplätze fasste. Halb sechs bereits platzte das Auditorium aus allen Nähten. Angstvoll hatte Schiller aus dem Fenster geschaut und sah von der Straße her noch Studenten in Gruppen dem Haus zustreben. Der Ansturm schien kein Ende nehmen zu wollen! Im Vorsaal, im Flur und auf der Treppe – überall herrschte bald drangvolle Enge! Professor Griesbachs Schwager fand sich bei den Studenten und schlug geistesgegenwärtig vor, Schiller möge bei Griesbach lesen, das Auditorium sei dort viermal so groß. Alles stürzte wie befreit hinaus und in einem lautstarken Zug die Johannisstraße hinunter, eine der längsten Straßen Jenas. Schon liefen die ersten Gruppen, um in Griesbachs Auditorium einen Platz zu ergattern. Sie rissen die folgenden lautstark lärmend mit. Viele schlossen sich dem Zug noch an, ohne genau zu wissen, wohin und zu welchem Zweck, allein aus Sorge, etwas Bedeutendes zu verpassen. Fenster wurden aufgerissen, aufgeregte Kaufleute liefen mit ihrer Kundschaft auf die Straße. Schon glaubte die Obrigkeit, es wäre Feueralarm, und am Schloss kamen die Wachen in Bewegung. Was ist denn? Wohin? Warum so eilig? Welch ein Lärm? Der neue Professor wird lesen. Der Schiller!

Das Griesbach-Auditorium verfügte über vierhundert dicht gedrängte Plätze, doch diese reichten ebenfalls nicht, sodass sich Zuhörer noch im Vorraum und im Flur bis zur Haustür drängten. Schiller erreichte nur mit größter Mühe den Katheder und rang nach Luft. Die Studenten pochten auf das Holz von Stühlen und Bänken ihren Beifall. Aufgeregt ordnete Schiller seine Papiere. Als er wieder aufblickte, sah er sich wie in einem Amphitheater von Menschen umgeben – schlimmer noch, sie lagen sogar zu seinen Füßen. Von draußen schien an diesem 26. Mai 1789 die Sonne herein und drinnen wurde es fast unerträglich schwül. Man riss die Fenster auf und machte Durchzug. Ein solch triumphaler Empfang war noch keinem Professor bereitet worden! Was Schiller jedoch keineswegs beruhigte, hatte er doch ein wenig Juristerei betrieben,

Grundzüge der Medizin gelernt und Dramen verfasst. Aber was befähigte ihn zum Amt eines Geschichtsprofessors? Sicher, er hatte dieses erfolgreiche Buch vom Abfall der Niederlande geschrieben und Goethe hatte ihn empfohlen, aber verstanden nicht einige seiner Studenten mehr von der Geschichte als er? Schiller machte sich keine Illusionen, auch wenn ihn Geschichte und Politik faszinierten, hier würde er ein hartes Stück Arbeit zu leisten haben. Seine Art der Geschichtsdarstellung hatte sich von der verwandten Erzählkunst etwas zu borgen, ohne deswegen notwendig zum Roman oder Drama zu werden. Reichte das, um hier zu bestehen? Vor vier Wochen, mitten in der Arbeit an der siebten Ausgabe seiner ‚Thalia', hatte er noch keine Ahnung, worüber er überhaupt lesen würde. Vielmehr musste er sich unauffällig im Kollegenkreis erkundigen, wie man wen an der Universität anzureden hatte.

‚*Was heißt und zu welchem Ende studiert man Universalgeschichte*', lautete Schillers Thema, das gleichzeitig seinen Versuch einer eigenen Standortbestimmung für dieses Fach darstellte. Schiller sammelte sich und erhob die Stimme. Überlaut musste er sprechen, damit auch die außerhalb des Auditoriums Stehenden etwas verstehen konnten. Nach den ersten zehn langsam vorgetragenen Worten fand er zur inneren Zuversicht zurück und las mit einer Stärke und Sicherheit in der Stimme, die ihn selbst überraschte. Doch ein Rest Befangenheit gegenüber seiner Professorenrolle blieb. Deshalb vermied er es weitgehend, frei zu sprechen. Er las alles Wort für Wort ab. Nach den ersten zustimmenden Reaktionen verfiel er sogar wieder in seine hohe, schwäbelnde Stimmlage und trug Passagen in einem pathetischen, deklamatorischen Ton vor, als ob er sich auf der Bühne befunden und aus einem Drama vorgetragen hätte. Doch auch diese Unzulänglichkeiten taten seinem Erfolg keinen Abbruch. Der Reiz der Neuheit und die Begierde, den berühmten Dichter nun auf dem Katheder in einer ganz neuen Situation zu erleben, hatte die Studentenschaft in Griesbachs Auditorium zusammengetrieben und sorgte dafür, dass Schiller an diesem Abend nichts falsch machen konnte.

Im Schulterschluss begleiteten ihn Hunderte von Studenten zu seiner „Schrammei" in der Jenagasse 26, einer großzügigen, aus drei Zimmern bestehenden Studentenbude, die er bei zwei alten Schwestern, den redseligen Jungfern Schramm, gemietet hatte, wo er in unruhiger Nachbarschaft mit einem guten Dutzend Studenten wohl versorgt lebte. Er notierte: *‚Die Kost habe ich auch von ihnen auf meinem Zimmer, zwei Groschen das Mittagessen, wofür ich dasselbe habe, was mich in Weimar vier Groschen kostete.'* Während er, überwältigt von dem Eindruck seines Erfolges, die schützenden Wände seiner Bude aufsuchte, packten auf der Straße einige ihre Instrumente aus und man sang aus Hunderten von Kehlen ihm zu Ehren eine Nachtmusik, die mit einem dreifachen Vivat lautstark beendet wurde! Schiller winkte vom Fenster aus, trat dann an den Schreibtisch, auf dem sich seine angefangenen Arbeiten und etliche von Körner besorgte und empfohlene historische Bücher stapelten, strich mit der linken Hand über die Maserungen des Holzes. Erst jetzt spürte er, dass ihm die Beine zitterten, und er setzte sich rasch. Um einen klaren Kopf zu bekommen, griff er zur Feder und schrieb an Körner von seinem Erfolg, dann hielt er inne, starrte auf den letzten geschriebenen Satz: „*Ich bin in Jena zum ersten Mal eigentlich ein bürgerlicher Mensch, der gewisse Verhältnisse außer sich zu betrachten hat ...*"

Jetzt besaß er das erste Mal etwas als Eigentum – einen eigenen, nach seinen Vorstellungen gezimmerten Schreibtisch. Jetzt bereute er das erste Mal nicht mehr, der Empfehlung von Professor Reinhold, dem Schwiegersohn Wielands, und dem freundschaftlichen Rat des Theologieprofessors Paulus nach Jena gefolgt zu sein. Die Universitätsstadt gefiel ihm. Nicht nur die Häuser hier waren höher gebaut als in Weimar, auch die hier versammelte Intelligenz erschöpfte sich offenbar nicht in Götzenanbetung. Schiller spürte das Fluidum der freien und ungezwungenen Art des Umgangs miteinander. Auch wenn dieses Universitätsstädtchen, kaum sechshundert Meter lang und ebenso breit mit zwanzig zwischen den hohen Stadtmauern eingezwängten Straßen, sich von der Größe her nicht mit den Residenzen Stuttgart, Mannheim oder Dresden messen konnte, hier gab es nichts Verschlafenes und Geducktes. Dass die Studenten hier etwas galten, zeigte einem der erste Anblick, und selbst, wenn man die Augen zumachte, konnte man immer noch wahrnehmen, dass man in Jena mitten unter ihnen lebte, denn die Studenten hier in der freien Universitätsstadt wandelten mit den Schritten von Nichtbesiegten. Kein Ort hatte ihm bislang so viel bedeutet wie Jena. Die Nähe zu Rudolstadt und den Schwestern Karoline und Charlotte, die er vermisste, sprachen ebenfalls für diese Stadt. Er galt jetzt etwas, auch im bürgerlichen Sinn. Der Herr Professor wurde herumgereicht, bekam Einladungen, hatte sich auf Empfängen einzustellen und sich entsprechend seiner Stellung zu kleiden. Mit der Gründung einer bürgerlichen Existenz als Professor wollte Schiller endlich auch für bessere Kreise als heiratsfähig gelten.

Die Medaille hatte jedoch zwei Seiten: Zwei, drei Jahre unabhängigen Schaffens als Schriftsteller hätte er noch benötigt, um sein Werk voranzubringen und seine Schulden zu minimieren. Kühl lächelnd hatte ihm Goethe erklärt, beim Lehren lerne man. Der Geheime Regierungsrat Voigt hatte, ohne Schiller weiter zu informieren, das Einverständnis des Weimarer Herzogs Karl August und der übrigen vier Erhalter der Gesamtakademie Jena, der Fürsten von Gotha, Meiningen, Coburg und Hildburghausen eingeholt und Schillers Berufung erfolgte auf dem Fuß. Er fühlte sich übertölpelt, mitten aus der Arbeit herausgerissen und bloßgestellt, denn das Professorenamt musste ohne jede Bezahlung ausgeübt werden. Honorar erhielt der Herr Professor nur für seine Vorlesungen und bemessen wurde es nach der Zahl seiner Zuhörer. Schiller hatte durch intensives Literaturstudium seine Wissenslücken zu stopfen, tagelang seine Vorlesungstexte vorzubereiten, philosophische Studien zu treiben, denn Kants Schriften galten hier als Allgemeingut und er hatte Rücksicht zu nehmen. Zudem mussten die Zulassungen zu seinem Professorenamt für teures Geld erkauft werden. Schiller schrie seine Wut in einem Brief an Körner hinaus: ‚*Könntest du mir innerhalb eines Jahres eine Frau mit zwölftausend Talern verschaffen, mit der ich leben, an die ich mich attachieren könnte, so wollte ich dir in fünf Jahren – einen*

Friederiziade, eine klassische Tragödie und,\ weil du doch so darauf versessen bist, ein halbes Dutzend schöner Oden liefern – und die Akademie in Jena möchte mich dann im Arsch lecken.' Doch so blieb seine Dichtung liegen, kam der Räuberdichter ins Joch des Professorenamtes. Schiller zürnte Goethe, denn dessen schwache, aber effektvolle Empfehlung ins Amt erschien ihm nichts als der Schachzug, mit dem er aus Weimar verbannt werden sollte. Reinhold und auch dem Juraprofessor Hufeland gegenüber, der in Jena als Mitherausgeber der viel gelesenen „Allgemeinen Literaturzeitung" verantwortlich zeichnete und um Schillers Beiträge warb, erklärte er aufgebracht: Dieses Ränkespiel mache ihm den Charakter dieses aufgeblasenen Gecken Goethe noch um einen guten Teil verachtenswerter. Er, Schiller, sei nun entschlossen, ihm, dem großen Heroen seiner Jugendjahre, auf ewig den Rücken zu kehren, wie dies bereits viele rechtschaffene Männer vor ihm getan hätten. Der eigene Geist sei mit Goethe und lasse ihn glücklich sein ohne Gott, ohne Freunde und ohne Tugend. Auch wenn Hufeland und Reinhold ihn beschworen, nicht zu weit zu gehen, Schiller blieb unversöhnlich.

Schiller entkorkte eine Flasche Wein und ließ den Roten genüsslich seinen Gaumen kitzeln. Er lächelte stillvergnügt vor sich hin. Vielleicht mochte sich Goethe vorgestellt haben, ihn kaltzustellen, dann aber würden Erfolg und Aufruhr, die seine Antrittsvorlesung ausgelöst hatten, den Alten in Weimar ordentlich fuchsen! Auf Dauer würde auch in Weimar niemand mehr seine Leistungen ignorieren können! Schiller tunkte erneut die Feder ins Tintenfass. *‚Ich bin bis jetzt als isolierter Mensch in der Natur herumgeirrt, und habe nichts an Eigentum besessen'*, sinnierte er. *‚Alle Wesen, an die ich mich fesselte, haben etwas gehabt, das ihnen teuerer war als ich, und damit kann sich mein Herz nicht behelfen. Ich sehne mich nach einer bürgerlichen und häuslichen Existenz und das ist das Einzige, was ich jetzt noch hoffe. Ich muss ein Geschöpf um mich haben, das mir gehört, das ich glücklich machen kann und muss, an dessen Dasein mein eigenes Ich erfrischen kann.'* Schiller fasste den Entschluss, möglichst bald seine beiden Musen Karoline und Charlotte wieder aufzusuchen.

Der frisch inthronisierte Professor nahm die Extrapost nach Bad Lauchstädt, wo Karoline zur Kur weilte. Soviel er wusste, war Chère mère noch mit der Erziehung der Prinzessinnen am Hofe in Rudolstadt beschäftigt und Charlotte zu Gast bei den von Steins in Weimar. Schiller, entschlossen, allen Mut zusammenzunehmen, um sich in Liebesdingen zu erklären, hatte den ganzen Tag vor Aufregung keinen Bissen zu sich genommen.

Unruhig spähte er durch die Scheiben der Kutsche. Von weitem sah er Karoline die Straße hinunterkommen. Natürlich wartete sie auf die Kutsche, um ihre Briefe abzuholen, schrieb allein er doch fast täglich. Verwirrt, als sei ihr ein Geist erschienen, schaute sie zu ihm auf, als er aus der Kutsche sprang. Sie errötete vor Aufregung und er hätte sie am liebsten auf der Stelle geküsst. Fahrgäste und Passanten bedachten beide bereits mit neugierigen Blicken, denn sie wirkten wie ein Liebespaar, das sich nach einer langen Phase der Trennung wieder gegenüberstand. Waren zwei Wochen oder zwei Monate vergangen? Sie fassten sich bei den Händen. Handelte es sich bei der jungen Frau nicht um die Gattin des Vizekanzlers Beulwitz? Schiller spürte die prüfenden Blicke als Erster. Er zog Karoline mit sich fort. Ungestört sprechen wollte er. Ob sie auch hier eine Picknickdecke und einen Korb habe. Er könne nur einen halben Tag bleiben und wolle die Zeit mit ihr allein verbringen. Ganz gegen ihre Gewohnheit flogen ihre Schritte die Stufen hinauf zu ihrem Zimmer. In aller Hast raffte sie das Allernötigste zusammen und völlig außer Atem, mit aufgelösten Haaren hakte sie sich bei ihm ein. Nervös war sie, unsicher wie ein junges Mädchen – das tägliche Einerlei ihrer Anwendungen und Verpflichtungen gab es nicht mehr. Doch auch Schiller, eben noch springlebendig und enthusiastisch, schien jetzt befangen. Etwas beschäftigte ihn. Immer wieder warf er ihr verstohlene Seitenblicke zu.

„Ich liebe dich", sagte er leise, kaum wahrnehmbar. Karoline lag still auf der Picknickdecke neben ihm im Gras, die Augen starr, den dahineilenden Wolken zugewandt, aber mit allen Sinnen bei ihm. Wie das klang! Eine Ewigkeit hatte ihr das niemand mehr gesagt.

Sie lächelte vor Glück. „Und was noch?" Schiller stützte sich mit dem Ellbogen auf und betrachtete sie von der Seite. Eine seltsame Reaktion. Entsetzen, Leidenschaft – vieles hatte er erwartet, aber sie schien einfach nur glücklich und zufrieden. „Ich bin gekommen ...", noch einen winzigen Moment stockte er, die Tragweite seiner Entscheidung vor Augen, die Gefühle zu Charlotte abwägend. „Weshalb bist du gekommen?", fragte sie verträumt und blinzelte, weil sie die Augustsonne blendete. Es mochte auffälligere Schönheiten als Karoline geben, aber ihm waren noch nie ihre Sommersprossen auf Nase und Wangen aufgefallen. ‚Ein Mädchen ohne Sommersprossen ist wie ein Himmel ohne Sterne', dachte er und küsste ihre Nasenspitze. Sie lachte und drehte ihr Gesicht zur Seite. „Du bist gekommen ..." – „Ich will dich fragen, ob du mit mir zusammenleben willst." Jetzt war es heraus.

Wollte sie ihn nicht hören, nicht verstehen? Er fuhr mit Zeige- und Mittelfinger der rechten Hand über ihre Augenbrauen, die Wange entlang, strich ihr eine Haarsträhne mit einer zärtlichen Geste hinter das Ohr. Ihre Augenlider flatterten. Erst ein wenig unruhig, dann aber schloss sie die Augen voller Vertrauen und seufzte nur ergeben. Er schob ihren Kopf in seine Richtung und küsste sie jetzt leidenschaftlich. Erschrocken setzte sie sich auf, ordnete sich das verrutschte Oberteil des Kleides, fuhr sich mit den Händen durchs Haar. – „Ich liebe dich wirklich und will mit dir leben", sagte er jetzt lauter, entschlossener, sodass sie ihn nicht mehr überhören konnte. Sein Ton klang entschlossen, dass es nur noch ein Ja oder Nein geben konnte. – Karoline verschlug es die Sprache. „Du liebst mich?" Ihre ungläubige Frage, mit der sie Zeit zu gewinnen erhoffte. – Mit dem Handrücken strich er ihr sanft die Wange entlang, dann halb hinunter bis auf das Dekolleté. „Das spürst du doch, oder? Du hast mir so gefehlt die letzten Wochen." Sie sprang auf, taumelte ein wenig benommen, ging zur Tasche, um Getränke zu holen, spürte, wie seine verlangenden Blicke sie verfolgten. Ja oder Nein – er wollte eine Antwort. Er begehrte sie hier und jetzt und auf der Stelle. Sie hantierte umständlich mit den Getränken, vermied den Blickkontakt, ihre Gedanken rasten. Was hatte sie außer Wohlstand und gesellschaftlicher Reputation von dem Herrn Vizekanzler zu erwarten? Wann waren ihm zuletzt die weiblichen Rundungen ihres Körpers aufgefallen? Trat jetzt nicht das ein, was sie im Stillen stets heimlich ersehnt hatte? Wild schlug ihr Herz und Gefühle bedrängten ihren Verstand. Wie lange konnte sie ihre Antwort noch hinauszögern und Schillers unvermutete Liebeserklärung genießen? – Unruhig und verunsichert beobachtete Schiller ihre Reaktion. Wenn es darum ging, seine Gefühle auszudrücken, war er manchmal ungeschickt. Schreiben, ja, das ging immer, aber von Angesicht zu Angesicht fehlte ihm vieles, um eine Frau zu umgarnen. Wieder befielen ihn Zweifel wegen seines übereilten Antrages. Immerhin warb er um eine verheiratete Frau mit gesellschaftlicher Stellung! Was wusste er schon über ihre Beziehung zu von Beulwitz? Eifersucht schlich sich in seine Gedanken. Auch wenn es unvernünftig blieb, sie durfte ihn jetzt nicht ablehnen!

Schiller sprang auf, trat hinter sie, drückte seinen Körper eng an ihre weichen, weiblichen Formen und überhäufte sie mit Küssen. Seine Hände führten ein Eigenleben, wanderten ihren Körper entlang. Flasche und Gläser fielen ihr aus den Händen und zerbrachen, aber ihr Widerstand erlahmte. Da schlang Karoline auch schon ihre Arme um seinen Hals und erwiderte seine Küsse. Sie presste ihren Leib fest gegen seinen, spürte, wie sehr Schiller sie auch körperlich begehrte. Alle Initiative ging jetzt von ihr aus, während Schiller ihr Brusttuch zur Seite schob, zog sie ihm die Hose aus und bedeutete ihm, er solle sich auf die Decke setzen. Ohne jede Furcht, entdeckt zu werden, liebten sie sich. Schiller schien völlig außer sich: „Gib mir dein Herz! Nur durch dich, liebste Line, nur durch dich spüre ich meine Kräfte, glaube ich an mich! An deiner Seite kann ich wachsen. Bleib bei mir!" – Karoline las rasch ihre Kleider auf und beeilte sich beim Ankleiden, ohne sich zu erklären. Sie gab sich geschäftig, konnte dabei jedoch weder ihre Verlegenheit noch ihre Erregung verbergen, was Schiller zu immer neuen Liebesschwüren animierte. Schließlich stand sie vor ihm, bedankte sich artig für die

Komplimente und die Gunst seiner Liebe und sagte, so wie die Dinge nun einmal stünden, könnte er nur die Lollo heiraten.

Schiller überraschte die Aussage und er schaute ihr lange ins Gesicht. Wie ernst war es ihr damit? Liebte er denn nicht jede der Schwestern auf ihre Art? Eigentlich schien alles ganz einfach: Wenn es tatsächlich ein Organ für das Gefühl gab, das jetzt seinen Verstand gefährdete, und wenn dies das Herz war, schien es an der Zeit, einen kühlen Kopf zu bekommen und sich bewusst zu machen, dass dieses Herz auch nur ein Muskel sein konnte. Vielleicht ein Muskel, der den besonderen Anforderungen dieser Situation nicht gewachsen schien. Ein Muskel, der ganz ohne Rücksichten auf das Chaos, das er anrichtete, auf die Verletzungen, die er verursachte und die Schiller wirklich nicht wollte, einfach zu wenig geübt war. Aber eben nur ein Muskel, dem er unmöglich zubilligen konnte, derart über sein Leben zu bestimmen. Das Wesen dieses Muskels schien die Beliebigkeit, sein Charakteristikum der Gesinnungswechsel. Warum also stets und immer aufs Neue ein verliebtverzücktes Kontinuum erhoffen? Eine Ordnung musste her, ein innerer Friede! „Auch wenn ich dich aufrichtig liebe, liebste Line", erklärte er. „Du bist verheiratet und ich bringe dich in eine prekäre Situation. Daher ist dein Gedanke nicht einmal so abwegig. Ganz im Gegenteil! Wenn ich Lollo, die ich auch herzlich liebe, heirate, kann ich immer in deiner Nähe bleiben."

Karoline widersprach nicht, bedachte ihn nur mit einem Blick, der vieles ausdrücken mochte und drängte zum Aufbruch, da er ansonsten die Kutsche verpassen würde. Auf dem Weg zurück nach Lauchstädt versicherte sie ihm mehrfach, dass Charlotte ihn aufrichtig liebe und ihn schon seit langem begehre. Sie bat ihn, sich zu beruhigen und wieder zur Vernunft zu kommen. Man werde sich eine Taktik zurechtlegen, um Chère mère für seine Heiratsabsichten zu gewinnen. Er solle Charlotte schreiben und sie, Karoline, würde sich für ihn verwenden.

Ohne dass Karoline überhaupt die Gelegenheit dazu gefunden hätte, sich zu erklären oder gar ein Geständnis abzulegen, brach es aus Charlotte hervor: „Keine Lust habe ich mehr, mein liebes Schwesterherz, für dich die Anstandsdame bei Schiller zu spielen, und dir den Picknickkorb hinterherzuschleppen. Während du dich auf unverschämteste Art aufhübschst, in den Vordergrund spielst, dich bei ihm wichtig tust und ihn mit deinen literarischen Ambitionen und philosophischen Lektüren zu bezirzen versuchst. Keine Gelegenheit, Schwesterherz, lässt du aus, wenn es darum geht, zu verhindern, dass ich meinem Schiller einmal allein begegnen oder ihn unter vier Augen sprechen könnte. Du verdrängst vollständig, dass es sich bei Schiller um meinen Freund handelt, den ich für mich entdeckt und für mein Herz zu gewinnen trachtete. Wenn du, Karoline, partout deinem Mann den Laufpass geben willst, wofür ich nicht das geringste Verständnis aufbringe, ist das allein deine Sache! Aber damit das klar ist, dabei kannst du künftig nicht mehr auf mich zählen. Suche dir gefälligst ein anderes Tugendmäntelchen! Du hast mich sehr verletzt und ich gedenke, mich nicht länger zu quälen und nicht länger zu stören, um dem Glück meiner Schwester im Weg zu stehen!"

Dieser heftige Ausbruch ihrer kleinen Schwester unter Tränen und mit überschlagender Stimme kam für Karoline völlig unerwartet. Noch nie hatte sie ihre Schwester so aufgebracht erlebt. „So beruhige dich doch, Lollo! Du bist nicht störend. Ich bin sicher, dass Schiller dich liebt …" „Du redest von Liebe? Line, mach mir nichts vor! Warum trifft er dich heimlich in Lauchstädt?" – „Weil, weil –", Karoline geriet ins Stocken, hätte sich ohrfeigen mögen. Auf keinen Fall durfte sie dem Glück ihrer Schwester im Weg stehen! – „Da siehst du es! Du verschweigst mir etwas. Da ist mehr zwischen euch, als du mir zugeben willst! Es reicht!" Charlotte lief aus dem Salon. Karoline eilte ihr nach, entschlossen zu retten, was vielleicht nicht mehr zu retten war, fasste die Schwester bei den Schultern. Doch nur mit Gewalt ließ sie sich noch aufhalten. „Ich habe ihm versprechen müssen, nicht darüber zu sprechen. Er liebt dich und er will dir einen Antrag machen. Aber er traut sich nicht, weil er sich nicht für standesgemäß hält." – „Du spielst Theater! Lass das!" Charlotte reagierte überrascht und verärgert. – „Wenn ich es dir sage!", Karoline bot alle Überzeugungskraft auf. Charlotte zog einen Brief aus ihrem Ausschnitt, gab ihn Karoline mit einem Blick, aus dem alle Verachtung sprach, dann zitierte sie die Zeilen auswendig, während Karoline hastig den Inhalt überflog und nach einem Ausweg suchte: ‚*Karoline ist mir näher im Alter und daher auch gleicher in der Form unserer Gefühle und Gedanken. Sie hat mehr Empfindungen in mir zur Sprache gebracht, als du meine Lotte – aber ich wünschte nicht um alles, dass dieses anders wäre, dass du anders wärest als du bist. Was Karoline von dir voraus hat, musst du von mir empfangen, deine Seele muss sich in meiner Liebe entfalten, und mein Geschöpf musst du sein, deine Blüte muss in den Frühling meiner Liebe fallen. Hätten wir uns später gefunden, so hättest du mir diese schöne Freude weggenommen, dich für mich aufblühen zu sehen.*' Aufrichtig schien er wenigstens zu sein, stellte Karoline fest, doch wie konnte man einen Heiratsantrag mit dem Geständnis verbinden, dass man für die ältere Schwester große Gefühle hegte? An die Adresse von Charlotte klang das eher wie ein liebevoller Erziehungsauftrag! Karoline konnte die Empörung ihrer Schwester verstehen, und wusste Schillers Worte zu deuten: Er wollte sie beide, eine ménage à trois! Ungewöhnlich und zu unmoralisch für eine bürgerliche Existenz in Jena! Aber, dass jemand wie Schiller auf Konventionen pfiff, dass er anders war, das hatte auch sie schwach werden lassen. Da forderte einer alles vom Leben! Doch in einem war sich Karoline sicher: Wenn ihre Schwester auch nur einen Hauch davon wüsste, was in Schiller vorging, würde sie tief verletzt reagieren und eher ins Kloster gehen, als ihren Dichter zu heiraten. Eine Ordnung musste her! Es war an ihr, Karoline, für einen glücklichen Ausgang zu sorgen. Noch hatte sie ihren Beulwitz, und wenn es absolut nicht mehr zusammen ging, konnte sie sich immer noch von ihm trennen! War da nicht ein Wilhelm von Wolzogen, ihr Cousin, ein adliger Habenichts und Freund Schillers aus Akademietagen, der sich nach ihr verzehrte? Da lag die Lösung des Problems! Karoline zog ihre Schwester auf den nächstbesten Stuhl und erfand kurzerhand ihre Liebesgeschichte zu Wilhelm von Wolzogen, machte Charlotte zu ihrer Vertrauten und beschwor sie,

Schillers Antrag anzunehmen. Schließlich schloss sie mit den Worten: „Wenn man die Ringe wechselt, soll man sein Herz ganz verschenken und einen Strich über alles Frühere machen. Sonst rührt man das Reich der Schatten. Mit dem Wühlen im Schlamm der Vergangenheit beginnt die Torheit, die nur in die Zerstörung führt. – Ich helfe dir, einen Brief zu schreiben. Du nimmst Schillers Heiratsantrag an. Der Postwagen kommt in einer Stunde."

Die resolute Chère mère hörte ihren Töchtern aufmerksam zu, aber als sie merkte, in welche Richtung die umständlichen Erklärungen ihrer Töchter liefen, reagierte sie aufgebracht. Ein umgänglicher, geistreicher Mann, dieser Schiller. Vielleicht sogar eine Berühmtheit und respektabel als Professor dazu. Aber ein Dichter mit unsicheren Einkünften, noch dazu nicht von höherem Adel! Charlotte würde mit der Heirat eine Bürgerliche werden! Aus der Ferne könne man einen Dichter zu bewundern, aber nicht das Bett mit ihm teilen und seine unterernährten Kinder großziehen! Die Fantasie eines Dichters sei absolut keine sichere Kapitalanlage und eine Quelle, die jederzeit versiegen könne. Chère mère wurde deutlich und ließ sich auch nicht mit einer Auflistung seiner jetzigen Einkünfte besänftigen. Schiller schrieb und schmeichelte der alten Dame. Lotte drohte ihr, sie ließe sich nicht ihr Glück zerstören. Karoline riss sich zu der Bemerkung hin, wenigstens eine von ihnen hätte etwas Leidenschaft verdient. Bevor Chère mère das letzte Mindestmaß an Contenance schwinden sah, stimmte sie zu, Lottchen solle ihren Schiller in Gottes Namen heiraten, ihr aber später nicht mit Wehklagen kommen. Da Lotte unter ihrem Stand heiraten würde, müsse man mit der Blamage rechnen, dass die adligen Familien einer Einladung absagen könnten. Also keine Brautkutsche, keine Ehrenpforte, keine Brautjungfern und keine rauschende Ballnacht. Das Beste sei, niemanden zur Hochzeit einzuladen, um sich und dem nicht vermögenden Bräutigam jede Peinlichkeit zu ersparen. Karoline bedachte schreckensstarr die Konsequenzen eines solch ärmlichen Festtages, aber Lollo strahlte vor Glück und küsste ihre Schwester wegen der gewonnenen Schlacht.

Die Hochzeit fand – dem kargen Rahmen entsprechend – an einem eiskalten Februartag statt. Chère mère und Karoline wirkten in der ersten Bank der menschenleeren und unscheinbaren Dorfkirche von Wenigenjena ein wenig verloren. Charlotte nahm ihren Schiller selbstbewusst vor dem Portal der Kirche noch einmal zur Seite: „Mein schöner Bräutigam, von einem armen Mädchen wird immer das ganze volle Herz verlangt, und die erste Liebe, und das unerprobte Gefühl, aber was bekommt sie? Einen Gasthof, worin schon unzählige vor ihr logiert haben. Du bist wirklich sicher, dass du es so willst?" – Schiller spürte, wie ernst es ihr war. Fest umschloss er sie mit seinen Armen und küsste sie auf die Stirn. Dann trat er aufrecht vor den Altar und bedachte seine frisch angetraute Lotte mit einem aufmunternden Lächeln. Für ihn war das Zeremoniell gerade gut genug, er mochte nicht so viel Aufhebens um seine Privatheit. Auch seine Eltern schienen mit der neuesten Entwicklung mehr als zufrieden. Sein ewig kritisierender Vater hatte ihm schriftlich zur Hochzeit, vor allem aber zum bürgerlichen Professorenamt gratuliert. Ganz sicher hatte Charlotte am heutigen Tag das größte Opfer gebracht, indem sie auf alle Feierlichkeiten verzichtete und ihre gesellschaftliche Stellung und damit auch persönliche Sicherheiten preisgab. Schiller zwang sich dazu, in entscheidenden Momenten Karoline keinen Blick zuzuwerfen. Dieser Tag sollte allein Charlotte gehören! Auf die erfahrene Karoline konnte er zählen. Sie hatte alles arrangiert. Sie würde auch dafür sorgen, dass das Liebesabenteuer mit ihr seine Charlotte nicht belasten würde. Schiller war entschlossen, sein Angebot ihr gegenüber später zu erneuern, von Beulwitz zu verlassen und gemeinsam mit ihm und ihrer Schwester in Jena zu leben. Welch ein Glück, zwei so wundervolle Frauen lieben zu dürfen! Der Theologe Schmid aus Jena vollzog die Trauung. Seine Stimme hallte in dem leeren Kirchenschiff wider. Sein Atem stieg in kleinen Wolken nach oben. Die Brautleute froren, als sie die Ringe tauschten. Chère mère, getroffen bis ins Mark, bewahrte Haltung, nahm die Dinge wie sie waren und weinte nicht.

Mit der einbrechenden Dunkelheit am späten Nachmittag fuhr man in einer gemieteten Kutsche zurück. Gemeinsam nahm die Gesellschaft in Schillers Studentenbude noch einen Tee. Von Beulwitz, in Amtsgeschäften verhindert, hatte ein Geschenk geschickt: ein großer Porzellanteller mit Schillers Porträt. Wer hätte das gedacht, Chère mère schenkte den Brautleuten eine Wohnungseinrichtung. Zudem erhielt Schiller einen Diener und Charlotte eine Magd, sodass sie wenigstens in diesem Punkt standesgemäß leben konnte. Bald verabschiedeten sich Karoline und Chère mère und die Brautleute zogen sich zu ihrer Hochzeitsnacht zurück.

Kapitel 22
Erkrankt bis auf den Tod, bettelarm und auf wundersame Weise errettet, Jena 1791

Würde des Menschen
Nichts mehr davon, ich bitt euch. Zu essen gebt ihm, zu wohnen.
Habt ihr die Blöße bedeckt, gibt sich die Würde von selbst.
Friedrich Schiller, Gedichte ‚Xenien'

Das junge Paar bezog eine geräumige Wohnung im Griesbach'schen Haus am Lödergraben, Ecke Jenagasse und man lebte dort recht zurückgezogen. Schiller gab keine Gesellschaften, folgte nur gelegentlich noch Einladungen, arbeitete fleißig, genoss die neue Zweisamkeit und erlangte schnell einen Ruf als philosophierender Professor und dichtender Eremit. „Zu Schiller geht man nicht …", hieß es bald in Jenaer Kreisen. Fleiß und streng geordnete Tagesabläufe schienen notwendig, denn um die Finanzen stand es keineswegs zum Besten. Die Zahl der Studenten pro Vorlesung bewegte sich inzwischen – wie bei anderen Professoren – auf einige Dutzend zu, und da Schiller wegen seiner universitären Verpflichtungen immer weniger zum Schreiben kam, konnte er auch kein großes Werk mehr vorweisen, mit dem die Familienkasse aufzubessern gewesen wäre. Schiller beklagte bald seine Vorlesungsverpflichtungen und zweifelte an ihrem Nutzen. Körner schrieb er zu diesem Thema: *„Es bemächtigt sich meiner lebhaft die Idee, dass zwischen dem Katheder und den Zuhörern eine Art Schranke ist, die sich kaum übersteigen lässt. Man wirft Worte und Gedanken hin, ohne zu wissen und fast ohne zu hoffen, dass sie irgendwo fangen, fast mit der Überzeugung, dass sie von fast vierhundert Ohren vierhundert Mal, und oft abenteuerlich verstanden werden."* Allein von den verbliebenen Autoreneinkünften, den hundertfünfzig Talern jährlich der Chère mère, ihren monatlichen Zuwendungen für das Personal und einem schmalen Gehalt von jährlich weniger als zweihundert Talern aus der Kasse des Weimarer Herzogs ließ sich nicht leben. Da mochte der Herzog in Gesellschaft zu diesem aus seiner Sicht gelungenen Hochzeitsgeschenk noch so tönen, dass er doch zur Heirat das Beste hergegeben habe, nämlich das Geld! Es stimmte schon: Der Schiller'sche Pegasus war im Joch!

Wenn schon Charlotte ihm zuliebe auf ihre gesellschaftliche Stellung als Adelige verzichtet hatte und bei Hofe deshalb nicht mehr verkehren durfte, so sollte sie wenigstens nicht den Umgang mit den ihr aus Kindestagen vertrauten Personen vermissen. Deshalb reiste Schiller mit ihr nach Rudolstadt, Meiningen und Weimar. In Weimar blieb sie öfter einige Tage bei Charlotte von Stein zu Gast. Obwohl Schiller nicht lange von seiner Frau getrennt sein mochte, protestierte er nicht, sondern bestärkte sie und versuchte, des Alltags Lasten ein Stück weit von ihr fernzuhalten.

Das erste Jahr im Ehestand verlief für Schiller glücklich, denn er fand in Lotte eine Lebenspartnerin an seiner Seite, die sich völlig auf ihn einstellte, die zu ihm aufblickte. Karoline ging ihm aus dem Weg, reiste viel, verliebte sich in den Erfurter Statthalter des Mainzer Fürstbischofs und tanzte mit diesem Carl Theodor von Dalberg, dem Bruder des Mannheimer Theaterintendanten, eine Wintersaison lang den neu entdeckten und als verrucht geltenden Walzer. Sie schrieb Schiller von der Freundschaft zu den Humboldts und hielt ihn, den ein wenig weltabgewandten Professor in Jena, gesellschaftlich auf dem Laufenden. Als sie ihre Beziehungen nutzte, um Schiller Aussicht auf eine gut dotierte Professorenstelle am Mainzer Hof zu verschaffen, schöpfte dieser Hoffnungen auf eine Besserung seiner Situation und dachte gleichzeitig daran, dass dies vielleicht die beste Gelegenheit wäre, seine Vorstellungen von einer Beziehung zu dritt endlich in die Tat umsetzen zu können.

Am 31. Dezember 1790 traf Schiller mit Charlotte in Erfurt ein. Heiter, ja euphorisch stießen sie auf das neue Jahr an. Dieser Dalberg schien Schiller ein lebenslustiger Mann mit Visionen und freiheitlichen Ideen, der nur wenig von der Krämerseele seines Bruders hatte. Er konnte Karoline verstehen, dass sie sich zu ihm hingezogen fühlte. Am sonnigen frostklaren Neujahrstag, einem Samstag, unternahm die Gesellschaft einen Spaziergang durch Erfurt und besuchte die Lutherstätten, verweilte auf der Krämerbrücke mit ihren Häusern und Geschäften und besichtigte die Zitadelle auf dem Gelände des Benediktinerklosters. Man plante bereits den Umzug nach Mainz – auch die Humboldts wollten sich anschließen. Doch der Kür ging die Pflicht voraus. Am 3. Januar veranstaltete die ‚Kurfürstliche Akademie nützlicher Wissenschaften' im Saal der Statthalterei in Erfurt eine feierliche Sitzung zum Geburtstag des Mainzer Kurfürsten. Schiller kam diese aufgeblasene Zeremonie mehr als vertraut vor. Das Volk stand wie ehedem in Stuttgart auf den billigen Rängen. Der Hofstaat und die Studentenschaft herausgeputzt, zu Lobgesängen angetreten, wetteiferten um die Gunst des Fürsten und die nächste Stufe in der Hackordnung. Schiller musste nicht lange suchen, da fand er auch unter den kirchlichen Würdenträgern einige schwarz berockte Jesuiten. Das Wetter schlug um wie seine Stimmung. Wabernder Nebel verhüllte den Horizont und tauchte alles in einen gleichfarbigen grauen Schleier. „Eine Trauerfeier wäre heute angemessener", raunte Schiller der neben ihm stehenden Karoline zu, die jedoch nur Augen für ihren von Dalberg zu haben schien. Preise – Zeichen der kurfürstlichen Weisheit und Großzügigkeit – wurden ausgeteilt, die eingegangenen

Schriften zur Beantwortung der Preisfragen durch die Professorenschaft und den Fürstbischof beurteilt und neue Mitglieder in die Akademie aufgenommen. Unter diesen befand sich auch Schiller. Dem Festakt folgte am Nachmittag um fünf Uhr ein Konzert im Redoutensaal des Ratskellers. Auf dem Programm stand eine neue Symphonie von Haydn und ein Violinkonzert des Berliner Komponisten Samuel Dietrich Grosse, der einzige Lichtblick für Schiller in diesem vom Zeremoniell verdorbenen Tag. Doch mitten im Konzert fühlte sich Schiller so krank, dass er sich, von Fieberschüben geschüttelt, nicht mehr auf den Beinen halten konnte und sich in einer Sänfte ins Quartier tragen lassen musste. An dem anschließenden Souper, zu dem von Dalberg über hundert Gäste geladen hatte, konnte er nicht mehr teilnehmen.

Nur mit Mühe schafften es seine Familie und Freunde, ihn in den nächsten Tagen wieder so weit herzustellen, dass er unbeschadet die Rückreise nach Jena antreten konnte. Schiller spürte, dass man ihm diese Krankheit als Schwäche auslegen und sie seiner Berufung nach Mainz entgegenstehen würde. Es half nichts, er musste möglichst rasch seine Vorlesungen wieder aufnehmen, um Geld zu verdienen. Doch schon bald überwältigte ihn ein schwerer Rückfall. Fieberschübe bis zur Bewusstlosigkeit und völlige Kraftlosigkeit ließen das Schlimmste befürchten. Sein Arzt, der Jenaer Professor Johann Christian Stark, behandelte ihn mit verschiedenen Arzneien, mit starken Aderlässen, Blutegeln, Brechmitteln, Klistieren und blasenzehrenden Pflastern, die auf die Brust appliziert wurden. Schillers Erkrankung sprach sich herum. Frau von Stein schickte Selterswasser, der Herzog Carl August sechs Flaschen Madeira. In den wenigen Momenten der Linderung der Beschwerden lächelte Schiller schwach über diese Gesten. Geld wäre nötiger gewesen, aber immerhin, der Herzog hatte ihn noch nicht vergessen.

Am schlimmsten waren die Nächte, in denen er fantasierte und unter Erstickungsanfällen litt. Längst war auch Charlotte mit ihren Kräften am Ende und Studenten, darunter der junge Friedrich von Hardenberg (Novalis), übernahmen die Nachtwache.

Wie durch ein Wunder erholte sich Schiller binnen Wochenfrist so weit, dass er seinen Arzt zum Teufel schickte und sich gegen den Rat von Reinhold, den Charlotte zur Hilfe rief, entschied, einer Einladung zum Weimarer Hof nachzukommen. Sieben Jahre nach seiner Ernennung zum Hofrat war es an der Zeit, den Herzog an den Dichter des ‚Don Carlos' und bedürftigen Professor aus Jena zu erinnern. Immer noch stark geschwächt, überstand er jedoch nur durch Aufbietung seiner gesamten Willenskraft den Empfang, wortkarg, blass und schwer gezeichnet. Am Ende bestand er darauf, Charlotte möge einige Tage bei der von Stein bleiben. Ein wenig Abwechslung könne sie gebrauchen, denn von Krankheiten habe sie in letzter Zeit genug gehabt.

„Was sagen Sie, Schiller, zum neuesten Buch von Jean Paul?", fragte Charlotte von Stein und hob ihre Teetasse wie zum Gruß. „Ich finde es außerordentlich. Er hat Fantasie und Herzensbildung."

Schiller hatte sich Brote richten lassen, um sich für die Heimreise zu stärken. Er aß und trank hastig. „Ich kenne es nicht, Verehrteste, ich lese derzeit keine neuen Bücher mehr." – „Er findet bei seiner Arbeit dazu kaum noch Zeit", versuchte Charlotte der etwas kurz angebundenen Antwort ihres Mannes die Schärfe zu nehmen. – „Kein Geld, keine Muße und kein Interesse …", setzte Schiller hinzu. Nein, dieser Schiller war derzeit kein guter Gesprächspartner.

Frau von Stein widmete sich lieber ihrem Kuchen und begann, mit Charlotte über Erfurt und von Dalberg zu plaudern. Schiller beteiligte sich nicht mehr an der Unterhaltung und erhob sich bald, bereit zum Aufbruch. „Ich danke für Ihre Gastfreundschaft, Frau Oberstallmeisterin." – „Bitte richten Sie meinem Sohn in Jena Grüße aus. Ich hoffe doch, er macht sich als Student dort", bat Frau von Stein. „Er hatte in Goethe den wohl besten Lehrer und dürfte seinen Kommilitonen einiges voraushaben." – Schiller zeigte Ungeduld. „Gern werde ich ihm Ihre Grüße überbringen." – Charlotte trat neben ihren Mann und ergriff seine linke Hand. „Ich soll wirklich hierbleiben? Ich habe alles gerichtet und auch dem Klavierlehrer für die nächste Woche abgesagt."

„Sie nehmen wieder Klavierstunden, Kindchen?", erkundigte sich die Gastgeberin und wunderte sich über die Ausgabe im knapp bemessenen Haushalt der Schillers. „Ihre Musik regt meine Arbeit an", antwortete Schiller und schenkte seiner Frau ein Lächeln. Der Hausdiener brachte die Mäntel. Charlotte von Stein blieb im Wohnungsflur, während Lotte ihren Mann nach draußen begleitete. Es schneite leicht und für den Abend konnte man Frost erwarten. „Ich muss los, damit ich Jena erreiche, bevor sie das Stadttor schließen", sagte Schiller, stellte den Mantelkragen hoch und schlang sich den Schal enger um den Hals. Er küsste sie auf die rot gefrorenen Wangen. „Geh rein, damit du dich nicht erkältest. Ich freue mich auf dich nächste Woche", flüsterte er ihr zärtlich ins Ohr. Dann stieg er in die Steigbügel. Das Pferd scheute ein wenig. Er saß auf, gebrauchte die Gerte, trabte davon, dem Schützengraben zu und verschwand im trüben winterlichen Nachmittagslicht.

Zögernd, mit hängendem Kopf kam Charlotte zurück in die Stein'sche Wohnung. „Was ist mit Ihnen?", erkundigte sich Charlotte von Stein. „Sie sind ja ganz blass." – „Ich sorge mich um Schiller", ihre Antwort. Mit einem Lachen versuchte Charlotte von Stein, ihr die Angst zu nehmen, umfasste sie wie eine alte Freundin und führte sie zum Klavier. „Lassen Sie hören, ob Sie Fortschritte gemacht haben. Die Literatur Deutschlands liegt offenbar – wenigstens zum Teil – in Ihren musikalischen Händen. Da darf nichts versäumt werden!"

Die eiskalte Luft stach Schiller in der Brust. Steifgefroren konnte er sich nur mühsam im Sattel halten, als er in Jena einritt. Sein Pferd hielt auch ohne Führung vor dem Eckhaus am Jenaplatz. Mit letzter Anstrengung glitt er aus dem Sattel und hielt sich am Zaumzeug aufrecht. Oben wurde ein Fenster aufgerissen. Jemand rief ihn beim Namen. Einige Studenten eilten zu Hilfe, unter ihnen Hardenberg, der Schiller jetzt packte und ihm die Stufen hinauf in die Wohnung half. Oben bereitete der Sohn der von Stein einen Tee und schlug Schiller eine Wolldecke um den zitternden Körper. Schiller riss sich zusammen: „Lasst es gut sein, ihr Burschen. Ich bin weder betrunken noch steinalt und brauche weit weniger Fürsorge, als ihr meint."

„Hardenberg hat sich einen Orden verdient", verkündete Stein. „Er hat das Weimarer Militär mit vertrieben." – „Militär? Wie denn das?", fragte Schiller. „Man wollte dem Professor Hufeland ans Leder, nur weil er eine Vorlesung über die französische Konstitution gehalten hat. Auf eine kursächsische Beschwerde hin, hatte man ihn wegen Staatsgefährlichkeit unter Arrest gestellt. Denen haben wir Beine gemacht!", lachte Hardenberg und vollführte mit ausgestrecktem Arm einige Fechtbewegungen. „So weit kommt es noch, dass man uns in Jena das Denken verbietet!", tönte Stein. – Schiller rang sich ein gequältes Lächeln ab. Ein Schüttelfrost warf ihn in die Polster des Sessels zurück und setzte ihm zu, dass die Zähne hart aufeinanderschlugen. Die anwesenden Studenten erschraken sehr. Nachdem der Anfall vorüber war, fühlte Schiller das Fieber steigen. Er bat um Federkiel, Papier und Tinte. Nur mühsam gelang es ihm, Ordnung in die Buchstaben zu bringen. *‚Liebste kleine Frau, mir geht es ganz gut, aber du fehlst mir sehr, weil die Krankheit nicht stark, aber wieder ... komm ...'* Nichts konnte er mehr in Händen halten, auch der Kopf kippte ihm zur Seite, eine Ohnmacht überwältigte ihn.

Als Charlotte am nächsten Tag eintraf, war Schiller nur noch zeitweise bei Bewusstsein. Sie fand ihn fantasierend, in heftiger Fieberglut versunken, im Bett liegen, von Frau Griesbach, der Hauswirtin, seinem Diener und einigen Studenten ratlos umstanden. Zuerst verscheuchte sie die Studentenschaft und untersagte jegliches Pfeifenrauchen im Haus, dann ließ sie per Eilboten den Arzt rufen.

„Es ist ein Eiterherd im Lungenbereich und eine böse Entzündung des Brustkorbs und Zwerchfells. Dies alles verursacht hohes Fieber und macht ihm das Atmen sauer. Zugpflaster, Wundegel, absolute Ruhe, keinerlei Zugluft. Halten Sie die Fenster geschlossen. Wenn es zu arg wird mit dem Fieber, Umschläge mit kaltem Himfong." Professor Stark packte seine Instrumente zusammen und erhob sich vom Bettrand. Er stutzte, durch den verängstigten Blick der jungen Frau aufmerksam gemacht. – „Wird er es schaffen? Er ist doch noch so jung", ihre Stimme wie ein Flehen von weit her. – „Es ist ernst, sehr ernst. Mit diesem Rückfall hat er sich, fürchte ich, zu viel zugemutet. Er hat zu früh mit der Arbeit begonnen. Überhaupt immer zu viel gearbeitet. Er ist gegen meinen Rat zu dieser Jahreszeit gereist und brütete im Studierzimmer, dicht vom Tabakqualm, vor sich hin. Er ist überhaupt immer zu unduldsam mit sich und seinem Körper, der besonderer Aufmerksamkeit und Fürsorge bedarf. Zuerst muss das Fieber die Krankheit ausbrennen, dann werden wir sehen. Schicken Sie jederzeit nach mir, wenn es noch schlimmer wird."

Charlotte begleitete den Arzt zur Tür, da hörte sie aus dem Krankenzimmer ein überlautes Röcheln und die kraftlose, sich überschlagende Stimme Schillers. „Ich will – ich will – nie ringst du mich hernieder! Du mit deinem schwarzen Pestfrack! Götter, steht mir bei! Meine Freunde, der Schubart hat's gesagt! Lollo! Lollo, die Papiere, gib sie nicht her! Sie zünden das Haus an! Feuer, Feuer überall!" In den wüsten Ausbruch mischten sich die Hilfeschreie der Mamsell. Sie rannten zurück in das Krankenzimmer. Nur gemeinsam konnten sie ihn halten. Mit Armen und Beinen schlug Schiller um sich, Blut floss aus seinem Mund auf das zerfetzte Hemd. Dann wurde er bewusstlos. Professor Stark tastete nach dem schwach fliegenden Puls, der Atem kaum noch wahrnehmbar, so flach. Dann, ein lautes Röcheln plötzlich. Seine Augen weit aufgerissen, wie aus einer weiten Ferne. Sein Körper bäumte sich auf vor Schmerz. Die Gesichtszüge verzerrten sich. Ein Krampf durchfuhr die Brust. Anschließend kämpfte Schiller, erneut bewusstlos geworden, um jeden Atemzug. Professor Stark setzte das Hörrohr an. „Ein Durchbruch. Eiter könnte das Zwerchfell durchbrochen haben. Die Entzündung breitet sich aus. Sie sollten beten, meine Teuerste. Es wäre Zeit für den Pfarrer." Professor Stark verabreichte Opium gegen die Schmerzen und zur Beruhigung und verließ erst gegen Mitternacht das Krankenbett, jedoch ohne Hoffnung für seinen Patienten.

Auf bloßen Strümpfen wanderten sie alle im Haushalt umher, bemüht, jedes unnötige Geräusch zu vermeiden. Von draußen klang gleichgültig der Stundenklang der Glocke des nahen Turms in die schwarze Winternacht. Nasse Tücher umschlangen die fiebergedörrte Gestalt Schillers. Charlottes Blick klammerte sich an seine vom Tod gezeichneten eingefallenen Gesichtszüge. Das Rot seiner Haare schien einem kraftlosen Gelb gewichen zu sein. Die Strähnen klebten schweißnass an den Schläfen. Seine Nase stach spitz aus dem weißen blutleeren Gesicht. Pfeifend, unregelmäßig kamen und gingen die Atemzüge aus seinem Mund. Jeden Moment der Gedanke, dies könnte sein letzter Atemzug sein. Es gab nichts zu tun. Furcht und Sorge nahmen überhand. Die Tür zum Arbeitszimmer stand offen. Dort im schwachen Lichtschein einer Öllampe wachten Hardenberg, Reinhold und Fritz von Stein. Hilfesuchend wanderte der Blick Charlottes zu ihnen herüber, aber sie alle waren machtlos.

Dieses Ringen um Leben und Tod setzte sich auch den ganzen nächsten Tag fort. Professor Stark wirkte ratlos. Er zwang sich gegen seine Überzeugung, Mut zuzusprechen. Studenten wechselten sich bei der Krankenwache ab. Jetzt stand der Livländer Graß am Fenster im Krankenzimmer, während Lotte im Haus nach dem Rechten sah. Immer wieder eilte die junge Ehefrau an die Tür, um besorgt nach ihrem Mann zu sehen. Dieser bewegte den Kopf unruhig hin und her, sodass sie sich lautlos auf Strümpfen zum Bett begab und dort ebenso leise hinkniete, die Hände faltete und flüsternd, beruhigend auf ihn einzureden versuchte. Ihr offenes dunkles Haar floss über die Schultern. Längst wusste sie nicht mehr, dass da noch jemand im Zimmer war. Tränen flossen über ihr Gesicht. Völlig unvermutet schlug in diesem Moment der Kranke die Augen auf und erkannte seine Frau. Mit Leidenschaft umschlangen plötzlich seine Arme ihren Nacken, seine Hände fuhren über ihren Kopf. Nur einen kleinen flammenden Moment des Lebens lang, dann verließen ihn erneut seine Kräfte. Den Studenten Graß rührte diese Szene so sehr, dass er augenblicklich in Tränen ausbrach, Zimmer und Haus verlassen musste, da er sich nicht mehr beruhigen konnte.

Unendlich langsam ging es mit Schiller bergauf. Die Bewusstseinszustände mehrten sich und er konnte schluckweise geringste Mengen Flüssigkeit zu sich nehmen. „Keinen Tag länger hätte er es überlebt. Er ist noch lange nicht außer Gefahr, mein Kind, aber da das Unwahrscheinliche der Besserung bereits eingetreten ist, sollten wir umso stärker hoffen", meinte Professor Stark zu Charlotte. Ihm gelang ein Lächeln der Erleichterung, das jedoch auf dem Gesicht der jungen Frau noch keinen Widerhall fand.

Chère mère eilte aus Rudolstadt herbei und stand mit der starren Seide ihres Kleides raschelnd vor der Wohnungstür. Weinend fiel ihr Charlotte um den Hals. „Mach mir bitte keine Flecken auf den teuren Stoff", protestierte die Oberhofmeisterin von Lengefeld. „Haltung, mein Kind. Und dies hier, wenn es eng werden sollte." Mit diesen Worten übergab sie ihrer Tochter ein kleines Lederbeutelchen mit Geld, das sie für ‚alle Fälle' zurückgelegt hatte. Sie betrat die Wohnung, die sie immer noch ärmlich, doch wenigstens in geordnetem Zustand vorfand. „Es geht ihm nicht gut? Du siehst übrigens furchtbar aus, mein Kind." Jetzt war sie bereit für den Begrüßungskuss und hielt die Wange hin. „Zerdrück mir bitte nicht die Frisur. Hier in Jena werde ich kaum jemanden finden, der sie mir en mode richtet." – „Du bist lieb, Mutter, dass du gekommen bist und uns unterstützt. Es geht ihm besser. Er ist zwar noch so schwach, dass er bei jeder kleinen Bewegung ohnmächtig wird, aber er ist jetzt immer häufiger bei Bewusstsein und behält auch geringe Mengen Flüssigkeit bei sich", erklärte Charlotte und wirkte angesichts der Anwesenheit ihrer Mutter erleichtert.

„Schone dich ein wenig, mein Kind. So eine Krankheit kann dauern, dann musst du alles zusammenhalten!" – „Willst du ihn sehen, Mama? Komm, ich führe dich zu ihm." – „Ihn sehen? Um Gottes willen!" Unwillkürlich trat sie einen Schritt zurück. „Es wäre ihm sicherlich nicht recht, wenn ich ihn im Bett liegend begrüßen würde. Außerdem haftet die Winterkälte an meiner Robe. Ich will mich lieber hier setzen und mich um dich sorgen." Sie ergriff die Hand ihres Kindes, um sie zu tätscheln. „Vor allem will ich ein

Wort mit eurem Medikus reden. Den Rückfall hätte er voraussehen müssen! Ich werde ihm deutlich machen, dass der Herr Erbprinz großen Wert darauf legt, dass mein Schwiegersohn gesundet." Der Blick der Mama fiel in das Arbeitszimmer und auf die dort wachenden Studenten. Charlotte wurde verlegen angesichts des Wirrwarrs von Papieren und Büchern, eine Umgebung, die so gar nicht den Rudolstädter Verhältnissen entsprach. Entschuldigend meinte sie: „Dort drüben wacht Hardenberg. Er bringt jeden Morgen frisch abgeschnittene harzige Tannenzweige, die wir ins Zimmer stellen." – „Parliere öfters Französisch, mein Kind. Lies in der Bibel. Das klärt die Gedanken", der hilflose Ratschlag der bis ins Knochenmark adeligen Chère mère. Einen Moment lang blickte Charlotte ihre Mutter zweifelnd an. Begriff sie überhaupt nicht, in welcher Lage sie sich befand? Sie, das Aschenputtel der Familie, hatte den genialen Dichter aus Liebe geheiratet, um ihn gleich im ersten Jahr ihrer Ehe zu verlieren? Wie sollte es weitergehen, wie sollte sie seinen Anfällen einfach zusehen, ihre Hilflosigkeit ertragen? Ein Leben bedroht vom Tod und ohne Einkünfte! Sie müsste sich auf das Nächstliegende konzentrieren. Charlotte strich sich ihre Schürze glatt. „Wenn es ihm besser geht, will ich den ganzen Tag Französisch plappern, Klavier spielen und Seifenblasen pusten. Aber jetzt, Mama, habe ich zu sorgen. Also belaste mir meinen Kopf nicht mit Unnötigem!"

Frau von Lengefeld erschrak ein wenig angesichts der Entschlossenheit und Ablehnung ihrer Tochter. Aber das kannte sie, war sie ja als Mutter stets zu nachsichtig gewesen, auch der Vater hatte gefehlt. Natürlich war ein Leben in diesen ärmlichen Zuständen alles andere als angenehm! „Leg ihm ölgetränkte Tücher auf die Brust. Das löst den Schleim und zieht die Entzündung aus dem Körper." – „Danke, Mama. Ich habe nach Karoline schicken lassen", antwortete Charlotte. – „Ich hoffe, du weißt, was du tust", mahnte Chère mère, die natürlich vermutete, dass da mehr Gefühle im Spiel waren als die, die sich zwischen Schwager und Schwägerin ziemten. „Seine Gefühle sind mir vertraut wie meine eigenen. Wenn ihre

Gegenwart ihm hilft zu gesunden, ist es das Richtige. Im Übrigen, ich erwarte ein Kind von ihm." – „Du bist schwanger?" Das war zu viel für die alte Dame. Sie stand auf, strich ihrer Tochter zärtlich mit der Hand die Wange entlang. „Dann muss ja alles gut werden. Ich werde jetzt den Medikus aufsuchen und hier nicht meine Zeit mit unnützem Warten zubringen!" Eilig verließ sie die Wohnung.

Es hatte geklopft und Chère mère war zur Tür gegangen. Jetzt erschrak sie, als sie diesem seltsam schwarz gekleideten Mann mit Holzbein gegenüberstand, dessen Stimme sogleich ungeduldig fordernd schnarrte, er wünsche Herrn Hofrat Schiller zu sprechen. Doch eine Oberhofmeisterin in bestem Gewand ließ sich nicht so leicht einschüchtern. Ohne näher auf das Verlangen einzugehen, antworte Frau von Lengefeld mit einer Gegenfrage, wer er denn sei und was er begehre? Daraufhin traf sie ein scharfer, verachtender Blick, der geeignet gewesen wäre, jeden jungen Rekruten in den Staub eines Kasernenhofes zu werfen und um Gnade winseln zu lassen. Ohne eine weitere Antwort reichte ihr der schwarze Mann zwei Schriftstücke. Sein Holzbein machte abscheuliche klopfende Geräusche auf den Holzdielen des Flures.

Frau von Lengefeld warf einen Blick auf die Siegel und Briefköpfe. Nun gut, dieser unheimliche und zudem sehr unfreundliche Mensch schien in offizieller Mission unterwegs und mit entsprechenden Vollmachten ausgestattet. Sie würde ihre Gläser benötigen, um die Papiere lesen zu können. Diese lagen in der Wohnstube neben den ganz erbaulichen Reiseberichten der von Chère mère hoch geschätzten Sophie La Roche. „Einen Moment bitte!", schon halb im Gehen warf sie die Tür zu, doch von irgendwoher hatte dieser unmögliche Mensch einen schweren Holzstock hervorgezogen, der eher grob behauen einem Schlagknüppel glich, jetzt zwischen Rahmen und Tür steckte und dafür sorgte, dass die Tür mit dem gleichen Schwung wieder aufflog. Frau von Lengefeld erschrak darüber derartig, dass sie einen kleinen spitzen Schrei ausstieß. Das Gesicht des Fremden zeigte keine Reaktion. – „Herr Schiller ist ernsthaft erkrankt und wir alle sind in großer Sorge. Das ist in ganz Jena bekannt. Ich weiß wirklich nicht, was Sie zu einem solchen Auftreten veranlasst! Es ist absolut unmöglich, mit meinem Schwiegersohn in geschäftlichen Dingen zu sprechen. Auch der Hofmedikus Professor Stark hat jegliche Besuche untersagt. Ich werde meine Tochter bitten, sich um die Angelegenheit zu kümmern, die offenbar keinen Aufschub zu dulden scheint." – „Sie duldet keinen Aufschub, Madame", seine knappe Antwort. So schnell, wie der Holzstock zum Vorschein gekommen war, verschwand er auch wieder an der linken Seite dieses unheimlichen Mannes. „Wenn Sie gestatten, warte ich in der Wohnstube." Ohne eine Antwort abzuwarten, schob er Frau von Lengefeld grob zur Seite, trat ein und warf hinter sich die Tür zu. Proteste überhörte er einfach und ging voran, als sei er in der Wohnung zu Hause. Chère mère beeilte sich, ihn zu überholen, und rief nach ihrer Tochter. Zu allem Unglück waren Diener und Mamsell außer Haus, um Besorgungen zu machen. Charlotte schien im Krankenzimmer beschäftigt und hörte sie nicht. Scharf forderte sie den Fremden, der sich noch immer nicht vorgestellt hatte, auf, in der Wohnstube zu warten. Dieser neigte nur ein wenig den Kopf, um seine Zustimmung zu signalisieren. Ein Benehmen hatte dieser unmögliche Mensch! Noch immer mussten laute Geräusche und jegliche Aufregung vom kranken Schiller ferngehalten werden, sodass Chère mère hastig, aber mit der gebotenen Rücksicht das Krankenzimmer aufsuchte, das sie bislang sorgsam gemieden hatte. Sie händigte Charlotte die Schriftstücke aus, die ans Fenster trat, die Vorhänge zur Seite schob, um besser lesen zu können.

Dann berieten sich die beiden Frauen tuschelnd miteinander. Fällige Schuldscheine und Wechsel gedachte der Fremde einzulösen. Von den Schulden und einem Bankier Eppsteiner aus Dresden hatte Charlotte noch nie etwas gehört. Dass seit einem Vierteljahr keine Zinszahlungen mehr erfolgt seien, schien der jungen Frau angesichts des durch die Krankheit bedingten Einkommensrückgangs im Schiller'schen Haushalt durchaus plausibel. Das andere Schriftstück war die Bestallungsurkunde des Fronboten Reuss. Chère mère fühlte sich einer Ohnmacht nahe. Schuldscheine, Wechsel, Fronboten – diese Dinge gehörten nicht zu ihrer Welt! Aber auch Charlotte wirkte recht hilflos, da sich Schiller bislang allein um alles Finanzielle gekümmert hatte. Schiller erwachte und sah die beiden Frauen am Fenster stehen: „Ist irgendetwas nicht in Ordnung?" – „Alles in bester Ordnung, mein Liebling. Wir haben nur gerade die Rechnungen des Fleischers überprüft. Ich gehe, der Mamsell das Geld zu geben", log Charlotte. „Chère mère wird dir etwas Gesellschaft leisten."

Missmutig schaute Frau von Lengefeld ihrer Tochter hinterher. Aber wenn sie es recht bedachte, zog sie die Gesellschaft des kranken Schillers allemal derjenigen dieses finsteren Gesellen vor. Als Charlotte aus dem Krankenzimmer kam und die Tür behutsam hinter sich zuzog, fand sie den Fronboten keineswegs mehr in der Wohnstube, sondern im Arbeitszimmer ihres Mannes vor. Sein schwerer Holzstock lehnte gegen den Stuhl und er selbst schien damit beschäftigt, den letzten Rest vorhandener Ordnung zu verwüsten. Die Bücher lagen geöffnet und achtlos weggeworfen auf dem Boden, die vier Schubladen des Schreibtisches hatte er aus ihren Fächern gerissen und durchwühlt, Papiere und Manuskripte fanden sich im wilden Durcheinander überall im Zimmer verstreut. Völlig ungeniert durchstöberte dieser Mensch die Bücherregale, drehte sich nur kurz zur eintretenden Hausherrin um: „Frau Schiller, nehme ich an? Erfreut, Sie kennenzulernen …" Dabei machte er keineswegs Anstalten, der Höflichkeit zu genügen und ihr die Hand zu reichen, sondern setzte einfach die Durchsuchung fort. – „Was erlauben Sie sich!", Charlotte war außer sich, gleichzeitig aber auch vorsichtig genug, um nicht Schiller durch allzu laute Stimmen zu beunruhigen. Sie schimpfte drauflos, während dieser Mensch sie nicht zu beachten schien.

Da sprang sie zum Stuhl, ergriff den Holzknüppel, hob diesen zum Schlag bereit in die Höhe und trat auf den schwarzen Mann zu. Dieser jedoch drehte sich in einer blitzschnellen Reaktion zur Seite, wich dem Ansatz eines Schlages aus, ergriff gleichzeitig das

Holz und ihren Unterarm und entwand ihr die Waffe. Wütend stampfte Charlotte auf, wies mit dem ausgestreckten Arm zur Tür: „Verschwinden Sie! Sofort!" Der schwarze Mann nahm jetzt die Papiere, die er ihrer Mutter ausgehändigt hatte, vom Stuhl. „Reuß mein Name. Ich kenne Ihren Mann bereits aus Stuttgarter Tagen. Er hätte seine Schulden begleichen sollen. Ich habe ihn gewarnt." – „Fordern mag Ihr Recht sein, Herr Reuß, aber keineswegs diese Vorgehensweise hier!", Charlotte weinte bitterlich. „Was suchen Sie überhaupt? Denken Sie, wir hätten Geldsäcke und Goldstücke hinter den Büchern versteckt?" – „Beruhigen Sie sich und hören Sie mir gut zu!", forderte Reuß mit einem drohenden Unterton in der Stimme. – „Ich will mich nicht beruhigen!", Charlotte würde kämpfen, gegen wen auch immer. Sie sprang auf den Fremden zu und schlug auf den überraschten Reuß mit offenen Händen ein, versetzte ihm Ohrfeigen, trommelte schließlich gegen seine Brust und versuchte, ihn wegzudrängen. Es dauerte eine Weile, bis Reuß die Situation wieder unter Kontrolle bekam. Man sah ihm an, dass er nicht mit einer solch heftigen Gegenwehr gerechnet hatte. „Der Diener ist gleich da und ich lasse Sie auf die Straße werfen!", drohte Charlotte. – „Ihr Diener und Ihre Mamsell werden in der Stadt noch aufgehalten werden. Dies habe ich bereits veranlasst", antwortete Reuss ungerührt. „Hören Sie endlich zu!" Mit diesen Worten presste er sie auf den Schreibtischstuhl. Erst jetzt bemerkte Charlotte das Holzbein, was ihr diesen Mann noch unheimlicher machte. „So wie die Dinge liegen, verfügen Sie nicht über ausreichendes Geld, um die Schulden zu begleichen, und Einkünfte erzielt Ihr Mann derzeit auch keine nennenswerten. Ich weiß Bescheid, Sie brauchen mir nichts vorzumachen!" – „Wie viel wollen Sie?", Charlotte entwand sich seinem Zugriff, lief in die Wohnstube und kam mit dem Ledersäckchen zurück, das ihr Chère mère für ‚alle Fälle' geschenkt hatte. Sie schüttete den Inhalt über die auf dem Schreibtisch liegenden Papiere. „Reicht es fürs Erste? Und quittieren Sie bitte hier und sofort!" Reuss beugte sich vor, zählte, strich die Taler ein, griff zu Federkiel und Tinte und setzte eine Quittung auf. „Sie haben die

Summen gesehen, Madame Schiller. Ich werde wiederkommen! Es sei denn –" – „Was, zum Teufel, wollen Sie noch?" – „Ihr Mann verfügt über Papiere eines gewissen Herrn Schubart. Papiere, die ihm nicht gehören. Wenn Sie uns diese aushändigen können, würde dies Ihre Situation augenblicklich verbessern. Es gibt da Kreise in Stuttgart, die sich großzügig zeigen würden."

Charlotte spürte den Boden unter ihren Füßen wanken. Auch von diesen Papieren wusste sie nichts. Warum hatte man ein solch großes Interesse an diesen Papieren? Wie war Schiller an sie gekommen? Jetzt, da er vom Tod gezeichnet, leichenblass in den Kissen lag und ihn jede kleine Anstrengung ohnmächtig werden ließ, geriet er immer mehr zu dem Räuberhauptmann, den sie sich als Mädchen erträumt hatte. Doch als seine Ehefrau wünschte sie sich vielmehr einen erfolgreichen Dichter und treusorgenden Ehemann an ihrer Seite, jemanden, der ihr die drückende Last der Verantwortung von den Schultern nehmen könnte. „Gehen Sie, sofort! Ich weiß nichts von den Papieren. Einen Herrn Schubart kenne ich nicht. Ich werde meinen Mann fragen, sobald er wieder gesund ist, das versichere ich Ihnen. Wenn es sich so verhält, wie Sie es sagen, wird er Vorsorge getroffen haben, dass Sie nichts finden werden. Also adieu!"

Als Reuss endlich gegangen war, nutzte Charlotte die nächste Gelegenheit, die Papiere im Arbeitszimmer zu sichten und sorgsam wegzuschließen. Niemand sollte mehr ungefragt Zugang zu seinen Manuskripten und Unterlagen bekommen!

Die Krise dauerte bis weit in den Frühling hinein. Immer wieder Fieberschübe, immer neue Erstickungsanfälle, Bauchkrämpfe und Bewusstlosigkeiten. „Er ist ausgebrannt", erklärte Charlotte traurig ihrer Schwester. „Er bezahlt sein Genie mit Krankheit. Dabei haben wir keine Rücklagen, nichts Eigenes, keine Sicherheiten, um über schlechte Zeiten zu kommen. Der Fronbote war bereits da und man drohte uns. Wir leben von der Hand in den Mund." Auch wenn sich Karoline erbot, von Beulwitz auszunutzen, um das Gröbste zu überstehen, denn so könne es nicht weitergehen, hielt das Charlotte nicht ab, eine absurde Rechnung darüber aufzumachen, mit wie wenig der Mensch leben könne, und die ganze Summe belief sich auf sechs Taler. Sie hatte alles Position auf Position aufgeschrieben: Man kaufe sich einen Laib Brot, man hat an einem halben Kreuzer täglich genug, vorausgesetzt, es schimmelt nicht vor der Zeit bei ungünstiger Witterung. Man isst einmal in der Woche eine warme Wurst und so fort.

Professor Stark kam zur täglichen Visite, reichte Charlotte zum Abschied die Hand. „Wie geht es der werdenden Mutter?" Geradezu mager, wie Charlotte vor Sorgen und Entbehrungen geworden war, zeichnete sich ihr Schwangerschaftsbauch überdeutlich unter dem Kleid ab. „Danke. Wie geht es ihm?" – „Die Gefahr der Erstickung ist vorüber. Auch das Fieber, denke ich, wird nachlassen. Jeden Abend zwei Gläser vom guten herzoglichen Madeira für die Blutbildung und zur Entspannung. Es wird schon, Frau Schiller, es wird schon." Tatsächlich besserte sich die Stimmung im Haus augenblicklich.

Als Schiller an diesem Nachmittag die Augen aufschlug, sich fieberfrei, geradezu leicht fühlte, fand er Karoline an seinem Bettrand sitzend vor, bereit, ihm aus der Kant'schen „Kritik der Vernunft" vorzulesen. Schiller hatte alle aufgefordert, keine Rücksicht zu nehmen, denn wenn ihn etwas vom elenden Körper mit seinen Unzulänglichkeiten ablenken könnte, dann nur anspruchsvolle geistige Tätigkeit. Dankbar lächelte Schiller seine Schwägerin an. Der Tod, dieser Schelm, hatte inzwischen manchen kraftstrotzenden Draufgänger geholt und ihn bis zuletzt übriggelassen. Schiller musste an Kapf denken, der sich nach Afrika verkauft hatte. Ob er noch lebte? Vielleicht schien es dem Tod der Mühe nicht wert, ihn mitzunehmen. Schiller verlangte nach Schreibzeug. Man musste ihm helfen, da er nicht mehr die Kraft besaß, sich aufrecht hinzusetzen. Er schrieb an Körner. Sein erster Gedanke immer an die Freunde, dann verließen ihn die Kräfte und das Dankschreiben an den Herzog für den Wein und die Dispensation von den Vorlesungen diktierte er Karoline mit heiserer Stimme in die Feder. Charlotte wusch und futterte ihn.

Sie scherzten miteinander und Karoline beobachtete ihre Schwester sogar mit ein wenig Eifersucht. Charlotte liebte und wurde geliebt. Sie trug das Kind ihres Liebsten unter dem Herzen. Abends saßen sie mit Hardenberg, Stein und Reinhold beim vertraulichen Gespräch zusammen im Krankenzimmer und Schiller begann, von seiner Zeit in der Militärakademie in Stuttgart zu reden. Jeder spürte, dass Schillers Sehnsucht nach Schwaben groß war, denn er sprach ausführlich über diese Zeit. Es war rührend, zu erleben, wie er sich und anderen immer wieder seinen Wunsch, dorthin zu reisen oder sogar eine Anstellung dort zu bekommen, zu verbergen versuchte.

Die Ironie des Schicksals wollte es, dass ausgerechnet zu einem Zeitpunkt, an dem man ihm das erste Mal einen Stuhl vor das Fenster rückte und er selbst wieder ein Buch halten und lesen konnte, Ende Mai und Anfang Juni zuerst in der Ostdeutschen Allgemeinen Zeitung, dann auch in anderen Blättern Schillers Todesanzeigen und Nachrufe erschienen. *„Jena. Der Liebling der deutschen Musen, Herr Hofrat Schiller ist hier gestorben."* – *„Die Universität Jena, aber nicht Jena allein, ganz Deutschland, hat eines ihrer Genies verloren. Schiller ist gestorben, ein Mann, dessen Geist schnell brausend sich erhob, sich ganz aus sich selbst entwickelte, weit und kraftvoll um sich wirkte. Er war ganz er selbst!"* Die Todesnachricht raste wie ein Lauffeuer durch Europa. Schiller tot! Baggesen, ein Däne, der Schiller einmal in Rudolstadt besucht hatte, organisierte spontan mit seinem Kopenhagener Freundeskreis eine Gedenkfeier am Nordseestrand. Schiller hörte davon, ärgerte und freute sich zugleich, spürte den Stolz, dass er etwas galt in der Welt. Aber vor allem plagten ihn die Sorgen der Lebenden. Längst wusste er um seine finanzielle Situation. Er musste arbeiten, gesund werden. Innerhalb weniger Tage waren sein Nachttisch, das Bett, die Stühle und das ganze Zimmer mit Büchern und Manuskripten belegt. Der Verleger Göschen drängte ungeduldig auf die Fortsetzung der „Geschichte des Dreißigjährigen Krieges", dessen erster Teil musste für den ‚historischen Kalender für Damen' noch redigiert werden. Bücher galt es zu besprechen, eine neue Ausgabe seiner ‚Thalia' fertigzustellen ...

Auch wenn alle bemüht waren, beunruhigende Nachrichten von ihm fernzuhalten, er wollte wenigstens mit seinem Geist wieder an der Welt teilhaben. „Hardenberg, Stein, berichtet mir, was die Welt so treibt! Hier drin glaubt man offenbar den Todesanzeigen und ist bemüht, mich wegzuschließen. Erzählt! Ich war so lange aus der Welt!"

„Zu Paris sitzt der König gefangen …"

Schiller blickte erschrocken auf. Jetzt ging es dem Tyrannen an den Kragen! Aber um welchen Preis? Was folgte danach? „Als ich krank wurde, hat er noch auf das Volk schießen lassen." – „Jetzt haben sich die Verhältnisse umgekehrt und der Adel gibt Fersengeld, will er nicht hingemetzelt werden. In Heerscharen flüchten Adelige über die deutsche Grenze bis nach Koblenz, Mainz, Trier. Die Quartierpreise sind dort inzwischen in unglaubliche Höhen geschnellt. Es herrschen Ausnahmezustände, über die keiner gern spricht. Mord und Totschlag in Frankreich und Verfall der Sitten auf dieser Seite der Grenze."

„Anarchie?", grübelte Schiller und schloss vor Entsetzen die Augen.

„Wildeste Revolution! Niemand hält das Volk mehr auf.", rief Stein begeistert. – „Es herrscht Jubel – der Weimarer Herzog ist auch dafür, aber Goethe ist dagegen", ergänzte Hardenberg. – „Gegen die Freiheit? Steht es so schlimm? Wüten sie derart ohne Maß? Ich kann es nicht glauben!" Schiller überkam ein Schwindel. Er war diesen Gedanken noch nicht gewachsen. – Karoline trat hinzu: „Auch die Herzoginmutter ist angewidert von dem Pöbel nach Italien gefahren." Schiller hob die Hand abwehrend, er wollte nichts mehr hören. „Sie nahmen Herder mit …" – „Herder, so, nach Italien, wegen der Revolution. Den König in Haft und die Schlösser geplündert. Karoline, sei so gut, lies mir bitte rasch was von Kant vor, ich muss zur Ruhe finden!"

Am nächsten Tag fuhr Vizekanzler von Beulwitz sechsspännig und imposant vor. Seine Ankunft verursachte Aufsehen, denn solch hohen Besuch sah man in Jena selten die Schlossgasse hinunterkommen. Sekretär und Equipagen bahnten dem Vizekanzler den Weg, der schließlich aufgeregt in der Tür stand und sich sogar dazu hinreißen ließ, Schiller zu umarmen. Aus der Zeitung hatte er von Schillers Tod erfahren und fand ihn Gottlob unter den Lebenden! Groß war die Erleichterung, als Schiller ihm versicherte, er brauche sich keine Sorgen mehr zu machen. Doch, da von Beulwitz Schiller schon seit Monaten nicht mehr zu Gesicht bekommen hatte, entsetzte er sich dennoch über dessen körperlichen Verfall. So gehe das nicht weiter, entschied von Beulwitz, Schiller müsse zur Kur nach Karlsbad. Und weil Schiller nun einmal zur Familie gehöre, wolle er ihm den Kuraufenthalt schenken. Fast herrschte Ausgelassenheit im Schiller'schen Haushalt! Karoline musste jedoch nach Rudolstadt, um ihren Mann auf einen Empfang zu begleiten. Bei der Verabschiedung zog Schiller sie zu sich hinab und flüsterte ihr ins Ohr: „Ich fahre nur nach Karlsbad, wenn du mitkommst." Karoline protestierte und gestattete sich einen vorsichtigen Seitenblick auf die schwangere Charlotte. Es blieb dabei, sie wäre die Letzte, die ihrer Schwester den Mann streitig machen würde. Unter einem Vorwand zog sie Charlotte noch einmal beiseite. „Hör gut zu! Er will, dass ich mitkomme, und ich werde ihm den Gefallen tun. Aber danach lasse ich mich von Beulwitz scheiden und werde Wilhelm von Wolzogen heiraten." Erschrocken blickte Charlotte ihre Schwester an. „Dann wirst du alles verlieren. Das kannst du nicht riskieren." – „Ich werde nicht ewig warten und mein Leben verplempern. Ich will es wagen. Man wird mich schneiden. Ich weiß, dass ich dann woanders neu anfangen muss. Frag mich noch nicht wo und wie! Aber es ist entschieden!"

Die Reisevorbereitungen verzögerten sich erheblich. Erneut musste Karoline mit einspringen, denn Charlotte erlitt eine Fehlgeburt. Die Strapazen der letzten Monate waren zu viel gewesen. Jetzt lag sie danieder und Schiller, voller Sorge und Unruhe, geisterte wie ein Untoter durchs Haus. Er vernachlässigte sich, fiel entweder mit Gehrock und Hemd ins Bett oder zog den Schlafrock auch tagsüber nicht aus, wenn Gäste kamen. Karoline beschäftigte sich mit praktischen Dingen, besorgte Pässe, schrieb an das Grenzzollamt zu Asch, um ihr Kommen zu avisieren, und siegelte Schreiben mit dem von Beulwitz'schen Wappen, um der Sache Nachdruck zu verleihen. Verpflegung für fünf Tage, guter Rotwein, Schillers geliebter Marokko-Schnupftabak und vor allem jede Menge Arzneien wurden besorgt. Ansonsten kamen und gingen seine Leibkrämpfe in einer Heftigkeit, die kaum auszuhalten war. Karoline finanzierte alles, sorgte für gute Stimmung und interessante Gesprächsstoffe und Begegnungen, sodass die Badekur ein Erfolg wurde. Charlotte erholte sich rasch, blühte außerhalb ihres tristen Hausstandes auf und Schiller ging es wenigstens nicht schlechter. Auf der fünftägigen Hinreise versorgte er sich an jedem Ort mit Lesestoff, begierig auf jede Neuigkeit aus Frankreich und von den Zuständen in deutschen Grenzregionen. In Hof bekam er sogar den ‚Kosmopolit' zu kaufen. Mit einem spaltenlangen Augenzeugenbericht über den Sturm auf die Bastille! Mit stockendem Atem lasen sie, während die Kutsche bereits über Franzensbrunn nach Eger rumpelte. ‚*Die ganze Nacht hindurch, nachdem schon lange der feierliche Umzug mit den abgeschlagenen Köpfen vorbei war, hörte man noch das Poltern der niederstürzenden Bastillesteine. In dieser Nacht wurde aller Besitz des Königs als Eigentum der Nation erklärt, gemäß dem Beschluss der Nationalversammlung: ‚Die Menschen werden frei und an Rechten gleich geboren und bleiben es, weil die gesellschaftlichen Unterschiede nur auf dem allgemeinen Nutzen begründet werden können.' In Paris wurde die Nacht zum Tag und man spricht davon, dass auch in den nächsten Tagen und Wochen noch Tausende von Todesurteilen gesprochen und vollstreckt werden ...*' Vorn Kutschbock tönte laut die Stimme des Kutschers in seiner Begeisterung für blutrünstige Nachrichten: „Sie haben in Paris alle diese Lackaffen umgebracht!" Der Ausruf blieb ohne Kommentar. Schiller legte die Zeitung zur Seite und wirkte nachdenklich. Keiner sprach ein Wort.

In Eger verweilten sie für mehrere Tage. Schiller verkehrte viel mit österreichisch-kaiserlichen Offizieren und Beamten und musste bald feststellen, dass die Ereignisse in Frankreich auf diese keinen Eindruck machten. Diese Sorte Mensch tauge in ihrer Borniertheit und Selbstgefälligkeit für ein Exempel, erklärte Schiller. „Da schreitet die Menschheit voran!", rief er aufgebracht aus. „Und diese Herrschaften sind in Sorge um ihren Sonntagsbraten!"

In Eger besuchte er die Stätte der Ermordung Wallensteins. Auf der Rückreise nach Karlsbad überredete Karoline die Gesellschaft zu einem Umweg über Burgöner, wo sie Humboldts auf ihrem Landsitz besuchten. Karoline fand, dass es Schiller nicht schaden könnte, aus seinem gedanklichen Dunstkreis zu treten und sich der jüngeren Generation zu öffnen. Auch wenn Schiller zunächst meinte, dieser Humboldt mit seiner Ehefrau Li habe mehr Fläche als Tiefe zu bieten, bemerkte er doch recht bald, dass er auf einen eigenständigen Kopf getroffen war, dessen Ansichten ihn über den Tag hinaus beschäftigen würden. Außerdem erwies sich, dass Humboldt alles von Schiller *bis auf die letzte Zeile* gelesen hatte. Was eignete sich besser, einen kranken Dichter aufzubauen?

Nach Jena zurückgekehrt, musste Schiller feststellen, dass der Herzog auch auf seinen Bittbrief hin nicht reagiert hatte. Für einen halbwegs ausreichenden Haushalt musste Schiller sofort einen eingeschränkten Vorlesungsbetrieb, der aus gesundheitlichen Gründen in seinem Arbeitszimmer stattfinden sollte, wieder aufnehmen. Karoline, die bislang über ihre Zukunftspläne geschwiegen hatte, teilte schriftlich ihre Scheidung mit und richtete Grüße von Schillers Freund aus Akademietagen Wilhelm von Wolzogen aus. „So, der Wilhelm ist es also. Er soll weltgewandt sein und inzwischen mehrere Sprachen sprechen", war Schillers schlichter Kommentar. Doch fortan wurde der Name Karoline in Gegenwart von Schiller nicht mehr erwähnt. Es verstand sich von selbst, dass er auch nicht daran dachte, zur Eheschließung zu erscheinen oder das Paar einzuladen. Er war verbittert, dass sie sein Angebot, bei ihm zu leben, ausgeschlagen hatte.

Schiller arbeitete wieder bis tief in die Nacht hinein, schlief bis mittags und aß oft erst am späten Abend. Er humpelte und lärmte in seinem Arbeitszimmer herum, während Charlotte den Sessel noch einmal wischte, die Stuhlreihen ordnete und dann in die Wohnstube ging, Löcher in den Hemden und Hosen zu flicken. Nach und nach kamen die Hörer zur ästhetischen Vorlesung. Zehn, zwölf? Charlotte rechnete: Die Krämerrechnung konnte beglichen werden. Wenn nur nicht wieder der Fronbote kam, denn für Schuld und Zins hätten sie keinen Kreuzer übrig. Gedämpft drang Schillers Stimme durch die Tür. Immer wieder wurde sein Redefluss durch Hustenanfälle unterbrochen. Charlotte setzte Tee auf, damit sie seinen Husten stillen konnte, sobald er mit der Vorlesung fertig sein würde.

„Idealisieren heißt, die Tragödie aus den mächtigen Nebensächlichkeiten des Milieus hervorzuheben, den in der Schöpfung vorhandenen realen Sinn des Ganzen geistig aufzuzeichnen." Charlotte hörte, wie sich Schiller erhoben hatte, sich auf seinen Stock stützte, während er bedächtig umherging. „Die Harmonie des Ganzen allein ist verehrungswürdig …" Er sprach von Krankheit und Not und wie allein die wahre Kunst uns zu heilen und uns vor uns selbst zu schützen mochte. Wie nötig dies sei, könne man allein an der starken Umwälzung in Frankreich sehen. Als Dichter müsste man in diesem Sinne die Kunst beherrschen, sich selbst und zugleich die Welt zu sehen.

Ein starker Hustenanfall unterbrach den Vortrag. Charlotte hörte die Stühle unruhig knarren und ein paar Stimmen lauter werden. Schon wollte sie nach dem Rechten sehen, da hörte sie Schiller, der eher zu sich selbst sprach und längst seine Aufzeichnungen verlassen hatte. „Wir begeben uns in Gefahr durch das, was wir schreiben. Denn, wenn das, was wir schreiben, uns zu besseren Menschen machen kann, dann kann es uns umgekehrt gewiss auch zu schlechteren machen. Dichter sind keine gefestigteren Menschen als ihre Leser. Und auch sie suchen nach Bestätigung und irren …" Er kann die vielen Toten aus Paris, die aufgespießten Köpfe nicht vergessen, dachte Charlotte. Dann plötzlich abgehackte Sätze, seine überschlagende Stimme, irgendwie außer Kontrolle: „Der Arbeiter, der nicht mehr arbeiten kann, ist keines Lohnes wert! Der Tod, meine Herren Studiosi, ist wahrlich nicht das größte Übel – jedenfalls nicht für den Tragiker! Das Kolleg kann ich lesen – sorgt für eure Gesundheit, meine Freunde – nicht gut ... ohne sie." Charlotte sprang auf. Nebenan ein Poltern und der Lärm vieler Stimmen. Hardenberg war der Erste, der die Tür aufriss. „Frau Hofrat, der Schiller ist ohnmächtig!" Ein anderer: „Ein Arzt! Warum holt denn keiner einen Arzt?" Das Zimmer war voll gestikulierender Menschen, die alle auf Schiller starrten. Charlotte stürzte hinzu. Gemeinsam hoben sie ihn auf und legten ihn auf sein Bett. Blut quoll aus seinen Mundwinkeln. Todbleich sein Gesicht, die Augen verdreht, zeigten nur noch das Weiße. Schon tastete Charlotte nach dem Herzschlag. „Der Puls setzt aus! Hardenberg, Kampfer aus dem Küchenschrank!" Sie flößten ihm durch den aufgesperrten Mund die Medizin ein, wuschen ihn abwechselnd kochend heiß und eiskalt und massierten seine Arme und Beine, um den Blutfluss wieder in Gang zu bringen. Endlich öffnete er die Augen und schaute, wie aus weiter Ferne kommend, verwirrt in den traurigen Kreis der um ihn Versammelten. Schiller hob den Kopf, als ob er aufmerksam einer Musik lauschte, wischte mit dem Hemdsärmel das Blut vom Mund, hustete, schwang mit überirdischer Kraft die Beine aus dem Bett und kam wankend zum Stehen. Ungewohnt dunkel dröhnte seine Stimme, die er mit letzter Kraft hervorpresste: „Lasst eure Freunde kommen, damit sie sehen, wie ein Mensch stirbt." Er torkelte, drohte erneut hinzustürzen. Zwei, drei Männer sprangen hinzu und stützten ihn. Er sabberte ein wenig, der Kopf fiel nach vorn, sein Atem flach und hastig. Dann wieder der hochaufgerichtete gläserne Blick, seine eigene Situation wohl erkennend: „Der Tod, er wird mich mutig finden!" Charlotte, die schluchzend am Boden gehockt hatte, sprang auf und beide fielen sich in die Arme. Finsternis und Verzweiflung füllten den Raum. Professor Stark eilte herbei und machte wie schon so oft ein bedenkliches Gesicht.

Es ging nicht mehr. Schiller sah es ein, er konnte keine Vorlesung mehr halten. Er musste froh sein, dass er noch lebte und schreiben konnte. Reinhold war zu Gast. Sie löffelten die Wassersuppe aus. Düster hockte der Wintertag in ihrer ungeheizten Wohnung. Müde, erledigt, mit hängenden Schultern vornübergebeugt saß Schiller am Tisch. Ein schmaler Kanten Brot sorgte dafür, dass der quälende Hunger noch eine Weile auf sich warten ließ. Schiller verließ die Wohnung nicht mehr. In der Früh fanden sie das Wasser im Waschtrog gefroren vor. Meistens schrieb er die ganze Nacht, eine Wolldecke um die Schultern gehängt, die knochigen Hände in fingerlose Handschuhe gesteckt.

„Der Verleger Göschen zahlt erst, wenn er die Fortsetzung des ‚Dreißigjährigen Krieges' aus der Druckerei zur Auslieferung erhält. Na, Reinhold, hat man dir schon meine Professorenstelle angetragen?" Der so Angesprochene duckte sich verlegen. „Du weißt doch, dass ich der Erste wäre, der verzichtete, wenn du wieder Vorlesungen halten könntest."

Charlotte erschrak, starrte mit offenem Mund auf die Brosche, die unter der Tellerwölbung auf dem Tischtuch lag. „Um Gottes willen, Schiller, hast du das gekauft? Das ist dein Bild. Ein Porträt!" Schiller lächelte milde: „Du hast doch deinen Konfirmationsring an Frau von Stein geschickt, um ihn des Haushalts wegen zu Geld zu machen. Ist dir nicht aufgefallen, dass ich dir das Geld für den väterlichen Ring nicht gegeben habe?" – „Natürlich ist es mir aufgefallen, aber ich wollte nicht fragen", gestand sie. – „So sollst du eine kleine Erinnerung an mich haben", Schiller wehrte ihren Dank bis auf einen schüchternen Kuss verlegen ab.

„Dann ist es die richtige Gelegenheit", setzte Reinhold an und erhob sich. – „Die Gelegenheit wofür? Will man mir noch den Todesstoß versetzen? Bei unserem Zustand bedarf es dazu nur wenig." – Reinhold zog ein großes Schriftstück hervor, entrollte es und reichte es Schiller. Dabei fiel es ihm schwer, seine Rührung zu verbergen. Schiller neigte sich vor, las hastig. Plötzlich flog Schillers Atem, er fasste sich an die Brust und das Papier flatterte zu Boden. Schwer stützte er sich auf den Tisch. Dann stürzte er zum Fenster und weinte.

„Reinhold, was haben Sie gemacht?", rief Charlotte in höchster Not. „Er wird sich was antun!" – „Im Gegenteil", lächelte Reinhold siegesgewiss, „jetzt werdet ihr erst richtig leben. Der Brief ist ein Geschenk von jährlich je tausend Talern für drei Jahre, damit er in Ruhe gesunde, sein Leben ordne und die Kraft und Freiheit zu neuem Schaffen finde!"

Charlotte hob das Schriftstück auf und las andächtig wie zum Morgengebet: „Ihre durch allzu häufige Anstrengung und Arbeit zerrüttete Gesundheit bedarf zur Abwendung drohender Gefahr, um der Menschheit willen, für einige Zeit großer Ruhe ... Zwei glühende Verehrer Ihrer Persönlichkeit wünschen, der Welt einen Ihrer Lehrer zu erhalten, dieser Wunsch muss jeder anderen Betrachtung nachstehen. Gezeichnet vom Prinzen von Augustenburg, dem Schwiegersohn des dänischen Königs, und Finanzminister Grafen von Schimmelmann." Hier das Siegel. Ein Strom von Tränen erstickte ihre Stimme. Reinholds Fürsprache, die Freundschaft zu Baggesen, der wieder einmal auf Besuch gewesen war ... Jetzt konnten sie endlich die Medikamente kaufen, den treuherzigen Empfehlungen Starks Folge leisten, der Milch, Honig, Eier und Butter verordnet hatte. Welch ein Luxus! Sie hielt das Taschentuch vors Gesicht und zitterte am ganzen Körper, dass die Gläser auf dem Tisch klirrten. „Beruhigen Sie sich doch und seien Sie einfach froh. Ich bin es wahrhaftig auch!" Reinhold nahm Hut und Mantel und begab sich in die Literatur zu Professor Schütz, um auch hier für Schiller zu sprechen und ihm offen zu sagen, dass er den Schlegel, diesen Goetheverehrer und Romantiker, doch allzu sehr protegieren würde. Er fühlte sich riesig und mutig und das nur, weil ihm diese gute Tat gelungen war! – Schiller hielt seine Fäuste auf die Brust gepresst und stammelte in einem fort: „Wir sind gerettet! Lotte, wir sind gerettet!" Für so viel Glück war kein Mensch gebaut.

Kapitel 23
Schiller, der französische Ehrenbürger und die Salonrevolution von Jena, 1792/1793

‚Ich habe Schiller nie gesund, sogar äußerst selten angezogen, fast immer im Schlafrock gesehen. Im ersten Jahr war er ohnehin krank, und L'Hombre (Kartenspiel), Schach, leichte Gespräche füllten das aus, was man seinen Tag nennen konnte. Er stand oft erst um zwölf, halb ein Uhr auf, ja das Mittagessen verspätete sich am Ende so, dass es bis auf drei, halb vier Uhr hinausgeschoben wurde. (…) Es war sehr schwer, sein Arzt zu sein. Er las alle Rezepte, wollte die bestimmte Ursache wissen, warum dieses Mittel in dieser Quantität verschrieben worden sei, wie es wirken solle, mechanisch oder chemisch, und haderte oft mit seinem sanftmütigen Arzt, der unaussprechliche Geduld mit ihm hatte.'
Friedrich Ludwig Göritz, Hauslehrer in Jena (*1764 – +1823),
aus seinem Buch: Jena zur Zeit Schillers

Die Literatur- und Geisteswelt bekam ihren Schiller zurück. Obwohl noch lange nicht gesundet und oft für Stunden, manchmal sogar viele Tage, nicht in der Lage, vor krampfartigen Schmerzen, Atemnot, Hustenanfällen, Fieber und wiederkehrender Schwächeperioden konzentriert zu arbeiten, lieferte er erstaunliche Ergebnisse auf verschiedensten Gebieten ab. Die finanzielle Freiheit schaffte ihm Selbstbewusstsein und Kraft für viele verschiedene und auch große Projekte. Ende 1791 führten Weimarer Schauspieler als Gastspiel in Erfurt seinen ‚Don Carlos' in einer von ihm überarbeiteten Fassung auf. Die Weimarer Aufführung wurde für das Jahr 1792 geplant; sie fand dann im Februar statt. ‚Endlich kommen sie auch in Weimar an meinen dramatischen Arbeiten nicht mehr vorbei!', registrierte Schiller nicht ohne Stolz. Wenige Tage nach der Erfurter Darbietung des ‚Don Carlos' kam es zur Aufführung des ‚Fiesco' in Erfurt durch ein Liebhabertheater in Anwesenheit von Schiller. Anfang 1792 veröffentlichte er bei Göschen im ‚Historischen Calender für Damen …' sein umfangreiches Werk zur ‚Geschichte des Dreißigjährigen Krieges'. Sein Roman, ‚Die Geisterseher' wurde von ihm für die zweite Auflage überarbeitet, und er begann mit seinem wohl umfangreichsten und größten Dramenwerk, dem ‚Wallenstein'. Mehrere Ausgaben seiner Zeitschrift ‚Thalia', die von Göschen in Leipzig gedruckt und vertrieben wurden, fanden ihren Weg zum Leser. Doch die Krankheit, Querelen mit Autoren und vieles mehr ließen die unregelmäßig erscheinende Zeitschrift zum dauernden Sorgenkind werden. Nach zwölf Ausgaben, die finanziell wenig einbrachten und auch sonst nur wenig Widerhall fanden, zwang sich Schiller zu einem Kraftakt und erneuerte das Konzept seiner Zeitschrift, die seit 1792 in zweimonatigem Rhythmus, in modernisiertem Druck (statt in deutscher Schrift in klassischer Antiqua) mit neuem Namen als ‚Neue Thalia' und mit neuen namhaften Autoren, die Beiträge lieferten, erscheinen sollte. Schiller erklärte Göschen und Körner gegenüber: *„Die Thalia soll und muss empor! Ich werde dieser Neuen Thalia alle meine Kräfte hingeben."* Aber er hasste die Kaufmannsrücksichten, die ihn ständig zwangen, thematisch zeitgemäße Kompromisse einzugehen. Es erschienen in diesen Jahren seine viel beachteten Aufsätze zur Ästhetik, ‚Über Anmuth und Würde' und ‚Vom Erhabenen'.

Eigentlich hätte Schiller zufrieden mit sich seinen Alltag in Jena leben können, aber er haderte mit seiner ständig angeschlagenen Gesundheit und wurde besonders für seinen Hausarzt Professor Stark, der gesegnet mit einer Engelsgeduld, sich einer unzähligen Vielfalt von Fragen seines leidenden Patienten Schiller stellen musste, zu einer echten Herausforderung. Dass Schiller sich bereits zu seinen Zeiten als Wundarzt im Regiment von General Augé und später in Mannheim, wenn gar nichts mehr so recht helfen wollte, richtige Rosskuren verordnete und dabei ungewöhnliche Methoden nicht scheute, bewies sich am 07 März 1792 in Jena aufs Neue. Der leidende Schiller erwarb für sich ein Reitpferd, da er sich von der Erschütterung beim Reiten eine heilsame Wirkung auf seine

Verdauungsorgane erhoffte. Dieses seltsame Rezept, das er sich ausstellte, löste er – wie stets – mit Heftigkeit und Übermaß ein, denn nun ritt er täglich von zu Haus aus im Galopp los, preschte durch die Straßen Jenas und kam oft – vollkommen überfordert als Reiter – im Karrière zurück, dass er das Pferd nicht mehr halten und führen konnte. Er rettete sich nur noch dadurch, dass das Tier seinen Stall kannte, diesem mit Sehnsucht zustrebte und zum Glück eine Straße ohne Durchgang bei seinem Haus war, wo das Pferd nicht mehr weiter konnte und zum Stehen gezwungen wurde. Schiller war ein grottenschlechter Reiter und eine Gefährdung für die Allgemeinheit. Seine Tiere, binnen kürzester Zeit derart verzogen, dass sie für jeden Fremden zur Gefahr wurden, da sie durchgingen, ehe man es sich versah.

Das Öllämpchen rußte und Schiller blinzelte mit seinen rot entzündeten Augen angestrengt, bemüht, den Kant'schen Gedankenflügen zu folgen. Immer, wenn seine eigene Arbeit stockte, griff er zu Kant. Das machte die Situation nicht besser, weil hinterher der Druck, etwas Eigenes zu Papier zu bringen, um Geld zu verdienen, umso größer war. Er fühlte sich müde gedacht, zweifelte am Wert der eigenen Werkpläne, als Charlotte eintrat, ihm wie jeden Abend seinen Brusttee hinzustellen, und meinte: „Du müsstest mal wieder unter Menschen gehen. Es ist nicht gut, wenn du dich hier so eingräbst." – „Lass mich!", wehrte er ab, der Vorschlag schien ihm lästig. „Ich bin nicht gesund. Benötige meine Kräfte für die Arbeit." – „Die Hufelands haben heute eine Gesellschaft. Wir sind eingeladen. Es ist mild draußen." Charlotte wusste, dass er Ablenkung hasste. Seine Arbeitsstunden, sein heldenhafter Dialog mit sich selbst, dem Papier und den Büchern. Fast krampfhaft hielt er seinen Geist in Bewegung, wenn der Körper ihm seinen Dienst versagte. Aber sie fürchtete um seinen Verstand. Auch meinte sie, zu ersticken in den Wänden der Wohnung, die immer mehr zum Gefängnis gerieten. Tapfer harrte sie aus, widerstand seinem missbilligenden Blick und trug ihr Anliegen vor: „Du könntest dich mit einer Sänfte hintragen lassen …" – „Zerstreuung bekommt mir nicht. Kunst hasst zu viel Wirklichkeit." Schiller wandte seinen Blick wieder dem Buchstudium zu. – „Ich weiß. Man sagt, auch Goethe habe sich ganz vom öffentlichen Leben zurückgezogen. In Weimar hat sich so ein armes Ding ertränkt, mit seinem ‚Werther' in der Hand. Das soll ihn getroffen haben. Andere meinen, durch sein Verhältnis zu dieser Vulpius würde seine Gesellschaftsfähigkeit leiden. Aber du hast recht: Kunst hasst die Gesellschaft und ist ein einsames Geschäft."

Bei dem Namen ‚Goethe' merkte Schiller auf. Mit ihm mochte er nicht gleichgesetzt werden, denn zu groß waren die gegenseitigen Vorbehalte angewachsen. „Ich hätte gern Humboldts noch einmal gesehen, besonders Li, bevor sie wieder auf ihr Landgut fahren, und so häufig werden wir auch nicht mehr eingeladen." Charlotte hockte sich vor ihn und ergriff bettelnd seine beiden Hände. – „Humboldt ist auch da? Gut, wir gehen. Du sollst deine Karoline sehen!" – Charlotte konnte es nicht glauben, hüpfte ausgelassen wie ein kleines Kind. „Was soll ich anziehen?" – Schiller ungerührt: „Hilf mir in den guten Rock. Du bist von Natur aus schön." – „Sei nicht so griesgrämig zu Humboldt. Er hat eine hohe Meinung von dir, schickt dir all seine Publikationen …" – „Ja, ja. Ich gehe zu Fuß."

Herzlich drückte ihm Gottlieb Hufeland[13] die Hand. „Welch seltener Gast, Herr Hofrat. Schön, dass Sie gekommen sind." Schillers Ankunft erregte Aufmerksamkeit. Die Gesellschaft stellte für einen Moment das Rauchen und Trinken ein. Zu selten nahm Schiller überhaupt an Gesellschaften teil. „Geheimrat von Goethe hat auch sein Kommen angekündigt." Schiller bedachte seine Frau mit einem ärgerlichen Blick. Unter diesen Bedingungen wäre er doch lieber zu Hause geblieben. „Du könntest Frau Kirchenrätin Griesbach

---

13 Gottlieb Hufeland (*1760 – +1817), Professor der Rechte in Würzburg und Jena, mitverantwortlich für den geschäftlichen Teil der Herausgabe der ‚Allgemeinen Literatur-Zeitung' von Bertuch, Schütz und Wieland, Freund Schillers.

begrüßen. Sie sitzt dort hinten am Klavier", kommandierte Schiller schlechtgelaunt seine Frau. – „Gewiss, Liebster."

„Wie er seine Frau anfährt! Dabei hat sie es weiß Gott nicht einfach. Der schmale Haushalt, die Krankheit, die Fehlgeburt – da sollte er sich mal eine Bessere suchen!", flüsterte Frau Griesbach ihrer Nachbarin zu. – „Er soll neuerdings eine Rente vom dänischen König beziehen. Es wird daher nicht mehr so schlimm bestellt sein. Sie ist auch noch ein junges Ding", die andere. „Grüß Sie der Himmel, liebe Frau Schiller." – „Ihrem Gatten geht es offenbar besser. Was macht seine Lunge?"

„Professor Stark wird es bezeugen", lächelte Schiller in den Kreis der Männer, „ich bin ein schwieriger Patient. Dabei gilt all mein Bestreben, ein wundervoll geduldiges Opfer der hippokratischen Kunst abzugeben." Nicht jeder lachte. Es gab in diesem Kreis einige, denen Schiller mit seinen Idealen, seinem Pathos und seinem Hang zum Weltverbesserertum auf die Nerven ging. In Jena hatte sich im Professorenzirkel ein Kreis der Romantiker gebildet, mit denen sich Schiller bis hin zur Ehrverletzung über literarische Maßstäbe stritt. Außerdem hatte die Schenkung aus dem dänischen Königshaus bereits die Runde gemacht. Wenn es sich jeder tausend Mal zur Ehre hätte gereichen lassen können, dass einem Dichter in ihren Stadtmauern eine solche internationale Anerkennung zuteilwurde, gab es doch genügend Neider, die meinten, andere wären berufener gewesen für die Gunstbezeugung. Schiller entdeckte in der Ecke den jungen Humboldt, der wissend lächelte und ihn beobachtet hatte. „Na, wetzt die Jenaer Räuberbande wieder ihre Dolche gegen Sie?" – „Es wäre übertrieben zu behaupten, sie seien angetreten, mir ihre Liebe zu zeigen. Wie ich hörte, erfinden Sie mit Ihrem Bruder an einer Grubenlampe herum." Ohne allzu sehr ins Fachsimpeln zu geraten, erläuterte Humboldt die technischen Vorzüge der neuesten Entwicklung.

Die Tür ging erneut auf und der dicke neueste Mitherausgeber der ‚Literatur-Zeitung', Professor Paulus, trat mit seiner jungen Frau ein, strebte sofort auf Schiller zu, um ihn nach Beiträgen für das Blatt zu fragen. Doch Schiller unterhielt sich mit ihm zunächst noch einmal über dessen kürzlich absolvierte Reise nach Schwaben. Die Gedanken an die Heimat beschäftigten ihn zusehends. Seine eigene Krankheit und auch die Nachricht von einer lebensbedrohlichen Fiebererkrankung seiner Mutter, von der sie aber Gott sei Dank genesen war, ließen Schiller befürchten, dass er vielleicht seine Heimat und seine Eltern nie wiedersehen würde. Paulus war mit seiner Frau auf seiner Reise nach Schwaben eigens auf Schillers Wunsch zur Solitude gefahren. Er erzählte auch heute von seinem Treffen mit Schillers Vater und Mutter und davon, wie ihm seine jüngste Schwester Louise ähnlich sähe und wie aufgeweckt und geistvoll sie wäre. Schillers Herz und seine Erinnerungen schweiften an den abschiedsschweren Tag seiner Vergangenheit zurück, an dem er seine Familie vor seiner Flucht nach Mannheim zum letzten Mal gesehen hatte. Kurze Zeit danach kam die Rede auf die Nachrichten über die Französische Revolution. „Man soll Sie zum französischen Ehrenbürger gemacht haben, Herr Hofrat?", wusste Professor Paulus zu berichten. – „Ich habe davon gehört", gestand Schiller, „wenngleich mir eine entsprechende Urkunde bislang nicht zugegangen ist." – „Dann dürfen Sie mitreden", rief Griesbach dazwischen. „Werden Sie Stellung beziehen?" – „Ich habe lange darüber nachgedacht. Bei dem, was man hört, steht es nicht gut um die persönliche Freiheit und die Menschlichkeit. Die Revolution darf ihre Ziele nicht verfehlen. Vielleicht verfasse ich einen Appell", dachte Schiller laut nach. – „Die Revolution wird die persönliche Freiheit sichern! Nur sie wird dies leisten!", rief begeistert Professor Paulus. „Alles Alte, Tyrannische wird sie hinwegfegen. Lesen Sie Wielands begeisterten Zuruf im ‚Merkur', dann wissen Sie, welchen Weg wir in Deutschland zu beschreiten haben!" Es brach eine laute Diskussion los, in die sich immer wieder Stimmen mit Neuigkeiten mischten.

Schiller zog Humboldt zur Seite: „Gehen wir in die Nische, um der Vernunft im Gespräch wieder mehr Raum zu geben." – „Die sitzen hinter ihrem warmen Ofen, weit weg vom Schuss und den scharfen Messern der Guillotine. Da lässt es sich gut schwadronieren." – „Wehe, es vergreift sich einer an ihrer Speisekammer, dann ist es vorbei mit der persönlichen Freiheit, dann wird nach Recht und Ordnung geschrien und nach herzoglichen Truppen. Ich weiß sehr wohl, wovon Sie sprechen, Humboldt", ergänzte Schiller. – Und während die Gesellschaft ihre Gläser erhob, um die Revolution hochleben zu lassen, sagte Reinhold: „Nach Kant wird durch eine Revolution niemals eine wahre Denkform geschaffen. Und die ist es, die jede Gesellschaft für ihre Zukunft benötigt." – Mit schriller Stimme übertönte die dicke Frau Kirchenrätin Griesbach jede Diskussion, indem sie ausrief: „Welch wunderbar aufregende Zeit, meine Lieben, noch nie hat so viel Interessantes in den Zeitungen gestanden. Noch nie gab es täglich so viele Neuigkeiten! Mir ist's ein Pläsir!" Lachen, zustimmende Rufe, erneutes Zuprosten. – „Mein Mann hat an Sitzungen der Pariser Nationalversammlung teilgenommen", wusste Karoline von Humboldt zu berichten. Schon sah sich Humboldt in den Mittelpunkt der Gesellschaft gerückt und musste Rede und Antwort stehen. – „Er war dabei?" – „Vor Ort!" – „Zum Gruseln spannend!", befand Paulus. Schiller und Reinhold standen mit verstimmten Mienen abseits.

„Selbst in den höchsten Gremien der Nationalversammlung herrscht Chaos. Guter Wille, Mordbrennerei und Machtgier gehen Hand in Hand. Es ist gefährlich in Paris. Kein angenehmes Leben mehr dort. Man hat einen Minister an die Laterne gehängt. So viel zur persönlichen Freiheit." – „Weiter! So erzählen Sie doch!", schrie die entfesselte Griesbach, vor Aufregung und Alkohol rot angelaufen. – „Trotz allem, Herr Humboldt, Frankreich hat Maßstäbe gesetzt. Allein die Verfassung wird Weltpolitik schreiben", meinte der junge Professor Fichte. – „Gleiches Recht für jedermann! Gehe man doch raus auf die Straße zum Pöbel und setze sich in den Straßengraben! Die Menschen sind nicht gleich und werden es durch schöne Worte nicht werden!" – „Anmaßender Wahnsinn!", rief ein anderer dagegen. Mitten in der Gruppe stand plötzlich Schiller mit flammendem Blick: „Der Fehler, meine Herren, ist nicht die Forderung nach Freiheit und Gleichheit! Das Volk dort erhebt sich und sucht die Glückseligkeit, statt sich zu besinnen und die Tugenden zu erwerben. Wann immer Menschen das Paradies gesucht haben, sind sie in einer Hölle gelandet. Das Ende von Herrschaft bedeutet noch nicht Freiheit! Die Freiheit fällt nicht vom Himmel! Freiheit, Demokratie, Gerechtigkeit und Wohlstand müssen erkämpft werden. Man kann sie nicht durch Morden und Plündern gewinnen, man kann sie aber auch genauso wenig herbei träumen."

Still und nachdenklich saßen und standen alle für einen Augenblick. Dann begehrten die Ersten auf: „Herr Hofrat ist jetzt plötzlich gegen die Abschaffung der Tyrannei? Dabei liefert sein Werk doch die schönsten Beispiele für die Notwendigkeit gewalttätigen Aufbegehrens!" – „Sie fürchten Anarchie und neuen Despotismus, Schiller? Woher die kühnen Prophezeiungen? Sind Sie nicht längst als Ehrenbürger ein Mann der Revolution?" – Daneben tuschelten die Frauen miteinander: „So ändern sich die Zeiten. Kaum hat er eine adelige Frau, wendet er sein Fähnchen", flüsterte die dicke Griesbach. „Der Rückschritt steht nicht gerade in der Gunst des Herzogs ..."

Goethe stand auf der Schwelle, im einfachen Rock, lauschte interessiert dem Disput, ohne sich daran zu beteiligen. In diesen Zeiten war es still um den Minister und Dichterfürsten geworden. Auch seine Ansichten galten nicht mehr als modern.

„Sie meinen also, meine Herren, einen König zu köpfen und einen Minister den Krähen zum Fraß öffentlich an einen Laternenpfahl zu hängen, Angst und Schrecken zu verbreiten, sei geeignet, eine neue, eine bessere Staatsform zu gebären. Raub und Mord als Weg zu einer gerechten Gesellschaft?", Humboldt lachte gequält auf, konnte seine Entrüstung kaum verbergen. – „Auswüchse, an denen wir sensationslüstern teilhaben, aber eben nur Auswüchse", behauptete Professor Paulus.

„Einen Augenblick! So hören Sie doch!" Sie lauschten. Aus der Gasse drang Lärm von Tritten, ein Schreien und Poltern herauf. Metall schlug hart auf Pflastersteine, Pferdehufe. Mit verkniffenem Mund beobachteten Schiller und Goethe sich, während die Gesellschaft zum Fenster eilte. „Es sind Studenten von der hiesigen Universität!" – „Haben Sie nicht, Kollege Paulus, heute einen

Lausejungen relegiert?", fragte Professor Schütz. – „Er hat eine Duellforderung ausgesprochen! Die Relegation war rechtens!", verteidigte sich Paulus. – „Wie dem auch sei, die Zeiten sind geeignet, aus jedem kleinen Funken einen Brand zu entfachen", warnte Hufeland. Schon gingen klirrend zwei Scheiben zu Bruch. Steine flogen in die Stube. Kreischend drängte sich die Gesellschaft an die Wände und in den hinteren Teil des Raums. „Her zu mir!", dirigierte die Griesbach und räumte schnell alle Gläser vom Silbertablett. Von draußen der Ruf: „Burschen heraus!" – „Lichter aus! Mein Gott, Lichter aus!" – „Herr Geheimrat, kann da nicht die Akademieleitung einschreiten? Es gärt! Der Lehrbetrieb ist gefährdet!", rief Hufeland. – „Meine Herren Professoren", lächelte Goethe wie über einen schlechten Scherz, „walten Sie Ihres Amtes. Die Akademieleitung mischt sich nicht in die Angelegenheiten des Senats." – „Zurücknehmen, die Relegation!" – „Ich bin darüber nicht beleidigt, meine Herren", erklärte vorschnell und verängstigt Paulus, „wenn es nur einer höheren Sache dient, findet sich eine Rechtfertigung."

Durch die zerborstenen Fenster strömte die kühle Abendluft in den Raum. „Gehen wir", sagte Schiller zu Humboldt, „hier predigt man Wasser und säuft Wein, auf dass die Jugend ohne Erziehung tüchtig werde. Eine schöne Professorenschaft ist das!" Schon kam Lotte mit dem Wollschal herbeigeeilt und entschuldigte Schiller bei den Gästen. Es sei zu kalt für die empfindsame Gesundheit des Herrn Hofrats. Sie empfahl sich. Goethe und Schiller standen sich jetzt in Türnähe unmittelbar gegenüber. Unsicher blickte ihm Goethe in die Augen. Steckte da mehr in diesem Schiller? Auch die Rezension, die er gestern aus dessen Feder gelesen hatte, hätte er Wort für Wort unterschreiben können! Der Moment einer Erklärung verstrich wieder ungenutzt. Goethe sagte nur unbeholfen: „Titelkupfer und Einband von Ihrem neuen historischen Werk sind sehr ansprechend, Herr Schiller." Ohne eine Miene zu verziehen, Schillers Antwort: „Ich werde meinen Verleger bitten, dem Kupferstecher und Buchbinder Ihre Wertschätzung zu übermitteln. Mich zeichnen Sie nicht aus." Schiller ging. Betroffen senkte Goethe den

Kopf. Da traf es sich gut, dass die dicke Griesbach ihn zur Weinprobe führte und geschwätzig die Situation überging.

Auf dem Heimweg schwieg Schiller wieder, während Humboldt sich weiter echauffierte und der Gedankenaustausch zwischen seiner Li und Charlotte munter sprudelte. Schiller schwieg, nicht nur der kalten Abendluft: wegen, sondern auch, weil er über Goethe nachdachte. Der Dichterfürst schützte sich. Mit Worten, mit künstlicher Distanz. Jede Phrase, die er der Nachwelt hinterließ, genau ausbalanciert. Jedes Schriftstück und jeder Reim vom Sekretär gegengelesen. Keine unvorsichtige Äußerung, kein Risiko. Präzisionsarbeit in Buchstaben. Kein Drama, keine Leidenschaft, nirgends. Goethe wollte allein sein auf seiner geistigen Höhe, unerreichbar ins weite Land schauen. Von den schneebedeckten Gipfeln der Alpen auf den Frauenplan in Weimar. Seine Größe machte ihn bedauernswert einsam.

Zu Hause angekommen, die Bestätigung in der Zeitungsmeldung: Sie hatten in Paris den König geköpft! Im Büßerhemd auf einen Karren gebunden, der Masse zur Schau gestellt und öffentlich geköpft. „Ja, aber –", Charlotte suchte nach Worten, „der König ist doch gesalbt gewesen: Wie können sie ihn da massakrieren?" – „Sie haben doch auch den schwedischen König erschossen. Gleich ob Katholik oder Protestant, ob gesalbt oder nicht. Die Zeiten haben sich geändert", antwortete Li. – Schwer atmend, gesenkten Hauptes schritt Schiller im Zimmer hin und her, die Hände zu Fäusten geballt auf dem Rücken. Dann ging er ins Arbeitszimmer und kam mit ein paar Bögen Papier heraus. „Ich war zu schwach. Jetzt ist es zu spät." – „Wenn wir nur mehr wie Sie hätten, Schiller", antwortete Humboldt. „Das französische Bürgerdekret billigte mir das Recht zu, mitzureden bei der neuen Ordnung, die dort im Entstehen begriffen sei. Ich wollte Gebrauch von diesem Recht machen, von der edelsten Sache der Menschheit, der Freiheit zu dienen." Anklagend und verbittert hielt er die beschriebenen Bögen in die Höhe. „Ich sah durchaus die Gefahr: abgrundtiefer Hass, der brennende Durst nach Rache und Parteigezänk!" – „Ganz sicher könnten Sie als Vertreter der deutschen Nation sprechen. Man würde auf Sie hören", sagte Humboldt. – „Die Zeit wäre vielleicht günstig gewesen, um das Beste zu bewirken. Meine Freunde, aber jetzt ist es zu spät. Ich bin machtlos!" Schiller ging zum Kamin und warf die Bögen Blatt für Blatt ins offene Feuer. Die Flammen versengten die Papierränder, dann erschienen braune Flecken auf der Oberfläche und schließlich tanzten sie lodernd über die Seiten hinweg. „Das Schafott weist den Weg rückwärts. Man wird rasch behaupten, das Volk sei noch nicht reif für die Freiheit. Die Kühnheit der Revolution hat sich selbst zerstört. Bald werden neue Despoten erscheinen, die Zügel fest anziehen, die Peitsche schwingen, das Volk zu einem kläglichen Haufen zusammentreiben. Auch Deutschland wird die Fäuste dieser neuen Macht spüren. Dem richtungslosen Volk ist nichts Besseres aufzuzwingen. Die Stimme des Geistes bleibt machtlos und ich werde künftig der Versuchung entsagen, das Rad der Politik beeinflussen zu wollen." – „Wie recht Sie haben. Heute ist der Mord an dem König Sensation und die Menschen hier wiegen sich in der Sicherheit, dass morgen der normale Lauf der Welt weiterginge", warnend hob Humboldt den Zeigefinger, „doch die Macht der Anarchie macht vor keiner Grenze halt." – „Revolution wird künftig in Deutschland einen faulen Mundgeruch bekommen, und das liegt nicht zuletzt an der Selbstgefälligkeit und Skrupellosigkeit einer Clique, die sich seit Jahrzehnten in Hinterzimmern zusammenrottet, um ihre Pfründe zu verwalten. Ein Kreis von Speichelleckern und Despoten, der es zu Ministerämtern gebracht hat, regiert mit einer Mischung aus Größenwahn und Eitelkeit. Ihre Tage sind gezählt, aber sie ahnen es noch nicht. Aus eigener Kraft müssen wir jetzt unseren Weg finden." Schiller streckte die Arme aus: „Komm her, Lotte!" Sie suchte seine Nähe, noch bevor er seine Aufforderung zu Ende gesprochen hatte. Er schlang die Arme fest um seine Frau, küsste sie auf den Haaransatz und zog sie auf seinen Schoß.

„Ich hätte da eine Neuigkeit zu vermelden", erklärte Charlotte mit purpurroten Wangen. Neugierig blickten drei Augenpaare in ihre Richtung. „Ich bin guter Hoffnung, und dieses Mal", sie küsste ihren Mann zärtlich auf die Wange, „dieses Mal wird es gut ausgehen." Schiller lachte seiner Lotte glücklich ins Gesicht. „Ich bin ein schöner Mediziner, dass mir nichts aufgefallen ist." – „Ihr Männer seid doch ohnehin die meiste Zeit nur mit euch beschäftigt", lächelte Li. Fest schmiegte Lotte ihren Kopf an Schillers Brust. Humboldt sprang auf, holte spontan die Gläser aus dem Schrank, entkorkte einen Rotwein und meinte, wenn das kein Anlass für eine Feier sei!

„Wissen Sie was?", erklärte Schiller in bester Stimmung. „Wir nehmen die Einladung meiner Mutter an. Unser Kind soll in Schwaben geboren werden. Und ich lasse mich von Hoven kurieren!" – „Nur, wenn du dich mit Karoline aussöhnst und sie mir bei der Niederkunft beistehen darf", Charlotte, entschlossen, die Gunst des glücklichen Moments zu nutzen, ließ ihren Schiller nicht antworten, sondern überschüttete ihn mit Küssen.

Kapitel 24
Eine glückliche Reise nach Schwaben, – Solitude, Heilbronn, Ludwigsburg, Tübingen, Stuttgart, August 1793 bis Mai 1794

> Stüssi: Ja, wohl dem, der sein Feld bestellt in Ruh
> und ungekränkt daheim sitzt bei den Seinen.
> *Friedrich Schiller, Wilhelm Tell, IV, 3*

> Rasch tritt der Tod den Menschen an,
> Es ist ihm keine Frist gegeben,
> Er stürzt ihn mitten aus der Bahn,
> Er reißt ihn fort vom vollen Leben ...
> *Friedrich Schiller, Gedichte*

Schiller konnte sich nicht daran erinnern, dass es bei seinem Vater jemals zu einem solchen Gefühlsausbruch gekommen wäre. Als die Kutsche in den Weg zum Gärtnerhäuschen auf der Solitude einbog, sah er seinen Vater bereits vor dem Gartentor stehen. Schiller ließ anhalten und lief ihm, soweit es die Atemnot und der stechende Schmerz in der Brust zuließen, entgegen. Ohne Scheu und dem sonst Kaspar Schiller eigenen Stolz warf sich der Vater an die Brust des Sohnes und weinte vor Freude. So standen sie lange, die Welt um sie herum vergessend, ehe Schiller schließlich die Arme von den Schultern seines alten gebeugten Vaters heruntersinken ließ und sich Kaspar Schiller die Tränen der Wiedersehensfreude aus den Augen wischte. „Nie hätte ich zu hoffen gewagt, ihn in diesem Leben noch einmal wiederzusehen. Jetzt bin ich alt, und mir ist eine solche Freude vergönnt, die mein Verstand nicht fassen kann und mein Herz überquellen lässt. Hier steht ein alter, von der Gicht geplagter Hauptmann, zu nicht mehr viel nütze, und flennt im Angesicht seiner Schwiegertochter, die ihn das erste Mal zu Gesicht bekommt." Kaspar Schiller, den Degen an der Hosennaht, verbeugte sich vor der adeligen Frau Schwiegertochter, die eine solche Ehrbezeugung verlegen machte. „Lass gut sein, Kaspar", rief aus dem offenen Küchenfenster Schillers Mutter, „und bring mir die jungen Leute endlich herein, dass auch ich meinen Sohn begrüßen kann!" Doch zuerst wünschte der Vater, seiner Schwiegertochter einen Begrüßungskuss zu geben, und erbat sich ausdrücklich von ihr statt des „Hauptmanns" die zivile Anrede „Herr Vater"! Charlotte sank dem Herrn Vater an die Rosshaarkrawatte und freute sich über die herzliche Begrüßung. In strammer Haltung zog Kaspar Schiller sein Taschentuch aus den eng sitzenden Militärhosen, polierte sich Nase, Mund und Augen, um adrett genug für seine vornehme Schwiegertochter zu erscheinen. Vorsichtig, als sei Charlotte zerbrechlich, erledigte er anschließend die Kusszeremonie.

Später bei Tisch, die kleine Nanette, inzwischen ein heranwachsendes quicklebendiges Fräulein, an Schillers Seite, machte das Familienglück perfekt. Die Tafel umsorgt von der allumfassenden Präsenz von Schillers Mutter, die zum besten Wein, den das Haus hergab, Knödel und Fleisch auftischte und dem verlorenen, kranken Sohn immer wieder über den Kopf strich. Kaspar Schiller stand auf, das Weinglas in der Hand: „Weiß er, Fritz, eigentlich wollte ich es ihm unter vier Augen sagen. Aber angesichts seiner lieben Frau und dem Kind, das sie unter dem Herzen trägt, kann ich es nicht länger aufschieben." Sie prosteten sich zu. Fast heroisch und knorrig zugleich stand der Alte da und suchte nach den rechten Worten. „Demütig bekenne ich ihm, meinem Sohn, dass ich kleinmütig war, weil ich meinem Herrn Sohn manches Hemmnis in den Weg legte. Ich vermochte seine weit über meinen Horizont gehenden Absichten und Fähigkeiten nicht begreifen. Heute sitzt er zur Ehre der Familie und zu meiner großen Freude an der Familientafel. Ich habe in manchem gefehlt und möchte ihn um Verzeihung bitten!" – Schiller sprang auf und fasste die Hand seines inzwischen siebzigjährigen Vaters: „Vater, auch ohne eure Worte weiß ich um eure Fürsorge und Liebe. Wir sollten nicht mehr an den alten Geschichten rühren, nicht an jene Zeiten erinnern, in denen ich Sie heftig gequält haben muss." – „Nein, mein Sohn, meine Schwiegertochter, was gesagt werden muss, ist zu sagen!" Kaspar Schiller senkte demütig den Kopf. „Doch wie viele Umwege hat Gott ihn und uns geleitet! Wie viel musste der liebe Fritz leiden, sich oft unter härtestem Druck befinden, von seinen Eltern ohne Hilfe, in einem fremden Land einzig sich selbst überlassen und immer im Zweifel, ob er seine angefangene Rolle in der großen Welt würde fortspielen können! Ich muss jetzt demütig bekennen, dass ich für meinen Sohn immer mehr Furcht als Hoffnung genährt habe. Ich habe ihn zu selten recht verstanden und konnte ihn niemals unterstützen."

Nach dem Essen machten die Männer einen Spaziergang und Kaspar Schiller erzählte seinem Sohn, dass er wegen seines bevorstehenden Besuches beim Herzog vorstellig geworden sei, damit es ihm nicht erginge wie Schubart und er auf dem Hohenasperg festgesetzt würde. Der Herzog habe geantwortet, die Wiederherstellung der Gesundheit seines Sohnes sei eines seiner lebhaftesten Anliegen. Vaterländische Luft möge Schillers und seiner Hoffnung entsprechen. Dennoch, dies sei keine schriftliche Begnadigung und

Kaspar Schiller bedauerte es, dass Schiller und seine Frau daher nur zu Besuch auf die Solitude kommen könnten und in der alten Reichsstadt Heilbronn leben müssten. Schiller erzählte, wie man sie dort durch alle Honoratioren und mit einem Ehrenspalier auf das Herzlichste begrüßt habe. Bedächtig nahm Kaspar Schiller den Dreispitz vom Kopf und wischte sich den Schweiß von der Stirn. „Man weiß nie, was der alte Herodes Karl Eugen im Schilde führt und welche Tücken er schließlich doch gegen seinen entflohenen Regimentsmedikus hegt. Die nahe Kriegsfuria der französischen Umstürzler hat meinen Herzog – trotz aller geäußerten Nachsicht – unberechenbarer gemacht." – „Herr Vater wünscht", sagte Schiller gradheraus, „ich solle den Herzog selbst bitten, dass er mir freies Geleit und die Erlaubnis zur Rückkehr nach Württemberg gibt?" Überrascht und wie vor den Kopf geschlagen stand der Vater und schaute seinen Sohn an. „Würde er das denn machen?" – „Ich werde dem Schwabenkönig ein paar kluge Zeilen aufsetzen und mir selbst keinen Zacken aus der Krone brechen." Kaspar Schiller wunderte sich über die Wandlung seines Sohnes.

Hoven, inzwischen ein hoch angesehener Arzt im Dienst des Herzogs, war Urlaub gewährt worden und er kam von Ludwigsburg gereist, um seinen Freund zu kurieren. „Du hast eine Nachricht vom Herzog?", fragte Schiller und Hoven erzählte: „Ich hatte meine Arztvisite beendet, packte gerade meine Sachen zusammen und verabschiedete mich vom Fränzel – die ist alt geworden, Schiller! – die mir die Hand zum Kuss reichte, da kommt der Alte herein, nimmt mich in gewohnter Manier ins Visier und sagt beiläufig, als wolle er über das Wetter sprechen: ‚Sein Freund, dieser dichtende Deserteur von einst, der vermeinte bei mir nicht so viel zu erreichen wie anderswo, hat mir geschrieben. Antwort bekommt er keine, aber ich will den Hofrat in ihm achten und seine Gegenwart in Württemberg ignorieren.' Ohne eine weitere Antwort abzuwarten, ließ er mich stehen und verließ den Raum."

„Meinen Herrn Vater wird es freuen. Jetzt hat die Heimat mich auch offiziell wieder." – „Weißt du, der Herzog ist krank. Seine

Gicht plagt ihn und schlägt ihm neuerdings aufs Herz. Manche Tage steht es nicht gut um ihn. Und es ist einsam um ihn geworden. Manchmal denke ich, dass er außer seinen Schrullen gar nicht so übel ist." – „Zu viel der Nachsicht, mein Freund", entgegnete Schiller ernst. „Auch wenn wir ihm verzeihen, was haben andere unter seiner Willkür gelitten!" Das Gespräch der Jugendfreunde wurde immer wieder von längeren Pausen unterbrochen. Jeder Satz riss Erinnerungen auf. Hovens Blick zum Fenster hinaus gerichtet auf den sternklaren Himmel. „Hast du noch Schubarts Aufzeichnungen?", fragte Hoven. – „Ich habe sie ein ums andere Mal verteidigen müssen und würde jetzt gern die Gelegenheit nutzen, sie ihm zurückzugeben", antwortete Schiller und legte das verschnürte und versiegelte Päckchen auf den Tisch vor sich. – Hoven setzte eine ernste Miene auf und wog die Blätter in seinen Händen. „Es wiegt erstaunlich wenig, angesichts der Umstände, unter denen Schubart seine Zeilen verfassen musste." – „Gerade deshalb sind mir Schubarts Zeilen heilig." – „Es war mehr als gewagt, sie aus der Festung zu schmuggeln und dann sogar noch daraus zu veröffentlichen!" Noch bei dem Gedanken schüttelte Hoven den Kopf. – „Keine Aufgabe für einen Hofmedikus, ich weiß", grinste Schiller. – „Nun spiel dich nicht so auf, als sei ich daran gänzlich unbeteiligt gewesen", protestierte Hoven und knuffte seinen Freund. „Doch mit einem Wiedersehen mit Schubart wird es wohl nichts mehr. Er starb vor kurzem, soff sich tot, wenn man so sagen darf. Es war ein trunkenes, zerrüttetes Leben. Er hat in der Freiheit nie mehr so richtig Fuß fassen können." – „Schrecklich." Schiller schaute auf Schubarts Manuskripte. „Was mache ich damit? Man hat mir mehr als einmal schon deswegen gedroht." – „Der Ludwig, sein Sohn, ist aus anderem Holz. Er will damit nichts mehr zu schaffen haben. Strebt, wie man hört, eine Karriere im preußischen Dienst an und vermeidet alles, was Schatten auf diese Bemühungen legen könnte", sagte Hoven. Schiller seufzte und verschloss das Manuskript wieder sorgfältig in seinem Reisegepäck.

„Komm, mach dich frei. Ich habe dich noch gar nicht untersucht."

Schiller erhob sich, legte den Rock ab, öffnete das Hemd. „Gleich, was du finden magst, alter Freund, beruhige meine Eltern." Hoven erschrak, wie mager und krank Schiller aussah. Er wirkte um Jahrzehnte älter als er, der zur Fülle neigende Hofarzt. Plötzlich krümmte sich Schiller in einem seiner wiederkehrenden Krampfanfälle und Hoven stand fast hilflos daneben. Kaum ging es Schiller besser, scherzte dieser: „Ich trage doch große Umsicht. Schau nur, wie ich mein Bett mit einer Batterie Arzneiflaschen als Belagerungsgeschütz umstellt habe."

Hoven legte seinen Kopf auf die knochige Brust Schillers und befahl: „Atmen! Tiefer! Luft anhalten – weiteratmen!" – „Das schmerzt", sagte Schiller, als Hoven den unteren Teil der Brust und den Bauchraum abtastete. „Meinst du, mir könnten die magnetischen Kuren des hiesigen Arztes helfen?" – „Du kommst zu mir nach Ludwigsburg. Ich will mich um dich kümmern und dein Kind zur Welt bringen." Hovens Finger tasteten weiter. – „Au! Hier sticht's!" – Seine Finger flohen über den Körper seines Freundes, sein Blick verfinsterte sich. Grob sagte er nur: „Bild dir nicht ein, du verstündest noch etwas von Medizin." – Schiller zog die Brauen hoch und verstand die Drohung seines Freundes. So stand es also um ihn! Hoven richtete Schiller im Bett auf, gab ihm einen freundschaftlichen Schlag auf die Schulter. „Fertig!", rief er mit gespielter Fröhlichkeit. „Da habe ich schon Schlimmeres gesehen." Zur Demonstration ging er ans Fenster und öffnete es weit. Hoven achtete darauf, dass Schiller seinen verzweifelten Blick nicht bemerkte, mit dem er in die Nacht starrte. Der Gedanke quälte ihn, sich vielleicht für immer von seinem Freund verabschieden zu müssen. „Übrigens vergeht kaum ein Tag, an dem mich nicht einer nach dir fragt. Zumsteeg und Dannecker sind Kunstprofessoren geworden und glühende Verehrer von dir! Dannecker arbeitet an einer Büste von dir und du musst ihm noch Modell sitzen. Der Haug ist mir bereits auf die Bude gerückt. Abel hat geschrieben …" – „Was ist mit Petersen und Kapf?", fragte Schiller. Wie immer scheute er sich nicht, direkt den Finger in die Wunde zu legen. „Kapf ist tot. Sein Schiff vor Batavia gesunken. Es hat keiner überlebt." – Schiller wurde von einem Hustenanfall durchgeschüttelt. Erst danach machte Hoven weiter: „Petersen geht seine eigenen Wege. Wenn ich ehrlich sein soll, er redet schlecht über dich." – „Er vergisst, dass wir uns alle ändern und fortentwickeln", antwortete Schiller, der den verlorenen Freunden nachtrauerte. – „Er führt einen liederlichen Lebenswandel und bringt nichts zuwege. Mach dir keine Gedanken um ihn", versuchte Hoven seinen Freund zu beschwichtigen. „Ein Herr Cotta hat gerade die Buchhandlung seines Vaters geerbt, möchte dir auch seine Aufwartung machen. Du erinnerst dich vielleicht an ihn? Die Familie wohnte damals bei uns im Haus. Er war noch so ein kleiner Dreikäsehoch, der immer so gestelzt redete und so würdig daherschritt." – „Cotta? Natürlich erinnere ich mich an den Kleinen", antwortete Schiller. „Wie alt ist er denn jetzt?" – „Dreiundzwanzig. Und er will einen Verlag gründen. Er scheint über Kapital zu verfügen und will Bücher von dir drucken und was du ihm sonst so gibst." – „Vielleicht könnte was draus werden. In Preußen wurde wegen der revolutionären Aufgeregtheit meine ‚Thalia' verboten. Ich denke daran, eine neue Zeitschrift herauszugeben: ‚Die Horen'. Kant selbst hat mir bereits ein Vorwort zugesagt. Vielleicht werde ich mit unserem würdigen Jüngelchen einig!" – „Unterschätze ihn nicht. Man sagt, er sei inzwischen ein gewiefter Geschäftsmann. Aber literaturbesessen ist er auch", Hoven erhob sich. „So, ich denke, uns beiden würde ein wenig Schlaf gut bekommen." – Schiller stand auf, ergriff Hovens Hand: „Du bist ein herzensguter Kerl. Ich danke dir für die schonende Diagnose. Wir sehen uns in Ludwigsburg und werden dort fröhlich sein. Ich will die Orte und Menschen besuchen, die mich einmal bewegt haben."

Es roch nach Abschied. Hoven schluckte schwer. „Denk daran, Dannecker will dich modellieren für eine Büste. Ich werde alles arrangieren. Grüße die Frau von mir. Sie kann, mäßig, jeden Tag Bewegung machen. Und du, mein Freund, übernimm dich nicht! Du wirst gebraucht – als Dichter und als Vater!" Wortlos stieg Hoven die schmale Holztreppe des Gasthauses hinunter. Leise und bedrückt.

Auf dem Hof winkte er noch einmal Richtung Fenster, hinter dem er Schiller vermutete, der tatsächlich dort stand und ihm lange nachsah. Um seine Tränen vor dem Freund zu verbergen, drehte sich Hoven nicht noch einmal um. Schiller nahm die Schreibfeder vom Tisch, tunkte sie ins Tintenfass und schrieb sein Testament.

14. September 1793. Seit einer Woche hatten sie in Ludwigsburg Quartier bezogen. Wie es sich Lotte gewünscht hatte, reiste auch Karoline rechtzeitig an, um ihr zur bevorstehenden Niederkunft Beistand zu leisten. Schillers Schwester Louise und Lines Schwägerin Ulrike von Beulwitz komplettierten das Frauenquartett, das täglich aufgeregter schnatternd dem großen Ereignis entgegenfieberte. Für Lottes Unterhaltung und Ablenkung schien bestens gesorgt. Schiller versuchte immer wieder – zumeist vergeblich –, einige Phasen der Ruhe für seine begonnene Arbeit an dem ‚Wallenstein' Drama zu nutzen. Schließlich fügte er sich in sein Schicksal und verabredete sich zu Treffen mit Hoven, Conz und Dannecker sowie seinen alten Lehrern Jahn und Professor Abel von der Karlsschule. Aber am 13. September wurde es dann ernst und erste Wehen zeigten die bevorstehende Geburt an. Am Tag drauf schien die Welt aus den Fugen geraten und Schiller hielt es in Angst um seine Lotte nicht länger mehr wartend in der Stube aus. Er eilte die Treppe hinauf, horchte an der Tür. Beruhigende Stimmen, ein Stöhnen, Atmen, sonst nichts. Schiller klopfte ungeduldig, aber nicht zu heftig. „Noch nichts? Noch immer nichts?" – Hoven trat in den Flur, schloss behutsam die Tür hinter sich zu dem Raum, in dem Karoline und Schillers Mutter sich um die Wöchnerin kümmerten. „Wird Lollo es überstehen? Hoven, sei ehrlich! Leidet sie sehr? Bei meiner Freundschaft zu dir, Hoven!" – Fürsorglich fasste der Arzt den werdenden Vater am Arm und führte ihn zurück in die Stube. „Beruhige dich doch. Gut Ding braucht Zeit. Bald präsentiere ich dir schon deinen Prinzen oder deine Prinzessin – oder sollte es gar ein Räuberhauptmann sein?" – Schiller riss sich los: „Hör auf, mich mit Phrasen abzuspeisen! Mein Kind weiß, warum es sich wehrt, in diese verkommene Welt zu kommen. Man zeugt so einen Wurm gedankenlos.

Hätte ich Lollo das Leid erspart! Komm, lass mich zu ihr!" – „Nichts da!" Hoven trat ihm entschieden in den Weg. „Du hast mich gerufen und du solltest mir, dem Freund, vertrauen. Dein Kind wird leben. In einer halben Stunde bist du Vater und kannst deine Frau in die Arme schließen." Hoven holte Wasser, schenkte ein und schüttete Schiller ein Beruhigungspulver in das Glas. „Trink das, du musst ruhiger werden. Niemandem ist damit gedient, wenn du derjenige bist, der anschließend auf Leben und Tod im Bett liegt. Du bist der Vater und bekommst Verantwortung! Also trink, reiß dich zusammen und lies etwas. Ich muss wieder rauf zu deiner Frau!"

Schiller gehorchte und langte voller Verzweiflung nach dem Schnupftabak. Er nahm sich Skizzen zum ‚Wallenstein' vor. Ein großes Drama sollte dies werden. Eine Geschichte, in der sich Deutschland widerspiegeln könnte. Ein Stück Wahrheit, das in die Zukunft wies. Wie hatte Schlegel in Jena gesagt, als er daraus vorgetragen hatte? *‚Bei aller unbändigen Fantasie sei er doch wohl Historiker und als solcher rückwärts gekehrter Prophet. Die Historie – der Blick zurück auf uns selbst.'* Schiller konzentrierte sich. Ein, zwei Sätze, ein gelungener Absatz, dann stockte es wieder. Er rang nach Atem, hustete, seine Gedanken lahmten. Von oben hörte er seine Frau schreien, es drang ihm durch Mark und Bein! Vorbei rasten auch die nächsten zwei Stunden! Schwer dröhnte die Glocke vom Ludwigsburger Turm. Von weiter Ferne stimmten andere Kirchenglocken ein. Draußen wurde es unruhig. Schiller hörte Reiter galoppieren, trat ans Fenster. In diesem Moment endlich kam Karoline die Treppe hinab und hielt ihm ein weißes Bündel entgegen. Ein Sohn! „Wie geht es Lollo? Hat sie sehr gelitten?" Noch immer die erste Sorge um seine Frau. Dann erst das unfassbare Glück, dieses kleine neue Wesen in den Armen zu halten. Aufmerksam betrachtete Schiller die Gesichtszüge und vorsichtig berührte sein Mund die Stirn des Säuglings.

Noch während er ihn das erste Mal in seinem Arm wiegte, schaute Schiller ernst seine Schwägerin an: „Karoline, um eins bitte ich dich. Stehe ihm und seiner Mutter bei, wenn ich nicht mehr bin." – „Schiller, wie kannst du so etwas sagen, in solch einem Moment!", ihr Protest. – „Versprich es!" Schiller sah in ihrem Blick die Antwort. – „Ich wünschte, ich selbst hätte dir das Kind geschenkt ..." – „Hör nur, die Glocken läuten zu deiner Begrüßung", fröhlich lachte Schiller seinem Sohn ins Gesicht.

In diesem Moment betrat Kaspar Schiller die Stube, um seinen Enkel in Augenschein zu nehmen. „Der Herzog ist tot." – „Karl Eugen gestorben?", Schiller mochte es nicht glauben. Sein Sohn war in diesem historischen Moment zur Welt gekommen! „Carl Friedrich Ludwig soll er heißen und Gott wird ihn auf den rechten Weg führen!", verkündete der stolze Vater, reichte Karoline das Kind wieder zurück. „Ich will jetzt zu Lollo!"

Noch vor der Taufe seines Sohnes in Stuttgart wurde Schiller Zeuge des pomphaften Begräbnisses des alten „Herodes", Herzog Karl Eugen von Württemberg. Er erlebte den Aufmarsch der Tausend, unter ihnen – wie zu seiner Zeit – die Karlsschüler. Schiller schaute dem schwarzen Sarg hinterher, in dem der Quälgeist seiner Jugend lag. Gewünscht hätte er sich ein Gefühl der Befreiung, vielleicht auch der Genugtuung, dass er den Herzog überlebt hatte, doch war es ihm, als trüge man auch ein Stück seines Lebens hier zu Grabe. Mit gemischten Gefühlen sah er den Leichenzug in die Schlosskirche einbiegen. „Ruhe in Frieden!", flüsterte er. Dann wandte sich Schiller ab, denn Schauspiele wie dieses waren seine Sache nicht. Den Kleingeistern in ihrem pompösen Auftreten fehlte jegliche Ahnung, dass bereits in diesem Moment das unerbittliche Rad der Geschichte über Karl Eugen hinweg gerollt war.

Geschwollen redeten die Herren Professoren und traten gewichtig von einem Bein auf das andere. Sie umringten den berühmten Gast im Garten der Karlsakademie, als fürchteten sie, er könne jeden Moment flüchten. Schiller, der in nervöser Vorfreude die Nacht zuvor kaum geschlafen hatte und der sich an diesem Tag Danneckers Beistand versicherte, ärgerte dieses Festkomitee mit seinen Umständlichkeiten. Je länger die Herren sich spreizten, desto ungehaltener wurde er. Unterwürfig trat Oberst von Seeger, dessen Rücken von Gicht gekrümmt war und so die ihm eigene devote Grundhaltung im Alter manifestierte, hervor, deutete auf die Blumenrabatten und erklärte mit brüchiger Stimme: „Dieses Stückchen Erde, das Herr Hofrat als Eleve bestellt hat, nennen wir in pietätvoller Erinnerung an Herrn Hofrat Schillers erste Geistesflüge Schillergarten. Würde Herr Hofrat es mir gestatten, voranzugehen?" Mit feierlichen Mienen setzte sich die Gesellschaft in Bewegung. Der nächste der Professoren drängte sich vor: „Erinnern sich Herr Hofrat noch an mich? Plieninger mein Name, Professor Plieninger. Ich war dereinst Schulkamerad und Eleve wie er. Wir begeben uns jetzt in den Schlafsaal, um das Bett zu besichtigen, in dem Herr Hofrat nach seinem Studium zu ruhen pflegte ..." Barsch schnitt ihm Schiller das Wort ab: „An einen Eleven Plieninger mag ich mich aus verschiedenen Gründen nicht mehr erinnern, wohl aber an den Eleven Grammont, dem hier bis zum Wahnsinn zugesetzt worden ist. Vielleicht erinnert sich der Herr Professor an ihn?" Befriedigt registrierte Schiller das peinliche Erschrecken in Plieningers Gesicht. Dieses verlogene Natterngezücht sollte ihm vom Leib bleiben! „Vielleicht hat Herr Intendant von Seeger die Freundlichkeit, gleich zum letzten Punkt des Programms überzugehen: Ich will die Eleven begrüßen!" – „Bitte, sehr gern, Herr Hofrat. Wie Sie wünschen!"

An acht langen Tischen mit je fünfzig Gedecken saßen vierhundert Eleven, als Schiller in Begleitung des Intendanten, der Professoren, der Offiziere und des Wachpersonals eintrat. Jetzt geschah etwas, das in der Geschichte dieser *Sklavenplantage* sicherlich nicht so häufig vorkam. Ohne ein Kommando abzuwarten, erhoben sich die Eleven begeistert, ein jeder in seinem eigenen Tempo, und vierhundert Kehlen lärmten wild durcheinander. „Vivat! Hoch!" Freundlich und gerührt dankte Schiller. Erst allmählich kehrte wieder Ruhe ein. Er vergaß alle Professoren, den Intendanten, verraucht war sein Ärger und er trat an die erste Tafel. Schiller wollte es besser machen als Goethe, dem er sich als Eleve damals nur von der Ferne hatte nähern können. Er hustete, konnte nur mühsam seine Tränen verbergen. Er reichte hier seine Hand, spendete dort aufmunternde Worte, blickte in verehrungsvoll zu ihm aufschauende Bubenaugen, frech und ergeben, freundlich strich seine Hand über den blonden, wirr gelockten Haarschopf eines Achtjährigen, der mit roten Wangen zu ihm aufgesehen hatte und nun zurückwich. „Keine Angst", sprach Schiller mit behutsamer Stimme, „ich bin nicht sein Aufseher und weiß sehr wohl, wie er hier sein Zuhause vermisst. Ich bin nur ein alter, kranker Mann, etwas berühmt vielleicht, mein Sohn, aber auch traurig, wenn ich an die Jahre zurückdenke, die ich hier in deinem Alter verbringen musste." Schiller schritt jede Reihe ab, blieb vor jeder Tafel stehen, nickte allen freundlich zu und bemühte sich, für viele ein rechtes Wort zu finden. Er rief Dannecker an seine Seite. Glücklich lächelte er, er stand an dem Teil der Tafel, wo sich früher sein Platz befunden hatte. Gemeinsam erinnerten sie sich daran, wie oft er hier hatte parieren müssen. Sieghaft lächelte er dem Intendanten von Seeger ins Gesicht, der damit nichts anzufangen wusste und verlegen irgendein sinnloses Kommando ausgab. Schiller sah es deutlich vor sich – die Tage der ‚*Sklavenplantage*' waren gezählt. Als er die Schar der speichelleckenden Aufseher zu seiner ehrenvollen Verabschiedung angetreten sah, kam ihm ein Satz in den Sinn: ‚*Verachtung ist der wahre Tod* ...' Er wollte ihn sich für eines seiner Dramen merken und er erinnerte sich an die liegengebliebenen Arbeiten zu dem Stück über Maria Stuart, die schottischen Königin.

Die schwäbische Heimatluft bekam Schiller, er fühlte sich von Tag zu Tag besser, wurde gesellschaftsfähiger und unternehmungslustiger. Gemeinsam mit Hoven reiste er für drei Tage nach Tübingen, wo sein alter Lehrer Professor Abel an der dortigen Universität als ordentlicher Professor arbeitete und Schiller zu einigen Vorlesungen überredete. Die alte Vertrautheit zwischen ihnen stellte sich rasch ein und die Zustände an der Tübinger Universität machten auf Schiller einen derart günstigen Eindruck, dass er sogar geneigt schien, ein Angebot, in Tübingen dauerhaft als Professor sesshaft zu werden, in Betracht zu ziehen. Es kam zu dem ersten Treffen mit dem jungen Verleger Cotta, der eigens aus Stuttgart angereist war. Schiller und er begannen mit den Planungen für die Herausgabe einer neuen Literaturzeitung ‚Die Horen'. Schiller begegnete dem jungen Schriftsteller Hölderlin und fand Gefallen an dessen Arbeit und dessen Person. Er verhalf ihm zu einem Einkommen, indem er ihn als Hauslehrer für den Sohn von Charlotte von Kalb empfahl, mit der er sich vor seiner Schwabenreise wieder ausgesöhnt hatte. Aus Anlass seiner Abreise aus Tübingen kam es zu einer herzlichen Verabschiedung unter Tränen von seinem alten Lehrer Abel, dem er so viel verdankte und dem Schiller jetzt wegen der Lehrtätigkeit an der dortigen Universität doch eine Absage erteilen musste. Er dachte dabei an seine Frau Charlotte, die ihre Heimat vermissen würde und wollte ihr ähnlich schmerzliche Gefühle, die ihm zugesetzt hatten, ersparen. Vor allem aber sah er ein, dass seine Gesundheit für einen Neuanfang, weit weg von seiner bisherigen Wirkungsstätte, doch zu angegriffen schien. Wenn es gut ginge, und ihm noch einige Schaffensjahre blieben, könnte er es bis auf den Weimarer Olymp schaffen. Pläne reiften in seinem Kopf.

Kapitel 25

Goethe, Wallenstein, ein Gartenhaus & die Balladen – Jena, Weimar 1794 bis 1797

„Es ist nicht gut, dass der Mensch alleine sei … und besonders nicht, dass er alleine arbeite; vielmehr bedarf er der Teilnahme und Anregung, wenn etwas gelingen soll. Ich verdanke Schiller die Achilleis und viele meiner Balladen, wozu er mich getrieben."
Goethe zu Eckermann, am 07. März 1830, über die Jahre 1797/1798

‚Schiller befindet sich wohl und unsere Unterhaltungen sind sehr fruchtbar. Leider bringt mich seine Gartenbaukunst ganz zur

Verzweiflung. Die neue Küche liegt gerade so, dass der NW Wind, der gerade mitunter an den schönsten Abenden weht, den Rauch, und besonders den Fettgeruch über den ganzen Garten verbreitet, sodass man nirgends Rettung finden kann.'
Goethe an Meyer, am 08. Juni 1798

Während die Zeit dem einen davonlief und er schreibend gegen seinen körperlichen Verfall anrannte, Zeile auf Zeile häufte, Projekte in fieberhafter Raserei zuwege brachte, lebte der andere, zehn Jahre ältere, im gleichförmigen Fluss, flüchtete sich inzwischen allzu häufig in die Alltäglichkeiten seiner Regierungsgeschäfte oder versuchte, über wissenschaftliche Betrachtungen der Natur, wenigstens das innere Wesen des Zeitrades zu ergründen. Der eine hatte seinen Nachruf bereits zu Lebzeiten lesen müssen, zeugte wie zum Trotz Kinder in einer bürgerlich-liebevollen Beziehung, dem anderen blieb mit seinem Sohn August nur eines lebendig. Das gesellschaftlich geächtete Verhältnis zu Christiane, seinem ‚*Bettschatz*‘, machte das Leben weder leichter noch erträglicher. Nur eine Handvoll Vertraute, die ihn immer häufiger freundlich auf der Höhe seiner Gedanken allein ließen, waren ihm noch treu. Während bei Schiller Freunde und Gäste Gelegenheit suchten, dessen durch Krankheit und Arbeit diktierte Abgeschiedenheit aufzubrechen, beobachtete Goethe an sich selbst, wie er mürrisch und unerreichbar sich selbst nicht leiden mochte. Mit dem Freundschaftskult des Jüngeren konnte er wenig anfangen. Dessen idealistisches Gedankengut erschien ihm fremd. Aber er selbst fühlte sich wie versteinert. Bei guter Gesundheit und im vollen Besitz seiner Geisteskraft wandelte sich nichts mehr zum Wunderbaren, sondern manches erstarrte unter seinen Händen. Wie unendlich überlegen hätte Goethe aus dem Vollen schöpfen können, doch Schiller schien vieles zu gelingen, was er erträumte. Nicht länger würde er ihm aus dem Weg gehen können. Handeln musste er, bevor die Zeit nur noch den Geheimen Rat übrig ließ und alles, was ihm als Geistes- und Literaturmensch wichtig war, zerstörte. Handeln musste er, um sich gegen die Vergänglichkeit seiner Bemühungen aufzulehnen, um die Größe seines Geistes auch nach seinem Ableben erstrahlen zu lassen. Goethe sah die Gefahr, dass der Erfolg des Jüngeren und dessen Fortschritte seine Einmaligkeit relativierten. Je länger der Zustand der Versteinerung bei ihm andauerte, je teurer müsste er mit dem Rest seines Lebens den bleibenden Ruhm erwerben.

Die Vorträge in der von Professor Bätsch in Jena ins Leben gerufenen ‚Naturforschenden Gesellschaft' wurden gut besucht. Zum einen lag das an den schönen Sammlungen, die ausgestellt, nicht selten als Ausgangspunkt für Diskussionen und wissenschaftliche Dispute herhielten, zum anderen ließen die Vortragenden auch philosophischen Tiefgang nicht vermissen und sprachen damit auch die geisteswissenschaftlich Interessierten der Jenaer Gesellschaft an. Im Gedränge der herausströmenden Besucher gerieten Goethe und Schiller Schulter an Schulter. Schiller erschrak zunächst über das Zusammentreffen und entschuldigte sich für die durch Schieben und Rempeln entstandene körperliche Nähe. Erst auf der Straße gewannen sie wieder Abstand. Schiller lachte und redete unbefangen von den Eindrücken, die diese Veranstaltung auf ihn gemacht hatte. Goethes Gesicht spiegelte immer noch Unentschlossenheit und Unsicherheit. Schiller spürte, dass er nach ein paar freundlichen Worten suchte. Die Besucher der Veranstaltung und Passanten strömten an ihnen vorbei. Respektvoll grüßten die in der Nähe Stehenden und wichen zur Seite. Schiller zog den Hut. Ohne sich ablenken zu lassen, kritisierte er, dass die aus dem Zusammenhang gerissene, gewissermaßen zerstückelte Darstellung der Natur wenig Anziehendes für ihn habe. Nichts könne er lernen über die Zusammenhänge der Natur, wenn er nur Details betrachten würde. Ihm fehlte im Vortrag von Koller die Weite der Weltbetrachtung, der Überblick, die Gesamtdarstellung. – Goethe lächelte freudig überrascht: „Gern stimme ich Ihnen zu. Selbst Eingeweihten bleibt die Natur so verschlossen. Dabei gibt es doch durchaus andere Möglichkeiten, die Natur wirkend und lebendig, aus dem ganzen Detail des Strebens heraus in einem höheren

Zusammenhang darzustellen." – „Ein interessanter Gedanke", erklärte Schiller, „wenngleich mir nur schwer vorstellbar erscheint, dass man eine solche Darstellung auf der Grundlage menschlicher Erfahrung ableiten kann."

Derart ins Gespräch vertieft, gelangten sie bis vor Schillers Wohnung im Griesbach'schen Haus. Schiller machte eine einladende Geste und auch Charlotte erschien bereits in der Tür, um den Geheimrat einzuladen. Tatsächlich lockte ihn das Gespräch hinein. Goethe ließ mit einigen Erläuterungen eine symbolische Urpflanze vor Schillers Augen entstehen, aus der sich alle Natur entfaltet habe. Dieser Vollkommenheit der Natur verdanke alles Leben seinen Ursprung und diese Vollkommenheit gelte es anzustreben – in jeder Betrachtung, auch in der Kunst und der Literatur. Als Goethe mit seinem Vortrag geendet hatte, schüttelte Schiller jedoch zweifelnd den Kopf: „Das ist keine Erfahrung, das ist eine Idee."

Goethe stutzte, ärgerte sich über den Kommentar, riss sich aber zusammen: „Das kann mir sehr lieb sein, dass ich Ideen habe, ohne es zu wissen und sie sogar mit Augen sehe."

Schiller spürte, dass hier ein Punkt berührt worden war, der sie beide auf das Schärfste trennte. Vorsichtig erklärte er: „Was mich für Ihre Ausführungen einnimmt, Herr Geheimrat, ist die Aussicht, dass ein Gedanke Ausblick auf die Gesamtheit gibt." – Goethe widersprach energisch: „Die Naturerkenntnis ist es, die den Menschen vollkommen machen könnte, wenn sie erreichbar wäre. Aber der Mensch selbst, beschränkt wie er nun einmal ist, kann die vollkommene Naturerkenntnis nicht aus sich selbst machen." Das Streitgespräch hielt sich auf höchstem Niveau und es blieb dabei, dass Schiller das für eine Idee hielt, was Goethe als Erfahrung aussprach. Doch zum Abschied gestand Goethe, dass diese Diskussion ihn unendlich viel mehr angeregt hätte als der gesamte Vortrag in der ‚Naturforschenden Gesellschaft' selbst. Er stellte fest: Schillers Anziehungskraft war groß.

Der Besuch wurde wiederholt, das Gespräch fortgeführt. Charlotte servierte Essen und Goethe wechselte mit ihr, die er von

Kindesbeinen an kannte, einige freundliche Worte. Schiller spürte, dass hier etwas in Gang kommen könnte, etwas, was er seit langem erhofft, an das er aber nicht mehr geglaubt hatte. Die Gesprächsatmosphäre zwischen Goethe und Schiller entspannte sich und wurde weniger formell.

„Ich höre Gutes über ‚Die Horen'. Die Zeitung scheint in Cotta einen fähigen Verleger gefunden zu haben. Sogar Kant haben Sie für ein Vorwort gewinnen können?" – „Die Zeitschrift entwickelt sich zufriedenstellend, Herr Geheimrat, und lohnt die Mühe", antwortete Schiller in aller Bescheidenheit. Schon entspann sich ein anregendes Gespräch über Kunst und Kunsttheorie, das beide sogar noch am nächsten Abend fortführten. Sie entdeckten Gemeinsamkeiten über ihre Hauptideen und stellten mit größter Überraschung fest, dass diese aus völlig verschiedenen Ausgangsgesichtspunkten hervorgingen. Ein jeder konnte dem anderen etwas geben, was ihm fehlte, und etwas dafür empfangen. Schiller mahnte den großen Meister, er habe lange nichts Künstlerisches mehr geschaffen. Goethe versprach daraufhin, regelmäßige Beiträge für ‚Die Horen' zu liefern.

Briefe wechselten zuerst wöchentlich, dann fast täglich zwischen den beiden Dichtern. Schiller fühlte sich durch Goethes Anteilnahme inspiriert wie schon lange nicht mehr und arbeitete mit Fleiß an seinem ‚Wallenstein'. Ihm gelangen seit Ewigkeiten das erste Mal wieder Dichtungen. Goethe spürte die Herausforderung des Jüngeren, der so krank wirkte, als könne er die nächsten vierzehn Tage nicht überleben, dem andererseits sogar Ideen selbst für Goethes Arbeit an seinem Werk nicht ausgingen. Wo nahm dieser schwer Kranke die Kraft her, ihn aufzufordern, Liegengebliebenes endlich zu Ende zu bringen? Dieser Schiller verfügte über solch umfassendes Allgemeinwissen und Sprachverständnis, dass er sich sogar Kritik erlaubte und zugleich sachgerechte Verbesserungsvorschläge zur Hand hatte. Goethe fühlte sich ernsthaft gefordert, und Schiller beobachtete die Veränderungen beim Dichterfürsten mit Erstaunen – jung wirkte er plötzlich, dynamisch, angriffslustig. War das wirklich sein Einfluss? Im September geschah das nächste Wunder. Schiller hielt eine schriftliche Einladung nach Weimar in das Haus am Frauenplan in Händen. *„... ich werde vierzehn Tage so allein und unabhängig sein, als ich sobald nicht wieder vor mir sehe. Wollten Sie mich nicht in dieser Zeit besuchen? Bei mir wohnen und bleiben? Wir besprechen uns in bequemeren Stunden, sähen Freunde, die uns am ähnlichsten gesinnt wären, und würden nicht ohne Nutzen scheiden."* Dies durfte Schiller als Ritterschlag werten.

Karoline kam von Weimar herüber, wo ihr Mann, Wilhelm von Wolzogen, bei Hofe eine Stellung angetreten hatte. Humboldt und Li trafen zum Abendkränzchen ein, und zum Missfallen von Schiller schilderte Charlotte den Gästen, wie er fast jede Nacht durcharbeiten und sich anstelle eines Frühstücks, wenn die Sonne aufging, nur aufs Kanapee legen würde, oftmals jedoch überhaupt nicht schlafen könne. Erst gegen Abend nähme er häufig den ersten Bissen zu sich. Von seinem Tabakverzehr und Rotweinverbrauch wolle sie erst gar nicht reden. Man mahnte Schiller, seine Gesundheit nicht gering zu achten und zur Regelmäßigkeit in seinen Ruhepausen zurückzukehren. In diesem Sinn antwortete Schiller seinem Weimarer Gastgeber mit der *„ernstlichen Bitte, dass Sie in keinem einzigen Stück Ihrer häuslichen Ordnung auf mich rechnen mögen, denn leider nötigen mich meine Krämpfe gewöhnlich, den ganzen Morgen dem Schlaf zu widmen, weil sie mir des Nachts keine Ruhe lassen, und überhaupt wird es mir nie so gut, auch den Tag über auf eine bestimmte Stunde sicher zählen zu dürfen"*. Schiller reiste nach Weimar und wusste, in dieser Zeit würde es sich entscheiden, ob ihm die endgültige Aufnahme unter den Größen hier vergönnt sein würde. Während der vierzehn Tage saßen Goethe und er oft zusammen, einmal sogar von halb zwölf am Vormittag bis nachts elf Uhr. Aber ein Genuss war es für Schiller selten. Zu sehr setzte ihm seine Krankheit zu. Doch nie wäre er auf den Gedanken verfallen, diese neue Beziehung zu Goethe infrage zu stellen, denn die beiden Säulen, auf denen sein Leben ruhte, waren Liebe und Freundschaft – beide unabdingbar, um ein reiches, belohnendes Leben zu führen. Schiller baute an der Brücke einer Freundschaft als dauerhaft tragendes Element zwischen Goethe und ihm. Aber konnte jemand wie Goethe eines Menschen Freund sein, dauerhaft, offen, verlässlich? Sie gingen umsichtig und respektvoll miteinander um und machten Fortschritte. Das allein ermutigte Schiller auf seinem Weg.

Aber auch im Alltäglichen traten die Unterschiede zwischen ihm und Goethe spürbar zutage. Großzügig gab sich der Geheimrat, rücksichtsvoll in jedem Belang. Die Kutsche stand Schiller jederzeit zur Verfügung für die Ausfahrten zum Gartenhaus im Ilmenpark oder für die Teilnahme an Gesellschaften. Goethe, ganz der Genießer, fuhr den besten Wein und üppigste Mahlzeiten auf, an denen Schiller wegen seiner Bauchkrämpfe nur selten teilhaben konnte. Überhaupt war Schiller dieses Leben im Überfluss fremd, doch, wenn er Goethe um etwas beneidete, war es nicht der Reichtum, sondern allein die Tatsache, dass diesem Ruhm, Erfolg und gesellschaftliche Anerkennung zufielen, ohne dass er sich damit abquälte. Er versah seine Ämter mit der gleichen von Selbstbewusstsein geprägten Gelassenheit, mit der er Dinge des alltäglichen Lebens ‚Am Frauenplan' entschied oder Kapitel für seinen neuen Roman ‚Wilhelm Meister' entwarf. Goethe bemühte sich nicht einmal darum, zu gefallen. Er begegnete den meisten Menschen mit Arroganz und Überheblichkeit und unterschied genau zwischen jenen, die ihm nützlich sein konnten, jenen, die er nur ausnutzte, und jenen, die er getrost ignorierte. Völlig fremd blieb Schiller der Umgang Goethes mit seiner Liebschaft, der Christiane Vulpius, die er auch in seiner Gegenwart wie eine Dienstmagd behandelte. Nein, Goethe war kein guter Mensch, kein Freund, wie ihm Körner einer war oder Hoven, und Schiller wurde sich tagtäglich bewusster, dass dieser genialisch begabte Mann ihm persönlich gefährlich werden konnte, wenn es darum ging, in einen literarischen Wettstreit einzutreten. Doch gute Menschen schienen Schiller aus schriftstellerischer Sicht uninteressant. Das Unvorhersehbare, Gefährliche und Mysteriöse, von dem man sich bedroht fühlte, erzeugte Literatur und Inspiration. Aus der persönlichen Konfrontation der Macht speiste sich

Schillers Fantasie. In diesem Sinne entfachte der fast tägliche Umgang mit Goethe in Schiller weit mehr als nur Ehrgeiz, er wollte in der Gefahr bestehen und hoffte mit Beharrlichkeit – er konnte nicht anders – auf ein gutes, freundschaftliches Ende.

Der junge Mann stürmte ins Griesbach'sche Haus, hetzte die Treppen hinauf, verursachte mit den Fäusten einen Trommelwirbel an der Wohnungstür und stürzte an Charlotte, die öffnete, mit knappem Gruß vorbei in Schillers Arbeitszimmer, dass dieser aufschrak, einen Hustenanfall bekam und sich ans Herz griff. Schließlich fasste sich Schiller wieder so weit, dass er den schwer atmenden jungen Fichte, der die Professorenstelle von Reinhold übernommen hatte, fragte: „Warum platzen Sie mir ungebeten in meine Arbeit und erschrecken mich zu Tode? Haben Sie gegen die Burschenschaften gesprochen? Warum mengen Sie sich ständig ein und verlassen Ihr Fachgebiet? Das nimmt noch mal ein böses Ende! Niemand von der Fakultät wird die Courage aufbringen, Sie zu schützen!" Von der Straße drangen laute Rufe bis oben ins Arbeitszimmer. „Wenn die Sie hier entdecken, haften Sie mir für den Schaden!"

Fichte lachte. „Gestern haben sich wieder zwei im Ziegenhain duelliert und einer ist auf dem Platz geblieben. Eine Unsitte ist das! Statt für unser Vaterland einzutreten, meinen diese Burschen, die Zeit wäre angetan, die Händel untereinander auszufechten. Die Reichsheere ziehen sich zurück, schützen nicht mehr Schwaben und Tübingen. Es ist doch nur eine Frage der Zeit, bis unsere Ordnung von der Revolution hinweggefegt wird. Wenn wir uns nicht besinnen, Herr Hofrat, wenn wir uns nicht besinnen!" – „Politik ist Ihr Metier, Herr Professor?" – „Ja, ich sehe schon, Sie sind der Dichtung verpflichtet. Aber jetzt zählt nur noch das, was in die Tat umgesetzt werden kann. Ihre Ästhetik, Herr Hofrat, in Ehren, aber Ihre ‚Horen' sind Unsinn in Zeiten wie diesen!" Aggressiv kamen ihm diese Sätze über die Lippen. „Dichtung, Literatur und Philosophie können keine Tat ersetzen? Auch wenn Sie in Zeiten wie diesen Orientierungen geben?", Schiller fiel es schwer, sich zu beherrschen. Der Lärm draußen verklang. Die Studenten zogen weiter.

Schiller schaute Fichte nachdenklich an: „Vielleicht haben Sie recht. Die Auflage sinkt beständig und die Arbeit rechnet sich längst nicht mehr. Ich werde mit Cotta darüber reden und vielleicht werden wir etwas Neues machen, das auch Heißsporne wie Sie zufriedenstellen wird. Einstweilen hier Ihr Honorar für Ihren Beitrag." Ohne Reaktion zu zeigen, steckte Fichte das Geld ein.

„Haben Sie neue Nachrichten aus Schwaben und vom Rhein?", fragte Schiller besorgt. – Fichte reckte sein Kinn vor: „Die Revolutionsheere marschieren auf Stuttgart." Charlotte stieß einen Schreckensschrei aus und hielt sich die Hand vor den Mund. Schiller trat an ihre Seite und umfasste sie bei den Schultern. – „Nicht wahr, es ist etwas anderes, wenn man spürt, dass einem die so verachtenswerte Politik selbst auf den Leib rückt! Die Jenenser Philister sind zufrieden mit ihrem separaten Frieden und kommentieren das Blutvergießen ästhetisch. Die Zeit kommt, wo die Politik auch bei Ihnen anklopft und die Seelenfrage stellt …" – „Bleiben Sie mir mit Ihren weltbeglückenden Theorien vom Leib! Verstehen Sie denn nicht? Mir geht es um meine Eltern und meine Geschwister! Und verdammt noch mal, Sie haben recht, denen ist nicht mit schönen Worten geholfen – ich will handeln!" Schiller dachte mit Sorge an seinen Vater und hoffte inständig, dass sich der alte Mann im Greisenalter nicht noch zur Waffe gemeldet hatte. Er sah die gebeugte Gestalt seiner Mutter vor sich, was mussten sie und seine Schwester erleiden? Wie konnte er sie retten? „Fichte, hören Sie, meine Familie muss fliehen! Hier sind alle in Sicherheit. Charlotte ist sparsam. Wir werden zusammenrücken, es wird schon gehen!" Gemeinsam schmiedeten sie Pläne. Schiller schrieb schließlich an Cotta in Tübingen und Dannecker in Stuttgart, und erbat sich, sie mögen sich um eine Flucht der Familie kümmern. Fichte kannte einen zuverlässigen Boten für das Geld. So hoffte Schiller, das drohende Unheil des Krieges von seiner Familie abwenden zu können.

Tatsächlich ging vieles doch auch wieder seinen Gang und die Schiller'sche Familie wuchs. Der ‚Räuberdichter' von einst dachte ‚bürgerlich' daran, seinen Traum von einem Haus mit Garten zu realisieren. Alles rechnete er durch und plante, bis er vor den Toren Jenas ein Häuschen mit einem Gartengrundstück, einer Mauer drumherum und ein Türmchen im Garten entdeckte, in dem er ein Arbeitszimmer einrichten könnte. Aber es gab Mitbewerber ...

Schiller an Gottlieb Hufeland, 5. Februar 1797:

Ich höre, lieber Freund, dass wir uns beide um den Professor Schmidtischen Garten bewerben ... Ich habe ein dringendes Bedürfnis, in freier gesunder Luft zu leben, und das einzige Mittel dazu ist, dass ich so viel Monate im Jahr als es angeht, im Garten wohne. Auf diesen Schmidt'schen Garten habe ich mein Absehen längst gerichtet ... Ich wollte Ihnen davon Nachricht geben, teurer Freund, damit wir den Garten durch diese sonderbare Konkurrenz nicht in unnötiger Weise hinauf treiben ... das Haus würde Ihnen schwerlich das wert sein, was es mir ist ..."

Sein zweiter Sohn, Ernst Friedrich Wilhelm, war ein Jahr alt, als sich Schiller zu dem Kauf eines Gartenhauses in Jena entschloss. Zu gern hätte er es Goethe gleich gemacht und ein solches in Weimar erworben, aber dazu ergab sich keine Gelegenheit, und was zum Verkauf stand, schien unerschwinglich. Natürlich hätte es in Goethes Macht gelegen, seinen Wunsch, wenigstens zeitweise nach Weimar zu ziehen, zu befördern, aber Schiller registrierte die Zurückhaltung, die zur Schau vorgetragenen halbherzigen Bemühungen des Geheimrates ohne Groll, denn er wollte aus sich selbst heraus das aufbauen, was seinem Vorbild gelungen war, und auf diesem Weg niemandem etwas schuldig bleiben. Also Jena. Ein schönes Haus mit Garten, renovierungsbedürftig, daher günstig, und eine Grundfläche, die nicht nur den Anbau von Blumen, Gemüse, Obst, sondern auch Gestaltungsfreiheit zuließ.

„Wer etwas gelten will, muss mehr sein Eigen nennen als einen Schreibtisch, an dem er seine tägliche Arbeit verrichtet", erklärte Schiller seiner Charlotte. „Einen Anfang müssen wir wagen, damit den Kindern und dir etwas bleibt, wenn ich nicht mehr bin." Charlotte wollte von solchen Gedanken nichts wissen. „Dann sieh es so, dass wir Annehmlichkeiten nicht mehr aufschieben dürfen um unserer selbst willen." Die dänische Leibrente war ausgelaufen, sie hatten einige Schulden getilgt, wenige Rücklagen gebildet und ihren Hausstand durchaus mit dem Nötigsten ansprechend ausgestattet. Charlotte sprach vom Geld und wiegte den einjährigen Ernst auf ihren Armen in den Schlaf. Schiller lachte und antwortete: „Wenn wir ohnehin kein Geld haben, scheint mir die Gelegenheit günstig, für tausendeinhundertfünfzig Taler ein Gartenhäuschen zu kaufen und es für zwei-, dreihundert Taler umbauen zu lassen. Ein kleines Turmzimmer als Arbeitszimmer, solange es die Jahreszeit erlaubt. Ich kann in frischer Luft schreiben, verfüge über einen freien Blick und die Freiluftküche für dich sehe ich auch bereits vor mir. Alles lässt sich günstig richten und Schwager Wilhelm soll auch nicht vergeblich zu Stuttgart Architektur studiert haben." – „Du hast bereits mit Karoline gesprochen? Und Wilhelm will von Weimar rüberkommen und den Umbau planen?", fragte Charlotte erstaunt. – „Ich denke, das ist uns der frisch gebackene Hofrat in Weimarer Diensten, Wilhelm von Wolzogen, schuldig, denn schließlich durfte er Karoline heiraten." – „Als ob es in deiner Macht gestanden hätte, Karolines oder Wilhelms Entscheidung zu beeinflussen", tadelte ihn Charlotte. „Es wäre mir dennoch lieb, wenn du solche Dinge zuerst mit mir besprechen würdest. Ich mag es nicht, wenn meine Schwester in Angelegenheiten unserer Familie mitredet." – „Ach bitte, es ging doch nur ums Geschäftliche …", Schiller nahm ihr den eingeschlafenen Säugling ab, küsste sie zärtlich und brachte den Jungen zu Bett.

Am Morgen noch hatte ihn eine Kolik gequält und schweißnass auf das Bett geworfen. Jetzt saß Schiller kraftlos hinter seinem Schreibtisch, schaute aus dem Fenster in seinen für 1.150 Reichstaler gekauften Garten, der noch einer Baustelle glich, litt unter dem Lärm der Handwerker und blätterte. Rechts neben ihm lagen die Werke, die ihm für seine ‚Geschichte des Dreißigjährigen Krieges' gute Dienste geleistet hatten, in der Hand jedoch hielt er Bruchstücke seines ‚Wallensteins'. Er las quer, prüfte einzelne Stellen genauer, kritzelte Anmerkungen an den Rand, blätterte fast wahllos weiter. Sicher, Cotta hatte ihm einen Vorschuss von sechshundert

Talern gewährt, aber sein Verleger hatte nicht gewusst, auf was er sich da einließ. Nichts wert seine Versuche, so gut wie nichts! Verärgert warf Schiller ganze Bögen auf den Fußboden und fluchte. Einfach wollte er schreiben, ungeschminkt wie das Leben selbst. Die Handlung musste scharf, klar umrissen werden, der Spannungsbogen straff gespannt. Sicher, Ansätze dazu gab es genug, doch das Ganze zerfaserte in Prosa und Überlänge, quoll aus den Formen der Tragödie fast schon in das Romanhafte. Schiller nahm sich ein Skizzenblatt vor, beschrieb die Rückseite mit den Kernaussagen und den zentral erscheinenden Handlungssträngen. Damit Wallenstein als Held erschiene, den die Tragödie niederringt, sollte die Handlung, sein Dasein, auf der schiefen Bahn beginnen. Ein gebrochener, aber starker Charakter würde Interesse wecken! Extra unterstrich er: ‚Der Untergang des Wollens ist der Tragödie Ziel und Zweck.'

Es klopfte. Karoline, eine der wenigen Personen, die er zu seinen Arbeitsstunden in seinem Zimmer duldete, trat neben seinen Schreibtisch und schaute ihm über die Schulter. „Sag nichts. Du siehst das Dilemma ja." – „Was sagt Goethe?" – „Der kommt erst nächste Woche aus der Kur und wird sich über den Verriss seines ‚Egmont' ärgern." – „Du quälst dich zu sehr." – „Zwei Tage habe ich schon mit den elenden Brust- und Bauchkrämpfen verloren. Das geht nicht! Ich muss eine Lösung finden!" In seiner Stimme lag alle Willenskraft, aber seine Augen blickten müde aus dem kantigen weißen Gesicht. Karoline sammelte die Seiten vom Boden auf und begann zu lesen. „Lass sie liegen, sie sind des Lesens nicht wert", bat Schiller. – „Du bist zu streng, wie immer", antworte Karoline. Draußen peitschte Regen an die Scheiben. Der Baulärm hatte aufgehört, die Handwerker beendeten ihre Arbeit. „Lies mir vor, manchmal klären sich die Gedanken, wenn man das Geschehen laut hört", schlug Karoline vor. – „Du weißt doch, wie schrecklich ich lese." Dennoch stand Schiller auf, nahm eine Szene, erklärte deren Stellung im gesamten Drama und begann lautstark, die Arme wie stets dabei wild herumschlenkernd. Karoline ließ sich längst nicht mehr durch den eigenwilligen Vortragsstil irritieren.

Schließlich unterbrach er abrupt. „Verstehst du mein Problem? Das Fundament, auf dem Wallenstein seine Unternehmung gründet, ist die Armee – eine unendliche Fläche, eine Vielzahl von Menschen, die ich den Theaterbesuchern nur schwer vor Augen führen kann. Dann sein Scheitern durch die Intrigen und die Stimmung der Armee bei Hofe und beim Kaiser." – „Dein Wallenstein ist leibhaftig, selbst in den Szenen, in denen er nicht auftritt. Seine Leidenschaft, die ihn treibt, Rachsucht und Ehrbegierde, sind von kältester Gattung! Er wächst in deinen Worten zu ungeheurer Größe", lobte Karoline. „Aber Form und Sprache sind das Problem, bei einem Werk von solchem Umfang und Gewicht."

„In mir wächst die Schaffenskraft zu langsam. An drei Tagen der Woche lähmt mich meine Krankheit. Doch die Kraft muss wachsen, gerade so, als ob sie mich zu zersprengen drohte! Sie muss wachsen, wie die Urgefühle Liebe und Hass! Wenn nichts mehr ist als die Kraft, wenn sie endlich wieder alles Fühlen, Denken und Handeln bestimmt, wird sie losbrechen wie ein Sturm, der alles hinwegfegt, was keinen Grund hat, keine tieferen Wurzeln treibt und wankelmütig oder hohl daherkommt. Solange mir diese zur Leidenschaft gewordene Kraft fehlt, wird alles Handeln zur Berechnung … Die Entschlossenheit verkümmert dann zu einer Sache des Verstandes und auf niemanden wird der Funke der Begeisterung überspringen …" Schiller erkannte, Goethe mochte ihn mit seinen Ideen vor sich hertreiben, aber der Gegner bei der Vollendung dieses Dramas war er selbst. Sich selbst zu beherrschen wäre die wahre Kunst. In vertrautem Gespräch mit Karoline beruhigte er sich. Der Arbeitstisch, an dem sie saßen und jetzt die Texte durchgingen, war groß genug, die Decken hoch genug zum Atmen und zum Denken, das Fenster unmittelbar vor Augen hell genug, um den Blick ab und an abzuwenden, durch den Garten spazieren, über die Ufer der Leutra springen zu lassen bis ans andere Ende des Tals. Aus dem Garten die lärmenden Stimmen der Kinder Karl und Ernst, Lottes Ermahnungen, das geschäftige Schuhgeklappere der Magd. Es gelang! Die Existenzangst, die noch bis gerade an Schiller zerrte und fraß, war für eine Weile abgehängt. Mit einem Gefühl der Leichtigkeit lachten und diskutierten sie. „Mach die Geschichte nicht nur zu einer Sache des Kopfes. Warum gibst du deinen Gefühlen, die dir zu einer rhythmischen Sprache raten, nicht nach? Schreibe den Wallenstein in Jamben, wenn es dich dazu drängt. Die Sprache kommt auf den Punkt, die Handlung wird sich straffen", riet ihm Karoline.

„Weißt du, was du da verlangst?", stöhnte Schiller.

„Du wirst sehr viel Arbeit haben, alles noch einmal umschreiben müssen. Sicher. Aber glaub mir, du wirst zufrieden sein." Karoline griff ein Blatt aus dem ersten Akt der ‚Piccolomini' heraus und las, „*gut, dass Ihrs seid, dass Ihr Euch eben herbemüht! Wusst ichs doch, Graf Isolan bleibt nicht aus, wenn sein Chef auf ihn gerechnet hat.*" Dann legte sie ein leeres Blatt daneben und forderte ihn auf: „Versuchs'!" Zögernd nahm Schiller die Schreibfeder zur Hand. Sein Blick auf eine weite Ferne gerichtet, seine linke Hand klopfte den Rhythmus. Schon nach kurzer Zeit fanden sich die Verse auf dem Papier:

‚Spät kommt Ihr – Doch Ihr kommt! Der weite Weg,
Graf Isolan, entschuldigt Euer Säumen.'

Da war sie wieder, die zielgerichtete Genialität, die Karoline so bewunderte. Nie wäre ihr so etwas in Minutenschnelle gelungen! Schon fühlte sich Schiller wieder als Herr des Werkes, das ihn fast niedergerungen hatte. Er würde Karolines Rat befolgen. Das Gerüst seines Werkes würden Vernunft und Ideale zimmern, die Schönheit der Sprache würde es tragen und das Gefühl würde es in die Herzen der Zuschauer befördern. „Line", sagte er lächelnd, „ich danke dir!" Sie hatte sich bereits erhoben und nahm die Stufen in den Garten, um mit den Kindern zu spielen und mit Lollo zu reden.

Trotz der kälteren und unbeständigen Witterung wohnte Schiller den Mai über in seinem Garten. Wenn er sich nicht mit den Bauarbeiten beschäftigte, arbeitete er wie besessen am ‚*Wallenstein*' oder kurierte seine Krankheiten. Der Einsiedler vernachlässigte sich und seine Erscheinung, allein im Kreis der Familie und seiner Gedankenwelt fühlte er sich wohl. Dannecker schickte aus dem Schwäbischen als Boten den Kaufmann Sander, der in diesen Tagen wie so mancher Gast an der Gartentür stand und nach dem berühmten Dichter Ausschau hielt. Für gewöhnlich ignorierte Schiller diese Zaungäste, die gekommen waren, ihn zu beobachten. Er überließ es Charlotte oder der Magd, im Notfall die nötige Konversation zu führen, wenn diese ungebetenen Gäste zu zudringlich wurden. Auch Sander verharrte zunächst unschlüssig auf der Straße, beeilte sich zu grüßen, wurde jedoch übersehen und konnte sich nicht recht vorstellen, dass dieser Mensch dort im Garten der berühmte Schiller sein sollte! Er bemerkte die eingefallenen Wangen, eine sehr spitze Nase, ungeordnetes Haar auf dem Kopf und buschrote Augenbrauen mit den entzündeten Lidrändern darunter. Dieser Mensch wandelte völlig geistesabwesend, mit sich selbst sprechend mit gelben eingetretenen Pantoffeln und einem schlafrockähnlichen Überzug in seinem Garten. Wäre Sander mit ihm in einer öden Gegend zusammengetroffen, er hätte für sein Leben oder wenigstens um seine Börse gefürchtet. So aber hängten sich bald zwei kleine Jungen an die Rockschöße des Gastes, die von der ebenfalls herbeieilenden Magd als die Schiller'schen Kinder vorgestellt wurden. Charlotte Schiller bat Sander schließlich ins Haus und bot ihm Erfrischungen an. Sander erzählte von dem Entschluss der Schiller'schen Familie, in Ludwigsburg zu bleiben und den Kriegswirren dort zu trotzen. Gefasst blickte ihm Charlotte entgegen und bat ihn mit leiser Stimme, es Schiller schonend beizubringen, alles Grausame wegzulassen und die Not bitte nicht auszuschmücken. Sander nickte und gab der jungen Frau einen Kuss auf die Hand. Es wurde ein verständiges, ruhiges Gespräch mit Schiller, an dessen Ende er Sander sogar dankbar die Hand reichte. Sander wunderte sich nicht wenig, denn Erscheinungsbild und Sprache, Kleidung und Manieren wollten sich nicht zu einem Bild zusammenfügen.

„Ich habe es gewusst", gestand Schiller seiner Frau beim Abendbrot und spielte dabei mit Ernst auf seinem Schoß. „Cotta hat es mir geschrieben. Er hegt die Hoffnung, dass keine Kugeln mehr über das väterliche Dach pfeifen und sich die Situation beruhigen wird. Vater lässt mir ausrichten, dass er im nächsten Jahr bei guter Gesundheit nach Jena reiten und uns besuchen will. Doch es steht schlimm, sie haben nur wenig zu essen, und Mutter und Nane müssen sich alle Tage vor plündernden Franzosen und Söldnern verstecken." Charlotte suchte Worte des Trostes.

Die Hufschläge der Pferde und das Rollen der Wagenräder vor dem Haus signalisierten ihm Goethes Eintreffen. Nur zwei Tage nach der Rückkehr von seinem Kuraufenthalt trieb es ihn nach Jena. Wenige Augenblicke später stand er im Türrahmen, strotzend vor Lebensfreude. Schiller begrüßte ihn mit einer matten Geste vom Bett aus. Dieses Mal war es das kalte Fieber, das ihn quälte, und ein elender Husten, der ihn schon im ganzen Winter begleitete und ihm mittlerweile wie eine schlechte Angewohnheit erschien. Schiller bemerkte, wie Goethe einen Moment zögerte und ihm einen prüfenden Blick zuwarf. Was mochte dieser Naturmensch von ihm denken, der er hier von Krankheit gezeichnet im Bett lag? „Sie finden mich erneut krank und arbeitsunfähig ans Bett gefesselt", begrüßte Schiller den Besucher.

„Ich bin gekommen, Sie aufzuheitern, und bringe neue Pläne mit." Goethe klatschte in die Hände und zog sich einen Stuhl ans Bett. Ein neuer Fieberschub durchschüttelte Schillers Körper. Charlotte kam herein, wischte ihm das Gesicht und wechselte die Umschläge. Die Kinder begrüßten ihren Vater und den Gast. Dann schlichen sie auf Zehenspitzen wieder hinaus. Er gibt mir keine vier Wochen mehr, dachte Schiller und zwang sich zu einem Lächeln. Er soll sich über meine Zähigkeit wundern, der Herr Geheimrat ...

„Sehen Sie, Ihr Gesicht hellt sich bereits auf. Ihnen fehlt Gesellschaft und Anregung", bemerkte Goethe selbstgefällig.

„In der Heimat ist das Lazarettfieber ausgebrochen. Meine liebe Schwester Nane, ein lebhaftes und begabtes Kind, ist vor wenigen Tagen gestorben. Und auch der Herr Vater liegt danieder", presste Schiller mühsam hervor und bekam sofort wieder einen

Hustenanfall. „Es ist sehr schlimm", berichtete jetzt Charlotte an seiner Stelle. „Die alten Leute in Schwaben können sich nicht mehr allein helfen. Schiller hat Christophine gebeten, nach Ludwigsburg zu reisen, um der Mutter zur Hand zu gehen, und hat dem Reinhold in Meiningen das Reisegeld zukommen lassen. Aber Schwiegervater macht allen das Leben schwer und Reinhold hat erst zugestimmt, als wir ihm angeboten haben, bei uns zu wohnen. Wir müssen zusammenrücken, aber es wird schon gehen." – „Der elende Krieg und die verfluchten Geldangelegenheiten", stöhnte Schiller. Es blieb das alte Lied, dabei hatte er noch letzte Woche einen Geldleiher in Weimar aufgesucht, um den Hölzels, die ihm in Mannheim damals uneigennützig aus der Bedrängnis geholfen hatten, hundert Taler zukommen zu lassen. Baumeister Hölzel waren wegen des Krieges Zahlungen ausgeblieben und seine Arbeiter und Gläubiger bedrängten ihn.

„Da komme ich recht, um mit Plänen von den Widrigkeiten des Lebens abzulenken", Goethe rieb sich die Hände. „Mit Genugtuung habe ich gehört, dass mein ‚Egmont', an dem Sie, lieber Schiller, so viel Anteil genommen haben, hierzulande niemandem gefallen hat. Jetzt, da man mir in Karlsbad meine Nieren erneuert hat, wäre es zu viel des Guten gewesen, wenn man mir für mein Werk auch noch gleich den Lorbeerkranz der Unsterblichkeit geflochten hätte! So zeigt es mir, dass da noch viel zu tun ist für uns auf Erden." – „Doch die Vergnügungssucht der Leute und die darauf reagierende Oberflächlichkeit gewisser Dichter und Rezensenten, die nur auf ihre Vermarktung schielen, nimmt abscheuliche Formen an", protestierte Schiller.

„Nach Ihnen, verehrter Schiller, ist jedenfalls verteufelt viel Nachfrage in der Welt, das muss ich sagen", Goethe rieb sich nachdenklich sein Kinn. „Neidisch geradezu bekenne ich, mehr Nachfrage als nach mir!" – „Viel Feind, viel Ehr!", lachte Schiller bemüht. „Dennoch bin ich mit Cotta übereingekommen, die ‚Horen' sterben zu lassen. Das Literaturblatt rechnet sich nicht mehr, wie alles, was in dieser Zeit von edlerem Gehalt ist. Ich werde meine Arbeit auf einen ‚Musenalmanach' auf das Jahr verlegen und lade Sie herzlich zur Mitarbeit ein. Mir hat sich dieser Tage ein findiger Verleger für das Projekt vorgestellt." – „Stopfen wir den Kläffern das Maul!", Goethe war begeistert. – „Die Kerle baden sich in Selbstgefälligkeit und Frechheit! Sie setzen unser Schaffen herab und wir leiden. Schiller –, ich werde zurückschlagen! Hass ist die Antwort – keine kraftlose Resignation! Sie gehören auf dem Feld ihrer eigenen Gehässigkeiten niedergestreckt!", Goethe lief im Zimmer umher, die Hände auf dem Rücken verschränkt.

„Cotta schrieb mir bereits, dass Sie zornig seien", entgegnete Schiller, dem der Gedanke, den ‚Musenalmanach' mit einem Rachefeldzug zu belasten, nicht behagte. „Ein Literatengezänk, gespeist von Rachsucht – wir sollten uns nicht auf dieses Niveau begeben." – Goethe wurde immer ungehaltener: „Bitter wie Galle, reizend wie Juckpulver werden wir die Hohlköpfe zittern lassen, dass sie die Hosen voll haben werden! Wir sind schließlich wer! Spottverse, Gastgeschenke der besonderen Art, Xenien, Schiller! Wir sprechen keinen persönlich an, aber jeder, der gemeint ist, wird sich erkennen und sich der Gefahr ausgesetzt sehen, erkannt zu werden. Schlagen Sie ein, Schiller, es ist ein Spiel und es macht Spaß dazu!" – „Wir verschränken unsere Verse und wechselseitigen Ideen beide so ineinander, dass uns später niemand mehr auseinanderdividieren kann", schlug Schiller vor. – „Einverstanden!", strahlte Goethe und Schiller begann sogleich: „*Treibet das Handwerk nur fort, wir könnens' euch nicht wehren, aber ruhig, das glaubt, treibt ihr es künftig nicht mehr.*" – Goethe spitzte die Lippen, als koste er alten Wein. „Vortrefflich, das wäre mir so nie eingefallen! Werden Sie nur recht grob und Sie gesunden! Ich versprech es! Ich bleibe die nächsten Tage gleich hier und lasse in Weimar verkünden, ich bräuchte eine Nachkur." – „Was nicht gänzlich erschwindelt ist", lächelte Schiller. Sie wiederholten ihre Treffen die nächsten Wochen, doch Schiller glitt das Unternehmen Stück für Stück aus den Händen. Goethe schien ihm längst nicht mehr der abgeklärte Dichterfürst mit erhabenem Gestus, er entpuppte sich immer mehr als ein zorniger alter

Mann, der widerspruchslos Gefolgschaft einforderte. Dem konnte Schiller kaum Einhalt gebieten. Mal ließ er sich mitreißen, mal erschrak er über die Heftigkeit der Zeilen. Als der ‚Musenalmanach' erschien, brachen Klatsch und Aufregung alle Dämme. Jeder las ängstlich nach, ob er darin vorkam, viele rätselten, wer oder was gemeint sein könnte. Die Getroffenen kreischten wütend unter den in Versen verpackten Peitschenhieben auf und gaben sich beleidigt über die *„Sudelköche in Jena und Weimar".* Gegengeschenke getragen von Rache wurden in großer Zahl gedruckt. Auch wenn sich der ‚Musenalmanach' in drei Auflagen verkaufte, Schiller spürte, dass sie sich keinen Gefallen getan hatten. Baggesen aus Dänemark bat ihn schriftlich, nicht länger sein Talent zu verschwenden, Kant kommentierte die ‚Xenien' als unwürdiges Unternehmen, Herder und Wieland fanden sie handwerklich ungeschickt.

Wenigstens warf diese Arbeit wieder einmal einen Ertrag ab, der sich in blanken Talern in der Schiller'schen Haushaltskasse niederschlug. Kaum hatte Schiller die Arbeit am ‚Wallenstein' wieder aufgenommen, erreichte ihn ein Brief Goethes, der jetzt große und würdige Kunstwerke forderte, mit denen sie in der Gestalt des Edlen und Guten ihre Gegner beschämen würden. Balladen sollten es sein. Seit seinen glücklichen Dresdner Tagen bei Körner hatte sich Schiller nicht mehr in dieser Gattung versucht. Er nahm die Herausforderung zum Balladenwettstreit an, aber er wollte auf seine Art überzeugen. Goethe schöpfte aus dem Vollen, spielte mit dieser uralten Erzähl- und Liedform der Ballade und krönte sie mit seinem Können. Dabei ging es ihm, wie stets bei Balladen, um Menschen, die magischen, unheimlichen Kräften ausgeliefert waren. Nacht und Nebel, Moor und schicksalhafte Verstrickung, Todesnähe ... Mit Schaudern las Schiller des Meisters ‚Erlkönig', bewunderte die ‚Leonore' und den ‚Zauberlehrling'. Schiller versuchte gar nicht erst, mit Goethe auf dem Gebiet der klassischen Balladendichtung gleichzuziehen. Auch bei ihm kämpfte der Mensch gegen sein Schicksal, aber dazu bedurfte es keines Mysteriums, keiner wabernden Nebel – seine Hauptfiguren verkörperten

Ideale. Bei hellem Tag schauten beispielsweise Tausend zu, wie ein ‚Taucher' in unendlicher Mühe einen goldenen Becher nach oben beförderte und vom König mit dem Versprechen, ihm seine Tochter zu geben, noch einmal hinabgeschickt wurde und ertrank. Das Flehen der Tochter vergeblich, das Entsetzen der Menge, zu der sich auch der Leser zählen durfte, unmittelbar und greifbar. Eine Revolution in der Balladendichtung, etwas völlig Neues im alten Gewand. Dann gelangen ihm Schlag auf Schlag eine Ballade nach der anderen. Im Juni der ‚Handschuh' und sein Meisterwerk ‚Der Ring des Polykrates', im Juli der ‚Richter Toggenburg', im August ein weiteres Meisterstück ‚Die Kraniche des Ibykus', im September ‚Der Gang zum Eisenhammer'.

Schiller selbst hatte wieder Feuer gefangen für die Dichtung. Da ihm der ‚Wallenstein' noch immer wie ein unbehauener riesiger Felsbrocken im Weg lag, fragte er Humboldt, der gekommen war, sich zu verabschieden, um für Jahre nach Italien zu ziehen und sich auf Reisen zu begeben: „Bin ich eher Dichter oder tauge ich zum Dramatiker?" – „Wieder im Zweifel? Was Sie quält, ist die Tatsache, dass stets die Größe und Stärke einer Idee alles Schaffen bei Ihnen dominiert. Ein Stoff mag noch so verwirrend sein (und Ihr ‚Wallenstein', Schiller, will gleich eine Epoche voller Verwirrungen und Verwicklungen auf die Bühne bringen), Sie entdecken Gesetzmäßigkeiten und justieren das Räderwerk des Geschehens neu, um Leser und Betrachter zu höherer Erkenntnis zu leiten. Insofern verblassen Zufälligkeiten und Farben der Natur und nichts fließt Ihnen selbstverständlich und ungestaltet aus der Feder. Lieber Schiller, der ‚Wallenstein' ist ein Stoff, der wie geschaffen ist für Sie! Wenn ich an Ihre Diskussionen mit Goethe denke – keiner wird Ihnen das Wasser reichen können!", Humboldt verneigte sich und Charlotte und Li, die beim Kaffee dabeisaßen, applaudierten zustimmend. – „Wenn ich meine Freunde nicht hätte!", Schiller umarmte Humboldt herzlich. – „Sie wissen, dass ich es mir als größte Ehre anrechne, von Ihnen zu Rate gezogen zu werden", antwortete Humboldt mit aufrichtiger Bescheidenheit. – „Nun scheiden auch Sie, Humboldt!", sagte Schiller traurig, „und mit Ihnen verliert meine liebe Frau ihre einzige Freundin. Li, lassen Sie es sich gut gehen und passen Sie mir auf diesen klugen Kopf auf."

Die Frauen verabschiedeten sich tränenreich. „Reinhold ist fort, Fichte nach Berlin, jetzt gehen auch Sie, Humboldt. Jena wird nicht mehr dasselbe sein – nur ich hocke noch in meinem Gartenhaus. Doch Sie handeln richtig, Ihr Feld ist die Welt!" Schiller und Charlotte begleiteten die Gäste vor die Tür. Starr folgte Schillers Blick der abfahrenden Kutsche, während Charlotte mit einem weißen Taschentuch hinterher winkte. Allein, mit der Gewissheit, dass er ein Riesenwerk zu vollbringen hatte.

„Verstehen Sie das, Riemer?" Nervös schritt Goethe in seinem Arbeitszimmer am „Frauenplan" auf und ab, während sein dicklicher Sekretär mit zur Schau getragener Würde am Stehpult verharrte. „Verstehen Sie das, wie der Schiller das macht?" –

„Die Balladen sind sicher trefflich geschrieben, interessant zu lesen, aber doch keine Balladen in der üblichen Form." – „Riemer, reden Sie nicht über Dinge, von denen Sie wenig verstehen", tadelte Goethe ihn scharf. „Sie sind doch gelungen. Ganz neuartig dazu, und wie ich hörte, schreibt er weiter – jede Nacht an seinem ‚Wallenstein'. Der Mann ist doch schon seit Monaten, was sage ich, seit Jahren mehr tot als lebendig! Wie macht er das?" – Riemer antwortete lieber nicht, um den Herrn Geheimrat nicht weiter zu reizen. Doch der steigerte sich. Polterte drauflos, zitierte einzelne Verse und schüttelte immer wieder verwundert den Kopf. Dann warf er Riemer das neueste Schreiben von Schiller hin. „Und dann das hier! Er schreibt mir: ‚*Sie gewöhnen mir immer mehr die Tendenz ab, vom Allgemeinen zum Individuellen zu gehen, und führen mich umgekehrt von einzelnen Fällen zu großen Gesetzen fort.*' Verstehen Sie diesen Affront?" –

„Nein, Herr Geheimrat, der Herr Hofrat äußert sich anerkennend", erwiderte Riemer verlegen. – „Nichts verstehen Sie, Riemer! Er lobt mich für meine Ansichten und beweist mit seinen Balladen das Gegenteil! Der Mensch ist mir unheimlich! Dabei sind die Unterhaltungen mit ihm in Jena immer fruchtbar! Nur dass unsereins stets aufmerksam dabei bedacht sein muss, mit ihm Schritt zu halten. Ein Mensch, der nichts auf Äußerlichkeiten gibt, sich vernachlässigt und mich mit seinem Faible für Gartenbaukunst schier zur Verzweiflung bringt." – „Aber lieben Sie nicht auch Ihren Garten und den Park an der Ilm?", erkundigte sich Riemer. Goethe ignorierte die Frage, sammelte sich, dann diktierte er: „Ihre Balladen, allesamt Meisterwerke, zu denen ich Ihnen gratuliere. Wenn Sie nur noch für diesen ‚Almanach' mit der ‚Glocke' zustande kommen! Denn dieses wird eine der vornehmsten und besonderen Zierden derselben sein." – „Sie wollen noch eine Ballade von ihm?", wunderte sich Riemer. – „An diesem Stoff mit der ‚Glocke' hockt er seit Jahren. Er kann unmöglich auf dieser Höhe binnen so kurzer Zeit liefern. Gleichzeitig werde ich ihn zur Fertigstellung des ‚Wallenstein' drängen und ihm die Uraufführung zur Einweihung des Umbaus des Weimarer Theaters zum Jahresbeginn in Aussicht stellen. Und ich werde Wort halten!" – „Der Schiller ist krank!", wandte Riemer entsetzt ein. Doch Goethe hatte sich bereits erhoben und ging mit Entschlossenheit, die Arbeiten auf der Baustelle des Theaters zu überwachen.

Schiller erkrankte schwer und ‚das Lied von der Glocke' konnte erst im darauffolgenden Jahr im ‚Musenalmanach' erscheinen. Vierhundertdreißig Verse, die abwechselnd die detailgetreue Schilderung des Glockengusses und parallel dazwischen die jeweilige Nutzanwendung und Moral für das tägliche Leben boten. Niemand hätte dem Rebellen von einst ein so kreuzbraves Gedicht zugetraut! Während die einen, dem Zeitgeist verschrieben, noch spotteten und sich in intellektueller Erhabenheit distanzierten, trat gerade diese letzte große Ballade einen Siegeszug im bürgerlichen Lager an und erhielt Kultstatus. Noch am Krankenlager erreichte ihn die Post aus der Heimat. Er griff zur Tischglocke auf seinem Nachttisch, mit der er sich bemerkbar machen konnte, wenn ihn die Krankheit daran hinderte, das Bett zu verlassen. Als Charlotte erschien, bat er sie, den Schwager Reinwald zu holen, er habe Neuigkeiten. Dieser war schon einmal vor den Kriegswirren aus

Meiningen nach Jena geflüchtet und bei Schiller untergekommen. Jetzt war das Phinele zu den Eltern gefahren, sich um den kranken Vater zu kümmern und der Meininger Haushalt verwaist. Dem ungewöhnlichen Anliegen Schillers, sofort mit Reinwald sprechen zu wollen, kam Charlotte ohne zu zögern nach. Beide Männer gingen sich am liebsten aus dem Weg. Irgendetwas Wichtiges musste vorgefallen sein! Verunsichert näherte sich Reinwald dem Bett. Schillers Gesicht wirkte wie versteinert. „Freue dich, Schwager", sagte Schiller und versuchte, die beißende Ironie in seiner Stimme gar nicht erst zu verbergen, „du kannst zu deiner Frau, dem Phinele, heimfahren." Reinwald und Charlotte tauschten vielsagende Blicke. – Etwas ängstlich fragte Reinwald schließlich nach: „Wie darf ich das verstehen?" – „Für dein häusliches Wohl in Meiningen ist künftig wieder gesorgt. Mein Vater ist verschieden! Christophine kommt heim." – „Schiller", Charlotte lief zum Bett, entriss ihm das Schreiben, das er noch in Händen hielt, und küsste ihn. Reinwald schlich wie geprügelt aus dem Zimmer und machte sich daran, seine Sachen zu packen. „Lass ihn doch über Nacht hier", bat Charlotte, die an dem kalten Vorgehen litt. „Vater war es ihm nicht wert, auf seine Bequemlichkeit zu verzichten. Ich bin krank und brauche Ruhe. Der Herr Schwager stört. Ich habe bereits einen Burschen nach einer Kutsche schicken lassen." – „Schiller, sei nicht so hart", bat Charlotte und wischte sich mit dem Handrücken die Tränen von der Wange.

Kapitel 26
Der Triumph von Weimar & Charlottes Erkrankung –
Jena, Weimar 1798/1799

> Zu Dionys, dem Tyrannen, schlich
> Damon, den Dolch im Gewande;
> Ihn schlugen die Häscher in Bande,
> „Was wolltest du mit dem Dolche? sprich!"
> Entgegnet ihm finster der Wüterich.
> „Die Stadt vom Tyrannen befreien!"
> „Das sollst du am Kreuze bereuen."
>
> „Ich bin", spricht jener, „zu sterben bereit
> Und bitte nicht um mein Leben;
> Doch willst du Gnade mir geben,
> Ich flehe dich um drei Tage Zeit,
> Bis ich die Schwester dem Gatten gefreit;
> Ich lasse den Freund dir als Bürgen,
> Ihn magst du, entrinn' ich, erwürgen
>
> *Friedrich Schiller, Die Bürgschaft / Die Balladen*

Madame von Lengefeld spitzte den Mund und kostete den teuren Sherry, der im Schiller'schen Haushalt für hohe Festtage und besonderen Besuch vorbehalten war. Charlotte bastelte mit Ernst und Carl Weihnachtssterne aus Stroh und Papier. Auf der Mitte des Tisches stand der geflochtene Tannenkranz, auf dem drei Kerzen brannten. Die vierte, noch unversehrte, zog die begehrlichen Blicke der Kinder immer wieder auf sich. Chère mère warf einen prüfenden Blick zu ihrer Tochter, deren erneute Schwangerschaft bereits deutlich zu sehen war. Ungehörig, über solche Dinge nachzudenken, aber war es nicht unverantwortlich bei dem bedenklichen Gesundheitszustand des Ehegatten und den bescheidenen Lebensverhältnissen, noch ein Kind in die Welt zu setzen? Hatten die zwei nicht getrennte Schlafzimmer? Wenigstens in körperlicher Hinsicht schien diese Liebe gesegnet und die zwei Kinder angesichts der anfänglichen intensiven Beziehung von Karoline zu Monsieur Schiller keineswegs selbstverständlich. Sie müsste mit Charlotte über die Gefahr von weiteren Schwangerschaften reden, aber dies würde sich als undenkbar erweisen, da der kleinen schüchternen Dezenz alles Körperliche peinlich war und sie sich für ihren Zustand, den sie leider öffentlich zur Schau tragen musste, schämte. Sicherlich, kleidsam konnte niemand einen Kugelbauch nennen, der zudem Zeugnis darüber ablegte, dass man auch als reife Frau noch mit seinem Mann schlief. „Du siehst schlecht aus, mein Kind. Schonst du dich auch genug in deinem Zustand?" – Kaum, dass Charlotte von den Bastelarbeiten aufschaute: „Mir geht es gut, Maman." – „Weißt du schon, was Schiller dir zu Weihnachten schenken wird?" – Charlotte antwortete nicht, wandte den Kopf ab und verdrehte die Augen in Richtung Zimmerdecke. Sie wollte in Ruhe gelassen werden, es war ihre Art zu leben! – „Du weißt es also nicht! Wahrscheinlich hat er vor lauter Arbeit überhaupt vergessen, dass Weihnachten ist. Zum Geburtstag hat er dir auch nichts gekauft. Dabei hättest du durchaus ein wenig ansprechende Garderobe und Schmuck nötig. Irgendwann unterscheidet man dich auf der Straße nicht mehr von deiner Magd", tadelte Chère mère und raschelte dabei entrüstet mit dem steifen Seidenstoff ihres Kleides. – „Maman, du verstehst uns nicht. Wir leben anders!", Charlotte ärgerte sich.

Schiller kam herein, um seinen Kindern Schokolade und Marzipan zu bringen, Süßigkeiten, die er von einer Verehrerin aus Potsdam zugesandt bekommen hatte. Er strich seinen Jungen zärtlich über die Köpfe.

„Schön, dass sich der Herr Schwiegersohn auch mal wieder sehen lässt." – „Maman, Schiller hat zu arbeiten. Goethe möchte mit dem ‚Wallenstein' Anfang des Jahres das umgebaute Theater eröffnen", wies Charlotte ihre Mutter zurecht. –

„Sie schreiben seit Jahren an diesem Drama! In Rudolstadt erzählt man sich, dass sich schon fünf Theaterdirektoren um eine Aufführung bemüht hätten. Das wundert mich nicht, wenn ich an die schöne Dichtung von der ‚Glocke' denke. So etwas Moralisches, und gereimt noch dazu!" Vor Begeisterung klatschte Chère mère in die Hände. – „Ich danke für das Kompliment", entgegnete Schiller bescheiden. – „Würden Sie mir vom ‚Wallenstein' erzählen?", Chère mère stockte einen Augenblick, durch Lottes strafenden Blick gebremst. „Ich meine, man sieht Sie ja nie. Immerhin bin ich die Schwiegermutter! Es ist mir unangenehm, auf meinen berühmten Schwiegersohn angesprochen zu werden und nichts antworten zu können." – Schiller lächelte: „Der ‚Wallenstein' ist ein Trauerspiel, das von den Geschehnissen des Dreißigjährigen Krieges erzählt." – „Ach Gott, wieder etwas Trauriges. Warum nur? Schreiben Sie etwas Lustiges und Sie verdienen das Dreifache!" – „Maman! Schiller ist kein Kotzebue!", fuhr Charlotte dazwischen, wurde aber sogleich von den quengelnden Kindern abgelenkt, die sich um den größten Anteil an Süßigkeiten stritten.

Schiller zog sich einen Sessel heran und setzte sich zur Schwiegermutter: „Chère mère, was möchten Sie denn wissen über das Stück?", fragte er geduldig. – „Das Stück ist wieder historisch?" – „Wieder historisch", bestätigte Schiller. – „Dann kommen gewiss wieder ganz grausame Dinge darin vor?", fragte Chère mère. – „Nur Dinge, die sich täglich überall in der Welt ereignen. Intrigen, Mord, Krieg, Verschwörungen", lachte Schiller. „Wallenstein ist ein Feldherr, der mit seinem Kaiser uneins ist und an seinem Machtstreben zugrunde geht." – Dies schien die erste Auskunft, die Chère mère zufriedenstellte: „So ist es recht! Niemand empört sich ungestraft seinem Kaiser gegenüber. Das werden auch die Franzosen noch lernen!" – „Er will schließlich mit den Feinden des Kaisers ein Bündnis schließen, wird vom Kaiser dafür in die Acht getan", erzählte Schiller weiter. „Kurz bevor es dazu kommt, dass sich sein Heer mit denen der Feinde vereinigt, wird er von den eigenen Leuten, die nicht vom Kaiser lassen wollen, ermordet."

Madame von Lengefelds Interesse schien geweckt: „Hört sich spannend an. Dass die Leute dem Bösewicht widerstehen, ist eine gute Sache. Treue dem Herrscher gegenüber ist für jede Ordnung unerlässlich." – „Der Verrat an dem Bösewicht wird vom Generalleutnant begangen; er ist des Wallensteins bester Freund. Zum Dank dafür erhebt der Kaiser ihn in den Fürstenstand." – „Das wird ein Erfolg! Ihr könnt auch Geld für den Hausstand und neue Kleider gebrauchen", beschied Chère mère. – Charlotte trat hinter ihren Mann, legte ihm die Hände auf die Schultern. „Ruh dich ein wenig aus. Das Bett ist gelüftet. Du hast die ganze Nacht gearbeitet." Dies war ihr gut gemeinter Versuch, das ungleiche Gespräch zu unterbrechen. Ihr taten Schiller und Chère mère, die sich um eine Verständigung bemühten, herzlich leid. – „Sagen Sie, Schiller, kommen auch Damen in dem Stück vor? Ich meine, was wird an Garderobe geboten? Ich kenne viele Leute, die nur ins Theater gehen, um neue Garderoben zu sehen." – „Chère mère, es reicht!", fuhr Charlotte dazwischen. – „Nein, nein. Sie hat ganz recht", antwortete Schiller, um Sachlichkeit bemüht. „Ich habe drei Frauen darin vorgesehen, liebe Schwiegermama. Wenngleich die Sache mit der Mode nicht so einfach ist, da die Geschichte vor einigen hundert Jahren spielt." – „Das kann auch interessant sein, Kleider von damals zu sehen ..." Chère mère hatte ihr Thema gefunden. „Zu Paris sollen die Damen neuerdings enganliegende Trikots tragen. Skandalös!" – „Finden Sie, Chère mère, dass mein Stück moralisch ist?", fragte Schiller. – „Sehr moralisch", die sofortige Antwort. – „Ich danke Ihnen für Ihr Interesse und Ihre Ratschläge", beendete Schiller die Unterhaltung. „Ich denke, ich werde mich jetzt ein wenig schlafen legen."

Als Schiller gegangen war, erhob sich Chère mère, scharwenzelte mit ihrem bauschigen Seidenrock zur Tochter und sagte nur zurechtweisend: „Da siehst du es, der Schiller legt Wert auf mein Urteil. Nur du bist schuld daran, dass er sich so rar macht. Man könnte manchmal meinen, du bist eifersüchtig, willst ihn ganz für dich haben und verhinderst absichtlich, dass ich mal länger mit ihm reden kann."

Das erste Mal seit Tagen kehrten Schillers Gedanken in die Gegenwart zurück. Wie spät war es? Mitternacht? Ein Uhr? Der Blick durchs Fenster auf die winterliche Straße. Nur vereinzelt schwache

Lichter, die es ermöglichten, dass man vom kleinen Fenster des Arbeitszimmers aus überhaupt noch etwas erkannte. Stille. Nur das kratzende Geräusch der Feder des Kopisten, der längst nicht mehr am Stehpult ausharren konnte und jetzt an Schillers Schreibtisch saß. Auch dieses Geräusch verstummte. Schiller drehte sich zu ihm um. Sein erwartungsvoller fragender Blick, seine müden Gesichtszüge. Was machte er mit den Menschen, die er Tag und Nacht für seine Arbeit einspannte? „Fertig, Herr Möller! Alle drei Dramen des ‚Wallenstein' fertig!", Schiller nickte dem Kopisten dankbar zu, atmete befreit auf und wurde doch nicht recht froh. – Der Kopist ordnete die dicht beschriebenen Bögen. „Wenn mir Herr Hofrat die bescheidene Bemerkung gestattet, der ‚Wallenstein' ist so großartig, wie ich von Herrn Hofrat noch nie etwas zu schreiben bekommen habe." – „Ich danke Ihnen von Herzen für dieses Lob. Es könnte sein, dass es vielleicht das Einzige sein wird." – „Dies ganz gewiss nicht, Herr Hofrat!"

Schiller zog die Schreibtischschublade auf und reichte dem Kopisten das darin liegende Geldbeutelchen. „Sie haben es sich reichlich verdient. Es tut mir von Herzen leid, dass ich Ihnen den Weihnachtsfeiertag gestohlen habe. Sie kommen jetzt zu spät zur Bescherung und Ihre Familie hat umsonst gewartet. Entschuldigen Sie!" – „Aber ich bitte Sie, Herr Hofrat, wenn Sie wieder etwas zu schreiben haben, wäre ich dankbar..." – Schiller lächelte müde und nickte Herrn Möller freundlich zu: „Selbstverständlich. Ich geleite Sie noch hinaus." Im schwachen Licht der Öllampe nahm Schiller unten im Flur den Schlüssel vom Haken, steckte ihn ins Schloss der schweren Eichentür und schwang diese auf.

„Ergebenst gute Nacht", sprach der schmächtige Kopist, dienerte noch einmal, wünschte frohe Feiertage und einen glücklichen Jahreswechsel und stapfte durch den frisch gefallenen Schnee nach Hause. Ohne zu wissen warum, ging Schiller in die Wohnstube. Eine innere Leere quälte ihn. Sollte er jetzt schlafen gehen? Er stellte die Öllampe auf dem Tisch ab. Es roch nach Wachskerzen und Festtagsbraten.

Schiller schloss die Augen und erinnerte sich an die Tage seiner Kindheit, in denen er als kleiner Junge Weihnachten bei seinen Eltern erlebt hatte. Wie ein Schatten legten sich aber sogleich Tod und die langen einsamen Jahre in der Militärischen Pflanzschule darüber. Wie von fern drängte sich ihm ein süßlicher Geruch in die Nase. Karolines Parfüm. Sie war mit ihrem Mann und ihrem Sohn also auch hier gewesen. Er hatte nichts davon mitbekommen. Eine verpasste Gelegenheit, bei angeregten Gesprächen zusammenzusitzen – alles stahl ihm sein Werk! Das Leben, die Liebe der Menschen. Und wozu? Sein Kopf frei vom Zwang, zu formulieren, nicht mehr der historischen Handlung verpflichtet, von den Ketten der Jamben erlöst. Die Uhr auf dem Kaminsims schlug die dritte Stunde. Schiller naschte vom Teller der Kinder. In der Ecke entdeckte er im Halbdunkel die Konturen des Schaukelpferdes, das wohl Carl als Geschenk bekommen hatte. Ihm fiel ein, dass er für Lotte kein Geschenk besorgt hatte. Nebenan hustete Ernst im Kinderzimmer. Schiller schlich hinüber, spähte vorsichtig durch die Türritze. Er lächelte, als er in die weichen Kindergesichter blickte. Nie würde er diese Geschöpfe Gottes, sein eigen Fleisch und Blut in die Fänge eines Herzogs oder auf eine Akademie geben! Nie sollten sie erleiden, was er durchleben musste! Er würde sich noch ein paar Stunden hinlegen und sie morgen früh mit seiner Anwesenheit überraschen. Er hatte manches abzubitten und gutzumachen …

Schiller hatte den dreijährigen Kampf um Sprache und Form des ‚Wallenstein' gewonnen, wenngleich er das Monstrum einer dreiteiligen Tragödie schuf. Aufführungen an drei Terminen, um ein Drama zu sehen! Aber genau hier gewann er das Publikum mit einem Trick: Im ersten Teil ‚Wallensteins Lager' trat der Titelheld Wallenstein überhaupt nicht auf, obwohl seine berittenen Soldaten ständig über ihn sprachen. Aus den Aussagen bekamen die Zuschauer allmählich ein Bild von dem Helden, der aber erst in der nächsten Aufführung seinen Auftritt bekam. Als ‚Wallensteins Lager' am Weimarer Hoftheater Premiere hatte, fühlte man sich gut unterhalten, man staunte über die Neuartigkeit und manche waren sogar ergriffen. Freundliche Kritiken, reichlich Applaus, der fürstliche Hof dem Werk gewogen, ein gelungener Theaterabend.

Schiller hielt sich jetzt des Öfteren in Weimar auf, um bei den Proben anwesend zu sein, sich Anregungen zu holen und um notfalls noch einiges umarbeiten zu können. Dieser Umstand missfiel ihm sehr, denn er brauchte seine geliebte Frau um sich und als ständig kranker Mann auch seine gewohnte Umgebung. Aber es galt, das Begonnene zu vollenden und in Szene zu setzen.

Als ‚Die Piccolomini' uraufgeführt wurden, war die Neugierde auf den Wallenstein so groß, dass das Haus lange vor der Aufführung bereits ausverkauft war. Es war das erste Mal in der Weimarer Theatergeschichte, dass Karten unter der Hand zu erhöhten Preisen gehandelt wurden und dass sich Adels- und Professorenfamilien beim Kampf um Plätze verfeindeten. Endlich fühlte sich Schiller in Weimar angekommen. Keine der literarischen Größen Weimars und Deutschlands würde künftig mehr an ihm vorbeikommen! Zusammen mit Karoline und Wilhelm von Wolzogen, seinem Freund aus Akademietagen, feierte man diesen Triumph im repräsentablen Haus der von Wolzogens in Weimar. Auch Wilhelm hatte Anlass zu feiern. Er war zum Vertrauten des Herzogs aufgestiegen und sollte die Hochzeit mit der schönen russischen Zarentochter Maria Pawlowna arrangieren. Er würde nach Petersburg reisen und wäre, wenn ihm dieses Kunststück gelänge, für den Rest seines Lebens saniert. „Deine Bücher nehme ich mit", verkündete Wilhelm lachend und prostete Schiller zu. „Wenn Ihre Kaiserliche Hoheit, die gute Maria, eines Tages in Weimar mit achtzig Pferdewagen Gepäck hier einzieht und angesichts unseres Bauerndorfes den Schock ihres Lebens bekommt, wirst du, lieber Schiller, ein Kunststück zu ihrer Begrüßung aufführen, damit sie sich wieder fängt und uns erhalten bleibt." – „Es sollte mit dem Teufel zugehen, wenn nicht etwas dabei für dich abfiele", lachte auch Karoline übermütig. Nur Charlotte fand an diesen Planspielen wenig Gefallen und meinte, Schiller würde sich lieber um sein Werk als um die große Politik kümmern.

Tatsächlich stieg Schillers literarischer Stern unaufhaltsam und überstrahlte alles am Weimarer Firmament. Als wieder ein Vierteljahr später ‚Wallensteins Tod' unter dem schlichten Titel ‚Wallenstein' gegeben wurde, riss dies auch die Unempfindlichsten mit. Es schluchzte alles in diesem Theater; selbst die Schauspieler mussten weinen. Auf dem Platz versammelten sich die Besucher des Schauspiels erneut, bildeten eine Gasse, um Schiller, der an der Seite Goethes das Theater verließ, zu applaudieren und ‚Vivat' zu rufen. Schiller waren diese Gunstbezeugungen peinlich. So sehr ihn auch der Erfolg freute, er kannte seine Unzulänglichkeiten und wollte lieber sein Werk als sich selbst im Licht der Öffentlichkeit sehen.

Nachdenklich und schweigend stiegen beide die Treppe im Flur des Hauses am *Frauenplan* empor. Oben auf einem Sockel thronte die riesige Büste der Juno, die Goethe aus Italien mitgebracht hatte, über ihnen. Voran schritt bedächtig der Sieger und hintendrein der Geheimrat im Staatsfrack mit Ordensstern. Das Schweigen irritierte Goethe, sodass er schließlich, als sie oben angekommen waren, direkt danach fragte. Müde schaute Schiller auf: „Ich denke an meine Frau, die jeden Tag niederkommen kann, und ich bin hier in Weimar." – Verständnislos schüttelte Goethe den Kopf: „Weiberkram! Unser Theater hat heute mit Ihrem Stück, Verehrtester, eine weltbedeutende Tat vollbringen dürfen. Sie haben Geschichte geschrieben und jetzt nichts anderes zu tun, als Trübsal zu blasen und sich Gedanken über die Niederkunft Ihrer Frau zu machen, die Sie weder hier noch dort beeinflussen können?" – „Sie verstehen mich nicht. Außerdem gäbe es noch viel zu verbessern." – „Natürlich verstehe ich Sie nicht. Schiller, im Augenblick Ihres höchsten Triumphes!", erboste sich Goethe und bat den Kollegen erst einmal in die gute Stube. „Es ist spät. Sie sind müde, Schiller, überreizt. Das ist verständlich. Das verfluchte Bankett hat auch zu lange gedauert. Wissen Sie, was unser Herzog, dieser kropfige Jupiter, zum preußischen Gesandten gesagt hat? Meine Leute haben Schönes geleistet ..." Goethe lachte verächtlich und auch Schiller gelang ein Schmunzeln. „Meine Leute! Sie, Schiller, ich? Wir sollten uns für seine göttliche Anleitung bedanken!

Er ruhe sanft bei seiner Mätresse, der Jagemann." – „Sie hat gut gespielt, die Jagemann. Eine Schauspielerin von Format für Ihre Bühne, Herr Geheimrat", sagte Schiller anerkennend. – „Vielleicht kann der Herzog mit seinem Sprüchlein ja bei ihr punkten und sie bedankt sich artig, wenn sie aus dem Mieder steigt!", Goethe brüllte vor Lachen, Schiller schwieg und senkte den Blick. „Mein Gott, mit Ihnen ist ja wirklich nichts los!", beschwerte sich Goethe. „Sind Sie denn mit der Aufführung wenigstens halbwegs zufrieden gewesen?" – „Die Schauspieler haben ihr Bestes gegeben. Sie haben viel Geduld mit mir bewiesen, Goethe. Mein unseliges Temperament hat ihnen sicher mehr als einmal Unrecht getan …"

Goethe reichte ihm Mineralwasser, das er sich eigens aus Kurorten kommen ließ. „Wir sind alle Lumpen, wenn es um unser Werk geht. Es ist meine Pflicht als Leiter des Hoftheaters, Neues zu zeigen – auch Kotzebue und Schlegel. Aber Sie, verehrter Schiller, haben mir mit Ihrem ‚Wallenstein' ein großes Geschenk gemacht!"

Schiller, der ihm gegenübersaß, nicht jung und nicht alt, einfach ungeheuer präsent, so charmant wie bescheiden und ein wenig traurig, bedankte sich mit einem Kopfnicken. Der Ruhm, was war mit dem Ruhm? Was bedeutete er ihm? Das Indiz für Erfolg. Wichtig für die Distanz und das Überleben seiner Werke und des Angedenkens. Überhaupt, ohne Distanz keine Literatur. Goethe begleitete ihn ins Besucherzimmer. Schiller öffnete die Tür. Zwei lange Kerzen, geschützt von Glaskelchen brannten ruhig. Das Bett war aufgedeckt. Auf einem kleinen Tisch lagen Papier und Feder. „Sind alle Bücher weggeräumt und die Ersatzkerzen sichergestellt?", scherzte Schiller, der allzu oft von Goethe angehalten worden war, um seiner Gesundheit willen, die Nachtarbeit einzuschränken. – „Verehrtester, Sie mögen zwar an Jahren und Erfahrung um einiges jünger sein als ich, aber ich habe längst nicht mehr das Recht, Sie zu schulmeistern. Sie sind schon zu hoch. Der Theaterdirektor in mir erbittet ein neues Werk und würde Sie bedenkenlos hinter den Tisch sperren, der Mensch Goethe wünscht Ihnen jedoch eine angenehme Nachtruhe, die Sie dringend benötigen."

Nach den Aufführungen in Weimar brachte Cotta die Buchausgabe der Trilogie raus. Die Auflage von viertausend Exemplaren war – trotz zahlreicher rasch kursierender Raubdrucke – binnen zweier Monate vergriffen. Ein Riesenerfolg, genauso, wie ihn Goethe vorhergesehen hatte. Mit Plänen für ein neues Stück und der festen Absicht, mit der Familie ganz nach Weimar umzusiedeln, reiste Schiller zurück nach Jena. Im Hause fand er ein kostbares Tafelgeschirr vor, das ihm der Herzog als Anerkennung seiner Leistung hatte zukommen lassen, aber es erwartete ihn auch eine häusliche Krise schwerster Art.

Wieder hatte Schiller seine Schwägerin gebeten, Lotte bei der Entbindung beizustehen. Karoline kam diesem Wunsch nach, obwohl sie inzwischen selbst als Mutter und Ehegattin eines Weimarer Ministers umfangreiche Haushaltspflichten zu erledigen hatte und obwohl sie als erfolgreiche Romanautorin mit ihrer Zeit durchaus etwas Besseres anzufangen gewusst hätte. Doch sie kannte Schiller zu gut, sodass sie wusste, dass er, krank und vergeistigt, kaum in der Lage gewesen wäre, den Ausfall Lottes zu ersetzen. So fügte sich alles wie gewohnt. Schiller verschwand jeden Tag in seinem Arbeitszimmer, schrieb an einem neuen Drama, schaute hin und wieder bei seiner lieben Frau vorbei, sie in ihrem Zustand zu trösten, und vertraute ansonsten ganz auf Karolines Fähigkeiten, alles beisammen zu halten. In der Nacht zum 12. Oktober 1799 gebar Charlotte ihr drittes Kind, die erste Tochter, die drei Tage später auf den Namen Caroline Luise Friederike getauft wurde. Die Natur hatte ihren Lauf genommen.

Schiller schrieb an der ‚Maria Stuart', jener Frau, die als Cousine der englischen Königin in einem zweifelhaften Prozess verschiedener Mordversuche angeklagt, zum Tode verurteilt und 1587 hingerichtet worden war. Wieder dachte er daran, die Zuschauer zu Beginn der Tragödie zu verblüffen, und begann das Drama direkt mit der Katastrophe. Die Hinrichtung Marias würde bereits im ersten Akt feststehen! Dies würde die Tragik des Falles spürbar machen! In den nächsten Akten würde sodann die historische

Geschichte in einer Handlungszeit von drei Tagen aufgerollt. Über allem sollte das Faktum der Hinrichtung stehen und die Zuschauer in Atem halten.

Schiller war ganz Feuer und gefangen von seiner Idee, als Karoline in sein Arbeitszimmer stürzte und blass vor Aufregung stammelte: „Komm schnell! Die Lollo liegt bewusstlos!" Karoline, Schiller und sein Diener schleppten die Reglose auf ihr Bett. Die Magd nahm die heulenden Jungen in ihre Obhut, bemüht, diese abzulenken. Man rief nach dem Arzt.

„Ein schweres Nervenfieber", diagnostizierte Professor Stark achselzuckend, „es ist mir unerklärlich, Herr Hofrat, wie sich Ihre Gattin so etwas zugezogen hat. Ich habe das noch nie erlebt." Zusammengesunken, wie gestorben, saß Schiller im Sessel neben dem Krankenbett seiner Frau und wachte. Der Zustand verschlimmerte sich. Das Fieber stieg, ohne dass Charlotte einmal aus ihrer tiefen Bewusstlosigkeit erwacht wäre. Eine gespenstische Stille lag über dem Haus. Schiller selbst wechselte die Umschläge und Betttücher. Man hörte ihn in einem zärtlichen Monolog zu seiner Frau sprechen, doch seine Worte blieben ohne eine Antwort.

Es kam noch schlimmer. Karoline betete mit den Kindern zu Abend, als Charlottes schrille Schreie durch die Wohnung hallten: „Sie meucheln mich! Mörder! Schafft die Toten auf die Bühne! Luft!" Bewusstlos wie sie war, begann Charlotte im Bett zu toben. Schiller griff nach ihren Handgelenken, versuchte, sie zu beruhigen. Karoline stürzte herbei, sprach auf ihre Schwester ein. Der Anfall dauerte wenige Minuten, dann wurde es wieder still. Als Professor Stark noch in der Nacht eintraf, um die Kranke zu untersuchen, öffnete diese plötzlich ihre Augen, reichte ihm mit verdrehtem, irrem Blick galant ihre schmale Hand und flüsterte verschwörerisch: „Herr Schiller möchte Sie sprechen? Gewiss, bitte sehr. Geht es um ein Theaterstück? Da wird er Zeit für Sie finden. Immerzu. Kommen Sie …" Mit der anderen Hand winkte sie ins Zimmer. Dann verstummte sie plötzlich mit einem tiefen Seufzer und reagierte auf keine Anrede mehr. Erschüttert, getroffen bis ins Mark, am ganzen

Körper zitternd, bat Schiller den Arzt um eine Erklärung. Doch der Arzt wusste keinen Rat und konnte keine Hoffnung auf Besserung geben. Auch Chère mère reiste an, da die Gegenwart einer Mutter so manches Wunder bewirkt habe, wie Freunde meinten. Doch das Wunder blieb aus.

„Das habe ich nicht gewollt", erklärte Goethe und diktierte Riemer einen Brief der Teilnahme, dem er Blumen und Parfüm beifügte.

„Wird sie verrückt?", die bange Frage Schillers an Karoline. „Mein Gott, was habe ich ihr getan?" – Karoline, selbst tief besorgt über den Zustand ihrer Schwester, suchte nach Worten des Trostes, einer Erklärung, die vielleicht Hoffnung geben könnte: „Lollo ist blutarm. Die Schwangerschaften, die Geldsorgen, manches hat ihr zugesetzt. Sie wird zur Ruhe kommen, sich erholen und wieder gesund werden, glaube mir." – „Ich war ihr ein schlechter Ehemann", Schiller versagte fast die Stimme. „Nein, sage jetzt nicht das Gegenteil. Alle Last hat sie allein getragen." – Wieder gellten Schreie durch die Wohnung. Eilig brachte die Magd die Kinder in den Garten. Schiller und Karoline rannten ins Krankenzimmer. Schiller flehte seine Frau an, erklärte seine Liebe, schluchzte und weinte zum Herzerweichen, doch er erreichte nicht mehr ihr Bewusstsein.

„Wenn sie jetzt stirbt? Karoline, was soll ich nur tun, wenn sie jetzt stirbt?" Bebend hockte er im Sessel vor dem Bett, den Kopf vor Verzweiflung in die Hände gestützt. „Sie muss doch noch wissen, dass ich sie liebe. Jetzt gebe ich ihr die Ehre, sitze hier und habe Zeit für sie, weil sie am Sterben ist. Was bin ich für ein Schuft! Mein Gott, gib mir noch einmal die Gelegenheit, ihr meine Liebe zu erklären!" Er schloss die Augen. Karoline nahm ihn tröstend in die Arme. Die Aussichtslosigkeit, diese Verzweiflung waren die Hölle. Das Schlimmste an der Hölle war der Weg dorthin; manchmal dauerte es ewig, bis man ankam. Noch einmal schrie Charlotte auf, als sie ihn neben ihrem Bett wachen sah, noch einmal quälten ihn ihre Fieberfantasien. – „Sie erschrickt", erklärte Chère mère und zog Schiller zur Seite zog. „An Ihrer Stelle, Schiller, würde ich mich dort hinten hinsetzen." Schiller gehorchte. Nicht einmal seine Nähe ertrug sie.

Nach endlosen Tagen erkannte Charlotte für Augenblicke ihre Mutter und Schiller wieder. Für Augenblicke kehrte Leben in ihre Augen zurück, doch dann versank sie erneut in stumpfsinnige Lethargie. Goethe kam zu Besuch, brachte kalte Luft mit seinem langen Reisemantel herein, trat neben Schiller. „Bleiben Sie sitzen, bitte", flüsterte er, nahm Anteil an dem Leiden und bestellte auch seinen Arzt aus Weimar her, damit er sich mit Professor Stark über den Fall und dessen Behandlung beriete. „Sehen Sie, Goethe, was ich aus den Menschen mache. Die Angst, dass es bei dem Kampf zwischen Leben und Tod noch ein schreckliches Drittes geben könnte, den Wahnsinn, bringt mich schier um", Schiller war am Ende. Erst nach vierwöchiger Krise setzte die Gesundung ein. Die Angst blieb. Ihre Fantasien gingen ihm ans Herz, quälten ihn nächtelang.

Keinen Tag länger konnte er in dieser Wohnung bleiben, in der die Gespenster von Tod und Wahnsinn umhergingen. Sie brauchten einen Neuanfang! Und vor allem: Seine Arbeit sollte ihn nicht mehr für längere Zeit von ihr trennen. Goethe empfahl Schwabe, den Bürgermeister von Weimar. Er sollte eine neue Wohnung in Goethes Nähe besorgen. Schiller schrieb an den Herzog, erbat Geld und die Genehmigung, nach Weimar ziehen zu dürfen. Zweihundert Taler zusätzlich wurden ihm zugesprochen und der Adelstitel verliehen. Das kostet wenigstens nichts, dachte Schiller verärgert, sah jedoch auch das Gute an der Sache, denn jetzt war seine Lotte wenigstens wieder von Stand und konnte mit ihrer Schleppe am Hofe herumscharschwänzeln. Geld genug für den Umzug war da und sobald Charlotte völlig genesen war, verließ die Familie ‚*von Schiller*' Jena. „Alle Erinnerungen an die letzten acht Wochen mögen im Jenaer Tal zurückbleiben", versprach Schiller ihr, „wir wollen in Weimar ein heiteres Leben anfangen…"

Kapitel 27

Der ruhmreiche Einzug in Weimar & das Joch der Arbeit, Weimar, bis Mai 1804

> „Nein, eine Grenze hat Tyrannenmacht,
> Wenn der Gedrückte nirgends Recht kann finden,
> Wenn unerträglich wird die Last- greift er
> Hinauf getrosten Mutes in den Himmel
> Und holt herunter seine ewigen Rechte,
> Die droben hangen unveräußerlich
> Und unzerbrechlich, wie die Sterne selbst –
> ... Zum letzten Mittel, wenn kein andres mehr
> Verfangen will, ist ihm das Schwert gegeben..."
> *Friedrich Schiller, Wilhelm Tell II,2*

Zur Weimarer Premiere der ‚Maria Stuart' reisten trotz glühender Sommerhitze wagenweise Jenaer Studenten an. Was Schiller besonders gefiel, aus seiner Loge konnte er selbst einfache Bauern im Publikum ausmachen. Den Herrn Geheimrat und Theaterdirektor *„erfreute das Stück außerordentlich"* und natürlich fragte er Schiller nach dessen Plänen. Doch zunächst setzte sich Schillers Triumph fort. Anfang Juli wurde ‚Maria Stuart' im Lauchstädter Sommertheater, nicht weit von Merseburg und Halle an der Saale gegeben. Der Kassierer brauchte sich nicht weiter bemühen, da alle Karten bereits vergriffen waren und zu Wucherpreisen gehandelt wurden. Mehr als zweihundert Menschen fanden dennoch im Theater keinen Platz und viele harrten zum Teil davor aus, um wenigstens einen Blick auf den Dichter werfen zu können! Auch die Buchausgabe der Tragödie, die ein Jahr später erschien, erlebte auf Anhieb drei Auflagen und wurde mehrfach für Aufführungen ins Ausländische übersetzt.

In Schillers Leben änderte sich durch Adelsbrief und Erfolg zunächst nichts, außer dass er den Degen anlegen und den Zopf aufsetzen musste, wenn er zum Hof ging. Freunden gegenüber äußerte er nur: „Ich lebe relativ bescheiden. Reichtum bedeutet mir gar nichts. Niemand kann von dieser Erde etwas mitnehmen. Wer Reichtum liebt, wird keinen Nutzen davon haben." Tatsächlich konnten noch immer nicht alle Verbindlichkeiten aus Dresdner Tagen als erledigt betrachtet werden. Darüber hinaus hatte Schiller neue Pläne. Seine Wohnung mitten in Weimar erschien ihm zu laut. Um konzentriert arbeiten zu können, war er bereits einige Wochen nach Jena in sein Gartenhaus ausgewichen und hatte eine Einladung auf Schloss Ettersberg angenommen. Er brauchte Geld, würde vielleicht auch sein Jenaer Grundstück verkaufen müssen, aber er wollte ein Haus für sich und seine Familie in Weimar erwerben. Bürgermeister Schwabe ging inzwischen bei der Familie ein und aus. Gemeinsam beriet man Schillers Pläne, bei denen es auch darum ging, dass seiner Familie, wenn er nicht mehr wäre, ein eigenes Dach über dem Kopf bliebe. Schwabe fand es einen Skandal, dass Goethe über mehr als dreitausend Taler Jahresgehalt verfügen konnte, während die Zuwendungen an Schiller aus der herzoglichen Kasse jährlich nicht mehr als vierhundert Taler betrugen. Doch Schiller winkte nur ab und meinte, Neid und Begehrlichkeiten seien fehl am Platz, denn er genieße die Freiheit, von öffentlichen Ämtern verschont zu sein.

Goethe hielt Wort und brachte auf die Bühne, was Schiller schrieb. Sie trafen sich fast täglich, wenn es sich einrichten ließ und Goethes Kutsche stand Schiller zur Verfügung. Goethe hielt ihn zur Arbeit an, nötigte ihn aber auch zur Entspannung in seine Kutsche, damit er frische Luft atme, wenn er sich zu krank für Spaziergänge fühle. Aber auch Schiller revanchierte sich beim Geheimrat mit Ermahnungen. Als eines Abends das Gespräch darauf kam, dass er in Dresden die ersten Seiten des ‚Faust'-Dramas gelesen habe, erzählte Goethe ausführlich von seinen Plänen zum Drama. Schiller schalt ihn, dass er etwas so klar vor sich sehen könne, der Entwurf bereits so meisterlich gediehen sei, ohne die Gedanken und Pläne weiter auszuführen durch Wort und Silbenmaß. Wie ein geprügelter Hund schlich der Meister an diesem Abend nach Hause und man sah noch lange Licht in seinem Arbeitszimmer.

Schiller fühlte sich entschlossen, die Gunst des Erfolges zu nutzen. Noch einmal wollte er sein ureigenstes altes Thema bearbeiten, die Vision von Freiheit. Um die Freiheit und Befreiung eines Volkes ging es ihm, und er wählte dafür den rührenden Stoff der ‚Jungfrau von Orleans'. Jenes naiven lothringischen Bauernmädchens, das im Hundertjährigen Krieg zwischen Frankreich und England mit seinen Visionen von Gott und der heiligen Jungfrau Maria die französischen Truppen in den Jahren 1429 und 1430 von Sieg zu Sieg führte, um schließlich im Alter von neunzehn Jahren als Hexe auf dem Scheiterhaufen zu enden. Schiller schrieb wie im Rausch. Es erschien ihm immer einfacher, schneller zu schreiben als zu denken. Am Ende holten die Gedanken die Schnörkel auf dem Papier nicht mehr ein und er saß anderntags vor den Worten wie ein Fremder. Schlimmer noch: Wenn das geschriebene Wort etwas galt, wenn es gewogen wurde in barer Münze, hatte mancher gedankenlose Augenblick sicher schon einen Brand entfacht. Schiller war sich bewusst, wie viel Kraft ihn sein tägliches Pensum kostete, dass der Schreibtisch ihm keine Heimstatt bedeutete, aber doch die Stichworte für seine Biografie liefern würde. Ein bisschen schämte er sich dafür. Viel lieber wäre er ein Mann der Tat geworden – nicht säbelrasselnd –, sondern mit Worten die Herzen bewegend, voranschreitend, den Menschen ein besseres Zeitalter weisend und mit starker Faust dreinschlagend, wo sich Unfreiheit breit machen würde. Aber auch, wenn ihn sein Handlungsvermögen im Stich ließ, wenn ihn immer häufiger Selbstzweifel angesichts seiner Ideale befielen, blieb ihm eine innere Macht, die in ihm weiterwirkte, die ihn befähigte, voranzuschreiten, den Geist in Aufbruch zu versetzen, über Standesschranken hinweg die Menschen von einer neuen Zeit träumen zu lassen. Schiller hasste die nutzlos verschwendeten Worte, die Tinte, die geistreich aus parfümierter Puderquaste quoll und jede Mode bediente. Es trieb ihn, aus der inneren Kraft zu schöpfen, um nicht eines Tages feststellen zu müssen, dass er genauso geworden sei wie diese Hofschranzen. Und Schiller verbarg diese Angst nicht selten hinter seiner beißenden Ironie und dem Pathos. Die Angst trieb ihn immer weiter zur Arbeit, kostete ihn alle Kraft, die er für den Alltag brauchte, und sie würde ihn am Ende vielleicht sogar sein Leben kosten.

Die Tragik von Schillers ‚Johanna' resultierte aus dem Konflikt der natürlichen Menschlichkeit dieses jungen Mädchens und dem von ihr angenommenen Gebot, eben nicht menschlich zu sein – keinen Feind zu schonen und jeder irdischen Liebe zu entsagen. Gerade die keusche Jungfernschaft Johannas verhinderte jedoch die Aufführung in Weimar. Der Herzog hatte das Schiller'sche Manuskript angefordert und prüfen lassen. Es wurden kleinliche Bedenken vorgetragen, die jedoch ihre eigentliche Ursache darin fanden, dass die reizende Mittzwanzigerin Carolin Jagemann vom Weimarer Theater für die Hauptrolle zur Verfügung stand, die aber als Mätresse des Herzogs schlecht auf öffentlicher Bühne eine Jungfrau abgeben könnte. Die Uraufführung fand daher in Leipzig statt. Schiller wurde im *Theater am Randstädter Tor* mit Pauken und Trompeten, begleitet von Vivat-Rufen empfangen. Als der Vorhang nach dem ersten Akt fiel, brandete Beifall auf, der nicht mehr abebben wollte, und schließlich tobte und schrie das Publikum: „Es lebe Friedrich Schiller!" Schiller schwindelte. Eine solche Macht besaßen seine Worte! Er fand Huber und Körner an seiner Seite und bedurfte ihres Zuspruchs. Nur zögernd zeigte er sich der Öffentlichkeit und sofort applaudierte und rief man ihm wieder zu. Es bildete sich eine Gasse. Man zog den Hut und verneigte sich vor Schiller, Väter hoben ihre Kinder in die Höhe und riefen laut: „Schaut genau hin, dieser da ist Schiller!" Verlegen senkte Schiller den Blick, grüßte hier und da, fand ein paar freundliche Worte, schüttelte Hunderte von Händen und war unendlich froh, als er wieder allein bei seiner Arbeit saß.

Erst zwei Jahre später konnte man in Weimar das Stück von der Jungfrau aufführen, da sich eine Mademoiselle Malkoni fand, die an der Stelle der Jagemann die Hauptrolle übernahm. Doch das Weimarer Ensemble erwies sich als zahlenmäßig der Größe der Tragödie nicht gewachsen, sodass einzelne Schauspieler zwei, drei Rollen übernehmen mussten. Auch der Fundus des Hoftheaters war nicht ausreichend, Helme und Rüstungen aus silbern bemalter Pappe mussten für den Krönungszug herhalten. Für den Krönungsmantel wurde eine blauseidene Gardine bereitgestellt, was bei Schiller, der eine solche Ärmlichkeit in der Darstellung nicht dulden mochte, einen Tobsuchtsanfall verursachte. Buchstäblich in letzter Minute genehmigte der Theaterdirektor Goethe höchstpersönlich die Anschaffung eines Mantels aus unechtem roten Samt, der für lange Zeit als das kostbarste Stück der Hoftheatergarderobe galt.

Es gab auch in Weimar kein Halten mehr! Es schien geradezu, als habe Schiller selbst Himmelsmächte für seinen Erfolg gewinnen können. Als am 3. Juli 1802 vom Weimarer Hoftheater die ‚Braut von Messina' im kleinen Sommertheater des Badeorts Lauchstädt gegeben wurde, zog während der Aufführung ein Unwetter auf. Dieses Gewitter passte auf so unheimliche Weise mit dem schicksalhaften Geschehen auf der Bühne zusammen, dass manche Zuschauer verängstigt aus dem Theater stürzten. Als der Schauspieler im letzten Akt die Verse deklamierte:

„…Wenn die Wolken getürmt den Himmel schwärzen,
Wenn dumpf tosend der Donner hallt,
Da, da fühlen sich alle Herzen
In des furchtbaren Schicksals Gewalt.
Aber auch aus entwölkter der Höhe
Kann der zündende Donner schlagen,
Darum, in deinen fröhlichen Tagen
fürchte des Unglücks tückische Nähe …", brach das Gewitter mit solch einer Heftigkeit über das Publikum herein, dass der Schauspieler, der den Gaetano spielte, unwillkürlich zum Himmel wies und diese Geste das ganze Publikum ergriff. Es verstand sich von selbst, dass eine solche Aufführung zu einem unvergesslichen Erlebnis geriet.

Noch zu später Nacht brachten ihm die eigens aus Jena, Halle und Leipzig angereisten Studenten noch eine *‚Musik'* und veranstalteten einen ziemlichen Lärm, der ihm den Schlaf raubte. Gern hätten sie den Dichter mit sich gezogen, aber Schiller bedankte sich für die Gunstbezeugungen und wehrte ab, wollte seine Ruhe. So sehr er sich über den Erfolg seines Werkes freute, dieser Personenkult machte ihn verlegen. Doch von den Studenten, die in der Nacht abgezogen, tauchte eine zehnköpfige Deputation nach Mitternacht wieder auf, veranstaltete einen Radau, um eingelassen zu werden. Erneut versuchten sie, Schiller zu einem Umtrunk und einer Feier zu bereden. Der reiche Vater eines Kommilitonen richtete Getränke und ein Nachtmahl in seinem Gartensaal eigens für dieses Treffen her. Schiller, der gerade dabei war, endlich ins Bett zu steigen, befand sich schon im Schlafrock. Für einen Moment standen sich Studentenschaft und der große Dichter im Schlafrock in ängstlicher Verlegenheit gegenüber. Dann ergriff einer der Studenten aus der Delegation das Wort und redete kühn auf Schiller ein. Plötzlich wurden einige der Studenten wie toll und einer nach dem anderen ergriff Kleidungsstücke von Schiller. Sie umgaben ihn wie Kammerdiener und zogen ihn an. Schiller amüsierte sich prächtig und lachte lauthals. Dieses Gelächter feuerte die Studenten weiter an. Fast willenlos fuhr der große Dichter in seine Kleider und ließ sich von den Studenten zu ihrem lustigen Abend abführen. Als er den Saal betrat, empfing ihn eine ausgelassen feiernde Gesellschaft mit einem mächtigen Willkommensgruß. Eine gute weitere Stunde blieb Schiller bei ihnen und fühlte sich wie ein Bursche unter den Burschen. Die *Vivats* der Studentenschaft rissen während seiner Anwesenheit nicht ab und sogar sein Lied ‚Freude schöner Götterfunken' wurde angestimmt und – wenngleich nicht mehr in vollendeter Harmonie – bis zum Ende dargeboten. Schiller verabschiedete sich, fiel jedoch am frühen Morgen erneut aus dem Bett, als es die müde Studentenschaft auf dem Weg zu ihrer eigenen Bettstatt nicht versäumte, ihm nochmals ein Ständchen darzubieten.

Unter dem Erfolg der Weimarer Premiere der ‚Braut von Messina' hatte Goethe noch wochenlang zu leiden. Schon nachmittags um vier Uhr drängten sich die Zuschauer in den Theatersaal. Die Jenaer Studenten reisten mit zweiunddreißig Wagen an. Aber selbst Studentenschaft aus Leipzig und Halle zog es ins Theater. Nach der

Aufführung, die inzwischen gewohnten tumultartigen Szenen mit einem gewaltigen ‚*Vivat*' auf den Dichter. Diese jubelnde Stimmung verdarb dem ebenfalls anwesenden Herzog die Laune. Ein Hoch auf Seine Durchlaucht, das war gestattet, aber die Anwesenheit des Herzogs zu ignorieren und den Dichter derart lautstark hochleben zu lassen, grenzte an Aufruhr und widersprach der Hofetikette. Durchlaucht waren indigniert. Goethe wurde mehrmals einbestellt und erlebte ein paar böse Tage angesichts des missgestimmten Herrschers. Die immer größer wachsende Menge der Verehrer beängstigte Schiller, die Ehrbezeigungen, die ihm auf offener Straße widerfuhren, wurden ihm zunehmend unheimlicher und machten ihn schüchtern. Goethe hingegen blieb nichts anderes, als zu erkennen, dass ihm sein Weimarer Konkurrent inzwischen den Rang abgelaufen hatte. Schiller, auf der Höhe seines Schaffens, bemerkte, dass ihm allmählich sein Gegenpart abhandenkam. Er schrieb an Körner: „*Es ist zu beklagen, dass Goethe sein Hinschlendern so überhand nehmen lässt, weil er abwechselnd alles treibt, sich auf nichts energisch konzentriert. Er ist jetzt ordentlich zu einem Mönch geworden und lebt in einer großen Beschaulichkeit … Seit einem viertel Jahr hat er, ohne krank zu sein, das Haus, ja nicht einmal die Stube verlassen. Wenn Goethe noch einen Glauben an die Möglichkeit von etwas Gutem und eine Konsequenz in seinem Tun hätte, so könnte hier in Weimar noch manches realisiert werden, in der Kunst überhaupt und besonders im Dramatischen. Oft treibt es mich, in der Welt nach einem anderen Wohnort und Wirkungskreis umzusehen; wenn es nur irgendwo leidlich wäre, ich ginge fort.*"

„Ist es wirklich wahr?", fragte Charlotte ihren Mann, als sie ihm die Kinder ans Bett gebracht hatte, damit sie ‚*Gute Nacht*' sagen konnten, „willst du an der *Esplanade* ein Haus kaufen?" – „Ich gehe morgen mit dir und den Kindern dort vorbei. Es wird dir gefallen, Lollo", antwortete er zärtlich. „Die Front hat zur Straße hin sechs Fenster, mit Beletage, darüber in der Mitte ein Giebelzimmer, gerahmt von Mansarden. Sogar ein kleiner Garten gehört rückwärts dazu. Platz genug für uns alle. Mach dir keine Sorgen. Ich habe mit Körner und Schwabe gesprochen. Auch Wieland rät zu." Er sah Charlotte an, wie sie sich über diese Nachricht freute, wollte sie doch so gern mit ihrer Schwester Karoline gleichziehen und ein klein wenig große Dame spielen. „Und noch eine Neuigkeit. Lauf morgen zu Karoline und besorge die Reiseapotheke. Wir verreisen. Was hältst du von Leipzig? Ich will zur Buchmesse. Ernst und Carl kommen mit." Die beiden Jungen vollführten Freudentänze. „Ist Leipzig eine große Stadt?" – „Größer als Weimar allemal!" Die kleine Caroline klammerte sich an den Rockzipfel der Mutter und blickte verunsichert von einem zum anderen.

Die Reise war ein plötzlicher Entschluss Schillers, bei dem es ihm zunächst darum ging, auf der Buchmesse in Leipzig Geschäftliches zu klären und mit seinen Verlegern zu sprechen. Zwar liefen die Geschäfte gut und der Erfolg zahlte sich auch in barer Münze aus, aber Sicherheit fehlte im Schiller'schen Haushalt immer noch. Dies vor allem auch deshalb, weil Schiller angesichts seiner Krankheiten stets um sein Leben fürchtete und bei der Anschaffung des Hauses an der *Esplanade* in Weimar ein ziemliches finanzielles Risiko eingegangen war. Seine Lotte machte sich Sorgen, sprach häufig von ihrer Angst, die Hypothekenschulden nicht zurückzahlen zu können. Denn schließlich hatte Schiller für den Kauf 2.200 Taler zu 4 % vom Pächter Weidner in Niederroßla aufgenommen. Sicherlich, da waren die 400 Taler, die vom Weimarer Herzog als Apanage zuerkannt worden waren. Zusammen mit dem Anteil der Einnahmen, die ihm ais dem Aufführungen seiner Dramen vom hiesigen Theater und den stetig steigenden Einnahmen aus den Buchverkäufen, konnte man sich durchaus optimistisch zeigen. Aber reichte das? Alles hing auch von seiner Arbeitsfähigkeit, seiner Gesundheit ab. Schiller wusste, dass er, wollte er Chancen und Risiken fest im Blick behalten, genau Buch zu führen hatte. Seine Planungen reichten für die nächsten fünf Jahre. Er trieb Vorsorge. Dazu gehörte es auch, bei seinen Projekten peinlichst genau auf die Einkünfte zu achten.

Gemeinsam mit Karoline und Charlotte war Schiller nach einer Theateraufführung mit der Kutsche die wenigen Meter zum ‚Frauenplan' gefahren. Goethe hatte versprochen, dass es ein Abend im kleinsten Kreis werden würde. Schiller wusste, dass Karoline ein häufiger Gast beim Geheimrat war, der sich, da er das Haus immer seltener verließ, interessante Gesprächspartner einlud. So hatte er unlängst eine Art Mittwochskränzchen eingerichtet, für das er – ganz Verwaltungsmensch – sogar Statuten hatte ausarbeiten lassen, die alle Teilnehmer des Kränzchens – Schiller, Charlotte, die Imhoffs, die Egloffsteins, Einsiedeln, Meyer, die Wolfskeel, die Göchhausen, von Wolzogen und seine Frau Karoline – einstimmig annahmen. Die höchste Verpflichtung bedeutete, nicht über Politik und Religion zu reden, um die Harmonie des Kreises und die Geselligkeit nicht zu stören. Man gab sich ungezwungen und pflegte den vertrauten Umgang. Karoline, die auch mit ihrem zweiten Roman ‚Hermann und Dorothea' und einigen Erzählungen an ihren Erstlingserfolg anknüpfen konnte, genoss als Frau inzwischen höchstes Ansehen bei Goethe. Schiller mutmaßte nicht zu Unrecht, dass sie von Goethe öfter ins Vertrauen gezogen wurde als er selbst. Da sie gleichzeitig Schillers engste Vertraute und zuverlässigste Kritikerin war, konnte Schiller überzeugt sein, dass Goethe den Kontakt stets dazu nutzte, um sich über Schillers Arbeiten auf dem Laufenden zu halten. Heute also das Mittwochskränzchen im Kleinformat.

Im Empfangsraum, einem Klavierzimmer mit eher mäßigen Proportionen, das sich durch flügellose Türen perspektivisch den dahinter liegenden Räumen öffnete, stand ein livrierter Diener und reichte auf einem Tablett Portwein. Charlotte kam der Bitte nach, ihre neuesten Übungen nach einer Partitur des jungen Komponisten *Beethoven* zum Besten zu geben. Schiller musterte derweil seinen redegewandten Gegenpart, dem der Wein inzwischen die Zunge lockerte und die Gedanken beflügelte. Mit kurzen, etwas abgehackten Schritten ging jener im Raum umher, die Schultern zurückgenommen, der zweireihige geknöpfte Frack durch einen respektablen Bauch gespannt, damit auf der Brust ein schön gearbeiteter silberner Stern prangen konnte, das weißbatistene Halstuch gekreuzt und mit einer wertvollen Amethystnadel zusammengehalten. Goethe war beleibt geworden, mürrisch, sein Gesicht mit hängenden Wangen hatte sich seit der Rückkehr aus Italien deutlich ausgeprägt. Er stagnierte und er litt darunter. Schiller hatte seine Herausforderung zum Wettstreit angenommen, sich neben den Weimarer Heroen etablieren können und Goethe sogar überflügelt. Es bedeutete Schiller alles und nichts. Denn Goethe war es, der, um seinen Nachruhm besorgt, sorgfältig sammelte und redigierte und der auch jetzt wieder das Gespräch auf Schiller lenkte. „Sie sind jetzt eine Berühmtheit, mein Verehrtester. Jeder in Deutschland wird das neidlos anerkennen müssen. Von den ‚Räubern' bis zum ‚Wallenstein' und der ‚Maria Stuart', nicht zu vergessen Ihre Balladen – Schiller, Sie haben Literaturgeschichte geschrieben!"

Schiller nippte am Portwein und spürte deutlich, dass Goethe zwar über seine Bühnenerfolge sprach, aber eigentlich sich selbst meinte. „Ich will mich nicht mit Gedanken an den Nachruhm aufhalten", meinte Schiller, „denn noch lebe ich und sorge mich um ein Auskommen." – „Karoline, nun sagen Sie doch auch etwas", Goethe hakte sich bei ihr ein, „dieser Schiller geht einem doch mit seiner ewigen Bescheidenheit auf die Nerven …" Doch Schiller ergriff sofort wieder das Wort: „Stellt man nicht Dichter allein deshalb auf den Sockel, um sie sich, wie man so schön sagt, vom Leib zu halten? Sie haben fortan nichts mehr mit dem Alltag zu schaffen und werden zunehmend zur Qual für Studenten und Schulkinder." Goethe lachte herzlich. „Unter diesen Gesichtspunkten verwundert es, dass Ihnen Karl Eugen, Gott hab ihn selig, nicht zu seiner Zeit ein Denkmal in Stuttgart errichtet hat. Sie sollten sich fürchten, Verehrtester, angesichts der Huldigungen, die Sie im Weimarer Theater erfahren, dürfte vielleicht auch unser Herzog geneigt sein, Sie mit einem Sockel zu strafen. Immerhin, Ihre Büste steht bereits in der Bibliothek Ihrer Gnaden."

Karoline stimmte ausgelassen in das Gelächter ein. Man applaudierte Charlotte, die ihren Klaviervortrag beendet hatte. In der Tür erschien Christiane, Goethes Frau, mit roten, vor Hitze glühenden Wangen. Sie fühlte sich, wie so häufig, wenn es Gesellschaften im Goethe'schen Haushalt gab, in der Küche wohler, indem sie für das leibliche Wohl der Gäste sorgte. „Ich denke, man bittet uns zur

Suppe", sagte Goethe, trat auf Charlotte zu, nahm sie bei den Händen und führte sie durch den sich anschließenden sogenannten Gelben Saal in das kleine Esszimmer, wo eingedeckt war. Schiller und Karoline folgten zwanglos. Man brachte Brot und löffelte die kräftige Brühe mit Markklößchen. Schiller schwieg und Goethe machte mit den Damen zwanglose Konversation. Bei Tisch erinnerte Goethe an seine jugendliche glänzende Erscheinung, vor allem hätte man ihn sitzend größer geschätzt, als er stehend tatsächlich war. Dies wurde augenfällig, insbesondere, wenn Schiller in der Nähe war, der ihn um Kopfeslänge überragte. Goethe erhob sich: „Lassen Sie mich Ihnen ein Geschenk machen, verehrter Schiller ..." Er verließ den Raum, kam mit einer Kiste zurück, in der sich Bücher und Manuskriptbögen befanden. „Hier, die Geschichte des Schweizer Freiheitshelden Wilhelm Tell. Ich habe mich daran versucht, dem Stoff eine literarische Form abzugewinnen, und gestehe, dass ich nicht weit gediehen bin. Sie, Schiller, sind der größte Freiheitsdichter, den ich kenne. Bringen Sie den Stoff auf unsere Bühne. Ich schenke Ihnen meine Unterlagen. Wollen Sie es wagen?"

Charlotte wurde blass, denn sie wusste, dass sich Schiller dieser Herausforderung nicht entziehen würde. Dabei hätte er eine Ruhepause so dringend nötig gehabt! Und ihre Leipzigreise? Der Hauskauf? Ihr schwindelte – das konnte Schiller nicht schaffen! Beschwichtigend griff sie nach seinem Arm, sprach von ihren Plänen, doch Schiller und Karoline breiteten die Unterlagen bereits auf dem Tisch aus und diskutierten mit Goethe die Historie.

Schiller stellte sich der Aufgabe. Alles andere musste zurückstehen und warten. Schiller begann damit, alle Wände seines Arbeitszimmers mit so vielen Spezialkarten der Schweiz zu verkleben, als er auftreiben konnte. Er las alle Schweizer Reisebeschreibungen, bis er mit Weg und Steg des Schauplatzes vertraut war. Dazu studierte er sorgfältig die Geschichte der Schweiz. Nachdem er alles Material zusammengestellt hatte, setzte er sich an die Arbeit, las und schrieb wieder die Nächte durch und stand nicht vom Platz auf, bis der ‚Wilhelm Tell' fertig vor ihm lag. Nur Karoline, Charlotte und die Kinder durften ihn für kurze Zeit von der Arbeit abhalten. Goethe schaute vorbei, wurde aber schon bald von Schiller hinauskomplimentiert. Hatte Schiller sich anfangs noch in seinen Kleidern auf sein Bett geworfen, um ein wenig Schlaf zu finden, suchte er die letzten Tage das Bett und das Schlafzimmer überhaupt nicht mehr auf. Übermannte ihn die Müdigkeit, legte er den Kopf auf den Arm und schlief auf den Unterlagen und Manuskriptbögen auf dem Schreibtisch. Sobald er erwachte, schellte er nach dem Hausdiener und Charlotte und ließ sie schwarzen Kaffee und Wein bringen, um sich munter zu halten. In einer Schreibtischschublade lagen verfaulte Äpfel, mit deren scharfem Geruch hielt er sich bei Bewusstsein, wenn Schwäche und Krankheit ihn bei der Arbeit übermannten. Für das Manuskriptprojekt benötigte Schiller nur sechs Wochen und machte damit Goethes Niederlage, der immer wieder spionieren ließ, wie weit die Arbeit gediehen sei, absolut. Ein Drama wie aus einem Guss! Der ‚Wilhelm Tell' wurde Schiller fast vom Schreibtisch weg gedruckt, und auch seine schärfsten Kritiker aus Jena, die Brüder Schlegel, waren voll des Lobes. Schiller gelang das Nationaldrama, von dem er immer geträumt hatte. In wenigen Wochen verkaufte Cotta von dem ersten Schiller'schen Drama, das gut ausging, zehntausend Buchausgaben – ein noch nie dagewesener Erfolg! Schiller war endgültig zum ersten Dichter der Deutschen avanciert! Den Rütlischwur:

„Wir wollen sein ein einzig Volk von Brüdern,
In keiner Not uns trennen und Gefahr,
Wir wollen frei sein wie die Väter waren,
Eher den Tod, als in der Knechtschaft leben.
Wir wollen trauen auf den höchsten Gott

Und uns nicht fürchten vor der Macht der Menschen."

verstand das Publikum ganz in Schillers Sinn als Aufforderung, die nationale Einheit in Deutschland herzustellen und Willkür und

Gewalt der Herzöge und Fürsten zu überwinden. Unverhohlen forderte Schiller in den moralischen Grenzen, die er seinem Stück ebenfalls mitzugeben nicht vergaß, zum Tyrannenmord auf. Am 17. März 1804 wurde der ‚Wilhelm Tell' in Weimar uraufgeführt. Goethe musste schmerzlich erfahren, dass er mit seiner Einschätzung, dass Schiller der größte Freiheitsdichter sei, recht behielt. Schillers Selbstbewusstsein wuchs und er war entschlossen, in seinem vierundvierzigsten Lebensjahr das einzufordern, was ihm zustand!

Wieder fand ihn die Familie über Planungen und Rechnungen gebeugt. Wenn er mit *ungehinderten Geisteskräften* fünfzig werden sollte, müsste er so viel Geld zusammenbekommen, um seiner Familie die finanzielle Unabhängigkeit auch nach seinem Ableben zu sichern. Doch sein herzogliches Gehalt betrug immer noch magere 400 Taler im Jahr. Selbst Iffland, der als Schauspieler und Intendant in Berlin wirkte, verdiente mehr als 4.000 und verfügte über ein schlossartiges Anwesen. Natürlich, Schiller müsste nicht nach den Sternen greifen, aber 1.500 Taler im Jahr benötigte er schon, um Haus und die bald fünfköpfige Familie zu unterhalten. Theatertantiemen und Bühnenhonorare brachten das Notwendige ein. Geschenke und Zuwendungen, wie kürzlich ein von Wolzogen übermittelter kostbarer Ring der Zarin, den er für 500 Taler mit den Worten verkaufte: „Solche Dinge sind für die Herrschenden, die sich an Edelsteinen und Reichtum erfreuen mögen, wir Dichter sind nicht von dieser Welt", taten ihr Übriges. Nur für Rücklagen blieb einfach zu wenig! Hinzu kam, dass Schiller spürte, dass ihm manche in Weimar den Erfolg neideten und sich mit Intrigen versuchten. Manchem wurde er offenbar zu groß. Er würde es ihnen beweisen!

Kapitel 28
Die Berlinreise und eine Rechnung, die von Weimarer Herrschaft zu begleichen ist – Weimar, Leipzig, Berlin 1804

> Unsterblichkeit
> Vor dem Tod erschrickst du? Du wünschest, unsterblich zu leben?
> Leb im Ganzen! Wenn du lange dahin bist, es bleibt.
> *Friedrich Schiller, Gedichte, Xenien*

Keine sechs Wochen nach der Uraufführung des ‚Tell' verließ die Reisekutsche Schillers mit der schwangeren Lollo und den beiden Söhnen Weimar. Leipzig, ihr Ziel, wurde zum Erfolg. Die Gespräche auf der Buchmesse verliefen für den umschwärmten Dichter sehr erfreulich. Bei guter Gesundheit entschloss er sich spontan, nach Berlin weiterzureisen. Eine unausgesprochene, undeutliche Hoffnung trieb ihn. Schiller mochte seinen Wert als Schriftsteller in der Welt einmal austesten und falls möglich, in bare Münze umsetzen.

Am 30. April 1804 gegen Mitternacht fuhr Familie Schiller in der Kutsche am Potsdamer Stadttor vor. Der müde Wachposten trat heraus und nahm gleichgültig die Papiere zur Visitation entgegen. Schiller fühlte sich unwillkürlich an seine Flucht aus Mannheim erinnert. Dort hatte er angstvoll mit einem defekten Revolver in der Tasche in einer Kutsche am *Esslinger Tor* ausgeharrt und Glück gehabt, dass sein Freund Scharffenstein ihn durchwinken konnte. Er hörte laute Stimmen, spähte verschlafen aus dem Fenster der Kutsche Richtung Wachhäuschen und sah, wie ein junger Offizier dort die Tür aufriss und auf die Kutsche zugelaufen kam. Für einen Moment erschrak Schiller. Schon öffnete der Offizier den Verschlag der Kutsche und bat die Reisenden doch verlegen, in die Wachstube zu treten und in der Wärme zu warten. Sie müssten Meldung machen und den Schlüssel holen. Er habe den Namen *Schiller* gelesen. Ob er, Schiller, der Dichter, sei? Er mochte sich kaum beruhigen: „Das ist doch nicht möglich, dass ich in einer gewöhnlichen Nacht meinen langweiligen Dienst auf dem Posten am Potsdamer Stadttor versehe und auf den gefeierten Dichter der Nation mit seiner Familie treffe!" Er konnte sein Glück nicht fassen. Noch sprach er ungelenk und verlegen zu Schiller, als er versicherte: „Viele von uns hier kennen Ihre Gedichte auswendig. Ich habe Ihren ‚Wallenstein' mehrere Male gelesen und kann ganze Passagen vortragen." Dann begann er ein Gespräch über Schillers Dramenkunst und hätte sich gern die restliche Nacht noch weiter unterhalten. Doch zu Schillers Glück brachte man den Schlüssel und den Passierschein.

Man stieg am 1. Mai 1804 im *Hotel de Rossi in Berlin* ab und bestaunte die riesige Residenzstadt, die dem Dichter vom ersten Tag an zu Füßen lag.

„Ich bin mehr als glücklich, Ihnen, hochverehrter Schiller, mit meinen Aufführungen hier in Berlin huldigen zu können! Berlin wird alles daransetzen, die Aufführungen der ‚Jungfrau von Orleans', der ‚Braut von Messina', ‚Wallensteins Tod' und der ‚Räuber' zu einem unvergesslichen, noch nie da gewesenen Erlebnis werden zu lassen. Ich beuge voller Demut mein Haupt und meine Knie", sprach der Königliche Schauspieldirektor Iffland mit bebender Stimme. Ein Großteil des Ensembles und einige Mitglieder der Berliner Gesellschaft standen daneben. „So können wir unsere erfolgreiche, in Mannheim dereinst begonnene Zusammenarbeit fortsetzen." – ‚Verlogene Natter!', dachte Schiller, verzog aber keine Miene und entgegnete trocken: „Bleiben wir in der Gegenwart, die gefällt mir besser." Schiller wollte nicht nachtragend sein – er hatte anderes im Sinn. „Man hat mir bereits berichtet, dass Sie mit der Aufführung meiner ‚Jungfrau von Orleans' Außerordentliches leisten werden", Schiller erwiderte Ifflands Huldigung mit einem höflichen Kopfnicken. Der Schauspieldirektor lächelte geschmeichelt und froh, dass es zu keiner Auseinandersetzung kam. „Darf ich Sie mit Ihrer Gattin zum anschließenden Souper einladen?" – „Ich komme gern, erbitte mir jedoch schon jetzt Pardon, wenn ich vorzeitig die Gesellschaft verlasse. Ich will meinen Körper, der sich derzeit gnädig gibt, nicht unnötig verstimmen", antwortete Schiller. Aus dem Theatersaal vernahm man Stühlerücken und ein Raunen. „Die Majestäten", erklärte Iffland und verschwand schnell. – „Einem jeden seinen Platz im Leben", lächelte Schiller. Schon klopfte es an der Logentür. Ein hoher Offizier trat ein: „Ihre Majestäten wünschen, den Dichter mit seiner Gattin begrüßen zu dürfen. Wenn Sie es gestatten, möchte ich die Gelegenheit nutzen und Ihnen bereits jetzt meine Verehrung ausdrücken und Ihnen die Hand reichen." Der Offizier hauchte einen Handkuss auf Charlottes Hand und empfing tief gebeugt Schillers Gruß. Szenen wie diese gehörten fast zum Schiller'schen Alltag.

Ein Lakai öffnete die Tür der königlichen Loge. Schiller und Charlotte traten ein. Tiefe Verbeugung, Hofknicks. „Seien Sie uns von ganzem Herzen willkommen", sagte die Königin und reichte Schiller die Hand. „Nie werde ich vergessen, wie Sie uns am Darmstädter Hof aus Ihrem ‚Don Carlos' vorlasen und ich Ihnen als kleines Mädchen, das Sie anhimmelte, die Blätter aufsammeln durfte." – „Eure Majestät waren der erste hochwohlgeborene Mensch, der mir die Hand reichte", entgegnete Schiller und lächelte freundlich. – „Sie erinnern sich doch noch?", Königin Luise erwiderte das Lächeln. – „Sie hat mir schon so oft davon erzählt, dass ich meine, dabei gewesen zu sein", König Friedrich Wilhelm trat hinzu. – „Lieber Schiller, bitte besuchen Sie uns in Potsdam", bat Königin Luise. – „Bitte kommen Sie, Schiller", bat jetzt auch der König, „ich will Ihnen manches sagen für Ihren Herzog, das keines weiteren Zeugen bedarf. Ich weiß, wie sehr Ihnen die Nation am Herzen liegt." Das Publikum entdeckte Schiller in der Loge des Herrschers und begrüßte ihn mit frenetischem Jubel und Vivatrufen, die kein Ende nehmen wollten und die Aufführung auch nach dem ersten Akt, wo sich dieser Begeisterungssturm wiederholte, erheblich verzögerte. Der kunstsinnige Hohenzollern-Prinz Louis Ferdinand gab zu Ehren Schillers ein Essen und die preußische Königin Luise ließ es sich nicht nehmen, ihn und seine Frau noch einmal zu einer persönlichen Audienz zu bitten. Schillers Söhne durften mit ihren Kindern, den preußischen Prinzen, spielen.

Auf dem Weg zur Audienz wunderte sich Schiller und sagte zu Charlotte: „Es ist seltsam. Da habe ich nur ein paar Dramen geschrieben und sie behandeln mich wie einen Mann der Politik." Man machte ihm nicht nur Avancen, sondern unterbreitete ihm ein Angebot, das er kaum für möglich gehalten hätte. Dreitausend Reichstaler Pension und weitere erhebliche Vergünstigungen! Schiller hatte jetzt einen Marktwert. Auch Cotta zahlte ihm schon das Fünffache für seine Bücher. Sollte der Weimarer Herzog erfahren, was man bereit war, in Berlin für ihn aufzubringen! Wenn sie ihn in Weimar halten wollten, müssten sich die Herrschaften das etwas kosten lassen! Er, Schiller, könnte es sich leisten, sich seine Entscheidung, wo er künftig leben und arbeiten würde, wohl zu überlegen.

Am 06. Mai 1804 ging der Vorhang für ‚Die Jungfrau von Orleans' auf. Pompös geriet Ifflands Inszenierung am *Gendarmenmarkt*. Kühl die ersten Reaktionen. Warum verherrlichte man hier Frankreichs Volk? Krieg stand bevor! Doch es waren Schillers Worte von Freiheit und der Menschlichkeit, die schließlich mitrissen. Mit versteinerter Miene verfolgte Schiller die Prachtentfaltung des Krönungszuges im vierten Akt. Achthundert Statisten, erlesen ausgestattet in ihren Gewändern, marschierten auf und beanspruchten eine geraume Zeit des Dramas. So sehr diese übertriebene Prachtentfaltung Eindruck machen konnte, Schiller schien es, dass das Heer von Statisten das gesamte Stück erdrückte. „Nichts hat er verstanden!", schimpfte er Charlotte gegenüber. „Blendwerk, das meine Worte entstellt. Das ist wie in der Stuttgarter Akademie, wo Menschen anlässlich solcher Aufmärsche zu Puppen verkommen!" Schiller, aufgebracht, wollte gar die Loge verlassen. Charlotte zog ihn mehrfach am Ärmel zurück in den Sitz und beruhigte ihn. Es wäre ein Affront gegen das preußische Königshaus gewesen. Am Ende murrte Schiller: „Nicht meine ‚Jungfrau' hat er gespielt, er hat den *‚Aufzug'* gegeben." Dennoch, man applaudierte.

Ihren Höhepunkt erreichten die *Schiller-Festspiele* in Berlin am 14. Mai mit der Aufführung von ‚Wallensteins Tod'. Da Iffland bewusst war, wie sehr sich Schiller wünschte, ihn einmal in dieser Hauptrolle zu sehen, spielte er selbst und gab sich größte Mühe. Der Erfolg blieb nicht aus. Überall grüßte und huldigte man dem Dichter, wo man ihn erkannte.

Doch schon bald schrieb Schiller an seinen Verleger Cotta: *„Ich war acht Tage in Berlin krank und für alles verdorben. Die Reise, das üble Wetter und die Zerstreuung der ersten Tage hatten mir eine gänzliche Erschöpfung und ein catarrhalisches Fieber zugezogen ..."* Der Leibarzt der Königin höchstpersönlich kümmerte sich um ihn. Es war ein alter Bekannter aus Jena: Christoph Wilhelm Hufeland. Ihm vertraute sich Schiller an und diskutierte mit ihm die Vorteile und Risiken eines Umzuges nach Berlin. Als Schiller schließlich abreiste, stand sein Entschluss fest und er wusste, dass die Zerstreuung in einer großen Stadt, so wie überhaupt die größere Bewegung um ihn herum das Fünkchen seiner Tätigkeit ganz ersticken würde. Um etwas Poetisches zu leisten, müsste er sechs bis acht Monate im Jahr einsam leben, und dazu war ein Ort wie Weimar, dem es nicht an einigem belebenden Umgang fehlte, eben recht. Nach der Audienz im Potsdamer Schloss war ein Jahresgehalt von dreitausend Talern im Gespräch, für den Fall, dass Schiller ganz nach Berlin wechseln würde. Natürlich ließ Schiller den Weimarer Herzog (und damit auch Goethe) von diesem Angebot wissen.

Der Herzog bat Goethe um Rat. Dieser diskutierte die Angelegenheit zunächst nur in seinem Arbeitszimmer mit Hofrat Schmidt und seinem Sekretär Riemer. „Misslich ist das. Äußerst misslich! Der Herzog ist der Auffassung, dass es sich Weimar nicht leisten kann, Herrn Hofrat von Schiller zu verlieren", bekannte Hofrat Schmidt. – Goethe schritt in bekannter Manier, die Hände auf dem Rücken verschränkt, im Arbeitszimmer auf und ab. Er hatte sich einen nervösen Husten zugezogen und gab seltsame Geräusche von sich. „Wir hätten ihn gar nicht erst nach Berlin reisen lassen dürfen", sagte Riemer. – „Und wie, bitte schön, hätten wir das verhindern können? Es wäre ein Affront der Königin Luise gegenüber geworden! Verfahren, die ganze Angelegenheit!", wieder Hofrat Schmidt. – „Wir sollten nicht über Vergangenes diskutieren", entschied Goethe. „Man könnte vermuten, dass Schiller über den Ring verfügt, von dem Lessings Weiser Nathan erzählt. Er habe die geheime Kraft, denjenigen vor Gott und Menschen angenehm zu machen, der ihn in dieser Zuversicht trage. Nach einem solchen Ring habe ich mich schon in der Kindheit gesehnt, als ich den Namen Lessing noch nicht kannte. Es blieb bei dieser vergeblichen Sehnsucht – fast mein ganzes Leben lang." Riemer und Schmidt warfen sich vielsagende Blicke zu. Der Geheimrat litt offenbar wieder an einer seiner Verstimmungen, die ihn in letzter Zeit häufiger befielen. Doch Goethe raffte sich auf und entschied: „Ich werde mit Schiller selbst reden." Er diktierte Riemer ein Schreiben für den Herzog.

Schon am nächsten Tag erreichte Schiller der Brief des Weimarer Herzogs: „Von Ihrem Herzen erwartete ich mir, dass Sie so handeln würden. Bitte nennen Sie mir die Summe, die es Ihnen auf Dauer nicht reuen ließe, das kleinere Weimarer Verhältnis dem größeren Berliner vorgezogen zu haben."

Schiller erbat sich die Verdopplung seiner Bezüge mit der späteren Aussicht auf weitere zweihundert Taler. Er bekam die Summe vom Herzog anstandslos zugesprochen.

Kapitel 29
Tod in Weimar – Mai 1804 bis 1805

„Ich verlang das Wort."
Eine Menge von Stimmen. „Krieg! Krieg mit Moskau!"
„Die Mehrheit?
Was ist die Mehrheit? Mehrheit ist Unsinn; Verstand ist stets bei wenigen nur gewesen. Der Staat muss untergehen, früh oder spät, wo die Mehrheit siegt und Unverstand entscheidet."
Friedrich Schiller, aus Demetrius (Fragment/ letzte von Schiller begonnene dramatische Arbeit)

Am 21. Mai 1804 kehrte Schiller nach Weimar zurück. Die Familie zog in das Haus an der *Esplanade*. Am Tag des Einzugs erreichte Schiller die von Reuss überbrachte Nachricht vom Tod seiner Mutter. Wortlos reichte ihm Schiller das Geld für Zinsen und Tilgung, presste die Lippen fest aufeinander und ging in sein Arbeitszimmer. Charlotte mochte ihn nicht so sehen, folgte ihm und versuchte, ihn mit Worten und zärtlichen Gesten zu trösten. Er dankte ihr und antwortete nur: „Alles ist hässlich, wenn man an den Tod denkt. Manchmal reicht jedoch auch der Gedanke an das Leben. Lass mich arbeiten, das hilft mir immer noch am besten." Ende 1804 erreichte ihn die Nachricht vom Tod seines glücklosen Freundes Huber. Schiller fühlte, wie sehr ihn die Kräfte verließen und seine Anfälle mit Bauchkrämpfen und Fieber häuften sich. Er stürzte sich in Arbeit, nicht nur, um sich von der Krankheit abzulenken, sondern vor allem auch, um Charlotte eine sichere Hinterlassenschaft zu garantieren. Seine Rechnungen gingen einmal wieder auf fünf Jahre. Der Umgang mit Goethe intensivierte sich weiter und geriet immer ungezwungener und freundschaftlicher. Man traf den Geheimrat sogar beim Spiel mit den Schiller'schen Kindern an.

Der ‚Demetrius', eine russische Geschichte vom betrogenen Betrüger, sollte Schillers neues Drama werden. Schiller fühlte sich in Weimar angekommen. Gemeinsam mit Wieland, Rochlitz und Seume plante er die Herausgabe eines ‚Journals für deutsche Frauen von deutschen Frauen geschrieben', und natürlich würde Karoline eine Erzählung oder sogar einen Roman beisteuern. Mit Goethe diskutierte er offen und auf Augenhöhe über Literatur und Philosophie. Man gab sich gegenseitig die im Entstehen befindlichen Werke zur kritischen Beurteilung. Goethe forderte ihn über Gebühr. Aber dieser ständige Anspruch lenkte Schiller von seinem immer häufiger auftretenden Unwohlsein ab. Heftiges Seitenstechen und Kurzatmigkeit quälten ihn in diesem Jahr bereits im Sommer. Er zwang sich zu kürzeren Spaziergängen, schränkte sogar seinen geliebten Tabakkonsum ein.

Auf einem seiner regelmäßigen Besuche kam Goethe vorbei. Charlotte führte ihn ins Arbeitszimmer, räumte Schillers Manuskripte zur Seite und bat den Geheimrat zu warten, denn Schiller sei ausgegangen, was erfahrungsgemäß nur eine kurze Zeit in Anspruch nähme. Goethe setzte sich an den Arbeitstisch und begann, sich Notizen zu machen. Aber bereits nach kurzer Zeit überfiel ihn eine seltsame Übelkeit, die so stark wurde, dass ihn schwindelte. Er sprang auf, riss das Fenster jenseits des Schreibtisches auf, nahm ein paar tiefe Atemzüge und machte sich daran, nach der Ursache zu forschen. Bald fand er in der Schreibtischschublade eine Handvoll fauler Äpfel. In diesem Moment betrat Charlotte erneut das Zimmer, um Goethe Kaffee zu bringen. Sie erklärte dem verwunderten Dichter, dass die Schublade stets mit faulen Äpfeln gefüllt sein müsse, da der Geruch Schiller bei seiner Kurzatmigkeit helfe. So war es also tatsächlich um ihn bestellt! Goethe mochte nicht länger warten, trank den Kaffee aus, verabschiedete sich, versäumte es dabei nicht, der werdenden Mutter alles Gute für die Entbindung zu wünschen.

Ende Juli zog Schiller für einige Wochen mit seiner Frau nach Jena, um Charlotte dort in die Hände des vertrauten Hausarztes zu geben.

Die Entbindung verlief ohne Probleme und Charlotte schenkte einer weiteren Tochter das Leben. Doch Schiller musste sich zum Geburtstermin mit einer heftigen fiebrigen Erkältung ins Bett legen und wurde dabei von so mächtigen Koliken gequält, dass er in seiner Not beständig schrie: „Ich halte es nicht mehr aus, wenn es nur schon aus wäre!" Auch der Arzt, der in diesen Tagen Ehemann und Ehefrau gleichzeitig zu behandeln hatte und besonders gefordert schien, befürchtete sein Ende. Doch wie so häufig erholte sich Schiller, wenngleich ihm weitere Fieberanfälle und Bauchkrämpfe den ganzen Dezember und Januar über zusetzten. Schiller musste die Arbeit am ‚Demetrius' unterbrechen, denn die Zarentochter Maria Pawlowna, frisch vermählt mit dem Weimarer Erbprinzen Karl Friedrich sollte im Theater mit einem Festakt begrüßt werden. Goethe fand nicht die rechte Stimmung für solche Festaktpoesie, deshalb musste Schiller einspringen. Nur kurz erinnerte er sich noch einmal an die Anlässe auf der Karlsschule, wo ihn der Herzog Karl Eugen genötigt hatte, Gedichte zur Huldigung des Landesvaters und seiner Mätresse zu verfassen. Schiller brauchte nicht lang zu überlegen – ein Fürstenlob würde ihm nicht aus der poetischen Feder fließen. Schwungvoll, wie aus einem Guss und binnen kürzester Frist, gelang ihm ein Poem, mit dem er die Künste feierte, die doch dafür standen, die wertvollsten Momente des Lebens wahrzunehmen und zu bewahren.

„Mich hält kein Band, mich fesselt keine Schranke,
Frei schwing ich mich durch alle Räume fort,
Mein unermesslich Reich ist der Gedanke,
Und mein geflügelt Werkzeug ist das Wort."

(Aus: Die Huldigung der Künste)

Maria Pawlownia war zu Tränen gerührt und mochte von ihrem Schiller gar nicht mehr lassen. Schiller bekam zahlreiche Einladungen an den Hof. In Weimar munkelte man bereits, die Zarentochter sei in den Dichter verliebt. Dieses großartige, zu Herzen gehende Poem Schillers war sein letztes vollendetes Werk, das er der Nachwelt hinterließ.

Am 8. Februar 1805 erreichte Schiller die Nachricht von einer schweren Erkrankung Goethes, der schon einmal wegen eines fiebrigen Lungenleidens mit dem Tod gerungen hatte. Schiller fürchtete sehr um seinen Freund und weinte. Es kam nicht mehr dazu, dass Schiller einen Krankenbesuch machen konnte, denn am Tag darauf erlitt auch Schiller einen heftigen Fieberanfall und eine Darmverstopfung mit elenden Krämpfen. Beide überstanden sie ihre Krisen und Schiller erklärte jedem gleichmütig, er sei doch gesund.

Im April 1805 schrieb Schiller noch hoffnungsvoll an Körner: *‚Die bessere Jahreszeit lässt sich endlich auch bei uns fühlen und bringt wieder Mut und Stimmung; aber ich werde Mühe haben, die harten Stöße, seit neun Monaten, zu verwinden und ich fürchte, dass noch etwas davon zurückbleibt; die Natur hilft sich zwischen vierzig und fünfzig nicht mehr als im dreißigsten Jahr. Indessen will ich mich ganz zufrieden geben, wenn mir nur Leben und leidliche Gesundheit bis zum fünfzigsten Jahr aushält …'*

Karoline begleitete Schiller im Mai zur Aufführung des Stücks ‚Die unglückliche Ehe aus Delikatesse'. Schiller war guter Dinge. Cotta hatte ihm nicht nur zum Jahreswechsel eine Sendung von vierzig Flaschen Portwein und zehn Flaschen seines geliebten Malagaweins, sondern inzwischen erneut einen ansehnlichen Geldbetrag für die Verkäufe des ‚Wilhelm Tell' ausbezahlt, mit dem er einen Großteil der Hypothekenschuld tilgen konnte. Der ‚Marfa-Monolog' im ‚Demetrius', seinem neuen Drama, ging zügig voran. Er fühlte sich so wohl, dass er in der letzten Woche fünf Tage hatte arbeiten können. An guten Tagen ließ Schiller kaum ein Stück der Weimarer Bühne aus, vornehmlich jedoch, um nach Besetzungen für die eigenen Dramen Ausschau zu halten. Karoline war ohnehin der Auffassung, dass andere Bühnendichter neben ihm kaum bestehen konnten. Auf dem Weg zum Theater trafen Schiller und Goethe zufällig aufeinander. Sie wechselten einige freundliche Worte, dann kehrte Goethe wieder um. Er fühlte sich unpässlich, in Wahrheit quälte ihn eine düstere Gemütsverstimmung wie eine Vorahnung. In dem Theaterstück, das an diesem Abend auf der Weimarer Bühne gegeben wurde, ging es lustig zu: Schauspieler und Publikum waren in einer ausgelassenen Stimmung. Als Karoline nach einiger Zeit zu Schiller hinübersah, bemerkte sie jedoch, dass dieser kreidebleich geworden war und zitterte. Diese jähe Wandlung verhieß nichts Gutes! Nach einem solchen Unwohlsein begannen normalerweise seine Krämpfe. Karoline drängte ihn, sofort das Theater zu verlassen, doch er bestand darauf, bis zum Schluss zu bleiben. Nach der Vorstellung schleppte er sich ins Bett. Der Weimarer Hofarzt Doktor Rüschke wurde gerufen, stellte einen krampfartigen Puls fest und verordnete ein Kräuterbad. Dennoch stellten sich am nächsten Tag Fieber und erneute Krämpfe ein. Schiller begann, bereits am helllichten Tag zu fantasieren. Karoline und Charlotte übernahmen im Wechsel die Nachtwachen. Als es Schiller am übernächsten Tag besser ging, rief er nach Charlotte und bat sie, ihn ins Arbeitszimmer zu verlegen. Sie ordnete seine Sachen, richtete sein Bett und er beobachtete sie, versuchte, sie ganz neu für sich zu entdecken, als stünden sie zu Anfang ihrer Beziehung. ‚Das sollten wir öfters tun', dachte er, ‚Menschen, die wir zu kennen glauben, noch einmal so betrachten, als sei es das erste Mal.'

Goethe ließ Grüße ausrichten. Selbst könne er nicht kommen, wegen eines eigenen Unwohlseins. Man kannte das – der Herr Geheimrat verabscheute jede Berührung mit Gegenständen wie Krankheit und Tod. Schiller sprach schon wieder von Literatur und Plänen, riet Karoline zu einem historischen Stoff für ihren Roman. Alle Anwesenden zwangen sich jedoch, jede unnötige Konversation zu vermeiden, um Schiller nicht die Kraft zu rauben, die er zur Genesung so dringend benötigte. Die einzigen Fragen, die an ihn gestellt wurden, betrafen seine Wünsche und sein Befinden. Immer versuchte er zu lächeln und antwortete: „Immer besser, immer heiterer …" Schiller verlangte, dass Charlotte keine weitere Nachtwache mehr durchstehen sollte, sie habe ihre Kraft für die Kinder und den Haushalt nötig. Der Sohn des Dichters Voß, der Gymnasiallehrer in Weimar war und zusammen mit dem Bürgermeister Schwabe zu den engsten Freunden Schillers gehörte, übernahm die Wachen. Wenngleich der inzwischen leidgeprüfte Schiller zu einem rührenden Kranken geworden war, nie ungeduldig, nie lästig, immer mehr auf den Pfleger als auf sich selbst bedacht, war die Fürsorge für ihn eine herausfordernde Aufgabe. Allein der Geruch war es, warm und schal und Übelkeit erregend, der jedem, der das Arbeitszimmer betrat, den Atem nahm. Ein Geruch nach Krankheit, faulen Äpfeln und abgestandener schweißiger Luft. Schiller lag auf einem schlichten Bett aus Fichtenholz. Sein Haar klebte nass und strähnig an seinen Schläfen. Wangenknochen und Nase stachen spitz hervor, und die Kissen links und rechts von seinem Kopf waren so angeordnet, dass dieser nicht haltlos zur Seite rollte. Seine Lippen waren eingerissen, die Augen schmal und müde.

Einmal sagte er zu dem jungen Voß: „Heute wachen Sie aber nicht. Ich dulde das nicht!" – „Warum nicht, mein bester Herr Hofrat?", fragte Voß erstaunt. – „Weil Sie zum Maskenball müssen!", sagte Schiller lächelnd. „Wie dürfte ich Ihnen diese Freude rauben!" – Dem jungen Mann schossen die Tränen über diese rührende Rücksichtnahme in die Augen. „Mein bester Herr Hofrat", rief er, „Sie wissen nicht, welch ein Vergnügen es für mich ist, bei Ihnen zu wachen. Sie bringen mich nicht von Ihrem Bett. Wie könnte ich Freude an einem Vergnügen finden, wenn ich Sie hier alleine wüsste. Nein, ich gehe nicht. Bitte lassen Sie mich bei Ihnen bleiben!" – Da reichte er Voß freundlich die Hand und sagte: „Gut, dann bleiben Sie!" Und scherzend fügte er hinzu: „Wären Sie auf die Maskerade gegangen, so wäre ich Ihnen vielleicht nachgeschlichen!" Immer noch lächelnd, schloss er nach einer Pause: „Aber nicht wahr, dann würden Sie doch erschrocken sein und geglaubt haben, ich sei gestorben und es wäre mein Geist, der Sie heimsuche."

Nach weiteren acht Tagen öffnete man die Vorhänge und das Fenster, damit er das Abendrot sehen und man frische Luft in das Zimmer lassen konnte. Die Kinder wurden zu ihm vorgelassen und sie spielten ausgelassen mit ihm. Der Abend erfreute ihn so sehr, dass er in der Nacht gut schlief. Alle Anwesenden atmeten auf. Alles würde gut werden. Doch am folgenden Morgen verlor er die Besinnung. Man rief nach Doktor Rüschke, der jedoch bei Goethe zur Behandlung weilte und – wie man erfahren musste – erst gegen Nachmittag zurückerwartet würde. Über einen Boten ließ er ausrichten, man möge Champagner verabreichen, der den Kreislauf beleben würde. Es war schon ein seltsamer Zufall, dass zum selben Zeitpunkt beide Dichterheroen Weimars so schwer erkrankt waren! Ohne Zweifel, bei Schiller ging es um Leben und Tod. Und Goethe? Wie man später hörte, duldete er nicht, dass Doktor Rüschke sein Krankenbett verließ, obgleich er nur an einer fiebrigen Erkältung litt. Als Schiller nach zahlreichen Umschlägen, Arm- und Beinmassagen wieder zu sich kam, nahmen Charlotte und Karoline auch ein Glas Champagner. Sie prosteten ihm zu, denn er sollte in dem Umtrunk ein freudiges Vorzeichen seiner Genesung sehen. Tatsächlich gelang Schiller ein Lächeln, aber niemandem blieb verborgen, wie schwer ihm das Schlucken fiel.

Noch einmal verlangte er, mit Voß allein im Zimmer zu sein. Er dirigierte diesen zum Schreibtisch, bat ihn, sich zu überwinden und ein wohl verschnürtes Päckchen Papier aus der Schublade mit den faulen Äpfeln zu ziehen. Voß reichte Schiller dieses Päckchen, das dieser kaum noch in seinen Händen halten konnte. Er wog es schwer und mit ernstem Blick sagte er: „Vorbei! Ein dummes Wort – so höhnt der Teufel am Ende des großen Weltenspiels. Für den Teufel ist alles, was gewesen, so gut, als wäre es nicht gewesen. Und treibt sich doch im Kreis, als wenn es wäre! Ich liebte mir dafür das ewig Leere. Vorbei. Vorbei. Vorbei." Schiller musste es gleich drei Mal sagen. Das traurigste und zugleich beruhigendste Wort. Dann bat er Voß, mit den Manuskriptseiten ein Feuer im Kamin zu entfachen, damit ihn die Schubart'schen Aufzeichnungen einmal noch im Leben wärmen würden. Voß gehorchte, ohne zu wissen, was er da verbrannte. Schließlich sagte Schiller: „Das Ende ist bitter, schmachvoll, elend." Er schlief ein und fantasierte.

Erst am späten Nachmittag erschien Doktor Rüschke. Als er zusammen mit Karoline und Charlotte am Bett des Todkranken saß, stammelte dieser im Fieberwahn und unter Krämpfen nur noch etwas von Vergebung. Noch einmal erwachte er und mit offenen Augen setzte plötzlich der Atem aus. Schiller begann fürchterlich zu röcheln. Charlotte griff nach seiner Hand und er richtete sich leicht auf. Ihre Augen begegneten sich noch einmal. Dann fiel sein Kopf zur Seite. Doktor Rüschke stellte seinen Tod fest.

Karoline und Charlotte standen noch lange regungslos neben dem Bett. Dann holte Charlotte ein Tuch und deckte seinen Schreibtisch zu. Man würde den Hof von Schillers Tod informieren müssen. Später schauten sie reglos zu, wie seine Leiche zur Obduktion abgeholt wurde. Man wollte es offenbar genau wissen, was diesen todkranken Mann so lange am Leben gehalten hatte. Charlotte versuchte, zu widersprechen, musste es aber, da ihr längst die Kraft für jeden Widerspruch abhanden gekommen war, erdulden, dass man ihr den toten Mann aus dem Haus entführte. Sie stand noch bleich in der Tür, schaute dem Leichenkarren nach und wischte sich den nicht versiegen wollenden Tränenfluss von den Wangen. Was sollte nur werden? Sie ahnte, dass man noch manche Entscheidung über ihren Kopf hinweg treffen würde. Schließlich ging es um Schiller. Wer war sie schon?

Man hatte es eilig mit der Obduktion, fand die Lunge brandig, breiartig und ganz desorganisiert, das Herz ohne Muskelsubstanz, die Gallenblase und die Milz unnatürlich vergrößert, die Nieren in ihrer Substanz aufgelöst und völlig verwachsen. Doktor Rüschke fügte dem Obduktionsbefund, der eilends dem Hof übermittelt wurde, den lapidaren Satz hinzu: ‚*Unter diesen Umständen muss man sich wundern, wie der arme Mann hat so lange leben können.*' Für Voß, Karoline und Charlotte, die plötzlich vor der Aufgabe standen, ohne nennenswerte im Haus befindliche Barschaft die Bestattung zu organisieren, stand außer Frage, dass es Schillers rastloser Geist gewesen war, der den Körper getrieben und am Leben gehalten hatte. Bis zuletzt.

Kapitel 30
Unser armer Schiller – ein Schlusskapitel in zwei Akten

Akt I. Mozarts Requiem und das Landschaftskassengewölbe auf dem Jakobsfriedhof

Am 9. Mai 1805 gegen Abend war Schiller gestorben. Bereits am 11. Mai wurde er beerdigt. Über die Art und Weise, wie man in Weimar mit seinem Tod umging, ließ sich manches spekulieren. Festzustellen bleibt, Goethe war durch Krankheit und überhaupt verhindert. Man hatte es eilig mit Schillers Beisetzung – eher volkstümlich schlicht die Überführung seiner sterblichen Überreste auf den Jakobsfriedhof in der Weimarer Vorstadt. Mozarts Requiem wurde gegeben. Als Streicher davon hörte, war er entsetzt. Ausgerechnet Mozart, den Schiller nicht schätzte! Warum nicht Bach? Das wäre doch für Weimar naheliegender gewesen. Dann die Beisetzung im Landschaftskassengewölbe – einem Massengrab für Bedeutende und Adlige ohne Vermögen und ohne Gedenktafel! Streicher empörte sich und fand in Bürgermeister Schwabe später einen Verbündeten. Er sammelte Gelder, Unterschriften und prominenteste Eingaben. Seine Brandbriefe, mit denen er in den folgenden Jahren ein Denkmal und Schillers Andenken in Weimar einforderte, waren selbst bei Hofe gefürchtet. Doch Goethe widerstand diesem Ansturm und wurde alt und älter.

Spontane Gedenkfeiern wurden auf Deutschlands Theaterbühnen zu Schillers Ehren und Gedenken veranstaltet. Goethe bediente die Weimarer mit einem längeren Gedicht, dessen wiederholter Vers ‚*denn er war unser!*' zu einer einprägsamen Formel für Schillers Gedenken wurde. Schiller galt als ‚*Mann der Nation*'. Die vielen Spenden, die zu einem 'Denkmal der Nazionaldankbarkeit' eingingen, ließen Goethe und der Weimarer Hof Schillers Witwe für die Ausbildung ihrer vier Kinder überweisen.

Es war sonderbar, denn schon kurze Zeit nach seinem Tod verhielten sich die Menschen in Weimar so, als sei er nie einer von ihnen gewesen, gerade so, wie sie auch mit dem kurz zuvor verstorbenen Herder verfahren waren. Christian Vulpius notierte: ‚*Alles hat mit seinen ökonomischen Lagen zu tun, und alle jagen nur der Zerstreuung nach. Die Einweihung des neuen wirklich prächtigen Schießhauses beschäftigt jetzt alle weit lustiger. Unsere Frau Erbprinzessin wird im September in die Wochen kommen, und da gibt es wieder Feten; das interessiert mehr.*'

Akt II. L'Hombre Morte

Die Welt ist klein, sie schrumpft auf einen Schädel, wenn die Seele den Zins nicht mehr zahlt. Der Alte schob einen Haufen Taler in die Mitte des Tisches. Bürgermeister Schwabe blickte ihn fragend an. „Ihr Einsatz, Schwabe!" – Er verstand nicht: „Sie wollen Karten spielen?" – „L'Hombre hieß Schillers Lieblingsspiel." – Auch Goethes Weißwein stimmte Bürgermeister Schwabe nicht gewogen.

„Der Mensch ist nur da ganz Mensch, wo er spielt – auch so ein Schiller", Goethe schüttelte den Kopf, als habe ihm jemand Essig in den Wein geschüttet. Er deutete auf den Sack zu Schwabes Füßen. „Wir teilen die Taler. Gewinnen Sie, sollen Sie Ihr Denkmal für Schiller haben. Verlieren Sie, gehört der Schädel mir. Nur ein Spiel, kein Gottesurteil!"

Der vereinsamte Rat, der nachts beim Wein die Karten traktierte, war in Weimar längst mehr als eine Legende. Bürgermeister Schwabe wog seine Chancen ab, dieses Spiel um Schillers Angedenken zu gewinnen. Doch wer war der Dritte? Dumpfe Schläge gegen die Haustür. Schwabe öffnete, da der Hausherr dazu nicht mehr in der Lage schien. Die Runde war komplett – es offenbarte sich, bei wem der Totengräber Bielke seine Spielschulden hatte. Schwabe mischte die Karten, ließ links abheben und verteilte an jeden Spieler neun Blätter in Würfen zu je drei Karten. Dreizehn Karten legte er als Talon in die Mitte. Mit einem flauen Gefühl im Magen und einem bangen Gedanken an den Freund Andreas Streicher in Wien, dem er dies alles zu erklären hätte, hob der Bürgermeister von Weimar sein Blatt auf und begann das Spiel.

Wie hatte es überhaupt dazu kommen können? Am Morgen des 13. März 1826 hatte es geschneit und der Jakobsfriedhof in der Weimarer Vorstadt lag unter einer dünnen, fleckigen Schneedecke. Bürgermeister Carl Leberecht Schwabe, der die Arbeiten persönlich beaufsichtigte, konnte sich des Eindrucks nicht erwehren, dass der Totengräber Bielke und sein Gehilfe Kessler den Moment der Graböffnung am liebsten weiter hinausgezögert hätten. Kassen-Registrator Stötzer zog den Pelzkragen seines langen Mantels hoch in den Nacken, blies warme Atemluft in die gefrorenen Hände und warf dem Bürgermeister fragende Blicke zu. Keiner sprach ein Wort, und dies mochte, so dachte Schwabe, nicht zuletzt damit zu tun haben, dass sich jeder auf eigene Art seinen Versäumnissen in dieser Angelegenheit bewusst war. Die Arbeiten zogen sich hin. Schwabe schritt zwischen Kirche, Sakristei und dem rokokoartigen kleinen Tempel des Landschaftskassengewölbes mit seinen Pilastern, Wand- und Giebelverzierungen, der sich in der nordöstlichsten Ecke des Jakobsfriedhofs befand, hin und her. Von Zeit zu Zeit blieb er vor dem schmiedeeisernen Tor stehen, um den Fortgang der Arbeiten zu kontrollieren. In weiten Bögen flog eine Krähe um den Turm der Jakobskirche. Bürgermeister Schwabe legte den Kopf in den Nacken und blickte zum Kirchturm empor. Von dort starrte der Küster zu ihnen herunter, der oben in der Nähe der Glocken seine Türmerwohnung hatte. Mit dem Pfarrer gesprochen hatten die Herren von der Fürstlichen Landeskasse, der diese Begräbnisstelle gehörte, in der jene Personen gegen eine geringe Verwaltungsgebühr bestattet wurden, die durch Geburt oder Stellung oder besondere Verdienste einen höheren Rang in der Bewohnerschaft Weimars einnahmen, nicht vermögend waren und keine eigene Erbbegräbnisstätte besaßen.

Für Schwabe war es über all die 21 Jahre ein Skandal geblieben, dass man Schiller in diesem *Armen- und Massengrab für Bessergestellte* ohne jede Gedenktafel dem Vergessen überantwortet hatte. Die deutschen Theater spielten erhebliche Summen ein, um dem großen deutschen Dichter in Weimar ein Denkmal zu finanzieren, unermüdlich stritt Schillers Freund Steicher aus Wien für ihn. Doch am Weimarer Hof gab man sich unentschlossen. Schwabe hatte nur auf eine Gelegenheit gewartet, um Schiller ein angemessenes Gedenken zu sichern.

„Lassen Sie ihn doch", brummte Stötzer missmutig, als er Schwabes Blick zur Türmerwohnung folgte.

„Reden wird er halt! Sein Maul wird er nicht halten." Schwabe blies wütend Tabakwolken aus seiner Pfeife.

„Wir finden Schiller heute und fertig", Stötzer mochte nicht diskutieren. Ein schöner Kassen-Registrator war das, der die Übersicht darüber verlor, wie viele Tote tatsächlich im Kassengewölbe lagen! – Von der Jakobskirche schlug es vier, als das Gewölbe vollständig geöffnet war. Der Gestank trieb die Männer in die Flucht. Am Grab von Goethes Frau Christiane schöpften sie Atem und diskutierten. Stötzer schickte den Totengräber eine Leiter holen.

Der Gehilfe legte Pechfackeln bereit. Als sie die Leiter in die Gruft gestellt hatten, riet Bielke zuzuwarten, die Faulgase der Verwesenden seien der Gesundheit nicht zuträglich. Schon machten Stötzer und der Gehilfe Anstalten, sich zurückzuziehen. Aber Schwabe hielt sie auf, verlangte, dass man sofort hinabsteigen solle. Die Fackeln warfen kantige, lange Schatten. Als Erster griff sich der Totengräber eine Fackel, verschwand Stufe um Stufe in der Gruft. Es folgten der Gehilfe und Stötzer. Zuletzt Schwabe, sichtlich bemüht, so wenig wie möglich zu atmen.

Der unerträgliche Gestank war aber rein gar nichts gegenüber dem grauenhaften Anblick, der sich im Schein der Fackeln bot. Dicht gedrängt standen die Männer in der Nähe der Leiter beisammen, wagten kaum, sich zu rühren, um nicht auf irgendeinen Toten zu treten. Särge in der Reihenfolge der Beisetzung gab es nicht. Bis auf zwei waren sie eingefallen. Trümmer, vermischt mit verwesenden menschlichen Überresten. Einzelne Gebeine, gewaltsam aus ihrer sie umgebenden Hülle gerissen, lagen verstreut umher.

„Bielke, was um Himmels willen …", weiter kam Stötzer mit seinem Entsetzensschrei nicht mehr, da stürzte er zur Leiter und verschwand. Unten hörten sie sein immer neu einsetzendes Würgen, das sein Erbrechen begleitete. Schwabe setzte sich auf die Leitersprossen und gewann durch eifriges Pfeiferauchen die Beherrschung. Totengräber und Gehilfe blickten zu Boden. ‚Falschspieler sind keine ehrbaren Kirchgänger', dachte Schwabe und wünschte den Büttel herbei. Der Totengräber und sein Gehilfe blickten schuldbewusst, schienen jedoch nicht betroffen über die Zustände der Leichen.

„Kommen Sie wieder runter, Mann!" schrie Schwabe dem Kassen-Registrator zu. „Dies hier fällt in Ihre Zuständigkeiten! Schreiben Sie auf, was wir hier vorfinden! Das ist ja ungeheuerlich!" Tatsächlich leistete der kreidebleiche Stötzer dem Befehl des Bürgermeisters Folge. Gemeinsam unternahmen sie jetzt den Versuch, in dem 3,10 mal 2,50 Meter großen Gewölbe Schillers Sarg ausfindig zu machen. Rasch stellten sie fest, dass Särge fehlten.

„Wie viele Bestattungen hat Ihr Direktorium angeordnet?", empörte sich Schwabe. – „Nach gestriger Prüfung der Akten wohl so 64", die gequälte Antwort von Stötzer. – „Hier haben doch höchstens 25 Särge Platz! Mein Gott, wie soll ich da Schiller finden!" Wut, Verzweiflung und Ekel übermannten den Bürgermeister. Kaum griff er nach den Brettern eines Sarges, zerfiel das in der Feuchtigkeit morsch gewordene Holz in Bestandteile und schickte weitere halb verweste Leichenteile zu Boden. Schwabe riss Stötzer die Fackel aus der Hand, um nach den Särgen mit eingravierten Namen zu suchen. Aber selbst die Metallschilder waren bis auf zwei verrottet und zerfallen – und die gehörten zu einem Hofchirurgen, der 1790 gestorben war und einer Hofdame *von Eggloffstein*. „Was haben Sie sich nur dabei gedacht, Stötzer!" – In seiner Hilflosigkeit stammelte der Kassen-Registrator: „Ich bin noch nie hier unten gewesen. Nicht einmal ist mir eine Beschwerde zu Ohren gekommen. Bielke ist ein zuverlässiger Totengräber."

„Das können doch unmöglich alle Särge sein. Wo ist der Rest? Rede er, Mensch!" fuhr Schwabe den Totengräber an und packte ihn wütend. Dabei spürte er auf unangenehme Art und Weise, wie der Boden unter seinen Füßen weich nachgab. – „Es blieb einfach zu wenig Platz", stammelte der Totengräber. „Da musste ich einzelne Leichen untergraben." Der Totengräber deutete auf den Boden und die Wände und Schwabe folgte mit dem Schein der Fackel den Fingerzeigen. Was also die Zeit und die Fäulnis nicht vernichtet hatten, das hatte der in dieser Unterwelt allmächtig herrschende Totengräber aus den Särgen gezerrt, kleingeschlagen, auf den Haufen geworfen und vergraben. Schwabe erschauderte, machte einen raschen Schritt zur Leiter hin, wo ihm der Boden fester schien.

„Erkläre er sich zu den fehlenden Särgen!" schrie Stötzer den Totengräber an. Dieser aber schwieg beharrlich. Stötzer griff ihn mit beiden Händen an dem schwarzen Mantel und schüttelte ihn. „Was ist mit den Särgen dieser armen Menschen, die er hier vergraben hat? Rede er endlich! Ich überantworte ihn und seinen Gehilfen dem Kerkermeister!"

Kerker schien das Stichwort für den Gehilfen Veit Kessler zu sein, der jetzt freimütig bekannte: „Die Särge …heimlich …in Jena und Gotha verkauft." – „Spielschulden … Unsereins hat nur wenig Vergnügen in der Welt", so der Totengräber Bielke. – „Du Lumpenhund! Das wird ein Nachspiel haben!", tobte Stötzer, dem alsbald aber Gestank und Anblick der Leichen wieder den Atem nahmen und der sich erneut die Seele aus dem Leib kotzte.

Gegen Mittag des nächsten Tages stellten sie im kalten Licht der Märzsonne vier Skelette in geöffneten Särgen vor der Sakristei ab. Bei zweien tat sich noch einiges Gewürm und Gekrabbel aufs Unappetitlichste gütlich. Bielke beschied fachkundig: „Unser Dichter dürfte kein Fleisch mehr am Knochen haben."

Stötzer wandte sich enttäuscht ab, hockte sich auf einen aufgeworfenen Erdhügel und fragte: „Woran erkennt man eigentlich den toten Dichter?" – „Groß gewesen ist der Schiller", antwortete Bielke. – „Einen bedeutenden Kopf hat er gehabt", ergänzte der Gehilfe. Schwabe spürte seine Zuversicht schwinden. „Dann können es wohl die zwei anderen Knochenmänner auch nicht sein", erklärte Stötzer schnippisch. – „Drecksarbeit!" schimpfte Schwabe daraufhin und setzte sich Pfeife paffend neben den Kassen-Registrator.

Mit den Räumungsarbeiten kamen sie am Ende dieses Tages insoweit zu einem Ende, als all das nach oben geschafft worden war, was sich noch in einem halbwegs akzeptablen Zustand befunden hatte. Jetzt hielten Kessler und zwei weitere Helfer Neugierige und empörte Anwohner von dem Kassengewölbe fern. Das Stimmengewirr und die derben Kommentare waren nicht zu überhören.

„Wie es scheint, hat er Schillers Sarg auch zu Geld gemacht", sagte Schwabe resigniert.

„Nicht, dass ich wüsste", antwortete Bielke. „Immerhin sind 21 Jahre eine lange Zeit." – „Er meint, der Sarg könnte zerborsten und verrottet sein?", fragte Stötzer. – „Dann müssen wir unser Vorgehen überdenken. Die Suche nach einem Sarg ist nicht ganz dasselbe wie die Suche nach den Gebeinen", Bürgermeister Schwabe wollte sich nicht mit diesem blamablen Ergebnis abfinden. – „Bedenken

Sie nur das Aufsehen hier!" Der Totengräber hatte wohl mehr Angst davor, von Bürgern zur Rechenschaft gezogen und davongejagt zu werden als vor den Vorwürfen durch die die Kassenverwaltung. Es geschah ihm recht! Man unterbrach die Arbeiten, sperrte den Friedhof und stellte Wachen auf.

In der folgenden Nacht tauchten die Petroleumlampen das Gewölbe in ein goldgelbes Licht. In der Luft vermischte sich der saure Geruch von Moder mit dem alles durchdringenden süßlichen Geruch der Verwesung. Bürgermeister Schwabe saß auf den obersten Sprossen der Leiter. Eifrig starken Tabak verrauchend, sorgte er für Licht, indem er eine Handlaterne, an einem langen Stock befestigt, hierhin und dorthin führte. Seine halblaut gesprochenen Anweisungen wurden unten in der Gruft vom Totengräber Bielke und seinem Gehilfen Kessler ausgeführt, die mit Schaufeln und Hacken die ekelerregende Arbeit verrichteten, Knochen und halb verweste Gebeine freilegten und am Fuß der Leiter ablegten, wo sie in ihrem erbarmungswürdigen Zustand begutachtet wurden. Oben vor dem schmiedeeisernen Tor des Landschaftskassengewölbes lagen, auf einem großen weißen Tuch ausgebreitet und von einem schwachen Windlicht beleuchtet, die geborgenen menschlichen Überreste, die einer eingehenderen Begutachtung bei Tageslicht unterzogen werden sollten. Dabei handelte es sich vornehmlich um menschliche Schädel und solche Gebeine, die man anhand der an ihnen befindlichen Kleiderreste der Zeit Schillers zuzuordnen glaubte.

Am dritten Grabungstag um 3 Uhr früh stieg Schwabe ein letztes Mal hinab. Ihn schwindelte vor Müdigkeit. Der Totengräber versicherte ihm, dass sie ganz sicher alle Toten der letzten 30 Jahre gefunden hätten. Schwabe hielt die Laterne in Gesichtshöhe. Selbst wenn sie den einen oder anderen Toten übersehen hätten, die Männer waren völlig übermüdet. Eine Fortsetzung der Suche machte keinen Sinn mehr. Warum sollte er sich starrsinnig jetzt noch Ärger höheren Ortes einhandeln? Nein, sie alle hatten sich genug zugemutet! Das Gewölbe musste verschlossen und die Funde zu ihm nach Hause geschafft werden. Er gab Anweisungen. Die beiden

Männer schienen erleichtert. Er überließ ihnen eine Schnapsflasche, die Bielke sorgsam unter seinem Mantel verbarg. Schwabe ging mit einer Handlaterne in die Jakobskirche. Auf dem Altar brannten zwei hohe Kerzen. Er griff nach dem Totenbuch der Jakobskirche, das dort aufgeschlagen lag. Aus einem dunklen Schatten heraus, trat der Küster neben ihn. Schwabe ließ sich sein Erschrecken nicht anmerken, blätterte in dem Buch und las dann laut: *„Der hochwohlgeborene Herr, Herr Dr. Carl Friedrich von Schiller, fürstlich Sachsen-Meiningischer Hofrat wurde Sonntags, den 12. Mai, des Nachts 1 Uhr mit der Ganzen Schule, erster Klasse, à 24 Taler 12 Groschen 3 Pfennig in das Landschaftskasse-Leichengewölbe beigesetzt, die gewöhnliche Leichenrede aber wurde erstlich nachmittags 3 Uhr von Seiner Hochwürdigen Magnifizenz dem Herrn Generalsuperintendent Vogt, in der St. Jakobskirche gehalten und dabei von Fürstlicher Kapelle das Requiem von Mozart aufgeführet."* Er schlug das Buch zu. „Und dabei mochte er Mozart nie besonders", sagte der Küster schlicht. „Bach, ja das wäre schon was anderes gewesen ..."

Schwabe wunderte sich sehr über diesen einfachen Mann, versuchte, ihm im Halbdunkel ins Gesicht zu blicken. „Er ist mitten in der Nacht beerdigt worden, ohne große Trauerfeier. Ich weiß noch, wie sehr ich mich selbst um ein würdiges Begräbnis bemüht habe", erinnerte sich jetzt Schwabe.

„So ist es. Und dafür sollte niemand nachträglich die Ruhe der Toten stören", unterbrach ihn anmaßend der Küster, blies die Altarkerzen aus und ging nach draußen. Schwabe folgte ihm kurze Zeit später, nahm sich vor, diesen Kerl vorladen zu lassen. Er spähte über das Friedhofsgelände und die Todtenstraße hinunter, entdeckte aber niemanden mehr. Die Straße lag verlassen und stockfinster vor ihm. Bielke und Kessler würden die nach oben gebrachten Leichenteile in die Sakristei schaffen und ihm die Schädel, zweiundzwanzig an der Zahl, sorgsam in Leinentüchern eingeschlagen und in einem großen Kartoffelsack geborgen, nach Hause bringen. Der Bürgermeister trat den Heimweg an. Er brauchte auf den schlechten Wegen in der Jakobsvorstadt kein Licht, ging zielsicher auf den Langen Graben zu, der in die Stadt führte.

„Geheimrat von Goethe wünscht Schillers Kopf zu sehen", Professor Riemer, Goethes Sekretär, lächelte hintergründig. – „Wenn Sie schon so genau informiert sind, verehrter Riemer: Es gibt zweiundzwanzig Schädel. Suchen Sie sich einen aus, den Sie präsentieren möchten." Schwabe mochte den Kerl nicht. Die Schädel lagen geordnet auf dem Küchentisch. Riemer hatte Schillers Totenmaske aus der Herzogin Amalie Bibliothek dabei und verglich die Proportionen der Knochen mit den totenstarren Gesichtszügen. Ein Spiel mit der Wahrheit. Er entschied sich für die beiden größten Exemplare, verbeugte sich, setzte seinen Hut auf. „Um Mitternacht. Geheimrat von Goethe bittet Sie ausdrücklich! Stillschweigen wird vorausgesetzt."

Der Wunsch des Geheimrats kam einem Befehl gleich. Schwabe packte die zwei Schädel in den Sack und schlich kurz vor Mitternacht oberhalb des *Parks an der Ilm* entlang und vorbei an dem *Grünen Schloss,* der *Bibliothek der Herzogin Anna Amalia,* von hinten in die Stadtstraßen auf das Haus am ‚Frauenplan' zu. Im ersten Stock brannte noch Licht. Schwabe bediente den Türklopfer des Eingangs an der *Seifengasse* und wartete mit dem Jutesack in der Rechten.

Gerade als der Bürgermeister verärgert und erleichtert zugleich den Heimweg antreten wollte, öffnete sich doch die Tür und Goethe selbst bat ihn herein. Zielstrebig griff der greise Dichter nach dem Jutesack. „Ich hoffe, Sie haben meinem Freund bei Ihren Grabungen keinen Schaden zugefügt." Mit der linken Hand stützte sich Goethe auf das Holzgeländer und nahm schwerfällig die Stufen in das obere Stockwerk. „Na, so kommen Sie schon, Schwabe. Stoßen Sie mit mir auf den großen toten Dichter an, den wir hier im Sack haben." Goethe lachte wie über einen guten Witz. „Großartig haben Sie das gemacht! Nun zieren Sie sich nicht weiter!" Schwabe folgte ihm durch eine grade großzügige Zimmerflucht im ersten Stock des Hauses.

Vor seinem Schreibtisch packte Goethe den größten der Schädel hastig aus und warf den Jutesack in die Ecke. Schwabe, peinlich berührt von dem erbarmungswürdigen schmutzigen Zustand des Schädels, versuchte sich noch in einer Entschuldigung. Goethe beachtete ihn nicht weiter, stellte den Schädel mitten auf den Schreibtisch und entzündete eine Kerze daneben. „Sie werden ihn weiter begutachten wollen, nicht?" – Goethe füllte Schwabe ein Rotweinglas und rückte ihm einen Stuhl zurecht. „Großartig gemacht haben Sie das! Wirklich, Sie wissen nicht, wie ich mich freue, meinen Freund wiederzusehen." Wieder lachte der alte Dichterfürst laut auf. Schwabe wurde unheimlich zumute, denn er verstand die Reaktion des Geheimrates nicht zu deuten. Goethe setzte sich auf seinen Stuhl vor den Schreibtisch und stierte dem Schädel in die leeren Augenhöhlen. Er trank hastig aus einer Weinflasche, lachte und seufzte abwechselnd, trank wieder und stierte weiter.

„Ich liebe seine Dramen. Er hatte etwas Unbändiges, etwas Wahrhaftes! Er ist viel zu früh gestorben. Ich denke, wir alle hätten noch Großes von ihm erwarten dürfen", Schwabe sprach wie zur Verteidigung Schillers, obwohl diesen doch niemand anklagte. – „Ein Feuerkopf, sage ich Ihnen! Ständig loderten ihm neue Ideen. Von ihm ging was aus ...", dann griff Goethe dem Schädel an die Kinnlade und bewegte diese. „Ich habe ihn anfänglich gemieden. Aber man muss seine Freunde und Gegner kennen – und manchmal, glaube er mir, lassen sich diese kaum voneinander unterscheiden." So ging das eine gute Weile fort, und Goethe schien Schwabes Anwesenheit ganz vergessen zu haben. Der Dichter zeigte erste Anzeichen von schwerer Trunkenheit. Schwabe schwieg zu allem. Wenig später hielt ihm Goethe die Spielkarten hin und forderte zu einem Kartenspiel um Schillers Denkmal, vor allem aber um seinen Schädel heraus. Das Spiel nahm von Anfang an eine dramatische Wendung, die einer Schiller'schen Tragödie würdig gewesen wäre.

Hauptspieler ‚Hombre' wurde Goethe, der lärmend mit Bielke das Haus schlaflos machte. ‚So sei es', dachte Schwabe, ‚stehe ich mit dem Totengräber gegen den Alten', der ungerührt weitersoff und die Figur einer Frage spielte, seine schlechten Karten auf den Tisch warf und vom Talon andere nahm. ‚Er hat keine Angst', stellte Schwabe fest. ‚Ob er jemals verloren hat?' – tatsächlich strich Goethe mit den Worten: „Nach Golde drängt, am Golde hängt doch alles!", gut gelaunt die Taler für die Runde ein. – Bielke, ohnehin dem Spieltrieb verfallen, kippte den Wein und hielt die nächtliche Runde in jedem Fall für einen Gewinn. Schwabe bot, biss sich auf die Lippen und spielte mit einem Faustschlag das Treff-Ass, die Basta – und gewann zurück. Das war er Schiller schuldig!

„Glücklich, wer noch hoffen kann, aus diesem Meer des Irrtums aufzutauchen!" schrie Goethe aus Leibeskräften, als er die dritte Runde hintereinander verlor und mit vollem Risiko zwei Mal hintereinander die Obscurs spielte, indem er acht Karten wegwarf und vom Talon neue zog. Seinen Sieg machte er mit einer Spadille, dem Pik-As perfekt. „Ein jeder gibt den Wert sich selbst." – Schwabes Spielgeld, ein kümmerlicher Rest. Der Liebling der Götter warf gut gelaunt die Karten in die Runde und Bielke lallte.

Ohne Erklärung deckte Goethe Karte um Karte auf. Es fanden sich zu viele Forcen, die Könige der Farben, die nicht Trumpf waren, im Spiel. Dann zog er aus Bielkes Ärmelaufschlag ein Ponte, ein Herz-Ass. „Das ist eben der Fluch der bösen Tat, dass sie, fortzeugend, immer Böses muss gebären." Er nahm die Totenmaske und verglich diese mit dem Schädel. „Der kommt mir doch vertraut vor …" Goethe füllte Schwabes Weinglas. „Großartig! Wirklich, so ein Glück!" Dem Schädel in die Augenhöhlen stierend, trank er hastig, lachte und seufzte abwechselnd. „Sie, Herr Bürgermeister, waren Schillers Familie eine Stütze. In solchen Dingen bin ich nicht gut, das weiß ich. Machen Sie mir daraus keinen Vorwurf." Goethe nahm dem jammernden Totengräber das Geld ab. Goethe fast zärtlich: „Unser Räuberhauptmann unter Falschspielern!" Die Schuld drückte schwer auf des Totengräbers Schultern, als er ging. Goethe klatschte in die Hände. „17 und 4 – ich gebe …" Schwabe klammerte sich schwitzend an jedes Blatt – wie ein Ertrinkender an Treibholz. Doch sein Untergang nahte unaufhaltsam.

Die Tür flog auf. August Goethe stürmte herein und tobte. Goethe kichernd: „Jede Finte stand unserem Schwabe auf der Stirn geschrieben! L'Hombre, ein teuflisches Spiel – hätte er Schiller mal befragt." Schwabe sprach von Würde, schwor unter Tränen jedem

Spiel ab. Doch Goethe hielt den Schädel in die Höhe und schrie: „Kalt und hohl. Ein tumbes Gefäß, nicht einmal schön gestaltet – so trage ich deinen Ruhm in Händen und meinen noch immer auf den Schultern."

Sohn August sprang hinzu, stützte Goethe und schnauzte: „Der Bürgermeister möge jetzt gehen! Er wird zu schweigen wissen." – ‚Schweigen und daran ersticken', dachte Schwabe bitter. Schillers Schädel war verloren.

Schlusswort des Autors:

Ein Leben ohne Friedrich Schiller ist möglich – aber nicht unbedingt wünschenswert! Auch, wenn ich den Stift nach dem letzten Punkt unter meine neuen Schiller Romane zur Seite lege, weiß ich doch, dass mich die Person Schillers, seine Welt und sein Werk nicht loslassen werden. Ich wünsche mir sehr, viele Leser/innen mit diesen zwei Romanen auch für Schiller als Autor und Dramatiker begeistern zu können.

Hinweise:

Literaturhinweise und weiterführende Informationen zu den historischen Persönlichkeiten des Romans sowie zur Entstehungsgeschichte des Romans und Besprechungen finden sich auf meiner Homepage unter www.udoweinboerner.de.

Dank:

Es ist mir ein besonderes Anliegen, mich zu bedanken: Vor allem bei meiner Frau, der Schriftstellerin Anne Labus/Weinbörner, für Ihre Unterstützung in vielen schwierigen Schreib- und Lebenslagen. Sie hat überhaupt erst das Gelingen eines solch riesigen Projektes möglich gemacht. Ich danke auch Herrn Dirk Meynecke und Frau Anne Heidenreich, die maßgeblichen Anteil an dem Erfolg der ersten Fassung eines Schiller Romans bei Langen Müller hatten, und – aktuell vor allem – dem Team des Fehnland Verlages in der Hamburger Bedey Media Verlagsgruppe, namentlich, Frau Köhler, Frau Schwerdtfeger und Herrn Dr. Kracht für die fachkundige Unterstützung, Förderung und Begleitung dieses Romans auf dem Weg in den Buchhandel. Meinen Leserinnen und Lesern, die mir die Treue halten, bin ich zum besonderen Dank verpflichtet, denn ohne jede(n) einzelne(n) von Ihnen gäbe es den Schriftsteller Udo Weinbörner nicht.

Weitere Titel von Udo Weinbörner
im Fehnland Verlag

kartoniertes Buch
420 Seiten
13,5 x 21,0 cm
14,00 EUR
ISBN 978-3-94722-031-1
lieferbar

In „Die Stunde der Räuber" geht es um Schillers Verlust der Kindheit, die Unfreiheit, aber auch um Freundschaft, Liebesrausch und Aufbegehren – die schwierigen Anfangsjahre des Dichters. Unterhaltsam, kenntnisreich und zugleich spannend erzählt Weinbörner von den Jugendjahren Schillers bis zur Erstaufführung der Räuber und den Anfangsjahren als freier Schriftsteller in seiner Mannheimer Zeit. "Die Stunde der Räuber" von Udo Weinbörner ist die stark überarbeitete und erweiterte Neuausgabe des Erfolgsromans „Schiller – Der Roman" (Langen-Müller-Verlag, München, 2004) als zweibändige Taschenbuchausgabe. Jeder Band für sich ist ein abgeschlossener historischer Roman.

kartoniertes Buch
432 Seiten
13,5 x 21,0 cm
14,00 EUR
ISBN 978-3-94722-027-4
lieferbar

Viktoria Farber muss erkennen, dass ihr Leben als Handchirurgin seit ihrer Diagnose ‚Parkinson' keine Zukunft mehr hat. Verzweifelt flieht sie nach Triest. Dabei ahnt sie nicht, wie sehr diese ‚Stadt der Winde' mit ihren Prachtbauten und österreichischen Kaffeehäusern sie mitreißen und verändern wird. Schon bald findet sich Viktoria in einem Strudel von Konflikten wieder, die vom Vertrieb gefälschter Gemälde, bis hin zu Grundstücksspekulationen in der Lagune vor Grado reichen. Am Ende dieses Sommers steht ihre größte Entscheidung an: Kann sie sich trotz ihrer Krankheit auf die Liebe ihres Lebens einlassen?